地方高校社科能力提升系列丛书 总主编 文传浩

本书为2023年度国家社科基金高校思想政治理论课研究专项项目
“工匠精神挖掘活化与融入‘新工科’课程思政路径研究”
（项目编号：23VSZ159）的阶段性研究成果。

高校思政社科研究
规范、技巧与案例

GAOXIAO SIZHENG
SHEKE YANJIU
GUIFAN,JIQIAO YU ANLI

冯　方　蓝文思　吴　伟◎编著

西南财经大学出版社
Southwestern University of Finance & Economics Press
中国·成都

图书在版编目(CIP)数据

高校思政社科研究规范、技巧与案例/冯方，蓝文思，吴伟编著.--成都：西南财经大学出版社，2025.7.--ISBN 978-7-5504-6675-3

Ⅰ.G641

中国国家版本馆 CIP 数据核字第 2025C2L987 号

高校思政社科研究规范、技巧与案例

冯 方 蓝文思 吴 伟 编著

策划编辑：李晓嵩 李特军
责任编辑：李晓嵩
责任校对：杜显钰
封面图片摄影：吉舒雷
封面设计：滕 丹 墨创文化
责任印制：朱曼丽

出版发行	西南财经大学出版社(四川省成都市光华村街 55 号)
网 址	http://cbs.swufe.edu.cn
电子邮件	bookcj@swufe.edu.cn
邮政编码	610074
电 话	028-87353785
照 排	四川胜翔数码印务设计有限公司
印 刷	四川煤田地质制图印务有限责任公司
成品尺寸	170 mm×240 mm
印 张	26.25
字 数	650 千字
版 次	2025 年 7 月第 1 版
印 次	2025 年 7 月第 1 次印刷
印 数	1—2000 册
书 号	ISBN 978-7-5504-6675-3
定 价	79.80 元

总序

大力提升地方高校对教育强国建设的支撑力和贡献力

——平民高等教育的生成逻辑

教育，经国之大业，不朽之盛事，是开民智、启民慧之利器。2024年9月，习近平总书记在全国教育大会上强调："建成教育强国是近代以来中华民族梦寐以求的美好愿望，是实现以中国式现代化全面推进强国建设、民族复兴伟业的先导任务、坚实基础、战略支撑。"建设教育强国，龙头是高等教育，短板在地方高校。

统筹中华民族伟大复兴战略全局和世界百年未有之大变局需要各个地方高校有一支理论透彻、学养深厚、胸怀天下、服务大局的社科教育人才队伍。然而，由于教育资源配置的不平衡不充分，当前地方高校特别是民办高校的社科教育人才队伍无论是数量还是质量与地方经济社会高质量发展的矛盾仍然十分尖锐。痛感于此，长江上游【流域】复合生态系统管理创新团队（以下简称"上游团队"），拟开展平民高等教育系列工程，以社科素养提升为突破口，以高校教师培养为主抓手，培养教师发现真问题、真解决问题的本领，通过教师高水平教育带动高质量地方人才培养，以资政建议等高水平研究推动地方经济社会高质量发展，从而为中国式现代化贡献教育力量和社科智慧。

一、平民高等教育的历史逻辑

平民高等教育的思想渊源最早可以追溯到先秦的私学，近现代发端于陶行知、晏阳初等的平民教育，核心是推动更多的普罗大众掌握当时前沿的思想、理念、技能，以此推动经济社会的进步。平民高等教育就是培育更多地方高校教师运用科学方法发现真问题、真解决问题的本领，以此带动地方高质量人才培养，推动地方经济社会高质量发展。

（一）平民教育的缘起

在西周时期，教育主要以“学在官府”为主导。春秋战国时期，周王室的权威日渐衰弱，官办学校逐渐衰败，学术知识开始向民间转移，私学随之兴起。以孔子为代表的教育家们引领了这一潮流。孔子广纳弟子，结束了贵族对教育的独占局面，提倡“有教无类”的教育理念，主张不论社会地位高低，人人都有受教育的权利。孔子开私人讲学之先河、倡有教无类之先声，让教育从贵族走向平民，实为平民教育之滥觞，后世私学之鼻祖。在两汉时期，许多名儒在民间聚徒讲学，规模较大，如马融、郑玄等，为社会培养了大量人才。在唐宋时期，平民教育进一步发展，除了传统的私塾外，还出现了书院这一特殊的形式。特别是到了宋代，在一些名儒大师热心倡导和官方的鼓励下，书院发展较快。例如，南宋时期，随着理学发展，官学衰落，书院受到青睐，林立各地，盛况空前。其中，白鹿洞书院、石鼓书院、应天府书院、岳麓书院、嵩阳书院最为有名。宋朝书院专司学问，师生通常不为利禄所动，潜心研究经学。元明清时期，以书院为载体的平民教育形式基本延续了唐宋的发展模式，但受到官方教育政策和科举制度的影响较大。元朝政府对书院采取控制与利用的政策；明清时期，书院在数量上继续增长，但在思想上受到八股取士等制度的束缚，逐渐变得僵化。鸦片战争后，中国屡遭列强侵略，民族危机日益加深，科技落后弊端显现，书院这一传统平民教育形式与国家现实需要相去甚远，最终被废除。

（二）千年变局下的平民教育

1840年鸦片战争以后，国家蒙辱、人民蒙难、文明蒙尘，中华民族遭受了前所未有的劫难。为了拯救民族危亡，仁人志士奔走呐喊，以陶行知、晏阳初等为代表的有识之士深切认识到贫穷落后的根源在于广泛的劳苦大众没有觉醒，而觉醒的关键在于教育。因此，他们积极推进平民大众的教育，将毕生心血融入大众教育。这些先辈们在教育大众化上的艰辛探索，为我们推动地方高校高等教育系列工程提供了不竭的精神动力、总结了丰富的经验教训。

晏阳初先生以“民为邦本，本固邦宁”作为信条，一生致力于教育大众化。第一次世界大战末期，晏阳初先生赴法为参加欧战的华工担任翻译，在那里他目睹了华工们的悲惨生活，深感要减少他们的痛苦必须从教育入手。1920年，晏阳初先生开始在国内提倡“平民教育”，旨在让每个人都拥有享受公平教育的机会。1923年，晏阳初先生联络陶行知先生等人成立中华平民教育促进会，此后在华北、华中、华东等地开展义务扫盲活动。在对全国的平民教育现状进行考察调研的基础上，晏阳初先生总结出旧农村普遍存在的“愚、穷、弱、私”四个病害，并提出用文艺教育攻“愚”、用卫生教育制“弱”、用生计教育除“穷”、用公民教育克“私”的四大教育思想。在救国救民的道路上，晏阳初先生致力于平民教育70余年，被誉为“世界平民教育运动之父”，与陶行知先生并称“南陶北晏”。与晏阳初先生不同的是，陶行知先生推行的平民教育主要以学校为中心展开，他创办了多所平民教育学校，其中最著名的就是南京市晓庄师范学校。在推行平民教育的过程中，陶行知先生将其教育理论于教学活动中一一实践，深刻影响着中国教育的未来。

二、平民高等教育的现实逻辑

（一）发展不平衡不充分的中国高等教育需要平民高等教育

中国高等教育从严重不足到建成世界最大规模高等教育体系，从发展不足的矛盾转变为发展不平衡不充分的矛盾。从 1999 年高校扩招开始，经过 20 多年的发展，2023 年我国高等教育的毛入学率已达到 60.2%，高等教育进入世界公认的普及化阶段。然而，由于我国不同区域间自然资源禀赋、经济发展水平、文化底蕴程度以及人口结构等存在较大差异，加之高等教育管理体制、经济发展战略等共性原因的深刻影响，我国的高等教育呈现出发展不平衡不充分的特征，包括区域发展不平衡不充分等。

中国高等院校区域发展不平衡不充分。据统计，截至 2024 年 6 月底，全国高等学校共计 3 117 所[①]，高等学校集中分布在北京、广州、武汉、重庆等大城市，其中高等学校数量排名前 10 位的城市集中了全国近 1/4 的高校。东部地区普通高等学校数量是西部地区普通高等学校数量的约 1.56 倍。此外，教育部直属普通高等学校主要分布在 23 个城市，西藏、新疆等没有教育部直属高等学校。教育部直属高等学校集中分布在北京、上海、武汉、南京、西安和成都，其合计占比超过 64.47%。其中，北京有 25 所，占比高达 33%；上海有 8 所，占比接近 11%；武汉有 7 所，占比约为 9%。相较于西部地区教育资源散点式分布，北京、上海等中心城市享有的教学资源更为集中，教师入职与学生升学选择也更倾向于这些地区，继而形成“区域教育集聚”。相应地，这些中心城市培养出来的学生的质量也往往会高于非中心城市培养出来的学生的质量。久而久之，这种

① 数据来自教育部公布的全国高等学校名单（http://www.moe.gov.cn/jyb_xxgk/s5743/s5744/A03/202406/t20240621_1136990.html）。

现状进一步拉大了不同地区的教育水平的差距，加深了中心城市和非中心城市之间的教育资源布局的不平衡不充分情况。

中国高等院校经费支持的不平衡。办学经费是高校发展的重要支撑，学校人才培养、科学研究等各项事业的开展，都有赖于教育经费的支持。从2024年公示的预算数据来看[①]，教育部直属重点高校经费预算占据绝对优势地位。据统计，教育部直属高校经费预算6 023.05亿元，占比为所有高校经费预算的42.15%。其中，有24所高校经费预算超过100亿元；有54所高校经费预算超过50亿元。与之形成鲜明对比的是很多地方高校经费预算非常紧张，其中甘肃、海南、青海、西藏、宁夏等地的地方公办高校整体经费预算均未超过100亿元。经费预算排名前10位的高校包括清华大学（385.69亿元）、浙江大学（328.81亿元）、上海交通大学（281.58亿元）、北京大学（243.30亿元）、哈尔滨工业大学（194.63亿元）、复旦大学（182.26亿元）、中山大学（178.39亿元）、同济大学（161.31亿元）、西安交通大学（160.98亿元）、东南大学（160.70亿元）。其中，有8所高校地处东部地区，而东北地区和西部地区仅各有1所。地方普通高校教育经费预算排名前10位的高校全部位于东部地区。

中国高等教育人才流向在空间布局上存在着区域不均衡问题，高素质人才区域差距逐步拉大。人才培养和分布与地区经济发展水平呈现高度正相关关系，我国人才分布存在着典型的“东多西少”特征。京津冀地区、长三角地区、珠三角地区等经济总量大、发展速度快、收入水平高、就业机会多，吸引人才的能力最强，并且这些地区汇聚了大量的高校和科研机构，应用市场广阔，各类人才供

① 数据来自高绩（ID：gaojidata）发布的《中国高校经费概览（2024版）》。

给充足，有利于高素质人才的培养与流动。中西部地区受制于经济发展、交通区位、发展机会等因素，对中高端人才的吸引力不强，人才相对匮乏。同时，东部发达地区对中西部地区人才有较强的“虹吸作用”，导致人才分布更加不均衡，进而加剧区域间经济发展不平衡，进一步形成人才流动中的“马太效应”。

（二）地方高校是平民高等教育的重要力量

地方高校数量众多，分布广泛，凭借其庞大的招生规模，极大地拓宽了人民群众接受高等教育的渠道。在地方高校中，民办高校和高职院校是平民高等教育不可忽视的两股重要力量。

民办高校是平民高等教育的重要支撑。民办高校属于民办教育中的高等教育层次，涵盖了独立设置的民办高等学校和独立学院等。近年来，我国民办高等教育无论是数量还是质量都发生了巨大变化，在扩大教育资源供给、促进高等教育大众化和普及化等方面做出了积极贡献。根据教育部统计公报，截至2023年年底，全国民办高校有789所，占全国高校总数的比例为25.67%。其中，普通本科学校391所，本科层次职业学校22所，高职（专科）学校374所，成人高等学校2所。民办普通、职业本专科在校生994.38万人，比上年增加69.49万人，占全国普通、职业本专科在校生的比例为26.34%①。我国通过平民高等教育推动民办高校聚焦国家和地方发展战略需求，实现特色化、差异化发展，充分运用自身灵活的体制机制比较优势，以大格局、大视野、大担当积极参与到解决中国高等教育发展不平衡不充分问题的历史进程中，围绕地区发展产业链、创新链构建特色专业集群，提高民办高校教学科研与区域经济社会

① 数据来自2024年10月教育部发布的2023年全国教育事业发展统计公报（http://www.moe.gov.cn/jyb_sjzl/sjzl_fztjgb/202410/t20241024_1159002.html）。

发展需求的匹配度。

高职院校是平民高等教育的特色力量。高等职业教育始终与中国经济发展同频共振，支撑着现代化产业体系建设。高职院校是树立工匠精神，培养大国工匠、能工巧匠、高技能人才的前沿阵地。党的十八大以来，我国建成了世界上最大规模的职业教育体系。高职院校 2023 年达到 1 580 所（含 33 所本科层次职业学校），2023 年高职（专科）招生 555.07 万人，职业本科招生 8.99 万人。高职招生规模连续 5 年超过普通本科，其中 2023 年超过普通本科近 70 万人①。国家通过平民高等教育推动高职院校紧密结合国家战略布局、重点产业需求、地方经济社会发展需求，全面深化产教融合、校企合作，将教育过程与产业实际需求紧密结合，形成教育与产业相互促进、优势互补的良性循环。

三、平民高等教育的实践逻辑

（一）平民高等教育的实践进路

中国高等教育发展不平衡不充分的关键在地方高校。地方普通高校特别是脱贫地区、边疆地区、生态脆弱地区等现代化进程中最复杂、最薄弱的地区也是高质量平民高等教育的发展短板和重点。推进高质量平民高等教育发展的关键在于提升地方高校教师的科学研究素养。科学研究素养提升的关键在于提升解决现实问题的哲学社会科学本领。教师本领提升的核心目的在于人尽其才、才尽其用，更好地服务于国家和社会的发展，推动社会进步。

平民高等教育的关键在于提升地方高校教师的科学研究素养。当今世界，全球化趋势不可阻挡。国与国之间联系日益密切，竞争

① 杨梓樱，杨建. 中国特色高等职业教育“质”的内涵、特征和实现路径［J］. 职业技术教育，2024（28）：56-63.

也与日俱增。要想在全球化浪潮中风帆屹立、勇立潮头，赢得国际竞争与发展的主动权，实现中华民族伟大复兴，就必须大力提升我国的自主创新能力。创新是引领发展的第一动力，科学技术从来没有像今天这样深刻影响着国家前途命运和人民生活福祉。创新之道，唯在得人。人才是高水平创新的源头活水，是实现高质量发展的根本依托。“得人之要，必广其途以储之。”人才的培养与成长离不开教育事业的改革与进步。中国高等教育的发展既在于北大、清华等顶尖名校的高水平引领带动，又在于遍布中国大地的众多地方高校的整体水平的提升。地方高校的科学研究水平又在很大程度上取决于教师的科研素养和科研能力。因此，帮助地方高校教师提升科研水平，通过科研能力提升促进教学质量跃升，从而带动地方高校高水平人才培养，是解决目前高等教育发展不平衡不充分问题的一条重要途径。

教师素养提升的关键在于提升解决现实问题的哲学社会科学本领。哲学社会科学是人认识世界、改造世界的重要工具，是管方向、管长远的，是推动历史发展和社会进步的重要力量，其发展水平反映了一个民族的思维能力、精神品格、文明素质，体现了一个国家的综合国力和国际竞争力。哲学社会科学研究首先应该回应国家和社会的现实需要，着力解决阻碍国家发展和社会进步的现实问题。地方高校教师作为哲学社会科学研究中举足轻重的力量，培养其解决现实问题的能力不仅对国家和地方经济、政治、文化、社会等的发展具有重要现实意义，而且教师科研能力的实质性提升能够更好地转化到学生研究解决实际问题能力的培养上，有利于形成“教-学-产-政”科研实力提升的正向互动和良性循环。

教师本领提升的核心目的在于人尽其才、才尽其用，更好地服务于国家和社会的现实发展，推动社会进步。功以才成，业由才广。

我们应通过培育高水平教师人才，集聚人才之力、人才之智，将目光聚焦经济社会各领域发展亟待解决的现实问题，不断深化理论探究与现实实践，真正做到发现真问题、研究真问题、解决真问题，同社会现实难点堵点斗真碰硬，多措并举；同时，通过问题反察、实践反哺、成果反馈，在潜移默化中促进师资人才队伍科研兴趣深化、实践知识积累、专业能力提升，形成一个完整的热爱科学、用心钻研、善作善成的人才循环体系。高水平创新人才不断服务于各行各业，多点开花、百家争鸣，推动整个社会的综合发展与整体进步。这就是高质量平民高等教育推动人才培养的初心使命，也是高质量平民高等教育服务国家社会发展大局的现实路径。

（二）平民高等教育的培育倡议

为了更好地推动平民高等教育发展，增强地方高校教师运用科学方法发现真问题、真解决问题的本领，带动地方高质量人才培养，推动地方经济社会高质量发展，上游团队围绕科研强化、思政研究、资政服务等提出平民高等教育系列工程培育倡议，期待协同推动地方高校科学研究、思政教育、服务地方等水平的跃升。

平民高等教育系列工程之科研强化工程。该工程以培养地方人才为出发点，聚焦教育强国建设科技支撑力提升，以高水平哲学社会科学项目为抓手，以全面培养地方高校教师在高水平哲学社会科学项目选题、申报、结题等方面的科研能力为关键点，以切实提高地方高校教师寻找真问题、研究真问题、真研究问题、真解决问题的能力为落脚点。近年来，上游团队多次受邀到长江师范学院等地方高校开展高水平哲学社会科学项目交流培训，并由上游团队核心成员对高校部分教师进行一对一或多对一专项指导。值得一提的是，这些地方高校在国家社科基金项目等高水平哲学社会科学项目立项方面取得了优异成绩。

平民高等教育系列工程之思政研究工程。该工程围绕新时代思想政治教育面临的新形势与新任务，聚焦教育强国建设思想引领力提升，面向高校思想政治工作队伍开展科研培训和专业辅导，切实提升高校教师思政社科研究的能力素养和专业水平。由思政课教师、辅导员、班主任、党政干部、共青团干部、党务工作者、党校教师组成的思政工作队伍，是新时代落实立德树人根本任务的关键力量。上游团队通过“六位一体”思政社科研究养成计划，帮助思政研究者找准来路、厘清思路，摸清套路、指明进路，打破认知壁垒，探究底层逻辑，跨越行动鸿沟。

平民高等教育系列工程之资政服务工程。该工程长期坚持“资政为民”的理念，聚焦教育强国建设社会协同力提升，为国家、社会、人民在现实中所面临的众多真问题提供最可行、最务实、最高效的解决方案。上游团队利用多年撰写资政建议的宝贵经验，争做地方高校相关资政理念普及宣传的先行者，帮助地方高校成为地方政府决策的好参谋，为党委和政府决策提供及时有力的智力支撑。围绕地方经济社会发展，上游团队自身及带动的一批地方高校学者撰写了大量资政建议，获得相关领导的批示，为推动地方经济社会发展贡献了智力。

平民高等教育系列工程之人才培养工程。该工程以“专精特新”为理念，聚焦教育强国建设人才竞争力提升，培养适合地方经济社会发展的专业人才、精品人才、特殊人才、新兴人才，具体包括研究生人才梯度培养、访问学者培养、创新创业人才培养、学科建设培养。研究生人才梯度培养主张对攻读硕士、博士学位的地方高校学子优先考虑、优先招收、优先培养，努力实现学习资源的全面倾斜、日常生活的多元关怀、锻炼机会的充分覆盖。访问学者培养主张通过接纳一定数量的地方高校青年教师开展访学活动，充分学习交流科学研究、团队管理、智库运营、人才培养等方面的成果与经验。创新创业人才培养主张围绕实践平台搭建的困难、创新创业教育与专业教育融合的瓶颈、学生创业项目落地的阻碍、创新创业资源对接的不顺畅、创新创业文化氛围的不浓厚等堵点问题，为地方高校的创新创业工程提供全方位、有价值的指导和帮助，助力地方高校在创新创业领域取得突破性的进展和成就。学科建设培养围绕各类人才培养需求及地方高校学科建设的痛点、难点、堵点，积极发现与挖掘地方高校学科最具特色、最有竞争力的优势，推动地方高校特色学科建设。

平民高等教育系列工程之社会公益工程。该工程聚焦教育强国建设民生保障力提升，主张支持经费紧张、人才缺失的地方高校，设立各种专项奖学金，支持有科研理想、创业梦想的地方高校莘莘学子，形成“本土培养，本土贡献”的良性循环。近年来，上游团队设立了“浩燃奖学金”，以期助力地方高校学子圆梦科研。2019年11月，上游团队在长江师范学院设立“浩燃奖学金”并捐赠3万元启动资金。2022年6月，上游团队在重庆财经学院设立“浩燃奖学金”，将上游团队核心成员在2020年荣获的教育部第八届高等学校科学研究优秀成果奖一等奖6万元奖金作为首批基金赠予重庆财经学院，以此奖励拟录取为全日制硕士研究生的大四毕业生。

上游团队围绕这一系列工程开展了大量的实践工作，拟推出的系列丛书就是对这些实践经验的探索、总结和思考，期望通过实践经验的传播和推广带动更多的高校及高校教师参与这个系列工程，推动地方高校高质量发展。

目前，上游团队对系列工程整体图书的规划包括《国家社科基金项目申报规范、技巧与案例》《高校思政社科研究规范、技巧与案例》《决策咨询研究规范、技巧与案例》《地方高校社科研究有组织科研：理论与实践》《地方高校交叉复合型团队建设：从探索到行动》《地方高校“专精特新”学科建设：理论与实践》《地方高校应用型本科人才培养：产教融合探索》《地方高校创新创业孵化与培育：理论与案例》《地方高校应用复合型研究生培养：探索与实践》《地方高校社科研究方法论：理论与实务》等。

平民高等教育的发展，离不开热衷于高等教育的朋友的关心和支持。正是真切认识到“众人拾柴火焰高”的智慧，上游团队始终坚持“海纳百川，有容乃大”的信念，始终对志同道合者敞开合作的大门。我们在此诚邀和欢迎所有对平民高等教育感兴趣的高校、企业、科研机构和学者们加入平民高等教育系列工程，共同实现中国高等教育的现代化，助力实现中国式现代化和中华民族伟大复兴。

地方高校社科能力提升系列丛书总主编

2025 年 1 月于昆明

前 言

一、创作缘起：落在生命里的光

2023年12月21日傍晚，在此起彼伏的微信提示音催促下，我拿起手机。“恭喜冯老师，喜提2023年国家社科思政专项。”我急忙打开电脑，在公示的拟立项名单中找到了自己的申报课题。人生中的很多重要选择都得益于贵人的帮助，他们具备更高维度的格局、视野、胸怀和学识，“成就他人”是他们对“成功人生”的重要注解。2021年10月，三峡大学社会科学发展研究院特邀文传浩教授为国家社科基金项目申报提供指导。在倾听完文传浩教授的专题辅导报告后，我鼓起勇气添加了文传浩教授的微信好友。

作为在高校学生工作岗位工作了20多年的资深辅导员，我虽然也在职攻读了思想政治教育专业博士并取得学位，但在内心深处多多少少还是会有些许不自信，特别是感觉自己在学术研究方面跟马克思主义学院专任教师相比还有不小的差距。国家社科基金项目作为中国社科界最高水准的研究项目，对于我一个普通的高校辅导员来讲属实是“可望而不可即”。文传浩教授从始至终一直鼓励我要相信自己。他告诉我：“伴随着全国教育大会和学校思想政治理论课教师座谈会的召开，高校思想政治教育研究的‘春天’已然到来，思政课教师和辅导员的‘地位’日益突出，高校思政项目的‘体量’与日俱增。你要坚信，高校思政社科研究大有可为。只要你坚定地相信一件事情，心底就会迸发出源源不断的动力。”

把杯子腾空才能装进更多的水，及时清理手机缓存才能运行得更加流畅，人生需要归零更新的勇气和重启向上的能力。此后的两年时间，从精神激励到行动支持，从宏观战略到微观战术，从讨论选题到撰写细节，文传浩教授带领着他的“上游团队”，一路关心支持，一路悉心指导，一路暖心陪伴，一路全心成就。正是这样一群全力以赴的“行动派”，打破了我的“本领恐慌”，摆脱了我的“惯性拖延”，治愈了我的“归零焦虑”，夯实了我的“专业基础”，树立了我的“职业自信”。对于我来说，国家社科基金项目的获批立项，不仅是学术研究领域的里程碑，更是职业发展生涯的一束光！这束光驱散了我对未知的恐惧，点亮了我对科研的向往，更加坚定了我对专业的自信。

二、写作初心：驱动迷茫时的你

思想政治工作是党的优良传统、鲜明特色和突出政治优势，是一切工作的生命线。2024 年 5 月，习近平总书记对高校思政课建设作出重要指示：新时代新征程，思政课建设面临新形势新任务，必须有新气象新作为。各级党委（党组）要把思政课建设摆上重要议程，各级各类学校要自觉担起主体责任，不断开创新时代思政教育新局面，努力培养更多让党放心、爱国奉献、担当民族复兴重任的时代新人。在全国教育大会上，习近平总书记强调：“我们要建成的教育强国，是中国特色社会主义教育强国，应当具有强大的思政引领力、人才竞争力、科技支撑力、民生保障力、社会协同力、国际影响力。”教育强国“六个力”，思想引领是统领。高校专职思政课教师、辅导员、班主任、研究生导师、党政干部、共青团干部和党务工作者共同组成了新时代高校思想政治工作队伍。一直以来，这支队伍深感使命光荣，倍感责任重大，胸怀“为党育人、为国育才”的目标，勤勤恳恳工作，兢兢业业育人。

党和国家高度重视高校思想政治工作队伍建设，从干部教师“双重身份”到职级职称“双线晋升”，从职称评审“单列计划、单设标准、单独评审”到探索职称、职级、职务“三路并举”，对高校思想政治工作队伍的专业化与职业化发展给予充分政策保障。作为从事高校学生工作20多年的资深辅导员，我时常会听到年轻辅导员“吐槽”地位不高，被各个部门“使唤”和“安排”。诚然，一方面是因为辅导员以学生为中心的工作性质使然，似乎所有与学生有关的工作都离不开辅导员；另一方面是因为辅导员群体的职业能力还远不能支撑起教育情怀，工作只有“高强度”没有“显示度”。

有为，才能有位。高校思想政治工作队伍如果不建立专业的知识壁垒，不重视研究的学术积累，不构建思想政治教育的学科体系，那么在高校的可替代性就很强，核心竞争力就很弱，很难实现可持续发展。当前，高校思想政治教育面临很多新形势、新问题、新困难，我们不仅要育人有责、育人有为，更要育人有方、育人有效；不仅要有应对问题的新招和妙招，更要有解决问题的实招和绝招。这些“招数”从哪里来？要从理论学习中来，从项目研究中来，在实践工作中验证和优化。高校思想政治工作队伍只有提升自身能力修为，走职业化与专业化道路，呈现科研业绩与育人成效，才能赢得广大专任教师的尊重和信服，成为政治可靠、专业可信、事业可为的教育工作者。

有幸被照亮，也想成为光！感谢文传浩教授及其带领的“上游团队”多年来在国家社科基金项目申报和社科研究能力提升上，对地方高校的悉心指导和无私帮助，点亮了无数像我一样的中青年教师的科研梦想，化“空白”为“神奇”，令“不可能”为“可能”。作为受益者，我想将“助人火炬”传递下去，为更多地方高校从事思政社科研究的青年教师提供参考与借鉴。因此，当文传浩教授向我发出邀请，参与“上游团队地方高校社科能力提升系列丛书”编写时，我义无反顾地答应下来，因为相逢的意义在于彼此照亮。也许，此刻的你正在为是否要从事思政社科研究摇摆不定，为是否要申报各类思政课题左右为难，为是否要牺牲休息娱乐时间甘坐“冷板凳”反复权衡，希望这本书能够为正在纠结犹豫的你注入信心与力量，勇敢地迈出第一步。正如《黑神话：悟空》的经典台词：“踏上取经路，比抵达灵山更重要。”你不需要一开始就很厉害，但你只有开始，才能变得厉害。开始行动，远比等待和犹豫更有价值。

三、操作指南：拆解科研中的术

想，都是问题；做，才有答案。行动是治愈一切问题的解药，执行力是拉开人与人差距的关键。种一棵树最好的时间是十年前，其次是现在。执行力强的人，想得少，做得多，不犹豫，不等待，能够轻松应对许多看似不可能的任务，在一件又一件具体工作中精进自我、提升自我、成就自我；执行力弱的人，想得多，做得少，常犹豫，空等待，始终期待万事俱备的完美开局，却在一次又一次空想幻梦中迷失自我、内耗自我、荒废自我。我们应将大目标拆解成小任务，将大工程分解为小步骤，奉行长期主义和成长型思维，把行动交给现在，把结果交给时间，把惊喜留在未来。别害怕一开始的不完美，最好的版本永远在路上。

对于有志于从事高校思政社科研究的青年教师来说，虽心有所想却迟迟没有迈出项目申报的第一步，究其原因大概有“四个不解”：谋事上，不知道有何资源可用；行事上，不知道有何理论可依；成事上，不知道有何规律可循；干事上，不知道有何方法可用。鉴于此，笔者希望通过本书的四大模块和14个小专题，帮助大家找准思路，摸清套路，指明进路，打破思政社科研究玄幻的认知壁垒，探究思政社科项目获批的底层逻辑，跨越思政社科项目申报的行动鸿沟。本书精心挑选上游团队成员中历年获批的马列、思政、党史党建、社会学、教育学国家社科基金的文本作为典型案例，如同私人定制的科研向导，面对面地讲、手把手地教，希望通过“六位一体”思政社科研究系统养成计划（定位方向-定准目标-拆解任务-分解流程-细化标准-优化过程），在国家级、省部级等各类思政社科项目的申报过程中，实现文本撰写环环相扣，论证逻辑层层深入，计划推进井井有条，获批立项久久为功。

本书共有四篇，分别为“谋事：资源篇”“行事：理论篇”“成事：概况篇”和“干事：技法篇”。

“谋事：资源篇”由专题一、专题二、专题三构成。从事高校思政社科研究的首要任务，就是弄清楚自己“干什么”和“有什么”。“干什么”是研究的落脚点，“有什么”是研究的出发点。新时代高校思政社科研究要紧紧围绕“为党育人、为国育才”的教育目标，紧紧围绕制约时代新人培育的问题的破解，更要想办法调动一切可用的教育资源。在高校思政社科研究的众多资源中，政策导向、队伍构成和资源平台无疑是最为重要的三个方面。高校思政社科研究的政策导向明确选题方向，高校思政社科研究的队伍构成明确受众对象，高校思政社科研究的平台搭建明确实践路向，三者缺一不可。在专题一中，笔者详细梳理了党的十八大以来，党中央、国务院和教育部等围绕高校思想政治理论课的教学要求、教学内容、教学方法、师资队伍、“大思政课”建设、高校课程思政建设和思想政治工作系统推进等方面的政策文件，为高校思政社科研究构建了坚实的政策支撑。在高校思政社科研究的队伍构成方面，截至2023年年底，全国高校专兼职思政课教师人数超过14.3万人，思政课教师成为高校思政社科研究的绝对主力。此外，高校辅导员、党政干部、共青团干部、专业课教师、党校及科研院所也是思政社科研究队伍的重要组成。特别是伴随着中共中央、国务院《关于进一步加强和改进大学生思想政治教育的意见》出台，全国高校专兼职辅导员队伍规模已经达到24.08万人（截至2022年3月底），不少高校辅导员招聘的学历门槛已经从硕士提升至博士，高校辅导员队伍迎来了从数量到质量的飞速跃升。加之干部与教师的“双重身份”、职称与职务的“双线晋升”，高校辅导员队伍逐渐成为思政社科研究的“生力军”与“潜力股”。专题二着重从高校辅导员职业属性的“前世今生”、职业发展的“双升通道”、教育培训的“时空贯穿”、专属升博的“全域覆盖”和科研成果的“业绩清单”五个维度，对高校辅导员从事思政社科研究的必要性和可行性进行了全面解读，帮助高校辅导员下定决心做科研，坚定信心申项目，练就恒心出成果。专题三聚合学术论文著作平台、课题项目研究平台、思政社科研究奖项、决策咨询建议平台、网络数据资源平台五个模块，共同搭建起高校思政社科研究的资源平台。

“行事：理论篇”由专题四、专题五、专题六和专题七构成。高校思政社科研究不能突发奇想，更不能心血来潮，要注意避坑，防止踩雷。专题四从找问题出发，查摆出高校思政社科研究的八种常见误区，即“供给侧”偏差、“真问题”困惑、“追热点”倾向、“强文献”依赖、“悬浮式”调研、“方法库”局限、“唯论文”导向和“弱转化”应用。专题五从找规律入手，围绕学校思想政治理论课教师座谈会提出的“八个相统一”，始终坚持政治性和学理性相统一、价值性和知识性相统一、建设性和批判性相统一、理论性和实践性相统一、统一性和多样性相统一、主导性和主体性相统一、灌输性和启发性相统一、显性教育和隐性教育相统一。专题六从找差距对标，从政治素养、理论素养、专业素养、信息素养和心理素养五个方面做好思政社科研究的专业赋能和本领精进。专题七从找方法推进，系统梳理十种思政社科研究常用方法，即文献研究法、实证研究法、比较研究法、历史研究法、案例研究法、跨学科研究法、定性研究法、定量研究法、行动研究法和大数据研究法。

“成事：概况篇”由专题八、专题九、专题十构成。在高校社科研究的项目申报中，“含金量”最高的是国家社科基金项目和教育部人文社会科学研究项目。笔者选取了国家社科基金高校思想政治理论课研究专项、教育部人文社科项目思政类研究专项和高校辅导员研究专项三类具有代表性的项目为对象，通过系统梳理与深度分析2019—2024年立项选题的数量、高校、省份、立项高频词、选题指南相关度、研究范畴、典型案例，尝试发掘往年立项选题的内在规律，为今后高校思政社科研究的选题提供经验和启发。

“干事：技法篇”由专题十一、专题十二、专题十三和专题十四构成。“事必有法，然后可成。”“干事：技法篇”主要遵循高校思政社科研究“选题-立题-解题-结题”的研究脉络，紧紧围绕科学选题、精准立题、精耕细作和规范结题四个重要阶段展开。专题十一从选题重要性和选题来源入手，用“聚焦重点、捕捉热点、直击痛点、突破难点、疏通堵点”来框定选题范畴，澄清“五个务必”的选题原则，厘清“五个不选”的选题禁忌，归纳“十六个模式”的选题范式。专题十二主要围绕思政社科高水平课题申报书的撰写，先对2024年与2023年国家社科基金高校思政课专项、教育部人文社科项目的申报公告、申报要求、选题指南、申报书进行差异比较，重点解读2024年的新要求和新变化；结合上游团队成员历年立项申报书的典型案例，从选题依据、研究内容、思路方法、创新之处、预期成果、参考文献、研究基础和条件保障等七个方面，援引范例，深刻解读思政社科项目申报书撰写的要点和规范。专题十三针对成功获批立项的思政社科项目开展研究绘制“路线图”，制定“时间表”，用“进取心、敬畏心、谦卑心、感恩心、好奇心、平常心”来修炼高校思政社科研究的“心境场”；组建“梯队式与交叉式、凝聚力与执行力、内循环与外生态”协同团队来夯实高校思政社科研究的“团队圈”；熟练掌握“定量研究、定性研究、混合研究”融通高校思政社科研究的“方法论”；聚焦时间管理“理念”与“工具”规划高校思政社科研究的“时间轴”；“大处着眼、小处切口、全国辐射”勾连高校思政社科研究的“空间网”；贯通“政策、主体、团队、平台”聚合高校思政社科研究的“资源库”。专题十四介绍了思政社科研究成果的九种主要类型，即学术著作、学术论文、调研报告、报纸文章、资政建议、网络文化成果、示范讲义、创新课件、教学案例；从思想教育理论“常悟常新”、思政课程教学“入脑入心”、课程思政建设“同向同行”、思想政治工作“善作善成”、网络舆论引领“有理有据”、青年成长成才“乐为有为”标注出思政社科研究成果的鲜活应用场景；针对思政社科项目的成果鉴定、结题、免予鉴定和撤项处理的条件分别进行了解读。

四、协作致远：汇聚团队中的智

“独行快，众行远。”行走在高校思政社科研究的漫漫征途上，肩负着新时代高等教育立德树人的历史使命，高校思政社科人需要抱团取暖、组团赋能、成团作战，需要凝聚众心、集聚众智、汇聚众力。“道合者，不以山海为远；相知者，不以万里为遥。”上游团队在创始人和首席专家文传浩教授的带领下，点亮颗颗星火，托起殷殷希望，团队逐步发展壮大，成员遍布大江南北。上游团队成员秉承共建、共享、共创、共赢的理念，在科研任务中赋能，在项目合作中成长。

本书作为上游团队地方高校社科能力提升系列丛书之一，从谋篇布局到内容层次得到丛书总主编文传浩教授的全程指导。本书具体撰写分工如下：蓝文思、孙千惠、葛万鹏负责专题一；蓝文思、孙千惠、杨晋霞负责专题二；蓝文思、孙千惠、仇敏负责专题三；吴伟、王卓欣、杨绪洁、张剑华负责专题四；蓝文思、孙千惠、杨晋霞负责专题五；吴伟、王卓欣、唐梦涵、张剑华负责专题六；吴伟、王卓欣、张姗、张剑华负责专题七；冯方、杨晋霞、葛万鹏负责专题八；冯方、杨晋霞、唐梦涵负责专题九；冯方、葛万鹏、张姗负责专题十；冯方、唐梦涵、张姗负责专题十一；冯方、杨绪洁、仇敏负责专题十二；冯方、张姗、仇敏负责专题十三；冯方、葛万鹏、杨晋霞负责专题十四。本书能够顺利出版，除要感谢以上负责14个专题撰写任务的团队成员外，还要特别感谢文传浩、文丰安、蓝文思、管素叶、蒋金满、吴云、铁艳、冯方、吴伟、赵茂、郑伟希、林业铖等老师的无私分享，感谢上游团队核心成员陈震、滕祥河、张智勇、赵炳鉴、胡江霞、罗胤晨、方刘花、张键宇等老师的倾情指导，还要感谢虽未提及但是对本书出版做出重要贡献的各位领导、专家、同行和师生朋友。

心理学家墨菲曾说：“我们每个人都是自己的命运导师。”使人站起来的不是双脚，而是理想、智慧、意志和创造力。心之所向，必有所成；心之能量，由心而发便势不可挡。笔者希望通过本书对高校思政社科研究的框架构建，从资源、理论、概况和方法层面为读者提供借鉴与启发，为正准备申报国家社科基金项目、教育部人文社科项目和各类省部级人文社科项目的思政课教师、辅导员、党政干部、共青团干部、党务工作者、党校教师等高校思想政治工作者注入信心与力量。限于编者个人学识及能力有限，加之时间仓促，书中难免存在诸多不尽如人意之处，在此恳请读者对本书提出批评指导和优化建议。如果读者还想进一步了解上游团队社科基金项目申报或项目组织管理等方面的经验、做法，欢迎扫码关注“上游智库”公众号或联系我们。

2025 年 5 月于湖北宜昌

扫一扫，关注上游智库

扫一扫，联系我们

“上游团队”2018—2024 年国家社科基金项目立项名单

目 录

谋事：资源篇

专题一 高校思政社科研究的政策导向

专题二 高校思政社科研究的队伍构成

目 录

专题三

高校思政社科研究的平台搭建

行事：理论篇

专题四

高校思政社科研究的常见误区

专题五

高校思政社科研究的根本遵循

专题六

高校思政社科研究的基本素养

目录

专题七

高校思政社科研究的基本方法

成事：概况篇

专题八

国家社科基金高校思政课研究专项立项概述

专题九

教育部人文社科项目思政类专项项目立项概述

专题十

教育部人文社科辅导员研究专项立项概述

目录

干事：技法篇

专题十三

高校思政社科研究的精耕细作

专题十四

高校思政社科研究的规范结题

谋事：资源篇

专题一

高校思政社科研究的政策导向

高校思政社科研究作为中国哲学社会科学研究的重要组成部分，其研究立场、研究目标、研究方向与研究内容要严格遵循党和国家的政策导向与教育方针。新时代高校思政社科研究要以习近平新时代中国特色社会主义思想为指导，学习贯彻党的二十大精神和全国教育大会精神，深入贯彻落实习近平总书记关于学校思政课建设的重要指示精神，全面贯彻党的教育方针，落实立德树人根本任务，着力解决好“培养什么人、怎样培养人、为谁培养人”这个教育根本问题。高校思政社科研究要深入研究高校思政课建设的重大问题，系统探究高校思政课教学的基本规律，守正创新推动高校思政课建设内涵式发展，不断提高思政课的针对性和吸引力，努力培养更多让党放心、爱国奉献、担当民族复兴重任的时代新人，确保党的事业和社会主义现代化强国建设后继有人。

系统梳理、全面解读和深刻领会党和国家、教育部关于思想政治教育和思想政治理论课建设的政策文件与指示精神，是高校思政社科研究的基础。高校思政社科研究者要把好方向盘、跟好指挥棒、弘扬主旋律，把准高校思政社科研究的时代脉搏，回应新时代高校立德树人的问题关切，切实提升思政社科研究的针对性和有效性。高校思政社科研究者上要顶天立地，聚焦教育强国、人才强国和科技强国的国家战略，时刻保持对国家相关政策的敏锐关注和深度学习；下要结合所在地域、高校和特定学生群体的特质差异，联系个人研究专长，将思政理论研究与育人实践紧密结合。高校思政社科研究者切忌陷入个体研究的围城孤岛，沉溺于孤芳自赏的美妙之中，无法有效破解制约当前思想政治教育高质量发展的诸多现实问题。

本专题聚焦高校思政课建设的目标指向、教学内容与教学方法、高校思政课的师资队伍建设、“大思政课”建设、课程思政建设、高校思想政治工作质量提升，系统梳理了近年来党和国家、教育部、共青团中央等出台的相关政策文件，以期帮助高校思政社科研究者系统了解和全面把握高校思政社科研究的宏观政策与制度支撑。只有全面、深入、系统地学习领会相关政策文件，找准方向，锚定问题，持续深耕，才有机会获批国家社科基金和教育部人文社科项目等高级别的思政研究项目，才有可能产出高校思政社科研究的高质量科研成果。

一、高校思政课建设的目标指向

高校思想政治理论课承担着对大学生进行系统的马克思主义理论教育的任务，是巩固马克思主义在高校意识形态领域指导地位、坚持社会主义办学方向的重要阵地，是全面贯彻党的教育方针、落实立德树人根本任务的主渠道和核心课程，是加强和改进高校思想政治工作、实现高等教育内涵式发展的关键课程。充分发挥思想政治理论课的作用，高举中国特色社会主义伟大旗帜，以马克思列宁主义、毛泽东思想、邓小平理论、“三个代表”重要思想、科学发展观、习近平新时代中国特色社会主义思想为指导，是党的教育方针的具体体现，是社会主义大学的本质特征，更是党和国家事业长远发展的根本保证。

《中共中央宣传部 教育部关于进一步加强和改进高等学校思想政治理论课的意见》（教社政〔2005〕5号）

扫一扫

教育部关于印发《新时代高校思想政治理论课教学工作基本要求》的通知（教社科〔2018〕2号）

扫一扫

《习近平：用新时代中国特色社会主义思想铸魂育人 贯彻党的教育方针 落实立德树人根本任务》（人民网-人民日报，2019-03-19）

扫一扫

中共中央办公厅 国务院办公厅印发《关于深化新时代学校思想政治理论课改革创新的若干意见》（中办发〔2019〕47号）

扫一扫

《教育部办公厅关于开展"一省一策思政课"集体行动的通知》（教社科厅函〔2019〕15号）

扫一扫

中共教育部党组关于印发《"新时代高校思想政治理论课创优行动"工作方案》的通知（教党函〔2019〕90号）

扫一扫

中共中央宣传部 教育部关于印发《新时代学校思想政治理论课改革创新实施方案》的通知（教材〔2020〕6号）	扫一扫
《教育部办公厅关于进一步做好“一省一策思政课”集体行动工作的通知》（教社科厅函〔2020〕14号）	扫一扫
教育部关于印发《高等学校思想政治理论课建设标准（2021年本）》的通知（教社科〔2021〕2号）	扫一扫
《习近平在全国教育大会上强调：紧紧围绕立德树人根本任务 朝着建成教育强国战略目标扎实迈进》（人民网-人民日报，2024-09-11）	扫一扫
共青团中央 教育部印发《关于在新时代新征程高校思政课建设中进一步发挥共青团作用的实施意见》的通知（中青联发〔2024〕9号）	扫一扫
中共中央 国务院印发《教育强国建设规划纲要（2024—2035年）》	扫一扫

二、高校思政课的教学内容与教学方法

高校思想政治理论课的教学内容是高校思政课教学改革的重中之重，也是高校思政社科研究的选题热点。高校思想政治理论课的教学内容范畴涵盖广泛，主要涉及思政课的课程体系、课程群组、课程目标、教学重点、教学难点、教材体系建设以及“本-硕-博”阶段思政课程内容的不同侧重与系统贯穿等。高校思想政治理论课的教学内容要素资源丰富，包括以习近平新时代中国特色社会主义思想为代表的马克思主义理论中国化时代化的最新成果、“五史”教育、科学家精神、工匠精神、雷锋精神、革命文物等，为新时代高校思政课建设的高质量发展提供了系统支撑。

高校思想政治理论课生动鲜活的教学内容需要匹配科学有效的教学方法。在党和国家、教育部等的相关政策文件中，思政课教学方法的创新和优化引发了思政研究者的普遍关注，成为高校思政社科项目选题的热门范畴。相关文件对思政课教学中学生主体性发挥、教学活动精心设计、实践环节巧妙融合、组织上好网络大课、充分挖掘和有效利用地方和高校独特红色教育资源等教学方法创新进行了系统阐释。

国家教材委员会关于印发《习近平新时代中国特色社会主义思想进课程教材指南》的通知（国教材〔2021〕2号）	扫一扫
《教育部办公厅关于在思政课中加强以党史教育为重点的“四史”教育的通知》（教社科厅函〔2021〕8号）	扫一扫

《教育部 国家文物局关于充分运用革命文物资源加强新时代高校思想政治工作的意见》（文物革发〔2021〕25号）	扫一扫
教育部关于印发《新时代马克思主义理论研究和建设工程教育部重点教材建设推进方案》的通知（教材〔2022〕1号）	扫一扫
教育部印发《教育系统关于新时代学习弘扬雷锋精神 深入开展学雷锋活动的实施方案》的通知（教思政函〔2023〕4号）	扫一扫
中国科协 教育部关于印发《“科学家（精神）进校园行动”实施方案》的通知（科协发宣字〔2023〕30号）	扫一扫

三、高校思政课的师资队伍建设

高校思想政治理论课的教学内容和教学方法都离不开“人”的实践。习近平总书记指出：“办好思想政治理论课关键在教师。”① 思政课教师政治要强、情怀要深、思维要新、视野要广、自律要严、人格要正。作为高校思政课高质量发展的关键环节，高校思政课师资队伍的素质能力和梯队建设直接决定着高校思政课教学效果的实现。为建设一支以专职为主、专

① 习近平. 思政课是落实立德树人根本任务的关键课程［J］. 求是，2020（17）：4-16.

兼结合、数量充足、素质优良的高校思政课师资队伍，全面推动习近平新时代中国特色社会主义思想进教材进课堂进头脑，结合思政课师资队伍建设实际，《普通高等学校思想政治理论课教师队伍培养规划（2019—2023年）》《新时代高等学校思想政治理论课教学队伍建设规定》等文件对高校思政课师资队伍的岗位要求、配备与选聘、培养与培训等方面提出了较为全面的要求。《中共中央宣传部 教育部关于进一步加强和改进高等学校思想政治理论课的意见》《关于深化新时代学校思想政治理论课改革创新的若干意见》等文件对完善思政课师资队伍建设的顶层设计、健全高素质强能力的思政课师资队伍培育机制等方面做出了系统谋划和科学指导。

《普通高等学校辅导员队伍建设规定》（中华人民共和国教育部令第 43 号）	扫一扫
《中共中央 国务院关于全面深化新时代教师队伍建设改革的意见》（中发〔2018〕4 号）	扫一扫
《教育部办公厅关于公布全国高校思想政治理论课教师研修基地名单的通知》（教社科厅函〔2018〕16 号）	扫一扫
教育部关于印发《普通高等学校思想政治理论课教师队伍培养规划（2019—2023 年）》的通知（教社科函〔2019〕10 号）	扫一扫

《新时代高等学校思想政治理论课教师队伍建设规定》（中华人民共和国教育部令第 46 号）	扫一扫
《教育部办公厅关于增设一批高校思想政治理论课教师研学（修）基地的通知》（教社科厅函〔2020〕15 号）	扫一扫
共青团中央 教育部 人力资源社会保障部 全国少工委关于印发《关于加强新时代少先队辅导员队伍建设的意见》的通知（中青联发〔2020〕2 号）	扫一扫

四、“大思政课”建设

2021 年 3 月 6 日，习近平总书记在看望参加全国政协十三届四次会议的医药卫生界教育界委员并参加联组会时指出，“思政课不仅应该在课堂上讲，也应该在社会生活中来讲”“‘大思政课’我们要善用之”[1]。“大思政课”建设的内涵是指：坚持开门办思政课，充分调动全社会力量和资源，建设“大课堂”、搭建“大平台”、建好“大师资”，以推进“大思政课”建设；深化认识思政课的定位，作为落实立德树人根本任务的关键课程，旨在培育学生的积极、进步的价值观，促进其成长成才[2]；拓展“大资

① “‘大思政课’我们要善用之”（微镜头·习近平总书记两会“下团组”·两会现场观察）[N]. 人民日报，2021-03-07（01）.

② 陈培永. 从挖掘“内涵”处着力，提升思政课吸引力 [N]. 光明日报，2024-05-21（15）.

源”、构建“大体系”、探索“大手段”、融入“大时空”，促进教学理念从线性教学转向立体教学、从静态教学转向动态教学、从单一评价转向综合评价，建立集显、甄选、嵌合和反馈机制①；厘清“大思政课”的本质内涵，廓清关于“大思政课”认识的迷雾，准确把握其科学内涵和实践路径②；打破传统思政课的局限，让思想政治教育融入更广阔的社会空间，通过丰富多彩的社会实践现场教学，实现立德树人的目标。

2022 年 8 月 10 日，教育部等十部门印发了《全面推进“大思政课”建设的工作方案》（教社科〔2022〕3 号），对全面推进“大思政课”建设的总体要求、改革创新主渠道教学、善用社会大课堂、搭建大资源平台、构建大师资体系、拓展工作格局、加强组织领导等方面作了纲领性的要求。“大思政课”具有视野开阔性、时空延展性、内容针对性、方法开放性等特点。“大思政课”建设要在时间维度上，处理好历史、现实与未来之间的关系；在空间场域上，处理好思政小课堂与社会大课堂之间的关系；在教学内容上，处理好科学理论与生动实践之间的关系；在教学手段上，处理好传统教学方式与现代教学方式之间的关系③。

教育部等十部门关于印发《全面推进“大思政课”建设的工作方案》的通知（教社科〔2022〕3 号）

扫一扫

① 王家明. “大思政课”建设的基本内涵、理念提升和机制建立［J］. 江苏高教，2024（2）：97-102.

② 曹媛媛. 把握大思政课提出的必然逻辑、科学内涵及实践进路［EB/OL］.（2023-05-12）［2025-05-05］. theory.gmw.cn/2023-05/12/content_36556583.htm.

③ 燕连福. “大思政课”建设的基本内涵、历史回顾与未来着力点［J］. 高校马克思主义理论研究，2021（3）：119-130.

《国家文物局办公室 教育部办公厅关于开展以革命文物为主题的“大思政课”优质资源建设推广工作的通知》（办革函〔2023〕295 号）

共青团中央 教育部印发《关于共建高校“大思政”体系 推动高校共青团工作高质量发展的实施意见》的通知（中青联发〔2024〕6 号）

五、高校课程思政建设

培养什么人、怎样培养人、为谁培养人是新时代高等教育要回应的根本问题。立德树人成效是检验高校一切工作的根本标准。落实立德树人根本任务，必须将价值塑造、知识传授和能力培养三者融为一体、不可割裂。全面推进课程思政建设，就是要将价值观引导融入知识传授和能力培养之中，帮助学生塑造正确的世界观、人生观、价值观，这是人才培养的应有之义，更是必备内容。2016 年，习近平总书记在全国高校思想政治工作会议上明确提出：“其他各门课都要守好一段渠、种好责任田，使各类课程与思想政治理论课同向同行，形成协同效应。”所有课程都应承担起思想政治教育的责任，将思想政治工作贯穿教育教学全过程，实现全程育人、全方位育人，成为新时代课程思政建设发展的根本遵循。教育部《高等学校课程思政建设指导纲要》（教高〔2020〕3 号）分为七个方面，对课程思政的建设进行了指导。

《教育部关于加快建设高水平本科教育全面提高人才培养能力的意见》(教高〔2018〕2 号)	扫一扫
《教育部关于深化本科教育教学改革全面提高人才培养质量的意见》(教高〔2019〕6 号)	扫一扫
教育部关于印发《高等学校课程思政建设指导纲要》的通知（教高〔2020〕3 号）	扫一扫
《教育部办公厅关于开展课程思政示范项目建设工作的通知》(教高厅函〔2021〕11 号)	扫一扫

六、高校思想政治工作质量提升

思想政治工作是党的优良传统、鲜明特色和突出政治优势，是一切工作的生命线。加强和改进思想政治工作，事关党的前途命运，事关国家长治久安，事关民族凝聚力和向心力。2020 年 4 月，教育部等八部门出台了《关于加快构建高校思想政治工作体系的意见》（教思政〔2020〕1 号），从理论武装体系、学科教学体系、日常教育体系等八个方面为高校思想政治工作的系统推进指明了方向。2021 年 7 月，《关于新时代加强和改进思想政治工作的意见》正式公布，从总体要求、治党治国的重要方式、深入开展思政教育、基层工作质量和水平、思政工作守正创新、构建思政大格局六个方面厘清了新时代高校思想政治工作研究的“聚焦点”和“发力点”。

中共中央 国务院印发《关于加强和改进新形势下高校思想政治工作的意见》（中发〔2016〕31 号）	扫一扫
《中共教育部党组关于学习贯彻落实全国高校思想政治工作会议精神的通知》（教党〔2016〕58 号）	扫一扫
中共教育部党组关于印发《高校思想政治工作质量提升工程实施纲要》的通知（教党〔2017〕62 号）	扫一扫
《教育部等八部门关于加快构建高校思想政治工作体系的意见》（教思政〔2020〕1 号）	扫一扫
教育部思想政治工作司《实施精准思政 提升党建质量——“十三五”时期高校思想政治工作改革发展情况》	扫一扫
中共中央 国务院印发《关于新时代加强和改进思想政治工作的意见》	扫一扫

中共中央宣传部、教育部联合印发《面向 2035 高校哲学社会科学高质量发展行动计划》	扫一扫
共青团中央 中共教育部党组印发《关于改革创新高校共青团工作 切实增强思想政治引领实效的若干措施》的通知（中青联发〔2022〕5 号）	扫一扫
共青团中央关于印发《新时代加强和改进共青团思想政治引领工作实施纲要》的通知（中青发〔2022〕9 号）	扫一扫
共青团中央办公厅 教育部办公厅 国家民委办公厅印发《关于进一步提升青少年民族团结进步教育工作实效的若干措施》的通知（中青办联发〔2023〕2 号）	扫一扫
《教育部办公厅关于开展高校“双带头人”教师党支部书记“强国行”专项行动的通知》（教思政厅函〔2024〕11 号）	扫一扫

专题二

高校思政社科研究的队伍构成

思想政治工作是党一切工作的生命线。2016 年，全国高校思想政治工作会议提出，要将思想政治工作贯穿高校教育教学全过程。习近平总书记指出：“长期以来，高校思想政治工作队伍兢兢业业、甘于奉献、奋发有为，为高等教育事业发展作出了重要贡献。要拓宽选拔视野，抓好教育培训，强化实践锻炼，健全激励机制，整体推进高校党政干部和共青团干部、思想政治理论课教师和哲学社会科学课教师、辅导员班主任和心理咨询教师等队伍建设，保证这支队伍后继有人、源源不断。”结合高校思想政治工作实际，当前高校思政社科研究的队伍结构主要由高校专职思政课教师、高校辅导员、高校思想政治工作队伍、高校专业课教师、党校及科研院所五大部分组成。

一、高校专职思政课教师

思政课教师肩负着主流意识形态传播和核心价值观塑造的崇高使命，是促进教育高质量发展的基础支撑。思政课教师理应具备过硬的政治素质、扎实的理论功底、过硬的教学本领和敏锐的问题意识。科研是教学的源头活水，教学是科研的价值体现。思政课教师不能只顾埋头教学，更要抬头看路，坐下科研。教学与科研两手抓，两手都要硬。高校思政社科研究不仅有助于提升思政课教师的学术水平，更能推动思想政治理论课的创新发展。借助高校思想政治理论课教师在职攻读马克思主义理论博士学位专项计划，思政课教师队伍学术热情进一步激发，理论水平系统提升。

1. 思想政治理论课教师岗位属性界定

思政课教师是指承担高等学校思政课教育教学和研究职责的专兼职教师，是高等学校教师队伍中承担开展马克思主义理论教育、用习近平新时代中国特色社会主义思想铸魂育人的中坚力量。

思政课教师的首要岗位职责是讲好思政课。思政课教师要引导学生成人成才，树立正确的世界观、人生观与价值观，坚定对马克思主义的信仰，坚定对社会主义和共产主义的信念，增强中国特色社会主义的道路自信、理论自信、制度自信、文化自信，厚植爱国主义情怀，把爱国情、强国志、报国行自觉融入坚持和发展中国特色社会主义事业、全面建成社会主义现代化强国、实现中华民族伟大复兴的奋斗之中，为培养德智体美劳全面发展的社会主义建设者和接班人作出积极贡献。

思政课教师的岗位要求如下：

第一，思政课教师应当增强“四个意识”、坚定“四个自信”、做到“两个维护”，始终在政治立场、政治方向、政治原则、政治道路上同以习近平同志为核心的党中央保持高度一致，模范践行高等学校教师师德规范。思政课教师要做到信仰坚定、学识渊博、理论功底深厚，努力做到政治强、情怀深、思维新、视野广、自律严、人格正，自觉用习近平新时代中国特色社会主义思想武装头脑，做学习和实践马克思主义的典范，作为学为人的表率。

第二，思政课教师应当用好国家统编教材。思政课教师要以讲好用好教材为基础，认真参加教材使用培训和集体备课，深入研究教材内容，吃准吃透教材基本精神，全面把握教材重点、难点，认真做好教材转化工作，编写好教案，切实推动教材体系向教学体系转化。

第三，思政课教师应当加强教学研究。思政课教师要坚持以思政课教学为核心的科研导向，紧紧围绕马克思主义理论的学科内涵开展科研，深入研究思政课教学方法和教学重点、难点问题，深入研究坚持和发展中国特色社会主义的重大理论和实践问题。

第四，思政课教师应当深化教学改革创新。思政课教师要按照政治性和学理性相统一、价值性和知识性相统一、建设性和批判性相统一、理论性和实践性相统一、统一性和多样性相统一、主导性和主体性相统一、灌输性和启发性相统一、显性教育和隐性教育相统一的要求，增强思政课的思想性、理论性和亲和力、针对性，全面提高思政课质量和水平。

2. 思想政治理论课教师准入与退出机制

2020 年 1 月 16 日出台的《新时代高等学校思想政治理论课教师队伍建设规定》第八条规定："高等学校可以在与思政课教学内容相关的学科遴选优秀教师进行培训后加入思政课教师队伍，专职从事思政课教学；并可以探索胜任思政课教学的党政管理干部转岗为专职思政课教师，积极推动符合条件的辅导员参与思政课教学，鼓励政治素质过硬的相关学科专家转任思政课教师。"第九条规定："高等学校可以实行思政课特聘教师、兼职教师制度。鼓励高等学校统筹地方党政领导干部、企事业单位管理专家、社科理论界专家、各行业先进模范以及高等学校党委书记校长、院（系）党政负责人、名家大师和专业课骨干、日常思想政治教育骨干等讲授思政课。支持高等学校建立两院院士、国有企业领导等人士经常性进高校、上思政课讲台的长效机制。"第十条规定："主管教育部门应当加大高等学校思政课校际协作力度，加强区域内高等学校思政课教师柔性流动和协同机制建设，支持高水平思政课教师采取多种方式开展思政课教学工作。采取派驻支援或组建讲师团等形式支持民办高等学校配备思政课教师。"第十一条规定："高等学校应当严把思政课教师政治关、师德关、业务关，明确思政课教师任职条件，根据国家有关规定和本规定要求，制定思政课教师规范或者在聘任合同中明确思政课教师权利义务与职责。"第十二条规定："高等学校应当设置独立的马克思主义学院等思政课教学科研二级机构，统筹思政课教学科研和教师队伍的管理、培养、培训。思政课教学科研机构负责人应当是中国共产党党员，并有长期从事思政课教学或者马克思主义理论学科研究的经历。缺少合适人选的高等学校可以采取兼职等办法，从相关单位聘任思政课教学科研机构负责人。”第十八条规定：“思政课教师在思想素质、政治素质、师德师风等方面存在突出问题的，在专业技术职务（职称）评聘中实行‘一票否决’。”第二十条规定：“高等学校应当制定思政课教师专业技术职务（职称）管理办法。完善专业技术职务（职称）退出机制，加强聘期考核，加大激励力度，准聘与长聘相结合。”第二十五条规定：“高等学校应当加强对思政课教师的考核，健全退出机制，对政治立场、政治方向、政治原则、政治道路上不能同党中央保持一致的，或理论素养、教学水平达不到标准的教师，不得继续担任思政课教师或马克思主义理论学科研究生导师。”

通过梳理《新时代高等学校思想政治理论课教师队伍建设规定》，目前高校思想政治理论课教师有严格的上岗条件要求和明确的考核评价标准。在思政课教师考核与评价方面，高等学校可以结合实际分类设置教学研究型、教学型思政课教师专业技术职务（职称），两种类型都要在教学方面设置基本任务要求，要将教学效果作为思政课教师专业技术职务（职称）评聘的根本标准，同时要重视考查科研成果。高等学校应当完善思政课教师教学和科研成果认定制度，推行科研成果代表作制度，制定思政课教师发表文章的重点报刊目录，将思政课教师在中央和地方主要媒体发表的理论文章纳入学术成果范围，细化相关认定办法。教学和科研成果可以是学术著作、学术论文、调研报告、报刊文章、资政建议、网络文化成果，也可以是示范讲义、创新课件和教学案例等。

3. 思想政治理论课教师教研相长互促

德国思想家和教育改革家威廉·冯·洪堡最早提出了“教学与科研相统一”的原则。他认为，大学应具有教学与科研两种职能，科研是培养学生科学修养、专业能力的特殊教学手段[①]。之后，“教学与科研相统一”成

① 刘健婷，刘云. 教学与科研由统一走向分离：从洪堡到伯顿·R. 克拉克［J］. 江苏高教，2020（9）：56-61.

为具有世界影响力的一种教育理念，也成为现代大学教育的基本原则。2019年3月18日，习近平总书记在学校思想政治理论课教师座谈会上指出："要坚持政治性和学理性相统一，以透彻的学理分析回应学生，以彻底的思想理论说服学生，用真理的强大力量引导学生。""透彻的"和"彻底的"是对思政课教师科学研究深刻性和广泛性的核心要求与生动注解，这就要求高校思政课教师要真正做到教学与科研互相支撑、协同推进。

党和国家高度重视围绕新时代思想政治理论课教学高质量发展的科学研究。党的十八大以来，很多文件中都出现了围绕思政课教师教学与科研相互关系的论述。

2015年，中宣部、教育部印发的《普通高校思想政治理论课建设体系创新计划》指出，"坚持教学与科研相结合，努力探索攻克教学难关，强化马克思主义理论学科和科研对教学的支撑作用"，着重强调科研对教学的支撑作用。

2019年，中共中央办公厅、国务院办公厅印发的《关于深化新时代学校思想政治理论课改革创新的若干意见》提出了"培育马克思主义理论教育家""加大思想性、理论性资源供给""强化'马院姓马、在马言马'的鲜明导向""把思政课教学作为马克思主义学院基本职责"等改革目标，围绕思政课教学推动马克思主义理论学科纵深发展。

2020年3月1日施行的《新时代高等学校思想政治理论课教师队伍建设规定》强调，"思政课教师的首要岗位职责是讲好思政课""思政课教师应当加强教学研究。坚持以思政课教学为核心的科研导向，紧紧围绕马克思主义理论学科内涵开展研究，深入研究思政课教学方法和教学重点难点，深入研究坚持和发展中国特色社会主义的重大理论和实践问题"。该规定对思政课教师的科研方向也进行了详细部署。

教学是中心，教学助推科研；科研是基础，科研支撑教学，两者是同向并驱、双向供给的互动统一体。思政课教师只有具备坚实的理论基础，才有面向教学、面向学生和面向现实的底气，才会形成"真理的强大力量"，锚定思想引领的正确方向。思政课的政治性目标不能空讲，要用科学研究不断提升思政课教学内容的学理性和科学性。思政课教师要立足马克思主义理论学科，围绕具体的研究领域，不断拓展问题的来源和渠道，培养敏锐的问题意识。教学与科研的良性互动，主要从构建以下四种模式着手：

模式一："经典-学理-教学"经典来源模式。

模式二："现实-实践-教学"现实来源模式。

模式三："课程-学理-教学"课程来源模式。

模式四："学生-实践-教学"学生来源模式。

4. 思想政治理论课教师专属升博通道

为深入贯彻落实《中共中央国务院关于进一步加强和改进大学生思想政治教育的意见》和《中共中央宣传部教育部关于进一步加强和改进高等学校思想政治理论课的意见》等文件精神，进一步加强高校思想政治理论课教师队伍建设，不断提升思政课教师的政治素质、专业水平、教学能力，教育部从 2008 年起试点实施"高校思想政治理论课教师在职攻读马克思主义理论博士学位"专项计划（以下简称"思政课教师攻读博士计划"），之后逐年扩大规模。以 2008 年思政课教师攻读博士计划为例，2008 年，思政课教师攻读博士计划全国首批招生有 19 所高校，且均为"985 工程"建设和"211 工程"建设高校。其中，"985 工程"建设高校占比 73.68%，"211 工程"建设高校占比 26.32%；"985 工程"建设高校博士研究生招生名额占总名额的 76%，"211 工程"建设高校博士研究生招生名额占总名额的 24%。由此可见，为切实提升思政课教师的理论水平和专业能力，教育部投入了马克思主义理论研究全国顶级的教学师资，对高校思政课教师队伍建设的重视可见一斑。申请专项计划的博士至少要有 5 年的思政课教龄，可以采取在职学习方式，但要保证至少一年的脱产学习时间。2009—2024 年，国家每年依托全国高校马克思主义理论一级学科博士点，招收 100 名高校思政课专职教师在职攻读马克思主义理论学科的博士学位。

2008 年高校思想政治理论课教师在职攻读马克思主义理论博士学位招生计划

扫一扫

教育部不仅提供了高校思想政治理论课教师专属升博通道，还保障了每年马克思主义理论学科博士、硕士招生名额的稳步增长。教育部印发《普通高等学校思想政治理论课教师队伍培养规划（2019—2023 年）》，依托拥有马克思主义理论一级学科博士学位授权点高校，实施马克思主义理论学科博士、硕士层次人才培养专项支持计划，扩大马克思主义理论学科研究生培养规模，推动马克思主义理论本、硕、博一体化人才培养。国家实施“高校思想政治理论课教师队伍后备人才培养专项支持计划”，从专项支持计划性质、增招额度、承担单位、招生管理四个方面对后备人才培养工作进行系统谋划和科学布局。专项支持计划为国家非定向培养的全日制专项招生计划，是“国家急需学科高层次人才培养支持计划”的重要组成部分。2018 年，专项支持计划共计划增招 1 490 名马克思主义理论学科研究生，其中博士研究生 500 人、硕士研究生 990 人。

2018 年高校思想政治理论课教师队伍后备人才培养专项支持计划名额分配表

扫一扫

在高校思想政治理论课教师队伍后备人才培养专项支持计划涉及招生的 50 所高校中，一流大学建设高校和一流学科建设高校的博士招生名额占比 90%，硕士招生名额占比 80%，为提升高校思想政治理论课师资队伍学历层次提供了优质的教育资源。

二、高校辅导员

高校辅导员专门从事高校思想政治教育工作，具有教师和管理人员的双重身份，是开展大学生思想政治教育的骨干力量，是高校学生日常思想政治教育和管理工作的组织者、实施者与指导者。高校辅导员的职业前景广阔，职业发展路径多元，可以走管理岗晋升职务，成为高校机关行政管理部门的行家，也可以走思政教师岗晋升职称，成为思想政治教育领域的专家。

高校辅导员工作要求掌握和运用多学科的知识技能，特别是马克思主义理论、思想政治教育、心理学、教育学、管理学、政治学、社会学、数字信息科学等相关学科的知识储备，才能应对学生成长成才中突如其来的个性化问题。新时代的高校辅导员，作为高校思想政治理论课教师队伍中的一员，不仅要育人有责、育人有为，更要育人有方、育人有效；不仅要有应对问题的新招和妙招，更要有解决问题的实招和绝招。这些“招数”从哪里来？要从学习中来，从科研中来，并在育人实践中验证。

1. 高校辅导员职业属性的“前世今生”

我国高校辅导员队伍的产生与发展始终与党的教育方针、高等教育的目标任务、大学生的成长成才保持高度一致。依据党和国家在不同历史时期的教育侧重，本书系统梳理高校辅导员队伍建设的政策文件，全面总结高校辅导员队伍建设发展的实践经验，对新中国成立以来高校辅导员队伍建设进行阶段划分。其主要分为曲折探索期（1949—1977 年）、初步恢复期（1978—1992 年）、逐步完善期（1993—2003 年）、全面成长期（2004—2011 年）、快速发展期（2012 至今）等五个阶段。

（1）曲折探索期（1949—1977 年）

20 世纪 50 年代初期，为了稳固新生政权、建设新中国，国家急需大量建设人才，这使得高校学生人数得以迅速增加。要培养“又红又专”的人才，就要加强思想政治教育，培养政治辅导员，由此拉开了高校辅导员队伍建设的序幕。

1951 年 11 月，全国工学院院长会议上拟定的《中央人民政府教育部关于全国工学院调整方案的报告》中，第一次提出了试行政治辅导员制度。1952 年，国家提出要在高校设立政治辅导员。1952 年 10 月，教育部印发的《关于在高等学校有重点地试行政治工作制度的指示》明确要求，在全国高等学校重点试行政治工作制度，设立“政治辅导处”。

1953 年，清华大学组建起了学生政治辅导员队伍，标志我国高校辅导员制度正式建立。1961 年，《教育部直属高等学校暂行工作条例（草案）》明确要从专职的党政干部、政治理论课教师和其他青年教师中挑选有一定政治工作经验的人担任政治辅导员，规定了挑选范围和要求，并提出辅导员要配备专职人员的构想。

1965 年，教育部制定的《关于政治辅导员工作条例》，以法规形式明确了辅导员的地位、作用和职责，推动了辅导员工作的规范化、法治化。这标志着全国各高校开始普遍建立辅导员制度。

（2）初步恢复期（1978—1992 年）

“文化大革命”结束后，高等教育逐步走上正常的发展轨道。伴随着高等院校招生制度改革和高等教育事业发展，高校思想政治工作面临许多新情况、新问题和新要求，思想政治工作和高校辅导员队伍亟须系统培育和科学构建。

1978 年 4 月，全国教育工作会议召开，会议指出要尽快建立一支新的学生思政工作队伍。同年 10 月，教育部印发的《全国重点高等学校暂行工作条例（试行草案）》明确规定，在一、二年级设政治辅导员或者班主任，从专职的党政干部、政治理论课教师和其他青年教师中挑选有一定政治工作经验的人担任，并提出政治辅导员在做学生思想政治工作的同时，要坚持业务学习。这体现了党和国家对辅导员职业价值的认同和肯定。

1980 年 4 月，教育部、共青团中央印发《关于加强高等学校学生思想政治工作的意见》，强调加强学生的思想政治工作，必须建立一支坚强的、有战斗力的政治工作队伍。不仅专职、兼职的政工干部要做思想政治工作，业务课教师也要做思想政治工作。高等学校特别要注意发挥马列主义理论课教师和各科骨干教师的作用。高等学校的学生政治工作干部，既是党的政治工作队伍的一部分，又是师资队伍的一部分，担负着全面培养学生的重要任务。他们和教学人员一样，都是办好高等学校不可缺少的重要力量。该意见要求，全国高校需立足实际情况，建立起政治辅导员制度或班主任制度，并针对学生政工干部的身份、职称评定、工资福利待遇和编制等问题，做出了具体的规定。

1984 年 4 月，教育部决定开设思想政治教育专业，高校思想政治工作队伍培养逐步走入专业化。同年 11 月，中宣部、教育部联合印发《关于加强高等学校思想政治工作队伍建设的意见》。这是继 1965 年以来，围绕思政队伍建设的第二个专门性文件。该文件从素质要求、能力提升、发展方向等方面，对加强思政队伍建设提出了指导性意见。

1986 年 5 月，中共中央、国务院批转国家教委《关于加强高等学校思想政治工作的决定》。其中明确了思政工作专职人员的挑选标准、工作内容等。1987 年 5 月 11 日，国家教委在《关于在高等学校学生思想政治教育专职人员中聘任教师职务的实施意见》中明确规定，思政专职人员可以评定助教、讲师、副教授、教授职称，随后的补充通知又明确把学生思政教育专职人员纳入教师编制。1987 年 5 月 29 日，《中共中央关于改进和加强高等学校思想政治工作的决定》强调，要培养和造就一批思想政治教育的专家、教授和理论家。

（3）逐步完善期（1993—2003 年）

20 世纪 90 年代，世界范围内发生着深刻的变革，我国经济体制改革和对外开放迎来了新高潮，高等教育改革发展继续迈向前进。新的形势对高校思想政治教育工作及高校辅导员队伍建设提出了更高的要求。

1994 年 8 月，《中共中央关于进一步加强和改进学校德育工作的若干意见》强调：“积极支持和发展‘双肩挑’制度”。1995 年 11 月，教育部发布《中国普通高等学校德育大纲（试行）》，明确要求加强高校德育队伍建设，对学生专职政工人员的范畴进行了明确界定，其中包括“辅导员”。

1999 年，中央召开第三次全国教育工作会议，印发《中共中央关于加强和改进思想政治工作的若干意见》，强调：“按照提高素质、优化结构、相对稳定的要求，建设一支政治强、业务精、作风正的思想政治工作队伍。”

2000 年 7 月，教育部党组印发了《关于进一步加强高等学校学生思想政治工作队伍建设的若干意见》，强调要坚持德才兼备的原则和专兼结合的原则，对高等学校学生思想政治工作队伍的政治素质、学历层次、组织管理以及政治面貌等有了较高要求，明确了专职学生政治辅导员任期一般为 4~5 年。

（4）全面成长时期（2004—2011 年）

进入新世纪，国际形势风云变化，国内各种矛盾交织叠加，高校思想政治教育工作面临着严峻挑战。为适应新形势和新局面，2004 年，中共中央、国务院印发《关于进一步加强和改进大学生思想政治教育的意见》，明确提出辅导员、班主任是大学生思想政治教育的骨干力量；完善大学生思想政治教育工作队伍的选拔、培养和管理机制；按照政治强、业务精、纪律严、作风正的要求，坚持专兼结合的原则，研究和制定加强高校思想政治教育工作队伍建设的具体意见，吸引更多的优秀教师从事学生思想政治教育工作。这体现了党和国家对大学生思想政治教育工作的重视。

2005 年 1 月，教育部发布《教育部关于加强高等学校辅导员班主任队伍建设的意见》，提出“专职辅导员原则上要从党员教师和党政干部中选聘”，第一次明确提出专职辅导员总体上按 1∶200 的比例配备。

2006 年 4 月，教育部召开全国高校辅导员队伍建设工作会议，为我国首次全国性、专门性的辅导员工作会议。会议明确了辅导员的角色、职责、素质要求，提出双重身份、双重管理、双线晋升等辅导员队伍激励机制，形成专业化与职业化的建设目标。同年 7 月，教育部发布《普通高等学校辅导员队伍建设规定》，以法律法规形式从制度层面对辅导员的角色、地位、作用进行了重新定位，对辅导员的配备选聘、培养发展、考核管理等做出了详细规定。

（5）快速发展期（2012 年至今）

党的十八大开启了中国特色社会主义新时代，以习近平同志为核心的党中央从“培养担当民族复兴大任的时代新人”的战略高度科学引领和系统谋划大学生思想政治教育工作，对高校辅导员队伍建设给予了全方位的政策保障。

2013 年 5 月，教育部党组印发《普通高等学校辅导员培训规划（2013—2017 年）》，对高校辅导员的培训内容、培训形式等进行规定，要求构建起“分层次、全覆盖的三级辅导员培训体系”。12 月，《教育部办公厅关于加强高校辅导员基层实践锻炼的通知》指出，各地各高校要积极推动辅导员参加基层实践锻炼，重点选派新任辅导员参加基层服务项目和援藏援疆援青等工作。辅导员要在基层锻炼中深入一线，和人民群众保持密切接触，在扎实推进基层工作和解决人民群众实际困难中锤炼“能干事”的本领。

2014 年 3 月，教育部印发《高等学校辅导员职业能力标准（暂行）》，构建了“初级-中级-高级”的高校辅导员职业能力体系，进一步明确了“高校辅导员”这一职业的概念、工作标准和能力要求，提升了辅导员的职业价值感和荣誉感。

2017 年 2 月，中共中央、国务院印发《关于加强和改进新形势下高校思想政治工作的意见》，专门提出加强教师队伍和专门力量建设。9 月，《普通高等学校辅导员队伍建设规定》出台，以法律法规的形式为辅导员队伍可持续发展提供了强有力的制度保障。辅导员工作内容明确，职责清晰，配备、选聘条件更加具体，为专职辅导员的职业发展铺平通道。

2020 年，《教育部等八部门关于加快构建高校思想政治工作体系的意见》指出，打造高素质思想政治工作和党务工作队伍，完善高校专职辅导员职业发展体系，建立职级、职称“双线”晋升办法。学校应当结合实际情况为专职辅导员专设一定比例的正高级专业技术岗位，参照校内管理岗位比例，依据国家有关规定，建立完善高校专职辅导员管理岗位（职员等级）晋升制度；对长期从事辅导员工作、表现优秀的，按照国家有关规定给予奖励。

总体来说，辅导员队伍建设从数量到质量、从职业化走向专业化、从外延式走向内涵式，业务更加明确，职责更加清晰，职业通道更加畅通，培养培训机制、考核评价机制、职业发展机制等不断优化创新。教育主管部门和高校更加重视辅导员队伍的教育培训，专职辅导员在职攻读博士计划落实，依托辅导员队伍建设为导向，加强高校思想政治工作的学术引领，搭建科研平台，推进理论研究，切实为辅导员专业化与职业化发展保驾护航。

2. 高校辅导员职业发展的“双升通道”

进入 21 世纪，受高校扩招影响，大学生群体规模迅速扩大，思想、心理、情感、学业、就业等方面的个体矛盾和困难普遍增多。辅导员依托党团活动、班级建设、主题教育、心理咨询、生涯规划、社会实践等载体教育引导学生。20 世纪 90 年代中期以后，辅导员在做好学生思想工作的同时，还要涉及学风建设、学业规划、心理咨询、就业指导等方面的工作，还承担着诸如形势与政策课、就业指导课、心理健康课、军事理论课等教学任务。辅导员的身份也不再仅仅是政工干部，还被赋予了学生党务工作者和思政课教师的职能属性。

2004 年，中共中央、国务院出台《关于进一步加强和改进大学生思想政治教育的意见》，此后在相关工作推进中，“政治辅导员”中的“政治”二字逐渐不再特别强调，这标志着辅导员的双重属性正式取代了唯政治属性。辅导员既要成为学生政治方向的引路人，又要成为高校思想政治教育教学和实践的研究者。在崇尚学术、追求科研的高校，教师身份对高校辅导员的职业发展至关重要。《教育部普通高等学校辅导员队伍建设规定》正式明确了辅导员的教师和管理人员双重身份，保障了辅导员在发展方面的“双线”晋升通道。随后，高校围绕辅导员身份定位的探索创新层出不穷。有的高校实现了辅导员职称、职级、职务“三路并举”，构建了涵盖 3 个层次、12 个等级的辅导员职业等级制度。辅导员“双升”政策的推广实施，为辅导员队伍建设的专业化与职业化起到了重要推动作用。

3. 高校辅导员教育培训的“时空贯穿”

2014 年，教育部发布的《高等学校辅导员职业能力标准（暂行）》指出，根据学校的专业培养目标和教学培训计划，定期参加思想政治教育培训。基本培训期限：入职培训不少于 40 标准学时（10 天）；中级不少于 48 标准学时（16 学时/年，3 年 12 天）；高级不少于 128 标准学时（16 学时/年，8 年 32 天）。近年来，各高校逐步加大了对辅导员的培养力度和培训投入，通过辅导员教育培训基地、辅导员名师工作室、辅导员工作创新论坛、辅导员工作研究论文评选等形式，为全国辅导员工作交流和探讨提供了载体平台。

（1）教育部高校辅导员培训和研修基地

2007 年 7 月，教育部公布了首批 21 个教育部高校辅导员培训和研修基地，各省（自治区、直辖市）同步设立省级辅导员培训基地。首批辅导员培训和研修基地分布在复旦大学，北京师范大学，浙江大学，南开大学，西南交通大学，辽宁大学，中南大学、湘潭大学（联合），福建师范大学，山东大学，哈尔滨师范大学，武汉大学，华南师范大学，南京师范大学，西南大学，东北师范大学，郑州大学，陕西师范大学、延安大学（联合），河北师范大学，西北师范大学，安徽师范大学，广西师范大学。高校辅导员培训和研修基地除承担培训任务外，还要承担专题研究任务，要在教学实践和科研的基础上为教育部和省级教育部门制定相关政策提供决策咨询，确保政策的合理到位，努力成为加强辅导员队伍建设及大学生思想政治教育的智库。

（2）高校辅导员名师工作室

辅导员名师工作室是基于辅导员职业化、专业化、专家化的视角，兼顾“线上+线下”场域，融合“校内+校外”资源，依托辅导员专业优势，把具有共同研究兴趣与目标的辅导员整合起来，由该领域颇有建树的资深辅导员担任工作室负责人，结合自主研修、专家引领、问题探究、朋辈互助、交流观摩、实践反思等模式组建起来的学习型、研究型、创新型的辅导员团队。辅导员名师工作室聚焦某一具体工作展开研究，为辅导员搭建学习交流的平台，提供持续性理论指导和能力培训，从而提高辅导员工作的专业化水平。

（3）全国高校思想政治工作骨干示范培训班

全国高校思想政治工作骨干示范培训班是由教育部思想政治工作司主办的，旨在深入实施“时代新人铸魂工程”，推进落实《全面加强新时代高校辅导员队伍建设行动方案》，全面提升高校思想政治工作队伍素质能力，推动高校思想政治工作高质量发展。培训班面向不同辅导员群体，从教育部思想政治工作司师资库中邀请专家，围绕网络文化建设、学生思想引领、文化育人能力、就业指导帮扶、心理咨询和危机干预技术等主题，实施分层分类的精准培训。培训班采取多样化培训形式，除理论学习外，还安排有实地考察、现场教学等实践教学环节，增强了教育培育的生动性、互动性与实践性。

（4）全国高校思想政治工作创新论坛

全国高校辅导员工作创新论坛由中国高教辅导员工作研究会主办，每年开展一次，旨在搭建有效平台，帮助广大辅导员拓宽视野、研讨工作、交流经验、推动创新。全国高校思想政治工作创新论坛聚焦高校思想政治工作的热点问题、难点问题和前沿趋势，通常采用主题演讲、圆桌对话、分组讨论等形式探讨并分享思政教育融入创新创业教育、思政课程与课程思政融合等新思路、新方法，推动理论与实践创新，提升新时代高校思想政治工作的针对性和实效性。

4. 高校辅导员专属升博的“全域覆盖”

自 2008 年起，教育部启动实施高校辅导员攻读思想政治教育专业博士学位计划试点工作，引导辅导员长期从事辅导员工作，向专业化、职业化方向发展。自 2008 年正式实施以来，该项计划（后调整为高校思想政治工作骨干在职攻读博士学位专项计划）已成为进一步加强和改进新形势下高校思想政治工作的重要举措，对高校坚持社会主义办学方向，落实立德树人根本任务，打造思想政治素质高、专业化程度高、职业认同度高的思想政治工作队伍，发挥了极为重要的作用。

该计划有三点优势：一是面向一线倾斜。该计划要求每年各学校录取的专职辅导员占比不低于70%，给众多一线辅导员提供了宝贵的深造机会。二是注重工作实绩。该计划比较重视对有突出工作实绩的辅导员加强培养，力争实现工作实务与专业研究“两不误，相促进”。三是紧扣实际问题。相关博士研究生的研究方向原则上需关注辅导员工作或日常思想政治教育中的实际问题、痛点难点，有较强的现实指向性。

5. 高校辅导员科研成果的“业绩清单”

（1）全国高校辅导员年度人物暨“最美高校辅导员”

自2019年起，中宣部、教育部联合评选全国高校辅导员年度人物暨“最美高校辅导员”。全国高校辅导员年度人物每年评选出20人，“最美高校辅导员”每年评选出10人，这两个奖项是辅导员领域的最高荣誉。

（2）辅导员素质能力大赛

辅导员素质能力大赛诞生于2012年，赛事分为初赛、复赛和决赛三个阶段。初赛由各省级党委教育工作部门负责，各地各高校结合实际自行开展。复赛共分六个赛区。决赛由全国高校辅导员工作研究会承办，分为基础能力测试、谈心谈话和案例分析三个环节。该赛事为提升辅导员理论水平、专业素养和业务能力提供了重要平台。

（3）高校思想政治工作质量提升综合改革与精品建设项目

高校思想政治工作质量提升综合改革与精品建设项目隶属于教育部项目，每年集中在10月中下旬开始申报，包括品牌项目示范推广、骨干队伍培育提升和平台基地辐射引领3个类别，共15个子项（见表2-1）。

表 2-1　高校思想政治工作质量提升综合改革与精品建设项目

类别	子项
品牌项目示范推广	高校思想政治工作精品项目
	高校思想政治工作研究文库
	高校原创文化精品
	高校场馆育人作用开发
	高校数字文物开发
	高校学生心理健康教育指导典型案例
	新时代伟大变革融入高校思想政治教育典型案例
	大中小学思想政治教育一体化建设工作典型案例
骨干队伍培育提升建设	高校思想政治工作中青年骨干
	高校网络教育名师
	高校辅导员名师工作室
平台基地辐射引领	红色文化弘扬基地
	学生综合素质训练基地
	全国高校综合性教育实践体验基地
	全国高校示范“一站式”学生社区

（4）教育部人文社会科学研究（辅导员专项）

为鼓励辅导员队伍从事工作研究，提升高校思想政治工作的科学化水平，2019 年，教育部人文社会科学研究项目在思想政治工作专项中单独设立了高校辅导员专项课题。自 2020 年起，该课题从思想政治工作专项中分离出来，单独设立“高校辅导员工作研究专项”，面向全国高校辅导员每年立项资助 200 项左右研究项目，每项资助 2 万元，研究周期 2 年。2019—2024 年教育部人文社科研究项目高校辅导员专项立项情况如表 2-2 所示。

表 2-2　2019—2024 年教育部人文社科研究项目高校辅导员专项立项情况

立项年份	2019 年	2020 年	2021 年	2022 年	2023 年	2024 年
立项数	50	200	209	208	202	202

（5）全国高校思想政治工作优秀案例

全国高校思想政治工作优秀案例评选活动由教育部思想政治工作司指导，中国高等教育学会辅导员工作研究分会等机构承办。案例广泛涵盖党建团建、思想政治教育、心理健康教育、校园文化建设、社会实践教育以及网络思想政治教育等多个领域。

（6）评优类获奖

根据日常工作中的表现，辅导员在省级、市级各类育人专项评比考核中获得各类荣誉称号；在学校年度考核中获得“优秀教师”“优秀辅导员”“优秀共产党员”“优秀党务工作者”“宣传先进个人”“招生就业先进个人”等荣誉称号。

（7）竞赛类奖项

辅导员本人参加或指导学生参与国家级、省级、市级、校级各类思政课教学竞赛、思想政治教育精品项目、思政学术报告会、辅导员工作论坛、育人故事演讲比赛、学术科技竞赛、暑期社会实践、文体竞赛等，获得各级各类荣誉奖项等。

三、高校思想政治工作队伍

高校思想政治工作队伍主要由两大主干群体组成：一是高校党政干部，二是高校共青团干部。两大群体相辅相成，共同推动着高校思想政治教育的发展与创新。高校党政干部凭借其政策解读、决策制定和协同治理能力，为思想政治教育提供体制机制的政策保障和制度支撑；共青团干部凭借团学工作贴近青年、服务青年、引领青年的优势，善于将思想政治教育融入青年大学生日常学习生活中，将文化育人、活动育人、实践育人、网络育人有机融合，提升教育的精准性和有效性。围绕新时代高校思想政治工作面临的新情况和新问题，积极、主动开展思政社科研究，破解制约高校立德树人目标实现的关键问题，形成学理性、科学性、规律性的思政社科研究成果指导育人实践，是高校思想政治工作队伍建设的应有之义。

1. 高校党政干部

党的十八大以来，习近平总书记明确提出党政干部要讲思政课的要求，强调“学校党委书记、校长要带头走进课堂，带头推动思政课建设，带头联系思政课教师”。这一要求的落实，为更好地继承发扬中国共产党思想政治教育优良传统，推进新时代加强思想政治工作和思政课建设凝聚起更多的主体力量。思想政治理论课是落实立德树人根本任务的关键课程，党中央始终高度重视思想政治理论课建设，相继出台《关于深化新时代学校思想政治理论课改革创新的若干意见》《新时代高等学校思想政治理论课教师队伍建设规定》等文件，大力倡导党政干部参与思政课教学，持续推动党政干部讲思政课的制度化、规范化和常态化。

2015 年，中宣部、教育部印发的《普通高校思想政治理论课建设体系创新计划》指出：“高校所有校领导要带头讲思想政治理论课。”中组部、中宣部、教育部发布的《关于领导干部上讲台开展思想政治教育的意见》进一步从重要意义、主要任务、领导体制和工作机制、氛围营造等方面对党政干部上思政课进行了具体规定。2016 年，《教育部办公厅关于推进实施高校思想政治理论课特聘教授制度的通知》从构建思政课建设新机制和教学人才新体系的高度，提出高校校领导要带头讲思想政治理论课。

2017 年，中共中央、国务院发布的《关于加强和改进新形势下高校思想政治工作的意见》指出，高校党委书记、校长和院（系）党组织书记、院长（系主任）每学期至少为学生讲一次思想政治理论课，扩大了讲思政课的党政干部范围，并初步对讲授任务作出了规定。2019 年，中共中央办公厅、国务院办公厅发布的《关于深化新时代学校思想政治理论课改革创新的若干意见》对地方党委严格落实思政课建设主体责任作出了明确要求，并进一步明确了高校党政干部每学期讲授思政课的课时数要求，即高校党委书记、校长每学期至少给学生讲授 4 个课时思政课，高校领导班子其他成员每学期至少给学生讲授 2 个课时思政课，可重点讲授“形势与政策”课。

2020 年，教育部印发《新时代高等学校思想政治理论课教师队伍建设规定》，鼓励高等学校统筹地方党政领导干部经常性进高校，上思政课讲台，从制度层面对党政干部上思政课工作落实的持续性、规范化提供了坚强保障。2023年，教育部实施《普通高等学校马克思主义学院建设标准（2023年版）》，从新时代建好建强马克思主义学院、推动马克思主义学院内涵式发展等视角，对党政干部讲好思政课作出规范性要求。党政干部讲思政课，有利于发挥党政干部自身优势，凝聚社会力量，链接社会资源，推动构建新时代思政课的大师资、大平台和大课堂，优化思政课的育人生态、育人格局和育人体系，高度契合“大思政课”建设的精髓要义。

2. 共青团干部

高校共青团的根本任务是为中国特色社会主义事业培养建设者和接班人。深刻认识到做好思想政治工作是高校共青团的主责主业，高校应充分发挥好高校团学组织在“大思政”格局中的独特作用。共青团作为党的助手和后备军，既是高校思政工作的主力军，又是青年思想引领的实践者，是党的青年工作的重要力量。高校共青团干部是青年大学生思想引领的领头雁和生力军，也是高校思想政治工作的力量依托。在新形势下，高校共青团干部要提升政治引领力，从政治上着眼、从思想上入手、从青年特点出发，引导青年从内心深处厚植对党的信赖、对中国特色社会主义的信心、对马克思主义的信仰。高校共青团干部长期处在青年工作第一线，对青年大学生思想政治状况、心理性格特质、文化偏好倾向、话语表达体系、社会行为逻辑等比较了解。高校要充分吸纳高校共青团干部参与思政课课堂教学与社会实践，聚焦“大思政课”建设任务，开展新时代青年工作规律的思政社科研究。

2022年5月10日，习近平总书记在庆祝中国共产主义青年团成立100周年大会上指出，共青团要增强引领力、组织力、服务力，团结带领广大团员青年成长为有理想、敢担当、能吃苦、肯奋斗的新时代好青年。共青团工作要坚持为党育人，始终成为引领中国青年思想进步的政治学校。我们党用“共产主义”为其命名，就是希望党的青年组织永远站在理想信念的高地，用党的科学理论武装青年，用党的初心使命感召青年，用党的光辉旗帜指引青年，用党的优良作风塑造青年，引导广大青年在思想洗礼、在实践锻造中不断增强做中国人的志气、骨气、底气，让革命薪火代代相传。

2023 年 6 月，习近平总书记在同团中央新一届领导班子成员集体谈话时强调，要加强对青年政治引领，党旗所指就是团旗所向；要在广大青年中加强和改进理论武装工作，引导广大青年运用马克思主义立场、观点、方法观察分析问题，从而坚持正确政治方向，增强道路自信、理论自信、制度自信、文化自信，坚定听党话、跟党走的人生追求；要抓好面向广大团员和青年的主题教育，引导团员和青年认真学习领会习近平新时代中国特色社会主义思想，善于运用贯穿其中的立场观点方法分析问题，提高对党的基本理论、基本路线、基本方略的领悟力。

2015 年 1 月，全国学校共青团研究中心成立仪式在北京科技大学举行。全国学校共青团研究中心设工作指导委员会和学术指导委员会，组织开展学校共青团工作相关专项研究、成果出版、课题管理、成果评选、学术交流和干部培训。全国学校共青团研究中心团结学校共青团相关领域理论和实践工作者，深入研究当代青年学生成长的新规律和新特点，研究新时代学校共青团工作的新思路和新举措，组织开展调查研究、科学研究、学术交流和干部培训，为推进学校共青团的组织和工作创新提供理论支持和决策参考。全国学校共青团研究中心面向全国学校各级团组织发布《共青团实践育人工作课题申报公告》，分为重点课题、入选课题和立项选题三个类别，以一年为研究周期，资助学校共青团开展工作研究，形成理论成果（见表 2-3）。各省级共青团组织也下设专门研究机构，立项省级共青团工作研究课题开展研究。

表 2-3　2023 年全国学校共青团研究中心实践育人工作课题立项情况

课题类型	立项数量/项	资助金额/元	结题要求（不少于）
重点课题	14	10 000	20 000 字结题报告+5 000 字资政报告
入选课题	20	5 000	10 000 字结题报告+5 000 字资政报告
立项选题	50	0	8 000 字结题报告+3 000 字资政报告

四、高校专业课教师

高等学校人才培养是育人和育才相统一的过程。建设高水平人才培养体系，必须将思想政治工作体系贯通其中，必须抓好课程思政建设，解决好专业教育和思政教育“两张皮”问题。2020 年 5 月 28 日，教育部党组审议通过《高等学校课程思政建设指导纲要》（以下简称《纲要》）并正式发布。《纲要》旨在把思想政治教育贯穿人才培养体系，全面推进高校课程思政建设，发挥好每门课程的育人作用，提高高校人才培养质量。全面推进课程思政建设，就是要将价值观引导融入知识传授和能力培养之中，帮助学生树立正确的世界观、人生观与价值观。这是人才培养的应有之义，更是必备内容。高校要紧紧抓住教师队伍“主力军”、课程建设“主战场”、课堂教学“主渠道”，让所有高校、所有教师、所有课程都承担好育人责任，守好一段渠、种好责任田，使各类课程与思政课程同向同行，将显性教育和隐性教育相统一，形成协同效应，构建全员全程全方位育人大格局。

全面推进课程思政建设，教师特别是专业课教师是关键。高校要推动广大教师进一步强化育人意识，找准育人角度，提升育人能力，确保课程思政建设落地落实、见功见效；要加强教师课程思政能力建设，培育专业教师课程思政科研素养，建立健全优质资源共享机制，支持各地搭建课程思政建设交流平台，分区域、分学科专业领域开展经常性的典型经验交流、现场教学观摩、教师教学培训等活动，充分利用现代信息技术手段，促进优质资源在各区域、各层次、各类型的高校间共享共用；要加强课程思政建设重点、难点、前瞻性问题的研究，在教育部哲学社会科学研究项目中积极支持课程思政类研究选题；要充分发挥高校课程思政教学研究中心、思想政治工作创新发展中心、马克思主义学院和相关学科专业教学组织的作用，构建多层次课程思政建设研究体系。

五、党校及科研院所

党校及科研院所作为高校之外思政社科研究的重要力量，在推动思想政治教育理论与实践的创新发展方面发挥着举足轻重的作用。党校通过系统的理论学习与培训，不断强化党员干部的思想政治素养；科研院所依托其科研优势，不断探索思想政治教育的新理念、新方法。党校及科研院所共同促进思想政治教育内容的丰富与形式的创新，为培养具有高素质、强能力的思政干部队伍和精准、科学、有效的思政教育教学方法提供坚实支撑。

1. 党校

党校是党组织培训党员干部的学校，中国共产党各级党校是中国共产党各地党组织培训党员干部的学校。1933 年 3 月 13 日，中共中央在江西瑞金苏区创办了马克思共产主义学校，标志着中央党校的诞生。2000 年 6 月，中共中央印发《中共中央关于面向 21 世纪加强和改进党校工作的决定》，召开全国党校工作会议。2013 年 3 月，中央党校召开建校 80 周年庆祝大会，习近平总书记出席并发表重要讲话，强调在全党大兴学习之风，依靠学习和实践走向未来。2015 年 12 月 9 日，中共中央印发《中共中央关于加强和改进新形势下党校工作的意见》，召开第七次全国党校工作会议，强调坚持党校姓党的根本原则，切实做好新形势下的党校工作。2016 年 4 月 20 日，中央机构编制委员会办公室正式印发《关于在中央党校建立全国党校教师进修学院》的文件。2018 年 3 月，中央党校和国家行政学院的职责整合，组建新的党中央直属事业单位中央党校（国家行政学院）。

2019 年 11 月，中共中央印发《中国共产党党校（行政学院）工作条例》(以下简称《条例》)。《条例》规定，党校（行政学院）是党领导的培养党的领导干部的学校，是党委的重要部门，是培训党的各级领导干部的主渠道，是党的思想理论建设的重要阵地，是党和国家的哲学社会科学研究机构和重要智库。党校（行政学院）工作原则中明确提出：坚持实事求是，注重理论联系实际，强化问题导向，做到学思用贯通、知信行统一；坚持质量立校，积极探索和遵循党校（行政学院）教育规律和干部成长规律，提高教学、科研、咨询和管理水平。党校（行政学院）的基本任务是培训各级党政领导干部、公务员、国有企业领导人员、事业单位领导人员、年轻干部、理论宣传骨干、高层次人才、基层干部、党员，开展党校（行政学院）系统师资培训；加强马克思主义基本理论研究，重点研究宣传习近平新时代中国特色社会主义思想；承办党委和政府以及相关部门举办的专题研讨班；开展重大理论和现实问题研究，承担党委和政府决策咨询服务，等等。

党校（行政学院）教学科研人员要具备扎实的马克思主义理论功底，熟悉党的路线方针政策，专业知识丰富，注重调查研究，勇于理论创新，具有较强的教学培训、科学研究、决策咨询能力。新时代新征程新使命，党校作为党领导下培养党的领导干部的学校，要主动担当、积极作为，增强“四个意识”、坚定“四个自信”、做到“两个维护”，落实新时代党的建设总要求，紧紧围绕党和国家工作大局，培养造就忠诚干净担当的高素质专业化干部队伍。

党校教师要不断提高自身的学术水平和专业水平，增强针对性和实效性。科研工作是党校（行政学院）发展的基础支撑。科研工作应当密切关注国内外形势的发展变化，加强对重大理论和现实问题的研究，重点加强对习近平新时代中国特色社会主义思想的研究，为提高党校（行政学院）教学质量服务，为推进党的理论创新服务，为党委和政府决策服务。各级党校要制定和实施人才强国战略，实施“名师工程”，培养造就一批政治强、业务精、作风好的高素质教学科研人才。各级党校要坚持教研互动、课题带动、咨政推动等形式，以理论阐释、课题研究、论文发表为抓手，致力于产出“立得住、叫得响、有分量”的思政社科研究成果，提升党校的思想库地位。

2. 科研院所

科研院所是指为解决某些方面科学及实践问题而开展研究的科学院、

研究院、研究所等科研单位。科研院所有不同的分类，如国家级科研单位和地方科研单位；自然科学科研单位和社会科学科研单位；直属国务院的科研院所、直属国家各部门的科研院所和直属各省（自治区、直辖市）相关单位的科研院所。直属国务院的科研院所包括中国科学院（中科院）和中国社会科学院（社科院）两大科研系统中的各类研究所和研究中心。这些研究机构遍布全国各地。直属国家各部门的科研院所为本部门和所属行业提供科研成果，利用自身科研资源培养研究人才。直属各省（自治区、直辖市）相关单位的科研院所规模较小，但研究方向灵活、有较强的地域性和针对性，向所属省（自治区、直辖市）政府和相关单位提供科研成果。

中国社会科学院是中共中央直接领导、国务院直属事业单位，是中国哲学社会科学研究的最高学术机构和全国哲学社会科学综合研究中心。中国社会科学院的前身是1955年成立的中国科学院哲学社会科学部。1977年5月7日，经党中央批准，在中国科学院哲学社会科学部基础上正式组建了中国社会科学院。党中央对该院提出的三大定位是：马克思主义的坚强阵地、中国哲学社会科学研究的最高殿堂、党中央和国务院重要的思想库与智囊团。

中国教育科学研究院成立于1957年，是教育部直属的国家级综合性教育科学研究机构。全国教育科学规划领导小组办公室设在该研究院。该研究院的前身是1941年中国共产党在延安建立的中国教育研究室。1957年，国务院、中央书记处正式批准成立中央教育科学研究所。2011年，中央教育科学研究所更名为中国教育科学研究院。2019年，中国教育科学研究院组织拟订《教育部关于加强新时代教育科学研究工作的意见》，这是中华人民共和国成立以来教育部印发的首个教育科研规范性文件。中国教育科学研究院设有13个研究所，分别是教育发展与改革研究所、教育理论研究所、基础教育研究所、高等教育研究所、职业与继续教育研究所、课程教学研究所、教育督导评估研究所、教师发展研究所、德育与心理特教研究所、体育卫生艺术教育研究所、国际与比较教育研究所、教育信息与数据统计研究所、教育法治与教育标准研究所。

专题三

高校思政社科研究的平台搭建

一、学术论文著作平台

中国知网（CNKI）、万方数据（Wanfang Data）、维普资讯（VIP）是中国目前影响力大、收录全面的三大数字资源平台，汇集了学术期刊、博硕士学位论文、会议论文、报纸等多种文献。其文献资源丰富、检索功能强大，被广泛应用于学术研究和教学工作，为高校思政社科研究学者提供了便捷的数据获取途径。

1. 中国知网（CNKI）

中国知网（China National Knowledge Infrastructure，CNKI）于1999年正式上线，整合了来自期刊、会议论文、博硕士学位论文、参考工具书、年鉴、专利、标准、科技成果等类别的文献资源，是学术研究者获取数据的黄金平台。其覆盖学科广泛、资源更新及时、检索功能强大、用户体验良好。CNKI凭借其全面性、权威性和便捷性，成为中文学术资源数据库的翘楚，是学术研究者的得力助手。

①学科覆盖。CNKI涵盖了哲学、社会科学、政治、经济、法律、文化、教育、文学、历史、艺术、军事、自然科学、工程技术、农业科学、医药卫生等几乎所有学科，满足了不同领域研究者的需求。

②资源更新。CNKI 的文献更新速度快，通常会在文献正式发表后几周内上线，使得研究者可以快速获取最新的研究成果。尤其在科研竞争日益激烈的今天，快速获取最新研究成果，可以抢占科研先机，提升研究质量。

③检索功能。CNKI 提供了强大的检索工具，支持简单检索、专业检索、高级检索三种模式。用户可以根据需求选择不同的检索方式，从而提高检索效率和准确性。此外，CNKI 还提供关键词检索、作者检索、刊名检索、基金项目检索、分类检索等多种检索路径，极大地方便了文献的查找。

④用户体验。CNKI 注重用户界面的设计和使用感受。其操作界面简洁明了，导航条设置合理，用户可以轻松上手。同时，CNKI 还提供了多种个性化服务，如定制关注、文献收藏、文献推荐等，进一步提升了用户的使用体验。

2. 万方数据（Wanfang Data）

万方数据是一家致力于科研信息服务的科技企业，隶属于中国科技信息研究所，成立于 1993 年。其数据库产品涵盖了学术期刊论文、会议论文、学位论文、专利、标准、科技成果、视频资源、专家库等多个方面，是中国重要的综合性信息资源数据库之一。万方数据的四大核心优势是全面性、权威性、多样性、个性化。

①全面性。万方数据汇集了各类文献资源，不仅收录了大量学术期刊论文、会议论文、学位论文，还包含了丰富的专利、标准和科技成果等实用信息资源。其期刊论文数据库涵盖了国内几乎所有的学术期刊，尤其在科技、医学、农业和工程等领域，资源丰富且权威。

②权威性。作为中国科技信息研究所旗下的企事业单位，万方数据与众多科研机构、学术团体和行业协会建立了紧密的合作关系，保证了文献和信息的权威性与可靠性。

③多样性。万方数据提供了大量的学术视频、专家访谈、专题讲座等多媒体内容。这些资源形式多样，内容丰富，为用户提供了多元化的学术

内容，满足了不同用户的需求。

④个性化。万方数据提供文献标引、二次文献服务、一站式文献检索等功能，使得用户可以根据自己的研究方向，快捷、精准地获取所需的文献资源。个性化功能的实现，大大提升了科研效率和文献利用率。

相比 CNKI，万方数据的资源类型更加多元化，尤其在专利、标准、科技成果等实用信息方面具有明显优势，是工程技术、医学、农业等领域研究者的重要工具。

3. 维普资讯（VIP）

维普资讯成立于 1988 年，是由重庆维普资讯有限公司运营的科技文献服务平台。维普资讯的核心产品是“中文科技期刊数据库”，是一款专门针对中文科技期刊文献资源的数据库，在学术研究和教学领域拥有广泛的用户基础。专业性、实用性、便捷性是维普资讯的三大显著特点。

①专业性。维普资讯专注于中文科技期刊领域，科技期刊数据库收录了上万种科技期刊，涵盖了自然科学、工程技术、医药卫生、农业科学等领域的核心期刊和其他重要期刊。其文献资源丰富、更新及时，为用户提供了大量高质量的学术文献。

②实用性。维普资讯提供丰富的增值服务，不仅提供基础的文献检索和下载服务，还提供文献管理、学术导航、全文翻译、文献传递等多项增值服务，帮助用户更高效地管理和利用文献资源，提高科研效率。

③便捷性。维普资讯的设计体现智能化和用户关怀。维普资讯采用先进的智能检索技术，支持多种检索方式，如关键词检索、高级检索、分类检索等，可以根据用户需求快速找到相关文献。维普资讯界面简洁直观、操作方便，方便用户使用。

此外，维普资讯还提供多种专题数据库，如医学专题、农业专题、工程技术专题等。这些专题数据库针对性强、资源集中，极大地便利了用户的专业研究。

二、课题项目研究平台

1. 国家级项目

(1) 国家社会科学基金项目

国家社会科学基金（简称“国家社科基金”）于1986年设立，是中国在社会科学研究领域支持基础研究的主渠道，面向全国，重点资助具有良好研究条件、研究实力的高等院校和科研机构中的研究人员。各省（自治区、直辖市）和新疆生产建设兵团均设有哲学社会科学规划领导小组和哲学社会科学规划办公室。

国家社科基金设有马克思主义·科学社会主义、党史·党建、哲学、理论经济、应用经济学、政治学、社会学、法学、国际问题研究、中国历史、世界历史、考古学、民族问题研究、宗教学、中国文学、外国文学、语言学、新闻学与传播学、图书馆·情报与文献学、人口学、统计学、体育学、管理学等23个学科规划评审小组以及教育学、艺术学、军事学三个单列学科，已形成包括重大项目、年度项目、特别委托项目、后期资助项目、西部项目、中华学术外译项目等六个类别的立项资助体系。国家社会科学基金还注重扶植青年社科研究工作者和边远、民族地区的社会科学研究。全国哲学社会科学工作办公室网站为 http://www.nopss.gov.cn，在首页的项目查询里，用户可以查到想了解的各类项目历年立项情况。

全国教育科学规划项目是国家社科基金教育学单列学科课题。其申报基本要求与国家社科基金基本一致，只有重大课题和重点课题设有指南，其他课题不设指南。课题类别包括国家重大招标课题（资助60万元）、国家重点课题（资助35万元）、国家一般课题（资助20万元）、国家青年课题（资助20万元）、教育学西部项目（资助20万元）、教育部重点课题（资助8万元）、教育部青年课题（资助5万元）。有些年份，全国教育科学规划项目会设置教育部专项课题等，比如2021年设有港澳教育专项教育部重点课题、港澳教育专项青年课题。全国教育科学规划领导小组办公室网站（https://onsgep.moe.edu.cn）能够查询到国家社科基金教育学专项历年立项选题信息。

国家社科基金艺术学项目始于2018年，旨在支持艺术学科的基础研究和应用研究，推动艺术学理论的创新和发展，提升艺术学研究的水平和质量。国家社科基金艺术学项目鼓励跨学科、跨领域的合作研究以及国际学术交流与合作。国家社科基金艺术学项目覆盖面广、立项难度大、资助力度大，代表着我国艺术理论研究的最高水准。全国艺术科学规划项目管理平台（https://yskx.mct.gov.cn/index）负责艺术学基金的申报、评审、管理和成果库建设。

国家社科基金军事学项目是国家社科基金的一个重要组成部分，主要支持有关人员围绕战争和作战、军队建设与管理等相关问题开展理论创新研究，旨在推动军事学领域理论研究，提高我国军事科学的研究水平和应用能力。其项目类型包括重点项目（资助不超过20万元）和青年项目（资助不超过10万元）。

（2）教育部人文社会科学研究项目

为深入学习贯彻党的二十大精神，贯彻落实习近平总书记关于教育的重要论述、关于哲学社会科学工作的重要论述，贯彻落实《面向2035高校哲学社会科学高质量发展行动计划》《哲学社会科学知识体系建构和高校咨政服务能力提升工程实施方案》，根据《教育部人文社会科学研究项目管理办法》，教育部每年向全国教育系统开展教育部哲学社会科学相关项目申报工作。

除专项任务项目另有规定外，全国普通高等学校都可以申报。高校系统外的人员不能作为项目负责人申报，但可以作为项目组成员参加项目。一般项目不设申报指南（专项任务项目除外），申请人根据自身的研究基础和学术特长，认真凝练、自行拟定研究项目名称。研究课题名称应表述规范、准确、简洁。

教育部人文社会科学研究重大项目包括教育部哲学社会科学研究重大课题攻关项目（简称“重大课题攻关项目”）、教育部人文社会科学重点研究基地重大项目（简称“基地重大项目”）。

教育部人文社会科学研究一般项目依据教育部发布的《2024年度教育

部人文社会科学研究一般项目申报工作的通知》要求，研究期限为 3 年，具体类别如下：

①规划基金项目，资助经费不超过 10 万元。

②青年基金项目，资助经费不超过 8 万元。

③自筹经费项目，经费由申请人从校外有关部门或企事业单位自筹，自筹经费不低于 8 万元。

④专项任务项目包括中国特色社会主义理论体系研究专项、高校辅导员研究专项。

2024 年度教育部人文社会科学研究相关项目立项概况如表 3-1 所示。

表 3-1　2024 年度教育部人文社会科学研究相关项目立项概况

<table>
<tr><th>项目类别</th><th>细分项目</th><th>资助金额</th><th>有无指南</th><th>立项数/项</th></tr>
<tr><td rowspan="3">教育部人文社会科学研究一般项目</td><td>规划基金项目</td><td>不超过 10 万元</td><td rowspan="3">无</td><td>1 197</td></tr>
<tr><td>青年基金项目</td><td>不超过 8 万元</td><td>2 170</td></tr>
<tr><td>自筹经费项目</td><td>不低于 8 万元</td><td>11</td></tr>
<tr><td rowspan="2">教育部人文社会科学研究专项任务项目</td><td>高校辅导员研究专项</td><td>2 万元</td><td rowspan="2">有</td><td>202</td></tr>
<tr><td>中国特色社会主义理论体系研究专项</td><td>10 万元</td><td>31</td></tr>
<tr><td>教育部人文社科西部和边疆地区项目</td><td>教育部人文社会科学研究西部和边疆地区项目</td><td>8 万元</td><td>无</td><td>234</td></tr>
<tr><td rowspan="2">教育部人文社科新疆项目与西藏项目</td><td>新疆项目</td><td>8 万元</td><td>无</td><td>13</td></tr>
<tr><td>西藏项目</td><td>8 万元</td><td>无</td><td>2</td></tr>
<tr><td rowspan="4">高校思想政治理论课教师研究专项一般项目</td><td>高校思政课教学研究项目</td><td>不超过 10 万元</td><td rowspan="4">无</td><td>101</td></tr>
<tr><td>高校思政课教学方法改革择优推广项目</td><td>不超过 10 万元</td><td>10</td></tr>
<tr><td>高校优秀中青年思政课教师择优资助项目</td><td>不超过 12 万元</td><td>30</td></tr>
<tr><td>高校思政课教学研究青年项目</td><td>不超过 8 万元</td><td>59</td></tr>
<tr><td rowspan="2">后期资助项目</td><td>重大项目</td><td>20 万元</td><td>无</td><td>20</td></tr>
<tr><td>一般项目</td><td>10 万元</td><td>无</td><td>79</td></tr>
</table>

教育部2024年度人文社会科学项目申报条件如表3-2所示。

表3-2　教育部2024年度人文社会科学项目申报条件

项目类别	细分项目	申请条件
教育部人文社会科学研究一般项目	规划基金项目	1. 本次项目**限全国普通高等学校**申报。 2. 申请人须为**在编在岗教师**，能够实际承担、组织研究工作；**每个申请人限报1项**，所列课题组成员必须征得其本人同意，否则视为违规申报。 3. 申请人除符合《教育部人文社会科学研究项目管理办法》的相关规定外，还必须符合下列条件： （1）**规划基金项目**申请人应具有**高级职称（含副高）**。 （2）**青年基金项目**申请人具有**博士学位**或**中级以上（含中级）职称，年龄不超过40周岁**。 （3）**自筹经费项目**申请人，须在《教育部人文社会科学研究一般项目申请评审书》（以下简称《申请评审书》）“其他来源经费”栏填写经费，并上传**学校财务处**提供的**委托研究单位经费到账凭证**或**银行回单**等证明材料
	青年基金项目	
	自筹经费项目	
教育部人文社会科学研究专项任务项目	高校辅导员研究专项	1. 本专项任务项目**实行限额申报，每所高校限报2项**。 2. 本专项任务项目**限高校专职辅导员**申报（指在院系从事大学生思想政治教育工作的在岗人员，包括**院系级党组织副书记、学工组长、团总支书记、学工干部等**）。 3. 申请者必须能够实际从事研究工作并真正承担和负责组织项目的实施；**每个申请者限报1项**，所列课题组成员必须征得本人同意并签字，否则视为违规申报
	中国特色社会主义理论体系研究专项	1. 本专项任务项目**限全国普通高等学校**申报。 2. 申请人必须能够实际从事研究工作并真正承担和负责组织项目的实施；**每个申请者限报1项**，所列课题组成员必须征得本人同意并签字，否则视为违规申报。 3. 申请人除符合《教育部人文社会科学研究项目管理办法》的相关规定外，应为具有**副高级以上（含）**专业技术职称的在编在岗教师，能够作为项目主持人担负实质性研究工作
高校思想政治理论课教师研究专项一般项目	高校思政课教学研究项目、高校思政课教学方法改革择优推广项目	1. 申请人所在单位**为全国普通高等学校**。 2. 申请人**必须是专职思政课教师**。实际从事思政课教学、研究工作并真正承担和负责组织项目的实施。 3. 2023年的思政课教学评价结果排名位居所在高校全体思政课教师教学评价结果**前40%**。 4. 每位申请人**限报1个项目**。鼓励中小学思政课教师担任课题组成员，所列课题组成员必须征得本人同意，否则视为违规申报

表3-2（续）

项目类别	细分项目	申请条件
高校思想政治理论课教师研究专项一般项目	高校优秀中青年思政课教师择优资助项目	1. 申报人年龄**不超过 40 周岁**（1984 年 1 月 1 日后出生）；从事思政课教学**不少于 3 年**。 2. 申请人所在单位**为全国普通高等学校**。 3. 申请人必须是专职思政课教师，实际从事思政课教学、研究工作并真正承担和负责组织项目的实施。 4. 2023 年的思政课教学评价结果排名位居所在高校全体思政课教师**教学评价结果前 40%**。 5. 每位申请人**限报 1 个项目**。 6. 符合全国高校思政课教学展示活动获奖者；省级教育部门组织的教学类活动获奖者优先申报
	高校思政课教学员研究青年项目	1. 申报人年龄**不超过 35 周岁**（1989 年 1 月 1 日后出生），从事思政课教学**不少于 1 年**。 2. 申请人所在单位**为全国普通高等学校**。 3. 申请人**必须是专职思政课教师**，实际从事思政课教学、研究工作并真正承担和负责组织项目的实施。 4. 2023 年的思政课教学评价结果排名位居所在高校全体思政课教师**教学评价结果前 40%**。 5. 每位申请人**限报 1 个项目**

为支持西部和边疆地区高校人文社会科学研究发展，教育部人文社会科学研究设立西部和边疆地区项目、新疆项目、西藏项目。西部和边疆地区项目资助范围包括重庆、四川、贵州、云南、陕西、甘肃、宁夏、青海、内蒙古、广西、海南等 11 个省（自治区、直辖市）以及湖南省湘西土家族苗族自治州、湖北省恩施土家族苗族自治州、吉林省延边朝鲜族自治州的普通高等学校。新疆项目、西藏项目专门资助新疆与西藏的普通高等学校。

后期资助项目包括教育部哲学社会科学研究后期资助重大项目、重点项目、一般项目。

中国高校人文社会科学信息网（https://www.sinoss.net）能够查到历年来教育部人文社会科学立项项目的详细信息。

教育部人文社会科学研究管理平台（https://sinoss.moe.edu.cn）负责教育部各类项目的选题征集、项目申报、项目评审、项目立项、项目中检、项目结项和成果报奖等工作。

（3）高校思想政治工作质量提升综合改革与精品建设项目

第一大类：品牌项目示范推广建设

①高校思想政治工作精品项目。其包含理论武装精品项目、文化育人精品项目、心理育人精品项目、实践育人精品项目、网络育人精品项目、队伍建设精品项目、国家安全教育精品项目、育人共同体精品项目。

②高校思想政治教育工作研究文库。其聚焦重大理论问题、工作探索、实践经验等领域，推出一批高校思想政治工作领域具有影响力的理论和实践研究成果；搭建高校思想政治工作队伍的成果展示平台、学术研讨平台和经验交流平台，促进思想交流、学术碰撞、理论创新；发挥优秀成果和优秀人才的示范引领、辐射带动作用，推动高校思想政治工作创新发展前沿问题的研究与探索。

③高校原创文化精品。其坚持思想教育与艺术素质教育相结合，坚持思想精深、艺术精湛、制作精良相统一，推动高校广大师生积极创作体现时代精神，弘扬社会主义核心价值观，有机融入中华优秀传统文化、革命文化、社会主义先进文化和新时代伟大成就，反映教育改革发展成就，讴歌党、讴歌祖国、讴歌人民、讴歌英雄，接地气、传得开、留得下的原创校园文化精品力作。

④高校场馆育人作用开发。其深入挖掘校史馆、展览馆、博物馆、图书馆等高校场馆育人元素，进一步挖掘高校校史校情中特有的光荣传统、优秀事迹和先进文化内涵，把场馆育人融入思想政治工作全过程。

⑤高校数字文物开发。其多维度挖掘高校文物蕴含的育人资源，强化数字技术对传统文物的赋能作用，包括参与文物数字化保护、开展数字文物系列活动、建设数字文物讲解队伍、开发数字文物的相关文化作品与产品等内容，面向全国高校师生开放，更好地发挥教育、传播和科普功能。

⑥高校学生心理健康教育指导典型案例。其面向高校分类遴选解析若干大学生心理健康教育指导典型案例，在保护隐私的基础上遴选汇总梳理，重点聚焦解决高校学生普遍存在的共性突出心理问题。

⑦新时代伟大变革融入高校思想政治教育典型案例。其面向高校遴选解析若干新时代伟大变革融入高校思想政治教育典型案例，在深入挖掘新时代伟大变革成功案例历史、理论、实践、价值等方面育人元素的基础上，围绕“用什么融入、怎样融入、融入何处”进行阐释，讲清楚新时代伟大变革融入高校思想政治工作的重点内容、有效路径和保障机制。

⑧大中小学思想政治教育一体化建设工作典型案例。其面向各地教育部门、高校遴选解析若干大中小学思想政治教育一体化建设工作典型案例，立足培养让党放心、爱国奉献、担当民族复兴重任的时代新人，发挥高校示范牵引作用，总结凝练深入推进大中小学思想政治教育一体化建设中形成的典型经验做法。

第二大类：队伍培育提升建设

①思想政治工作中青年骨干。其以习近平新时代中国特色社会主义思想为指导，引导和鼓励高校青年思想政治工作干部注重理论水平和素质能力的提升，注重探索、创新理论研究和实践工作模式，培养一支政治素质过硬、理论功底扎实、工作业绩突出、作风务实清廉的高校思想政治工作骨干队伍。

②高校网络教育名师。其以习近平新时代中国特色社会主义思想为指引，围绕落实立德树人根本任务，进一步加强网上正面宣传，培育积极健康、向上向善的网络文化，为广大网民努力营造一个风清气正的网络空间。

③高校辅导员名师工作室。其以提升辅导员育人能力、促进辅导员成长发展为主线，充分发挥先进典型的示范引领和辐射带动作用，创新打造全国辅导员学习成长“共同体”，搭建前辈领航、朋辈互助、同行交流平台。

第三大类：基地辐射引领建设

①红色文化弘扬基地。

②学生综合素质训练基地。

③全国高校综合性教育实践体验基地。

④全国高校示范“一站式”学生社区。

2. 省部级项目

（1）省级社科基金项目

各省级社科基金项目主要由省级社会科学界联合会牵头。省级哲学社会科学工作领导小组办公室负责完成省级社科基金项目的申报受理、通讯初评、会议评审、项目立项、中期检查、项目管理、项目结题、成果收录等工作。省级社科基金项目的申报时间和申报公告要关注各省级社会科学界联合会官网、省级教育部门官网和高校社科处网站。

（2）共青团中央课题

①青少年发展研究课题。为深入学习贯彻习近平新时代中国特色社会主义思想，推动纵深实施《中长期青年发展规划（2016—2025年）》，加强青少年发展理论和政策研究，并树立鲜明的资政导向，促进成果转化和运用，共青团中央开展青少年发展研究课题申报工作。该课题研究周期为1年。根据申报和评审情况，每项课题择优选定研究团队承担，经费资助着眼成果转化的质量、根据结题评定的等次拨付（等次“优秀”资助总额6万元，等次“合格”资助总额3万元）。所有课题立项时拨付1万元启动经费（官网链接：http://www.cycrc.org.cn。微信公众号：共青团中央、团中央权益部）。

②全国学校共青团研究中心课题。2022年度大学生志愿服务课题分为重点课题和立项课题，每类课题研究周期均为1年。重点课题选题需严格按照《2022年度大学生志愿服务课题选题指南》，申报者不得更改题目。该类课题成果应具有前瞻性、理论性、创新性、指导性，对大学生志愿服务工作的决策优化、政策制定和实践创新发挥智力支持作用。该类课题拟设10项，每项资助经费1万元。立项课题选题由申报者自行确定，应具有较强实践指导价值，鼓励深入开展个案研究。该类课题拟设50项，不资助经费。

2023年度共青团实践育人工作课题分为重点课题、入选课题和立项课题，课题研究周期均为1年。重点课题（拟设14项，资助1万元）选题需要严格按照《2023年度共青团实践育人工作课题选题指南》题目申报。

该类课题应当突出工作理念、工作制度、运行机制、工作模式、路径方法、应用实效等研究创新，成果应具有前瞻性、理论性、创新性、指导性。入选课题（拟设20项，资助5 000元）选题可以按照选题指南，也可从选题指南规定的某一方面或某一角度拟定题目。立项课题（拟设50项，不资助经费）选题范围同入选课题。该类课题研究成果应具有较强的决策咨询和实践指导价值（官网链接：http://yjzx.ustb.edu.cn。微信公众号：全国学校共青团研究中心）。

③全国少先队研究课题。全国少先队研究课题由全国少工委、中国少年先锋队工作学会组织申报，面向各级少工委、各级少先队工作学会、各相关高校、少年儿童研究机构、各中小学、少先队名师工作室等少先队工作研究团队及学会会员、理事。全国少先队研究课题分为重大课题、重点课题和一般课题（官网链接：https://zgsxd.k618.cn。微信公众号：全国少工委、中国青少年研究会研究课题）。

（3）各部委单位项目

①国家民委项目。为深入学习贯彻习近平新时代中国特色社会主义思想，加强对习近平总书记关于加强和改进民族工作的重要思想的研究阐释，认真贯彻落实党的二十大精神和党中央对民族工作的最新决策部署，以铸牢中华民族共同体意识为主线，创新推进民族领域基础理论和重大现实问题研究，构建科学完备的中华民族共同体理论体系，根据《国家民委科研项目管理办法》有关规定，国家民委发布国家民委民族研究项目和国家民委民族研究后期资助项目的申报公告。

②中华人民共和国文化和旅游部项目。中华人民共和国文化和旅游部项目分为国家重点研发计划“文化科技与现代服务业”重点专项、科技创新研发项目、部级社科研究项目委托立项项目、文化和旅游数字化创新示范案例等。

③农业农村部项目。按照《农业农村部软科学课题管理办法》有关规定，农业农村部2024年度软科学课题围绕有力有效推进乡村全面振兴、加快建设农业强国、加快农业农村现代化的要求，按照服务决策、推动工作

的原则，经过专家评审共评选出立项选题35项（含开放性命题6项，规定性命题16项，自主性命题13项）。

④国家语委科研项目。国家语委（http://www.ywky.org）每年7月组织申报国家语委科研项目。

⑤国家发展改革委项目。国家发展改革委（https://www.ndrc.gov.cn）每年2月组织申报社会领域重大课题委托研究项目、地区经济司年度研究课题。

⑥国家卫生健康委项目。国家卫生健康委（http://www.nhc.gov.cn）不定期组织申报卫生政策研究、医疗保障制度、医学伦理学、健康促进等领域的相关项目。

⑦人力资源和社会保障部项目。人力资源和社会保障部（https://www.mohrss.gov.cn）不定期组织申报关于就业创业政策、社会保障体系建设、人力资源开发与管理等方面的相关项目。

3. 厅局级（市级）项目

（1）省教育厅教育科学规划课题

各省级教育厅面向全省发布教育科学规划课题，围绕本省教育高质量发展的现实问题展开研究。以湖北省教育科学规划课题为例，2024年度选题方向以习近平新时代中国特色社会主义思想为指导，坚持正确的政治方向、价值取向和学术导向，坚持有组织科研和自主探索相结合，坚持以重大理论和现实问题为主攻方向，坚持基础研究和应用研究并重，鼓励开展跨学科综合研究，切实发挥教育科学规划课题的示范引导作用，加快构建与教育强省建设相适应的政策体系、理论体系、制度体系和话语体系。申请人根据《2024年度湖北省教育科学规划课题指南》提供的研究领域和方向，按照《2024年度湖北省教育科学规划课题组织申报办法》，结合区域发展战略、教育教学实践和研究基础等综合因素开展研究。2024年，湖北省教育科学规划课题类别设重大招标课题、重点课题、一般课题和专项课题。2024年度拟立项重点课题200项左右，一般课题550项左右，专项课题140项左右。重大招标课题另行组织申报；专项课题按立项计划的1.5

倍确立申报数，由资助（承办）单位协调课题申请人所在单位严格把关、统筹推荐，纳入省教育科学规划课题“大盘”，实行统一申报、统一评审、统一公示、统一立项、统一管理、统一鉴定。

（2）省教育厅人文社科研究课题

各省（自治区、直辖市，下同）教育厅每年都会围绕人文社会科学研究设立研究课题。贵州省教育厅 2024 年高校人文社会科学研究工作项目申报类别分别设立习近平新时代中国特色社会主义思想研究专项和贵州省高校人文社会科学研究项目；河北省教育厅 2025 年高等学校科学研究项目（人文社会科学）申报类别包括青年拔尖人才项目、青年基金项目和专项任务项目（基础研究重点培育项目和教育财务管理专项），实行限额申报；河南省教育厅 2025 年度人文社会科学研究一般项目申报类别包括年度项目、青年项目、思想政治教育专题项目。

（3）省教育厅学生工作课题

各省教育厅每年都会围绕高校学生工作设立工作研究课题。云南省教育厅 2024 年度科学研究基金项目分为高校毕业生就业研究专项和学校心理健康教育专项；浙江省教育厅 2024 年设有大学生思想政治教育专项课题；湖北省教育厅 2024 年设有高校学生工作品牌项目（辅导员工作精品、心理健康教育工作精品、班主任工作精品、学工管理工作精品）、高校毕业生就业创业项目；山东省教育厅 2024 年设有高校学生教育与管理研究项目。

（4）团省委工作研究课题

各省级团组织高度重视新时代青年工作研究，响应共青团中央青少年工作研究的号召，围绕共青团和少先队工作开展了一系列课题研究工作。共青团上海市委 2024 年青年工作研究课题围绕 20 个选题方向，共立项选题 190 项。共青团湖北省委 2024 年聚焦共青团和青年工作和少先队和少年儿童工作 2 个类别，立项选题 249 项。其中，共青团和青年工作围绕加强青年思想政治引领、动员青年为中国式现代化湖北实践挺膺担当、服务青年成长发展、加强共青团组织的有效覆盖，有力提升共青团的工作成效，纵深推进全面从严治团等方面的研究，立项重点课题 9 项、一般课题 160 项；少先队和少年儿童工作围绕增强少先队员光荣感、少先队辅导员队伍建设、少先队工作社会化、新时代少先队工作体制机制等方面的研究，立项重点课题 10 项、一般课题 70 项。

（5）市级社科联年度课题

各个市级社科联组织以习近平新时代中国特色社会主义思想为指导，全面贯彻落实党的二十大精神，牢牢把握城市发展定位，聚焦本市发展中全局性、战略性和前瞻性的重大理论与实践问题立项选题，开展应用性和对策性研究，为当地社会发展提供决策参考和智力支持。以湖北省宜昌市为例，宜昌市社科联 2024 年度立项社会科学研究重点项目 15 项、一般项目 248 项。

三、思政社科研究奖项

1. 中国高校人文社会科学研究优秀成果奖

中国高校人文社会科学研究优秀成果奖是教育部为了表彰在高校人文社会科学研究中做出突出贡献的研究人员，鼓励高校研究人员积极探索，勇于创新，推动人文社会科学事业的发展，更好地为两个文明建设服务等设立的奖项，被誉为“教育部文科最高奖项”。2002 年，教育部印发《中国高校人文社会科学研究优秀成果奖励暂行办法》，人文社会科学研究优秀成果奖每三年评选一次，奖项分为著作、论文和研究咨询报告三个类别，按一级学科设立一等奖、二等奖、三等奖，并根据需要设立特等奖或荣誉奖，对获奖者颁发奖励证书和奖金。2024 年，第九届中国高校人文社科优秀成果奖揭晓，共评出著作、论文奖 1 196 项，咨询服务报告奖 76 项，普及读物奖 21 项，青年成果奖 203 项。

2. 国家级教学成果奖

国家级教学成果奖是教育部为了奖励取得教学成果的集体和个人，鼓励教育工作者从事教育教学研究，提高教学水平和教育质量而设立的最高级别的奖励。1994 年 3 月，国务院出台了《教学成果奖励条例》，标志着国家级教学成果奖与国家自然科学奖、国家技术发明奖、国家科学技术进步奖并列，成为我国教育领域中唯一的一项国家级奖励。国家级教学成果奖每四年评选一次，目的在于奖励全国普通高等学校中在教学改革、教学质量、教学管理等方面取得优秀教学成果的集体和个人（含教师、教学辅助人员、教学管理干部），其中重点是本、专科教育的优秀教学成果和在本、专科教学第一线工作的教师。2023 年 7 月，教育部公布了 2022 年国家级教学成果奖获奖项目名单，全国共有 1 998 项成果获奖。

3. 全国社科组织先进单位和全国社科工作先进个人

全国社科组织先进单位和全国社科工作先进个人是由全国大中城市社科联工作会议表彰的荣誉称号，旨在表彰在社会科学工作中做出突出贡献的单位和个人。该荣誉称号由全国大中城市社科联工作会议评选，主要目的是交流经验信息、共谋工作发展，推动全国大中城市间智库建设、社科研究、社科普及和组织建设。2023 年 11 月，全国大中城市社科联第 32 次工作会议在陕西省延安市召开，会上表彰 220 个全国社科组织先进单位和 224 名全国社科工作先进个人。

4. 中国思想政治工作研究会优秀研究成果奖

中国思想政治工作研究会是由中央宣传部领导的思想政治工作研究的全国性组织。2024 年，中国思想政治工作研究会对各地方、各行业（系统）政研会优秀研究成果和评选活动组织工作先进单位进行表彰。该次评选经中央宣传部批准，各省、自治区、直辖市和新疆生产建设兵团思想政治工作研究会，各全国性行业（系统）思想政治工作研究会积极参与，评选出一类优秀研究成果奖 30 个、二类优秀研究成果奖 50 个、三类优秀研究成果奖 70 个，评选活动组织工作先进单位 10 个。

5. 中国高等教育学会和省级高等教育学会成果奖项

中国高等教育学会成立于 1983 年 5 月 30 日，是由教育部主管，由从事高等教育事业的高等学校、社会组织和教育工作者以及支持高等教育发展的事业单位、行业企业和个人自愿组成的全国性、学术性、非营利性社会组织。该学会有 70 多个分支机构，单位会员 1 700 余家。

6. 省级哲学社会科学优秀成果奖

各省级政府和省级社科联组织牵头评选省级哲学社会科学优秀成果奖。2024 年，广东省第十届哲学社会科学优秀成果奖评选授予一等奖 110 项，二等奖 192 项，三等奖 198 项；2024 年，陕西省第十六次哲学社会科学优秀成果奖评选授予一等奖 100 项，二等奖 156 项，三等奖 162 项；2023 年，辽宁省第九届哲学社会科学奖成果奖评选授予一等奖 30 项，二等奖 118 项，三等奖 148 项；2023 年，云南省哲学社会科学奖优秀成果奖评选授予一等奖 20 项，二等奖 60 项，三等奖 120 项。对哲学社会科学优秀成果奖的表彰，集中体现了各省级政府对哲学社会科学研究的高度关注和大力支持。

7. 市级（校级）哲学社会科学优秀成果奖

各市级政府和社科联组织牵头评选市级哲学社会科学优秀成果，高校校级哲学社会科学优秀成果奖由高校社会科学研究处（院）牵头组织。例如，北京市第十七届哲学社会科学优秀成果于 1987 年设立，是北京市人民政府为繁荣发展首都哲学社会科学事业，鼓励哲学社会科学工作者围绕改革开放和社会主义现代化建设，开展学术研究、推动理论创新、服务首都发展而设的政府奖，已成为北京社科领域权威性强、知名度高、影响力大、辐射力强的“金名片”。该奖项每两年评选一次，迄今已举办 17 届，共表彰优秀成果 3 579 项。

四、决策咨询建议平台

1. 建言“直通车”

建言“直通车”是党外人士向政府部门、政府领导直接建言的重要渠道，是提升多党合作制度效能、更好服务经济社会发展的重要平台。

2. 民主党派建言献策

民主党派建言献策的专门报送渠道主要包括中国国民党革命委员会、中国民主同盟、中国民主建国会、中国民主促进会、中国农工民主党、中国致公党、九三学社和台湾民主自治同盟等的建言献策的专门报送渠道。

3. 国家社科基金《成果要报》

为进一步推动哲学社会科学优秀成果转化应用，更好地发挥哲学社会科学界的思想库和智囊团作用，全国社科规划办常年向广大专家学者征集国家社科基金《成果要报》稿件。国家社科基金《成果要报》是致力于服务党和政府决策的内部参阅刊物，围绕社会主义经济建设、政治建设、文化建设、社会建设以及生态文明建设和党的建设中的重大理论和现实问题，着重报送有重要参考价值、重要指导意义的研究成果。哲学社会科学研究机构和专家学者（包括国家社科基金项目承担者和非承担者）均可投稿。

4. 决策咨询委员会

国家级、省级、市级决策咨询委员会作为向各级党委和政府提供决策支持和专业咨询的服务机构，旨在汇聚各领域的专家学者或具有丰富实践经验的人士，为决策者提供信息支持、智力支持和决策参考，以辅助决策者做出更加科学合理的决策，拥有较高的权威性和影响力。

5. 相关学会、协会与智库机构

社科研究人员可以通过中国社会科学院、北京大学国家发展研究院、中国国际经济交流中心以及专业学会、行业协会、地方智库等机构，撰写呈报针对某一社会问题的决策咨询类研究报告，为相关部门决策提供专业性和权威性的意见参考。

6. 政策研究室内刊

地方政府政策研究室内刊旨在助力政府系统调查研究和决策咨询工作，及时反映地方高质量发展实践中的创新举措和典型经验，积极探索，集思广益，为政府科学决策提供可靠依据和前瞻性建议。政策研究室内刊一般仅限于地方政府及相关部门内部，不对外发行。

7. 新闻媒体内参

内参是具有参考性质的内部信息传播载体及其工作机制，是我们党和国家治国理政的重要手段，也是了解民意、听取民意、汇聚民智的重要渠道。《新华社内参》是由国家级通讯社新华通讯社主办，供特定级别领导阅看参考的刊物，以便决策者及时了解真实的民情动态和社会走向，制定相应的方针政策，从而及时有效地解决社会问题，推进社会发展、时代进步、国家富强。

8. 会议沙龙

会议沙龙是一种聚集社会科学研究机构、专家学者、政策制定者以及社会各界人士的平台或活动形式，旨在通过深入讨论、思想碰撞和成果分享，促进哲学社会科学优秀成果的交流与转化应用。这种平台或活动通常围绕社会主义经济、政治、文化、社会、生态文明以及党的建设等关键领域中的重大理论和现实问题展开，旨在形成有重要参考价值、指导意义的研究成果或政策建议，以服务于党和政府的决策，并推动社会进步与国家发展。

9. 课题委托

课题委托是指一种某个组织、机构或个人根据特定的研究需求或目标，将某项哲学社会科学研究课题的任务和责任委托给具有相应研究能力和资质的专家学者、研究机构或团队的科研合作方式。受托方在接受委托后，将按照委托方的要求和指导，独立或合作开展研究工作，形成研究成果，并提交给委托方进行评审和验收。课题委托通常涉及研究经费的提供、研究计划的制订、研究成果的交付等多个方面，旨在通过专业的研究力量，提出特定社会问题的专业解决方案，为相关部门决策提供科学依据和智力支持。

五、网络数据资源平台

1. 思政文献资源平台

（1）习近平系列重要讲话数据库（http://jhsjk.people.cn）

习近平系列重要讲话数据库重点收录了党的十八大以来习近平总书记发表的系列重要讲话原文，相关重要论述、活动、会议、批示、书信、致辞、音视频等，涵盖经济、政治、文化、社会、生态、党建、国防、外交等各个领域。

习近平系列重要讲话数据库

（2）国家哲学社会科学文献中心（https://www.ncpssd.org）

国家哲学社会科学文献中心是由中国社会科学院图书馆建设的国家哲学社会科学学术信息平台，目标是整合哲学社会科学学术信息资源，实现开放获取，提供方便快捷、公益权威的学术信息服务，传播中国学术成果。

国家哲学社会科学文献中心

（3）人民数据网（http://data.people.com.cn）

人民数据网是以《人民日报》及人民网有关内容为基础，并与中央各部门紧密合作，整合信息、资料综合而成的大型党政时政数据平台。其信息采集渠道权威，具有较高的科学性和实用性人民数据网是及时、准确、全面掌握国内外形势政策、党和国家方针路线的重要工具，是学习研究社科领域知识的重要平台。

人民数据网

（4）理论中国网（http://www.theorychina.org.cn）

理论中国网是由中央党史和文献研究院主办的多语种理论网站，是以中文、英文、法文、德文、西班牙文、俄文、日文、阿拉伯文 8 个语种频道向国内外宣介习近平新时代中国特色社会主义思想，传播党的历史和理论的网站。

理论中国网

（5）国务院发展研究中心信息网（http://www.drcnet.com.cn）

国务院发展研究中心信息网以国务院发展研究中心丰富的信息资源和强大的专家阵容为依托，与社会各界广泛深入合作，以专业性、权威性、前瞻性、指导性和包容性为原则，提供经济社会大数据服务、经济课题研究咨询和经济社会信息平台建设三大核心内容，为中国各级党政机关、研究机构和企事业单位提供研究及决策支持。

国务院发展研究中心信息网

（6）中国智库网（https://www.chinathinktanks.org.cn）

中国智库网是由国务院发展研究中心主办，全国政策咨询信息交流协作机制成员单位共同建设，国务院发展研究中心信息中心承办的以政府系统智库为主体的信息交流与合作的平台。

中国智库网

（7）全国高校思想政治工作网（https://www.sizhengwang.cn）

全国高校思想政治工作网是由高等教育出版社主办，教育部主管，教育部思政司指导的全国高校思政工作的资源集散库、思想文化策源地和宣传舆论风向标平台，是面向全国高校思想政治工作战线提供服务的信息平台，汇集全国各地各高校在思想政治工作（教育）的丰硕成果。

全国高校思想政治工作网

（8）**习近平新时代中国特色社会主义思想政治课程数据库**（https://www.sizhengke.net）

习近平新时代中国特色社会主义思想政治课程数据库是以国内党建、思政领域权威专业视频课程为核心资源的，集课程教案、完整讲稿、习题试卷与自主学习功能于一体的大型思政教育数据库系统。

习近平新时代中国特色社会主义思想政治课程数据库

（9）**新时代高校课程思政数据库**（http://www.kechengsizheng.cn）

新时代高校课程思政数据库是专为高校开展课程思政建设而研发的一款集思政元素、教学案例、名师课程、教案讲稿等教学资源以及协同备课、网络教学、效果评价等教学管理功能于一体的大型思政数据库系统。

新时代高校课程思政数据库

（10）**马克思主义研究数据库**（https://marxism.ssap.com.cn）

马克思主义研究专题数据库是社会科学文献出版社全面整合数十年来所出版的马克思主义研究成果、追踪马克思主义研究最新进展的独家优质内容资源，构建面向学科知识服务的数据库产品。该数据库立足马克思主义理论学科，涵盖经典马克思主义中国化研究、党史党建、思想政治教育、中国近现代史基本问题研究、经典马克思主义研究和国外马克思主义研究等各科类文献资源。

马克思主义研究数据库

（11）**马克思主义研究网**（http://myy.cass.cn）

马克思主义研究网是由中国社会科学院马克思主义研究院主办，宣传马克思主义整体理论体系的大型学术理论网站。该网站面向现实、面向当代，提供丰富的国内外研究动态信息，是传播宣传马克思主义最重要的平台。

马克思主义研究网

（12）中国共产党思想理论资源数据库（http://data.lilun.cn）

中国共产党思想理论资源数据库是人民出版社开发的国家重大马克思主义数字传播工程，完整系统地收入了人民出版社建社以来出版的中国共产党思想理论的主要著作和文献，并有针对性地从中央文献出版社、解放军出版社等著名出版单位整合收录了大量相关重要出版物。

中国共产党思想理论资源数据库

2. 思政课程建设平台

全国高校思想政治理论课教师网络集体备课平台（http://bk.bjcipt.com）。

北京高校思想政治理论课资源平台（http://www.bjcipt.com）。

3. 课程思政建设平台

全国高校课程思政教学资源服务平台（https://xhsz.news.cn）。

国家职业教育智慧教育平台（https://vocational.smartedu.cn）。

大思政课云平台（https://dszk.youth.cn）。

智慧思政教学服务云平台（https://aigc.cctv.com）。

4. 网络思政育人平台

数字思政一站式综合服务云平台（https://dxs.moe.gov.cn）。

高校辅导员（辅导员工作研究会）（https://www.gxfdy.edu.cn）。

中国教育网思政频道（https://www.eol.cn）。

“好评中国”网络评论大赛（https://hpzg.rednet.cn）。

行事：理论篇

专题四

高校思政社科研究的常见误区

在哲学社会科学研究的具体实践中，不同程度地存在一些误区。巧妙地“排雷”、优雅地“避坑”，是高校思政社科研究者的必备素养之一。高校思政社科研究的常见误区可以归纳为八种类型：一是“供给侧”偏差，导致成果与国家需求难契合，需强化问题导向，紧扣时代脉搏。二是“真问题”困惑，亟须理论联系实践。三是“追热点”倾向较为严重，热门话题被追捧，学术话题被冷落，需平衡选题类型。四是“强文献”依赖制约，限制创新思维，需拓宽视野，强化实践验证。五是“悬浮式”调研脱离实际，缺乏深度调研，需深入基层一线，确保决策科学。六是“方法库”局限，研究方法单一，需加强多学科研究方法的交叉融合。七是“唯论文”导向有失全面，评价尺度单一，需倡导构建客观多维的评价机制，凸显学术研究的社会应用导向。八是“弱转化”应用缺少落地，导致研究与现实脱节，需强化研究成果转化，提升思政学科在助推教育高质量发展进程中的存在感与显示度。

一、“供给侧”偏差

所谓“供给侧”偏差，主要是指高校围绕思政社科研究产出的众多理论成果为我国高等教育立德树人目标的实现和教育强国战略实施提供了坚实的理论保障，然而部分成果尚未能完全满足高等教育发展需要，未能及时回应思想政治教育理论研究和育人实践中面临的突出矛盾和问题，存在思政科研供给与思政实践诉求之间的不匹配。高校思政社科研究要围绕国家之需、时代之需、人民之需，为高校立德树人实践提供强有力的理论支撑和实践创新，为各级教育主管部门提供教育、科技、人才协同的高质量发展的智力支持和决策建议。高校思政社科研究应切实破解制约思想政治教育学科高质量发展的关键问题，避免就学术论学术、为研究而研究的错误倾向，始终秉承思政社科研究要解决具体现实问题的研究宗旨。

部分高校相关部门缺乏有计划、有组织的科研，导致专家学者各自为战、自说自话、自成一派。这是造成高校思政社科研究“供给侧”偏差的主要原因。部分思政社科研究者只顾守着自己的“责任田”，不管不顾埋头干，虽然也有科研成果产出，但固守个人学术研究的小范畴，未能有效回应国家和社会对思政社科研究的真实需要，导致研究成果既分散又零散，存在“研而无用”“研而无功”“用而无效”的情况。部分高校科研管理部门缺少常态化业务培训机制，科研管理人员专业储备不多，主动服务的理念和意识不强，担当作为的主体驱动不足，未能有效引导好高校思政社科研究者及时转变科研观念、拓展科研视野，以积极主动的态度对接国家思政社科研究方面的重大战略需求。

当前，高校思政社科研究亟须改变科研供给与社会需求的偏差。一是积极组建研究团队，紧跟时代潮流，追踪国家之需。高校思政社科研究者应当急国家之所需、解国家之所难，抓住关键问题、核心问题和瓶颈问题，下大力气解决新时代思想政治教育学科高质量发展的现实问题，为高校立德树人提供具有针对性的研究报告和决策建议，为思政社科研究发展提供原创性和本土性的学术理论支撑。二是高校思政社科研究者要加强社会需求调研，积极对接国家、社会、学校、地区、行业、企业的需求，积极与政府部门、企事业单位加强联系和合作，有针对性地开展专项课题攻关研究。三是科研管理部门要切实负起责任，不仅是对项目申报、立项、开题、中期检查、结题进行流程管理，还要对项目选题方向进行系统谋划，对项目积极申报进行政策支持，提升本校思政社科研究的学术敏感性和问题意识；要积极搭建科研转化平台，吸收政府、企业、社会三方力量参与到科研转化评价中来。科研管理部门要加强业务学习和培训，系统掌握组织思政社科研究的规律、方法和范式，及时同步国家级、省部级、厅局级等各类项目的申报要求、填表细节和申报书撰写要点，成为思政社科研究政策解读和推广方面的行家。

二、“真问题”困惑

在学术研究中，首要的是具有问题意识。对于问题而言，提出问题往往比解决问题更有价值。提出问题，就要提出一个有价值的问题、一个真实的问题、一个具有学术意义和现实意义的问题，这并不是一件容易的事情。学术研究中提出的问题不在于“多”，而在于“精”，研究者要对发现的多种问题进行筛选和甄别，去伪存真、去粗取精。那么，研究者该如何去发现有价值的问题呢？

一是对本学科及其相关领域的研究动态全面地把握。首先，研究者通过阅读学科发展年鉴，了解上一年度学科发展中的重要事项，包括重大事件、重要会议、代表著作、代表论文、学科影响等。其次，研究者通过浏览学科核心期刊，了解本学科整体研究进度、深度、广度，聚焦研究热点，掌握研究趋势，与学科前沿研究保持同频共振。最后，研究者通过关注本学科最具代表性的出版社公众号，及时掌握本学科最新出版专著、教材，掌握学科出版权威信息，了解这些最新成果的主要观点和研究热点；关注行业学会和行业内的代表性研究机构动态，及时了解学会发展状况、学会重大事件、行业会议信息、行业发展方向等，与学会和行业保持密切联系。

二是有意识地开展跨学科学习和思考，为思政社科的创新发展注入源头活水。跨学科研究已经成为当今社会科学研究界的普遍共识，也是“新文科”建设的必然选择。其一，研究者要主动关注与思想政治教育学科密切关联的马克思主义理论、政治学、教育学、社会学、心理学、管理学、数字信息技术等学科的研究进展，借助阅读相关研究领域的最新研究成果、参加专题学术会议与学术论坛、学习掌握跨学科研究方法、加强与社科知名专家学者的交流互动等方式，获得交叉学科最新研究资讯。研究者要熟悉了解交叉学科的话语表达体系和学术研究范式，利用一切机会加入交叉学科相关课题研究团队，在项目研究中丰富自己对交叉学科的知识储备和研究经验。其二，研究者要用比较分析的视角看待交叉学科中的研究对象、研究目标和研究方法，在比较中寻找差异点和相同点，在比较中进行反思和提炼，寻找跨学科视野中的交融协同研究路径，进而激发新的研究启发和创新灵感。其三，研究者要尝试对复杂社会问题进行跨学科整合思考和解决，通过调动整合不同学科的知识体系和研究方法，应对社会复杂问题，以问题解决倒逼理论创新、方法研究和策略优化，进而产生思政社科研究的理论创新和方法创新。

三是加强与社会现实的互动，进行与实践相联系的理论探索。一方面，问题来自现实社会，很多现实问题本身具有多面性和多维度，并不会局限于某一个学科领域，而是涉及多个学科。加强思政社科研究与高校立德树人的现实互动，有利于提出价值较高的问题。另一方面，从社会现实需求出发，研究者只有提出了真问题，解决好真问题，与社会发展同向同行、紧密结合，才能产生巨大的驱动力量，真正为社会发展提供有价值的决策建议和有帮助的解决方案。

三、“追热点”倾向

在思政社科研究中，部分学者存在盲目跟风、追逐热点的情况，往往是什么新研究什么，什么热研究什么，什么“吸睛”研究什么，导致很多研究选题犹如昙花一现，转瞬即逝，不利于持续深入地进行学术深耕。其主要表现如下：

一是在研究选题方面，存在扎堆热门话题、零落学术话题和传统话题的情况。一旦某个话题成为热点，不少研究者便会蜂拥而至地选择该主题进行研究，而不会考虑热门选题与其自身研究专长和研究基础的相关度。例如，2024年年初，"生成式人工智能"和"新质生产力"引发了学术界的热议，许多不同专业背景的人文社科研究者，即使学科背景和研究方向与之毫无关联，也纷纷追逐热点，导致短期内研究人员和项目数量激增，但成果的质量却参差不齐。同时，为追逐热点，研究者们过度关注当下流行话题，从而忽略了长期存在、相对冷门的重要学术领域的研究，忽视了对一些基础理论的创新研究，忽视了对特殊类别群体或小众文化领域的研究，导致相关学科学术研究和发展被迫"搁置"和"延误"。

二是在方法运用方面，存在盲目追捧新兴方法，忽视经典方法的做法。当某种研究方法在热点研究中被广泛应用并取得一定成果后，不少研究者便不顾自己研究问题的实际，盲目地将新兴方法生搬硬套到自己的研究中。例如，当前大数据分析方法较为流行，一些社科研究者原本不具备对数据信息进行深入理解和科学处理的能力，仅仅为了跟风而强行使用大数据分析模式，存在研究方法使用不规范的情况，进而破坏了研究结果的科学性和可靠性。同时，过度追捧新兴研究方法，使得一些传统的、经过历史检验的经典方法逐渐被忽视和遗忘。例如，在追求量化研究的热潮中，定性研究方法的价值被不少研究者低估，一些原本适合用定性方法深入探究的问题，也被简单地用量化方法进行处理，失去了研究的学术深度和内涵意蕴。

三是在研究成果发表方面，追求成果发表数量而忽视成果质量，快速产出难有高质量成果。为了尽快围绕热点领域发表研究成果，不少研究者开始了与时间的赛跑，缩短研究周期，匆忙开展现状调研、问卷收集、数据分析和文章撰写，导致研究成果缺乏全面性与系统性，对现实问题的解决对策和效果也十分有限。例如，一些研究者在热点话题出现后，几个月内就发表了相关论文，但论文观点和内容只是对学术界已有研究的简单重复或拼凑，并没有实质性的创新和贡献。盲目跟风热点，使得研究者将更多精力投入多发论文、快发论文上，希望以此提升自己在热点领域的曝光度和影响力。他们可能会将一个研究主题拆分成众多小问题，分别撰写多篇论文连续发表，而不是深入研究一个问题，形成有系统、有深度的研究成果。另外，一些研究者为了追赶热度、迎合热点，缺少批判性思维，放弃独立思考，提不出独到的见解，轻易接受和认同主流观点，在学术交流中更多地引用已有的热门研究观点，导致学术交流失去了百家争鸣、各取所长的本真。

四、“强文献”依赖

在思政社科研究中，部分研究者对自己的学术创新不够自信，习惯性地依赖学术界前辈和同行已有的研究成果，过分依赖文献、过度强调文献，甚至如果一个选题前人鲜有研究，或者在中国知网上能搜索到的文献数量极其有限，都会大大限制研究者围绕这个问题开展研究的勇气和信心。过度依赖文献，可能会给研究造成如下弊端：

其一，创新性思维受到限制。过度依赖文献容易使研究者陷入前人的思维模式中，难以跳出既定框架进行创新性思考。研究者可能会不自觉地按照已有文献的观点、方法和结论来构建自己的研究框架，研究问题缺乏创新性思考和独特见解。研究者主要依据现有文献进行研究时，很容易重蹈覆辙和老生常谈，难以产出创新性成果。

其二，研究视野受到限制。文献往往具有一定的滞后性，过度强调文献可能使研究者局限于自己熟悉的文献领域，而忽视了其他相关领域的问题和研究，导致研究视野过于狭窄，无法从更全面的角度去把握和理解选题。历史的车轮滚滚向前，现实世界的问题层出不穷、日新月异。过度依赖文献，仅仅聚焦已有研究领域，可能会错过最新的研究动态。

其三，缺乏实践验证环节。过度依赖文献可能导致研究与实际情况脱节。文献中的理论成果往往是基于某个特定阶段和背景下产生的，不一定完全适用于当下的实际情况。如果仅仅依靠既有文献展开研究，不进行深入实地的调查研究，就不可能得出符合实际的结论。文献依赖有可能让研究者过于关注理论层面的观点方法，而忽视了现实问题的应对解决。

其四，成果质量难以保证。过度依赖文献可能导致引用不当的问题。研究者可能会为了支撑自己的观点而有选择地引用文献，或者引用一些质量不高的文献，影响研究的可信度和权威性。研究者可能会不加思考、不经辨别地接受文献中的全部观点和结论，导致研究结果的科学性和可靠性受到影响。

五、"悬浮式"调研

所谓"悬浮式"调研，是指调研人员走马观花，不深入实地、不调研实情，抓不住问题本质的蜻蜓点水式调查研究。调查研究的根本目的是解决现实问题，要摸清真情况、找准真问题、提出真对策。调查研究既要防止"调"而不"研"，又要防止"研"而不"用"，更要防止"用"而无"效"。高校思政社科研究要学会用调研找准问题症结，用研究推动问题解决。然而，在实际调研中，对调研流程非常"上心"、对调研过程极其"关注"、把"身入"当"深入"、把"过程"当"解决"的"悬浮式"调研还是时有发生。

其一，仅了解表面情况，缺乏有深度的调研。"悬浮式"调研往往只能看到表面现象，难以深入问题产生的本质和根源。例如，在对某地区贫困问题进行调研时，如果只是走马观花地走访慰问一些贫困家庭、与当地干部进行简短座谈，研究者就只可能感受到贫困家庭的居住条件、收入来源等表面困难，而诸如当地农村产业结构是否合理、教育资源是否匮乏等问题却无法了解。"悬浮式"调研给出的解决方案往往比较肤浅，难以从根本上解决问题。

其二，容易脱离实际，缺乏针对性的办法。“悬浮式”调研因为缺少深入一线的深度调研，很难提出符合当地实际情况的问题解法。没有充分倾听基层群众的心声，不能真正了解人民群众真正的需求关切，研究者只能按照预设的问题和思路展开。例如，研究者在对某社区养老服务进行调研时，如果只是参观养老机构环境设施、听取社区工作人员汇报，而没有与老年人进行深入交流，就无法真正了解老年人群体的养老需求，无法提出真正让老年人满意的对策建议。

其三，影响决策的科学性，降低调研的公信力。“悬浮式”调研可能会为决策者提供错误的信息，从而影响决策的科学性。例如，研究者在制定城市交通规划时，如果只是在高峰期乘坐几次公交车、观察几个路口的交通状况，就可能得出片面的结论，制定出不合理的交通规划，影响城市的交通效率和居民的出行体验。“悬浮式”调研一旦被公众发现只是走个过场、做个样子，会大大降低政府和相关研究机构的公信力，影响公众对政府决策的支持程度。

六、“方法库”局限

研究方法是指在研究中发现新现象、新事物，或者提出新理论、新观点，揭示事物内在规律的工具和手段。在思政社科研究中，传统的研究方法库具有一定的局限性。其主要表现如下：

一是方法的单一性。其一，依赖传统方法，老方法不管用。在人文社科研究中，部分研究者过度习惯于传统研究方法，如文献分析、历史研究、案例研究等。这些方法虽然在一定程度上能够为研究提供支持，但仍无法满足复杂多变的研究问题。其二，缺乏方法创新，新方法不敢用。人文社会科学研究可能不像自然科学研究那样有着庞大的方法库，特别是在定量研究方法方面，思政社科研究者对大数据和信息技术相关的研究方法还需要主动学习掌握。其三，缺少方法联动，新兴方法不会用。思政社科研究者往往只熟悉思想政治教育学科的研究方法范式，而对教育学、社会学、心理学等相关学科研究方法知之甚少，在跨学科和交叉学科研究中，难以整合不同学科的多种方法实现系统协同，共同解决复杂问题。

二是方法的不适用性。一方面是难以解决复杂的社会问题。人文社科研究中的问题往往具有复杂性、多样性、滞后性，而现有的方法库可能无法提供适宜的方法来解决这些问题。另一方面是难以匹配多学科的交叉研究。随着社会发展和科技进步，思政社科研究已经逐渐呈现学科交叉的研究趋势，研究者亟待探索新的方法与之适配。

三是方法的局限性。一方面是数据获取的困难。在思政社科研究中，对象数据的获取往往是一个难题。现有方法库中无法支撑精准有效的数据获取和数据分析。例如，在研究社会网络中的人际关系时，研究者需要获取大量的社交网络数据，但由于数据的隐私性和获取的难度，研究者可能无法获得足够的数据来支撑研究。另一方面是方法效度的不足。一些方法仅在特定研究情境下有效，缺乏对思政社科研究的普遍适配性。

七、“唯论文”导向

在思政社科研究中，撰写学术论文对推动理论发展、传播学术成果、指导实践工作等有重要意义。但是，近年来，高校在职称评审中存在用论文指标评价科研人员能力和贡献的倾向，“唯论文”的思政社科研究评价导向存在诸多不足和弊端。其主要体现在以下三个方面：

一是影响科研质量。部分研究者倾向于选择易于入手且能快速出成果的研究主题，往往是对问题进行简单表面性的分析和阐述，缺乏深入探究的动力和耐心。这使得研究仅停留在现象描述层面，难以触及问题的核心本质和内在规律，导致研究成果缺乏深度和理论价值。部分研究者急于投稿、急于见刊、急于求成，倾向于在前人已有的研究框架和观点中寻找切入点，进行重复性的研究，缺乏对新问题、新方法、新视角的探索和尝试。“唯论文”导向限制了思想政治教育学科的前沿问题研究和创新发展。

二是阻碍人才培养。“唯论文”导向使科研人员将发表论文作为首要目标，而非追求科研真理和解决实际问题，忽视对学生和研究团队成员的培养与指导。在学习过程中，学生可能会机械地模仿前人的研究方法和思路，缺乏独立思考和创新的能力。这对培养具有创新精神和实践能力的思政社科研究人才是非常不利的。同时，过分追求坐在家里写论文，没有充分的社会调查过程，造成师生之间的交流减少，不利于科研团队的整体成长和学术融合，忽略了对学生学习积极性和学术兴趣的培养。

三是忽视社会价值。“唯论文”导向使得研究者过于关注学术期刊的要求和学术圈的认可，忽视了社会的实际需求。很多研究成果只是在学术圈内传播，难以对社会产生实际的影响。“唯论文”导向使得研究者过于关注个人的学术成果和学术声誉，缺乏合作的动力和意识。在学术交流中，大家更关注自己的论文是否被引用、被认可，而忽视了与他人的交流和合作。这不利于学术思想的碰撞和学术团队的建设，也影响了思想政治教育学科的整体发展。

八、“弱转化”应用

在思政社科研究中，对学术成果的转化应用的重视度不够，导致成果的实践应用转化与教育效能发挥十分有限。其具体表现在以下三个方面：

第一，研究选题缺乏针对性，与高校立德树人的现实目标脱节。部分思政社科研究过于注重理论探讨和学术创新，忽视了理论成果与实践应用的结合。这些研究往往停留在理论层面，缺乏对实际问题的深入分析和解决方案的提出，忽视破解现实问题的紧迫性和重要性。因此，当这些研究成果试图应用于育人实践时，难以找到合适的场景切入，导致理论与实践之间出现难以逾越的鸿沟。缺乏应用性转化过程，会导致研究成果的有效性无法在实践中被检验，研究者难以验证研究成果的有效性，也无法根据实践对研究进行全面调整和改进优化。

第二，研究成果缺乏可操作性，无法产生实际的社会效益和经济效益。部分研究虽然提出了具有创新性的观点和理论，但这些观点和理论往往过于抽象和笼统，缺乏具体的实施步骤和操作方法。这使得研究成果在实际应用中难以被有效执行，只能停留在学术期刊和学术会议上，一定程度上限制了社科研究成果的转化效果。此外，部分研究成果在表述上也存在模糊性，或者在相同或相似的问题上进行重复研究，而不是将已有研究成果进行应用和拓展，使得实践者难以准确理解和把握其精髓要义。

第三，研究成效缺乏可量化指标，思政社科的社会影响力有待提升。人文社会科学的价值在于为人类社会的发展提供理论支持和实践指导。如果学术成果的社会应用转化不足，思想政治教育学科的社会地位和学术影响力也会随之下降。要让思政社科研究成果参与到高校立德树人的鲜活育人实践中，用实际的育人效果来呈现研究成果的价值性与有效性，通过多种形式和典型案例来说明思政社科研究的显著成效。

专题五

高校思政社科研究的根本遵循

2019 年 3 月 18 日，习近平总书记在学校思想政治理论课教师座谈会上强调，推动思想政治理论课改革创新，要不断增强思政课的思想性、理论性和亲和力、针对性。要坚持政治性和学理性相统一，坚持价值性和知识性相统一，坚持建设性和批判性相统一，坚持理论性和实践性相统一，坚持统一性和多样性相统一，坚持主导性和主体性相统一，坚持灌输性和启发性相统一，坚持显性教育和隐性教育相统一。

这“八个相统一”是对思想政治理论课建设过程中重大问题和热点问题的主动回应，从理论与实践相结合上作出了深刻回答，是思政课建设长期以来形成的规律性认识与成功经验的科学概括，是推动思政课改革创新的重要原则，是增强思政课思想性、理论性和亲和力、针对性的关键所在，同样也是高校思政社科研究的根本遵循。

一、坚持政治性和学理性相统一

政治引导是思政课的基本功能。强调思政课的政治引导功能，并不是要把课讲成简单的政治宣传，而要以透彻的学理分析回应学生，以彻底的思想理论说服学生，用真理的强大力量引导学生。马克思说：“理论只要彻底，就能说服人。”马克思主义理论就是彻底的理论。思政课教师所讲的理论、观点、结论要经得起学生各种“为什么”的追问，这样效果才能好。需要注意的是，不能用学理性弱化政治性，在大中小学的不同学段，无论是通过讲故事、讲历史还是讲理论的方式讲思政课，都要体现思政课的政治引导功能。

近年来，以“坚持政治性和学理性相统一”为主题的思政类课题立项较多。以国家社科基金高校思政课研究专项（以下简称“思政专项”）为例，选题主要集中在习近平总书记关于教育的重要论述与高校思政课教育教学之间的关系研究，如习近平总书记关于思想政治教育、思想政治理论课、高校思想政治工作、课程思政等重要论述的学理阐释和实践应用研究（见表5-1）。

表5-1　2019—2023年国家社科基金思政课专项涉及“坚持政治性和学理性相统一”范畴立项选题（节选）

序号	责任单位	批准项目号	课题名称
1	中国人民大学	19VSZ001	习近平总书记关于思想政治教育重要论述研究
2	大连海事大学	19VSZ002	习近平总书记关于思想政治理论课重要论述研究
3	广东金融学院	19VSZ004	习近平总书记关于高校思想政治工作重要论述研究
4	泰州学院	19VSZ006	习近平总书记关于培养时代新人重要论述研究
5	西北工业大学	20VSZ001	习近平总书记关于爱国主义教育重要论述研究
6	西南政法大学	21VSZ002	习近平法治思想融入高校思想政治理论课教学研究
7	中国青年政治学院	22VSZ002	习近平总书记关于少年儿童和少先队工作重要论述研究
8	中国青年政治学院	23VSZ007	习近平总书记关于中国青年运动重要论述研究
9	上海工程技术大学	23VSZ010	习近平文化思想融入“中国近现代史纲要”课教学全过程研究
10	华中师范大学	23VSZ074	习近平“青年寄语”融入高校思政课教学话语研究

二、坚持价值性和知识性相统一

思政课重在塑造学生的价值观。强调思政课的价值性，不是不要通识教育和专业教育，而是要将价值观教育的“盐”溶于各门课程知识的“水”中，使各门课程与思想政治教育同向同行。只有空洞的价值说教，缺少科学的知识体系作为支撑，价值观教育的效果必然会大打折扣。思政课教学效果的考察、学生学习的获得感，不能仅仅依靠刻板的知识点记忆和单一的试题得分要点为指标，更应聚焦对学生世界观、人生观、价值观的全面塑造。知识是载体，价值是目的，教师要寓价值观引导于知识传授之中。例如，教师在讲授“中国近代史纲要”课时，要注重引导学生传承民族气节、崇尚英雄气概，引导学生学习英雄、铭记英雄，自觉反对那些数典忘祖、妄自菲薄的历史虚无主义，自觉提升境界、涵养气概、激励担当。

近年来，围绕“坚持价值性和知识性相统一”的研究是思政类课题选题的重点。以国家社科基金高校思政课研究专项为例，相关研究主要集中在以思政课为载体传播社会主义核心价值观，促进大学生正确世界观、人生观和价值观的科学形成，增进对习近平新时代中国特色社会主义思想的深刻认同，坚定“四个自信”，增强对中国共产党和中国特色社会主义的政治认同、思想认同、理论认同、情感认同，铸牢中华民族共同体意识（见表5-2）。

表5-2　2019—2023年国家社科基金思政课专项涉及“坚持价值性和知识性相统一”范畴立项选题（节选）

序号	责任单位	项目批准号	课题名称
1	河海大学	19VSZ050	新时代高校思政课“四个自信”教育与大学生认同性参与协同的提升机制研究
2	西华师范大学	19VSZ052	思政课引导大学生坚定文化自信研究

表5-2(续)

序号	责任单位	项目批准号	课题名称
3	西南民族大学	19VSZ129	高校思政课铸牢少数民族大学生中华民族共同体意识研究
4	中国矿业大学（北京）	20VSZ024	新时代增强高校思政课对社会思潮的引领力研究
5	中山大学	20VSZ102	粤港澳大湾区背景下广东高校港澳学生国家认同研究
6	青海大学	20VSZ106	民族地区高校中华优秀传统文化认同教育研究
7	西安理工大学	21VSZ065	制度自信教育融入高校思政课教学体系研究
8	浙江大学	21VSZ106	新时代大学生知识教育与信仰培育的关系研究
9	河南大学	22VSZ011	坚定大学生历史自信研究
10	佛山科学技术学院	22VSZ045	智媒体的价值导向与青少年思想引领研究

三、坚持建设性和批判性相统一

思政课的主要任务是落实立德树人根本任务。从这个意义上说，思政课的建设性旨在促进思政课的创新性发展，具有重要意义。与此同时，彻底的批判精神是马克思主义的本质特征，马克思主义就是在同各种错误思潮的不断斗争中开辟前进道路的。思政课肩负着培养学生批判性思维能力的任务。新时代的思政课要坚持马克思主义在意识形态领域的指导地位，科学运用马克思主义的立场、观点、方法，旗帜鲜明地反对和抵制各种错误思想观点。无论在网络虚拟空间，还是在现实世界，都会有各种各样的社会思潮存在。教师要教育引导大学生正确看待、辩证认识、理性分析现实问题，明辨大是大非、真假黑白，对当前意识形态领域出现的种种社会思潮进行深入把握和科学甄别，在对假恶丑的批判中弘扬真善美。

教师要坚持问题导向，聚焦对象特点，把大学生关心关注却又不甚了解的问题，掰开了、揉碎了，于情、于理、于行给学生讲清楚；要练就不怕问、怕不问、见问则喜的真本领，不能一碰见学生提问就发怵；要知道真理从来都是在诘问中向前发展的。如果一问就倒，那说明思政研究者对真理的领悟和诠释还不到位。“坚持建设性和批判性相统一”范畴的选题主要聚焦在意识形态安全风险、意识形态话语权、主流意识形态认同、意识形态引领力、意识形态工作领导权等研究方面（见表 5-3）。

表 5-3　2019—2023 年国家社科基金思政课专项涉及“坚持建设性和批判性相统一”范畴立项选题（节选）

序号	责任单位	项目批准号	课题名称
1	华南师范大学	19VSZ020	新中国 70 年高校思政课维护国家意识形态安全研究
2	北京工商大学	19VSZ035	思想政治理论课教师的网络发声与高校意识形态安全研究
3	华东师范大学	19VSZ062	高校思政课坚持建设性和批判性相统一的理论蕴涵和思想方法研究
4	广州中医药大学	20VSZ021	新时代高校意识形态风险研判与防控机制研究
5	哈尔滨工程大学	20VSZ125	当代西方社会思潮在我国高校传播的意识形态风险及防范研究
6	浙江师范大学	21VSZ034	虚无主义对高校意识形态教育的影响与防范研究
7	广东技术师范大学	21VSZ032	总体国家安全观视域下高校意识形态安全及风险防范研究
8	西安交通大学	22VSZ089	思想政治工作防范化解意识形态风险功能及其实现路径研究
9	南京航空航天大学	22VSZ156	高校思政课教学中意识形态“漂浮”现象及对策研究
10	中国矿业大学（北京）	23VSZ018	新时代高校思政课提升主流意识形态认同研究

四、坚持理论性和实践性相统一

思政课要用科学理论培养人，遵循大学、中学、小学不同学段的学生认知规律，把马克思主义基本原理讲清楚，把中国共产党为什么能、马克思主义为什么行、中国特色社会主义为什么好的道理讲透彻。马克思主义是在实践中形成并不断发展的真理，教师要高度重视思政课理论性和实践性的统一，把“思政小课堂”和“社会大课堂”结合起来，结合地方红色文化打造“行走的思政课”，引导学生将个人理想与祖国命运和人民需要结合起来，把个人社会价值实现与中华民族伟大复兴目标结合起来，立鸿鹄志，做奋斗者。

国家社科基金思政课专项立项选题中，思想政治教育、思想政治理论课中围绕“理论与实践相统一”范畴的研究选题占比最高，侧面反映出当前学术研究更多倾向于思想政治教育实践中育人效能的提升（见表 5-4）。

表 5-4　2019—2023 年国家社科基金思政课专项涉及“坚持理论性和实践性相统一”范畴立项选题（节选）

序号	责任单位	项目批准号	课题名称
1	河北农业大学	19VSZ070	新时代思政课线上线下混合教学模式研究
2	海军指挥学院	19VSZ148	推动指挥军官任职培训政治理论教学向实战聚焦研究
3	福建师范大学	20VSZ038	习近平总书记成长经历系列采访实录在思政课教学中的应用研究
4	大庆师范学院	20VSZ047	新时代铁人精神育人实践教学模式研究
5	河北农业大学	20VSZ048	新媒体视域下高校思政课实践教学模式研究
6	山东财经大学	22VSZ131	新时代高校实践思政的理论与实践研究

表5-4(续)

序号	责任单位	项目批准号	课题名称
7	南京工业职业技术大学	22VSZ165	高职院校思政课实践教学独特性及路径研究
8	华中科技大学	23VSZ002	“习近平新时代中国特色社会主义思想概论”实践教学研究
9	山西师范大学	23VSZ020	新时代铁人精神育人实践教学模式研究
10	华东理工大学	23VSZ092	思政小课堂与社会大课堂的有效衔接研究

五、坚持统一性和多样性相统一

党和国家高度重视学校思政课建设，对思政课有很多“规定动作”，在教学目标、课程设置、教材使用、教学管理等方面进行了统一要求，同时也有“自选动作”的空间。在教育教学的具体实践中，高校要因地制宜、因材施教、因人而异，体现多样性。思政课教师要遵循党和国家关于思想政治教育和思政课教学的统一要求，结合不同层次、不同区域、不同类型学校或不同青年群体的特点，创新性探索各类行之有效的教育教学方法和路径。思政课教学要把统编教材和章节要点作为依据，确保教学内容的权威性、规范性与一致性；要结合各门课程特点创新鲜活生动的教学方法，打造不同类型学生都爱听爱学、听懂学会的思政课，探索统一性与多样性相融合的教育教学方法。

从国家社科基金思政课专项立项选题可以看出，思想政治教育统一性与多样性的融合研究在立项选题中热度最高。相关选题主要围绕教学目标、课程设置、教材使用、教学管理等方面展开研究，聚焦课程制度建设、系统性整体性协同性发展、教学创新设计、教学机制、实施路径、教学方法、教学模式、评价体系等（见表5-5）。

表 5-5　2019—2023 年国家社科基金思政课专项涉及“坚持统一性和多样性相统一”范畴立项选题（节选）

序号	责任单位	项目批准号	课题名称
1	四川大学	19VSZ009	高校全课程全过程推进习近平新时代中国特色社会主义思想入脑入心研究
2	安徽大学	19VSZ012	推进习近平新时代中国特色社会主义思想“往心里走”的思政课教学机制与路径研究
3	上饶师范学院	19VSZ018	新时代高校“办好讲好学好”思想政治理论课的整体性研究
4	青岛科技大学	19VSZ058	学校、家庭、社会协同育人视角下思政课建设合力机制研究
5	北京工业大学	20VSZ012	疫情防控背景下高校思政课在线教学经验与质量保障研究
6	湖南农业大学	20VSZ020	“百年大变局”下青年爱国主义教育话语创新研究
7	中国石油大学（华东）	20VSZ036	“四史”“三问”视角下“中国近现代史纲要”教材的学术逻辑研究
8	福建中医药大学	20VSZ054	医学类专业课程思政与思政课程协同机制优化研究
9	西藏大学	20VSZ079	构建西藏自治区高校思想政治工作评价体系的若干问题研究
10	湖南农业大学	21VSZ027	袁隆平先进事迹融入新时代涉农高校思政课程和课程思政研究

六、坚持主导性和主体性相统一

思政课教学既离不开教师的主导，也要坚持以学生为中心，围绕学生成长所需，结合大中小学阶段学生的不同认知规律和接受特点，充分激发学生成长成才的主体能动性。教师运用小组研学、情景展示、课题研讨、课堂辩论等思政课互动教学方式，把课堂留给学生，把任务分给学生，把价值感赋予学生，把评价权交给学生。教师应尝试专题化教育模式，围绕章节要点开出书单、标出重点、提出问题，引导学生多读马克思主义经典著作、当代马克思主义中国化时代化著作、中华优秀传统文化典籍，让学生原原本本学、融会贯通学、联系实际学，在学习、思考、践行、体悟中掌握马克思主义理论的精髓要义。

结合国家社科基金思政课专项选题分析，围绕“主导性和主体性相统一”范畴的选题相对有限。高校思政研究在未来的发展方向上，应更多聚焦学生主体能动性的激发。立项选题主要集中在大学生思想政治理论课获得感、当代大学生的认知规律和接受特点、学生思想政治理论课的接受心理机制等（见表 5-6）。但是，关于教师主导性的研究略显不足，这为今后高校思政社科研究留有较大空间。

表 5-6　2019—2023 年国家社科基金思政课专项涉及“坚持主导性和主体性相统一”范畴立项选题（节选）

序号	责任单位	项目批准号	课题名称
1	东北师范大学	19VSZ086	基于课堂大数据的大学生思想政治理论课获得感研究
2	上海体育学院	20VSZ065	基于大学生接受特点的思想政治理论课教学话语体系创新研究
3	长治学院	20VSZ069	当代大学生思想政治教育认知与接受特点研究
4	新疆理工学院	20VSZ070	“微时代”边疆大学生思想政治教育生活化实现路径研究
5	中央财经大学	20VSZ071	新时代大学生思想政治认知规律研究
6	首都师范大学	20VSZ072	高校思想政治理论课视域下当代大学生的认知规律和接受特点研究
7	内蒙古科技大学 包头师范学院	22VSZ063	基于学生获得感的《习近平新时代中国特色社会主义思想概论》立体化教学体系构建研究

表5-6(续)

序号	责任单位	项目批准号	课题名称
8	东北财经大学	22VSZ070	思政课话语有效性的增值评价研究
9	大连大学	22VSZ083	基于大学生接受特点的思政课教学策略研究
10	山东科技大学	23VSZ137	基于人工智能的大学生思想政治理论课的接受心理机制研究

七、坚持灌输性和启发性相统一

灌输论是马克思主义的重要原理，是思想政治教育的基本理论，是一种关于无产阶级革命理论与革命实践关系的理性认识。列宁说："工人本来也不可能有社会民主主义的意识。这种意识只能从外面灌输进去。"坚定大学生的马克思主义信仰，离不开必要的灌输，但这不等于填鸭式"硬灌"。教师要注重启发式教育，引导学生发现问题、分析问题、解决问题，循循善诱使学生水到渠成地得出结论。教师应运用数字化信息技术，实现现实与虚拟多重场域的融合教学，巧妙地将故事思维引入思政课教学，结合年轻一代喜爱的叙事手法，用心用情讲好中华民族的故事、中国共产党的故事、中华人民共和国的故事、中国特色社会主义的故事、改革开放的故事，特别是要讲好新时代的故事。思政课教师不能仅仅是讲故事的"主演"，更要想办法让学生"群演"参与进来一起讲。

围绕"坚持灌输性和启发性相统一"的研究在国家社科基金思政课专项立项选题中极其有限。其中，2019 年立项项目"思政课教学从'大水漫灌'到'精准滴灌'转型研究"具有较强的代表性。

八、坚持显性教育和隐性教育相统一

我们要坚持显性教育和隐性教育相统一，挖掘其他课程和教学方式中蕴含的思想政治教育资源，充分发挥全员全程全方位育人的协同效应。我们办中国特色社会主义教育，就是要理直气壮开好思政课，用习近平新时代中国特色社会主义思想铸魂育人；要把思政课打造成为中国教育课程体系中最有知名度、最有显示度、最有识别度的“金课”。思政课的显性主要体现在地位、作用、课程、学时、内容上；思政课的隐性更多体现在通过各种各样的方式创新，将思想之“盐”融入成长之“水”，融入各类课程和育人实践中，在润物无声中成风化人。

围绕“坚持显性教育和隐性教育相统一”的研究在国家社科基金思政课专项立项项目中少之又少。其中，2020年立项项目“民办高职院校推进新生代农民工隐性课程思政育人体系研究”具有较强的代表性。

专题六

高校思政社科研究的基本素养

办好思政课，不断提高其理论性与思想性，增强其针对性与实效性，提升其吸引力和感染力，关键在教师。做好高校思政社科研究要聚焦新时代立德树人根本任务，回应青年群体成长成才的现实需求，让研究更“接地气”、更“唯实际”、更“显成效”。政治素养、理论素养、专业素养、信息素养和心理素养，既是新时代思政课教师队伍建设的重要内容，也是高校思政学者提升素养水平的根本遵循。

一是政治素养。其要求研究者以马克思主义理论为指导，有正确坚定的政治立场。二是理论素养。其要求研究者熟悉相关领域的知识，拥有渊博的学识和知识储备。三是专业素养。其要求研究者对本专业领域内的专业知识有较为全面系统的掌握，具备知行合一、学以致用的本领。四是信息素养。其要求研究者提升对信息技术和数字技术的了解，掌握对人工智能和大数据等辅助研究手段的运用。五是心理素养。其要求研究者具备乐观的心态、积极的状态、奋进的形态和担当的姿态。总之，思政社科研究者只有具备了多层次、全方位的综合素养，才能历经重重考验抵达真理的彼岸。

一、政治素养

当今时代，高校学者开展思政社科研究前景光明、意义重大。新时代高校思政社科研究发展关乎“为党育人、为国育才”的目标，关乎社会主义教育的根本属性，关乎国家意识形态安全，关乎思想政治教育学科高质量发展。因此，过硬的政治素养始终是高校思政社科研究者最为关键的素养。

第一，坚定的政治信仰。政治信仰决定着一个人的政治立场和政治方向，对于思政社科研究者来说更是如此。坚定的政治信仰是开展思政社科研究的基石。思政社科研究者要坚定地信仰马克思主义，深刻认识到马克思主义是科学的世界观和方法论，为我们认识世界、改造世界提供了强大的思想武器，为世界社会主义指明了正确前进方向。思政社科研究者要深入学习马克思列宁主义、毛泽东思想、邓小平理论、“三个代表”重要思想、科学发展观、习近平新时代中国特色社会主义思想，始终忠诚于党，忠诚于祖国和人民，增强“四个意识”、坚定“四个自信”、做到“两个维护”，始终保持正确的政治方向，让思政研究成果服务于国家、服务于社会、服务于人民。

第二，高度的政治敏锐性。政治敏锐性是指对政治问题的敏感性和洞察力，能够及时发现和把握政治动态、社会思潮的变化。在复杂多变的国际国内形势下，思政社科研究者必须始终保持高度的政治敏感度。一方面，思政社科研究者要关注国际政治形势变化，了解世界各国的政治制度、意识形态和发展态势。在经济全球化和教育信息化的浪潮下，国际政治格局环境对国内教育环境的影响日益加深。思政社科研究者要学会从国际政治的视角分析世界问题，为我国发展提供有益借鉴。另一方面，思政社科研究者要密切关注国内动态，及时了解党和国家的重大决策部署、政策导向和社会热点，让自己的研究方向主动与新理论、新问题、新战略相结合，运用马克思主义的立场、观点、方法分析社会热点、教育重点、实践难点和落实堵点。

第三，强烈的政治责任感。思政社科研究者不仅要有学术担当，更应肩负政治责任。首先，思想政治教育研究为学校思想政治理论课教学和思想政治教育实践提供丰富的教学资源和理论支持，引导大学生坚定理想信念，增强社会责任感和使命感，肩负着培养社会主义建设者和接班人的重要使命。其次，思想政治教育要培育大学生总体国家安全观，特别是牢牢守住高校意识形态主阵地。思政社科研究者要积极主动开展意识形态领域研究，在对错误思潮的批判中，捍卫马克思主义在意识形态领域的指导地位；加强围绕弘扬与传承社会主义核心价值观研究，使其成为全体人民共同的价值追求。最后，思政社科研究者要多多关注社会民生问题，积极开展社会调查研究，通过研究化解社会矛盾、促进社会和谐稳定，为构建和谐社会提供建议参考。

第四，严肃的政治纪律。政治纪律是党的纪律中最重要、最根本、最关键的纪律，思政社科研究者在开展思政社科研究时，必须遵守相关政治纪律。思政社科研究者要坚持正确的政治方向，随时随地保持与党中央一致，不发表与党的路线方针政策相悖的言论。在研究中，思政社科研究者要坚持以人民为中心的宗旨不动摇，不得刻意歪曲事实、曲解真相、误导公众。

第五，良好的政治品德。一个人的政治品德可以从忠诚、正直、廉洁三个方面呈现。思政社科研究者要忠诚于党和国家的教育事业，忠诚于人民的利益，坚持实事求是，做良心干净的研究；不依附权势，不随波逐流，不追求奢华，保持独立人格和学术尊严；廉洁自律，爱惜自己的羽毛；在面对错误思潮和不良现象时，要敢于坚持真理，敢于挺身而出，与错误观点和思想倾向进行斗争。

二、理论素养

思政社科研究者应具备基本的理论素养，不仅包括对马克思主义理论体系中的马克思主义哲学、马克思主义政治经济学和科学社会主义的系统学习，而且应该具备哲学、历史学、政治学、教育学、心理学、管理学、经济学、传播学等方面的跨学科综合理论储备，还要对计算机科学、信息科学、大数据、人工智能等前沿学科动态有所掌握。此外，批判性思维、开放性观念和创新性能力也必不可少。

第一，马克思主义理论体系是基础。马克思主义理论体系是高校思政社科研究的指导思想和根本遵循。深入系统地学习领会马克思主义哲学、政治经济学和科学社会主义三大理论体系是从事思政社科研究的基础。思政社科研究者应学习马克思主义哲学，掌握辩证唯物主义和历史唯物主义两大思想法宝，以全面、联系、发展的眼光看待问题，分析社会现象的本质和规律，运用马克思主义的世界观和方法论从事思政社科研究。马克思主义政治经济学揭示了资本主义的本质和发展规律，为理解当代西方经济社会问题提供了重要视角。科学社会主义阐述了社会主义和共产主义的本质特征与发展方向，激励着全体人民为实现人类解放和幸福、为推动中国特色社会主义事业发展贡献力量。

第二，多学科复合的知识结构。发展交叉学科是应对新一轮科技革命和产业变革、实现重要科学问题和关键核心技术革命性突破的必然要求。思政社科研究涵盖众多学科领域，如哲学、历史学、政治学、教育学、心理学、管理学、经济学、传播学等。当今时代，思政社科研究上的突破和创新，越来越多地依赖学科交叉。高校拥有丰富的人才资源、多样的教学科研平台、浓厚的学术氛围、广泛的对外交流合作，尤其是综合性大学学科专业门类全，为高校思政社科的交叉研究提供了坚实保障。例如，具备思政学科的知识储备能够熟悉思想政治教育的基本理论、方法和规律，能够结合不同年龄、不同类型青少年的心理特点和行为规律展开研究；哲学理论与思辨能力能够全面深入地分析社会问题；社会学的基本理论和研究方法提供了通过社会结构、社会变迁、社会分层的视角，分析社会问题的成因和解决办法；经济学能够了解宏观经济和微观经济的运行规律，为国民经济持续健康发展保驾护航。多学科复合的知识结构为高校思政社科研究者进行跨学科研究提供了可能。

第三，把握学科前沿和创新理论。伴随着时代的发展，思想政治教育面临很多亟待解决的新问题，思政社科研究者要密切关注学科前沿的发展动态，及时掌握最新研究成果；要关注国内外与研究选题相关的权威期刊的最新学术论文，了解相关学科领域的前沿问题和研究方法；要参加学术会议、学术研讨会等活动，与同行专家交流讨论，分享研究成果，拓宽学术视野；要关注社会热点问题和重大事件，运用前沿理论进行分析和解读。

第四，批判性思维、开放观念和创新能力。高校思政社科研究者需要批判性思维和创新能力来赋能，不盲目接受传统观念和权威观点，善于发现现有理论的不足，敢于质疑和批判，更要理论创新。当今时代，科技飞速进步，知识更新迭代，社会变化日新月异，开放观念能博采众长。思政社科研究者要倾听不同的意见和建议，吸收不同的学术观点，打破传统思维模式的束缚，多与不同学科学者交流合作，借鉴其他学科的专业理论和研究方法，倾听不同的声音，接受批评和建议，提升眼界、拓宽视野、开阔格局；保持勇于探索的精神和敢于突破传统的勇气，用创新能力赋能学科交叉研究，融通理论库，扩充资源库，拓展方法库，因事而化、因时而进、因势而新，关注社会问题，提出创新性解题思路和破圈功法，为学科发展注入新的活力。

三、专业素养

高校思政社科研究者应当具备四大专业素养，即深厚的专业功底、严谨的学术态度、强烈的社会责任感和良好的团队协作。高校教师作为思政社科研究的主力军和领头雁，其专业素养直接决定着研究成果的水准和质量。

第一，深厚的专业功底。首先，扎实的专业基础。高校思政社科研究者应该深耕思想政治教育领域，沉淀厚实的理论基础，对本专业的核心概念、理论体系和研究方法烂熟于心。只有具备深厚的专业理论基础，思政社科研究者，才能在研究中准确把握问题的本质，精准提出问题和解决问题。其次，科学的研究方法。社会科学研究方法类型众多，包括文献研究法、实证研究法、比较研究法、历史研究法、案例研究法等。思政社科研究者要熟练掌握思政学科常用研究方法，根据研究选题需要进行精准匹配。最后，丰富的研究经验。从事社科研究也需要经验的积累，以往结项课题的研究经验能够对后来新选题的研究开展提供有益借鉴和宝贵信心。

第二，严谨的学术态度。首先，求真务实。思政社科研究应坚持实事求是，以客观事实为依据，避免主观臆断和虚假陈述。要深入实地开展调研，收集第一手资料，确保研究结果的真实性和可靠性。例如，在研究农村家庭思想政治教育时，思政社科研究者可以深入农村家庭，与农民面对面交流，从而掌握当地家庭思想政治教育开展的客观现状。其次，严谨治学。思政社科研究者应具备严谨的治学态度，严守学术诚信，遵守学术规范，杜绝学术不端行为。在研究过程中，思政社科研究者要认真对待每一个环节，包括文献查阅、研究设计、数据搜集与分析、论文撰写等，确保研究的科学性和规范性。最后，勇于创新。思政社科研究者要敢于突破传统思维和方法的束缚，大胆探索，小心求证，敢于提出新观点，尝试新方法。

第三，强烈的社会责任感。首先，关注社会现实。思政社科研究者不能只在文献中找问题，要密切关注制约高校思想政治教育发展的问题，关注国家战略、社会需要和人民需求。其次，服务社会发展。思政社科研究者要将论文写在祖国大地上，将成果应用于高校立德树人实践中。思政社科研究者要通过学术论文、咨询建议、意见征集、教育教学、学术交流等方式，将研究成果转化为社会效益。最后，引导社会舆论。思政社科研究者在社会舆论中要发挥积极的引导作用，通过发表学术观点、网络热点讨论、媒体新闻采访等方式，弘扬主旋律，传播正能量，引导社会舆论向积极健康的方向发展。

第四，良好的团队协作。科研团队不仅是知识积累、转化、共享和创新系统的核心，更是推动科技进步和解决关键技术难题的重要载体。高校思政社科研究者要重视组团科研的重要意义，具备强烈的团队合作意识，依据共建共享、互利共赢的原则，整体推进，分工协同，通过成员各自优势的发挥，提升团队科研的整体效能。首先，合作意识。社科研究需要多学科的交叉融合和多方面的共同参与，研究者应具备良好的合作意识，积极与不同学科、不同专业、不同领域的学者组团合作，共同开展研究。其次，沟通技巧。良好的沟通能力是团队合作的重要保障。思政社科研究者应学会倾听他人、尊重他人，主动与团队成员进行高效沟通，及时分享研究进展和阶段性成果，虚心听取意见建议。最后，协作能力。良好的协作能力能够确保每一位团队成员都能充分发挥自己的专业优势。思政社科研究者要有大局意识，聚焦团队一致性目标，服从团队任务安排和工作调度。

四、信息素养

信息素养是一种了解、收集、评估和利用信息的知识结构，包括认识信息、获取信息、处理信息、管理信息和创新信息的素养。信息素养不仅仅是对信息技术的应用，重点是对信息的检索、内容、传播、分析以及评价，既需要熟练的信息技术，也需要完善的调查方法、通过鉴别和推理来完成。在教育数字化和信息化背景下，高校思政社科研究者最亟待提升的就是信息素养。

第一，具备信息意识。信息意识是指对信息的敏感度和洞察力。高校思政社科研究者要有强烈的信息意识，能够敏锐地感知到信息的价值和重要性。首先，关注时事热点。思政社科领域与社会现实紧密相连，时事热点往往是研究的重要切入点。思政社科研究者应密切关注国内外政治、经济、文化等方面的动态，及时从社会热点问题中挖掘有价值的研究课题。例如，当前全球气候变化、人工智能发展、国际局势变化等热点问题，都可能与思政社科研究产生关联。其次，关注学术动态。思政社科研究者应了解本学科及相关学科的研究进展，掌握学术前沿信息，拓宽研究视野；通过阅读著作期刊、参加学术会议、关注学术网站，获取最新学术资讯。最后，明确信息需求。思政社科研究者应明确自己的研究方向和目标，对所需信息进行全面分析规划，确定需求的信息类型、来源和获取方式，提高信息收集的精准性和有效性。

第二，信息获取能力。信息获取能力是能够快速、准确地获取所需信息的能力。首先，善用图书馆资源。高校图书馆拥有丰富的纸质书籍、期刊、报纸等文献资源，还有电子数据库、数字图书馆等网络数据资源。思政社科研究者要熟悉图书馆的馆藏布局和检索系统，能够熟练地使用图书馆资源进行信息检索。此外，思政社科研究者还可以通过图书馆的馆际互借、文献传递等服务，获取其他图书馆的相关资源。其次，会用网络资源。互联网是一个巨大的信息宝库，思政社科研究者可以通过搜索引擎、学术数据库、专业网站等渠道获取信息。在使用搜索引擎时，思政社科研究者要掌握有效的检索技巧，如使用准确的关键词、运用布尔逻辑运算符等，以提高检索结果的准确性。同时，思政社科研究者要注意筛选信息来源，选择权威、可靠的网站获取信息。对学术数据库，思政社科研究者要了解其收录范围、检索方法和使用权限，充分发挥其在学术研究中的作用。最后，巧用学术交流。学术会议、研讨会、讲座等活动是联络学术资源和获取学术信息的重要途径。思政社科研究者要与同行专家深度交流，了解最新研究成果和研究动态，拓宽学术资源的获取渠道。

第三，信息鉴别能力。信息鉴别能力是指能够对获取的信息进行分析、判断和评价的能力。在信息大爆炸的时代，信息的质量良莠不齐，信息鉴别能力能够帮助人们遴选出相对客观真实、准确可靠的信息。首先，判断信息的真实性。对获取的信息，思政社科研究者要通过多渠道进行核实，查证其来源是否可靠、内容是否属实。思政社科研究者要尽量参考权威媒体、学术机构、政府部门发布的信息，注意识别虚假信息，避免被误导。其次，评价信息的准确性。信息的准确性是指信息内容是否符合客观实际，是否存在错误或偏差。思政社科研究者通过对比不同来源的信息、查阅相关文献资料、实地调研、请教权威专家等方式，可以对信息准确性进行评价。最后，评估信息的价值性。信息的价值取决于其对研究的有用性和适用性。思政社科研究者应根据自身研究需求，合理评估信息的价值，对与研究课题密切相关、具有创新性和启发性的信息，要给予高度重视；对价值不高的信息，可以适当舍弃。

第四，信息管理能力。信息管理能力是指能够对获取的信息进行整理、分类、存储和利用的能力。思政社科研究者要建立自己的信息数据管理体系。首先，信息整理。思政社科研究者要将获取的信息进行筛选、分类和整理，去除重复、无关的信息，保留有价值的信息。根据信息的类型、主题、来源等进行分类，建立信息目录和索引，可以方便查找和使用。其次，信息存储。思政社科研究者要选择合适的存储方式，将整理好的信息进行存储。思政社科研究者可以使用电子文档、数据库、云存储等方式进行存储，确保信息的安全性和可访问性。同时，思政社科研究者要定期对存储的信息进行备份，防止信息丢失。最后，信息利用。思政社科研究者要将存储的信息运用到研究中，发挥信息的最大价值；通过引用、分析、综合等方式，让信息助力课题研究；定期更新和优化个人的信息管理体系，提高信息管理的效率和质量。

第五，信息创新能力。信息创新能力是指能够在已有信息的基础上，创新思维和创新实践，创造出新的信息和知识的能力。思政社科研究者应具备较强的信息创新能力，以推动思想政治教育学科的创新发展。首先，培养创新思维。创新思维是信息创新的前提。思政社科研究者要敢于突破传统思维模式，勇于提出新的观点和见解；通过阅读创新案例、参加创新培训、与创新型人才交流等方式，培养创新思维。其次，进行信息整合。思政社科研究者要将不同来源、不同类型的信息进行分门别类地整合，从中发现新的联系和规律，创造出新的信息和知识。最后，鼓励实践创新。思政社科研究者要将数字化与信息化的创新方法应用到思政社科研究中，探索新的研究方法和实践途径，并经由实践对创新成果进行检验和优化。

五、心理素养

从事高校思政社科研究，不仅需要扎实的专业知识和卓越的研究能力，还要具备过硬的心理素养。心理韧性能够帮助科研人员应对各种突如其来的困难挑战，不抛弃、不放弃，时刻保持昂扬的斗志和坚定的信心。

第一，坚定的信念与使命感。思政社科研究者肩负着传播马克思主义理论、培养社会主义建设者和接班人、推动社会进步的重大使命，坚定的信念和强烈的使命感是从事研究的内在驱动和精神支撑。信念坚定的学者能够在研究中始终保持迎难而上的奋进姿态，强烈的使命感能激发投身“为党育人、为国育才”伟大事业的满腔热忱，不畏艰难，勇于探索，为解决当前思想政治教育的现实问题贡献智慧。

第二，积极的心态与乐观精神。思政社科研究难免会遇到各种各样的困难与挑战，如课题申报失败、研究进展缓慢、成果发表困难等，拥有积极心态的人能从失败中振作，主动从自己身上找原因，在寻找破题方法的同时收获个人的成长。乐观精神是对一切求而不得保持豁达与释怀，感恩与接纳生命中的一切，相信坚持的意义，持续向上，自我精进。

第三，坚韧的毅力与耐心。不同于自然科学通过做实验或分析数据得到结论，思想政治教育聚焦人的思想和行为养成，教育效果具有滞后性和反复性，往往需要一个漫长的周期才能显出效果。这对毅力和耐心是巨大的考验。一个研究课题从准备、撰写、申报、获批、开题、中期检查、结题，可能需要数年甚至更长时间，其间难免会遇到各种困难。只有具备坚韧的品格，才能在漫长的研究过程中时时用力，久久为功。学术研究要耐得住寂寞，守得住平凡，拿出“板凳甘坐十年冷”的耐心和决心，全身心地投入科研。

第四，良好的自我调节能力。自我调节能力包括情绪调节、压力管理和时间管理等方面。高校教师常常面临工作压力、竞争压力、生活压力和社会期望压力，良好的压力管理和自我调节能力至关重要。思政社科研究者要学会控制自己的情绪，遇事不慌，保持平常心，每逢大事有静气，静而后能安；要正确看待求而不得，尝试通过运动、美食、旅游、娱乐、聊天、冥想、睡眠等方式缓解压力，定期处理情绪垃圾；要学会合理规划和管理时间，详细制订每个阶段的计划，随时跟进任务落实情况，不给拖延找借口。

专题七

高校思政社科研究的基本方法

高校思政社科研究是一项复杂而系统的工作，需要综合运用多种研究方法。本专题主要介绍思政社科研究的基本方法，包括查阅、分析、整理已有文献资料的文献研究法，通过观察、实验、调查进行证明的实证研究法，横向、纵向等多维度进行比较分析的比较研究法，通过对研究对象的相关历史信息进行梳理的历史研究法，通过具体的事例进行分析的案例研究法，多学科交叉研究的跨学科研究法，定性研究法和定量研究法，与实际工作相结合的行动研究法，大数据研究法等。没有最好的研究方法，只有最适合的研究方法，高校思政社科研究的方法选择要坚持适配原则，依据研究问题的类型和特点，“只选配的，不选贵的”，让每一种研究方法都能充分为我所用。

一、文献研究法

1. 定义与特点

文献研究法主要指收集、鉴别、整理文献资料，并通过对文献的研究形成对事实的科学认识的方法。

文献研究法具有以下特点：

①间接性：不直接接触研究对象，而是通过文献资料来了解研究问题。

②历史性：研究过去的事件和现象，为当前的研究提供历史经验借鉴与启示。

③系统性：通过对大量文献资料进行系统的分析和整理，获取全面的信息。

2. 文献来源

①图书，包括学术著作、教材、工具书等。

②档案资料，包括政府文件、历史档案、企业档案等。

③网络资源，包括学术数据库、电子图书、学术论坛等。

3. 文献检索方法

①确定检索关键词：根据研究问题来确定关键词，以便准确地检索到相关文献。

②选择检索工具：根据文献来源选择合适的检索工具，如学术数据库、图书馆目录等。

③制定检索策略：根据检索工具的特点制定检索策略，如布尔逻辑运算符的使用、检索范围的限定等。

④筛选文献：依据一定的标准和要求，对检索到的文献进行筛选，去除与研究主题相关度不高的文献，保留对研究主题关联度和支撑度较高的文献。

4. 文献分析方法

①内容分析法：通过对文献内容进行系统分析，提取涉及研究问题的关键信息，通过已有文献内容了解研究问题的现状和发展趋势。

②文献综述法：依据不同历史阶段中，围绕研究问题的已有文献进行综合分析和精准评价，以确定研究问题的研究现状、存在问题和动态进展。

③比较分析法：对不同文献中的观点、方法、结果等进行比较分析，寻找共性，找出差异，为研究工作提供更加全面的研究视角，得出更客观的研究结论。

二、实证研究法

1. 定义与特点

实证研究法是认识客观现象，向人们提供实在、有用、确定、精确的知识研究方法。其重点是关于研究现象本身“是什么”问题的探讨。实证研究法揭示客观现象的内在构成因素和因素之间的普遍联系，从而归纳概括现象的本质及其运行规律。

实证研究法具有以下特点：

①客观性：以实际数据为依据，避免主观臆断。

②可重复性：研究过程和结果可以被重复验证，以确保研究的可靠性。

③实用性：研究结果可以直接应用于实际问题的解决。

2. 实证研究法的类型

①观察法：通过观察研究对象的行为、表现等，搜集相关数据。观察法可以分为自然观察法和实验室观察法。

②实验法：通过控制变量，对研究对象进行实验，以验证假设、揭示规律。实验法可以分为实验室实验法和现场实验法。

③调查法：通过问卷调查、访谈等方式，搜集研究对象的意见、态度、行为等数据。调查法可以分为问卷调查法和访谈法。

3. 实证研究法的步骤

①确定研究问题：明确研究的目的和问题，以便选择合适的实证研究方法。

②提出研究假设：根据研究问题提出假设，以便通过实证研究进行验证。

③设计研究方案：根据研究问题和假设，设计具体的研究方案，包括研究对象、研究方法、数据搜集方法等。

④搜集数据：按照研究方案搜集实际数据，可以采用观察法、实验法、调查法等方法。

⑤分析数据：对搜集到的数据进行分析，以验证假设、揭示规律，可以采用统计分析法、内容分析法等。

⑥得出结论：根据数据分析结果得出结论，回答研究问题，并对研究结果进行讨论和解释。

三、比较研究法

1. 定义与特点

比较研究法是对物与物之间和人与人之间的相似性或相异程度的研究和判断的方法。其可以理解为根据一定的标准，对两个或两个以上有联系的事物进行考察，通过寻找异同，探求普遍规律与特殊规律的方法。

比较研究法具有以下特点：

①跨文化性：对不同文化背景下的研究对象进行比较分析，以了解文化差异对研究问题的影响。

②综合性：对多个研究对象进行比较分析，以获取全面的信息。

③启发性：通过比较分析发现不同研究对象之间的差异和共性，为研究提供新的思路和方法。

2. 比较研究法的类型

①横向比较：对同一时间点上不同研究对象进行比较分析，了解不同对象的现状和特点。

②纵向比较：对不同时间点上同一研究对象进行比较分析，了解同一对象的发展和变化趋势。

③综合比较：对多个研究对象进行综合比较分析，以揭示其异同和特点。

3. 比较研究法的步骤

①确定比较对象：根据研究问题确定比较对象，可以是不同国家、地

区、文化、制度等。

②收集对象资料：收集关于比较对象的相关资料，包括历史背景、文化传统、政治制度、经济发展等方面的资料。

③制定比较标准：根据研究问题制定比较标准，力求比较分析的结果更加客观。

④进行比较分析：按照比较标准通过比较对象的比较分析，揭示其异同和特点。

⑤得出结论：根据比较分析结果得出结论，回答研究问题，并对研究结果进行讨论和解释。

四、历史研究法

1. 定义与特点

历史研究法是运用历史资料，按照历史发展的顺序对过去事件进行研究的方法。其通过对历史事件、人物、制度等进行研究，以揭示其发展规律和特点。

历史研究法具有以下特点：

①历史性：以历史事件、人物、制度等为研究对象，具有较强的历史性。

②综合性：综合运用多种研究方法，如文献研究法、实证研究法、比较研究法等，以获取全面的信息。

③启发性：通过对历史事件、人物、制度等的研究，为当前研究提供历史借鉴和经验启示。

2. 历史研究法的步骤

①明确问题：明确研究的问题和目标，以便选择合适的历史研究法。

②收集资料：收集关于研究问题的相关历史资料，包括文献资料、档案资料、实物资料等。

③整理资料：对收集到的历史资料进行整理和分类，以便进行分析和研究。

④分析资料：对整理后的历史资料进行分析，以揭示其发展规律和特点，可以采用历史唯物主义的方法，从经济、政治、文化等方面进行分析。

⑤得出结论：根据分析结果得出结论，回答研究问题，并对研究结果进行讨论和解释。

五、案例研究法

1. 定义与特点

案例研究法又称个案研究法，是对某一个体、某一群体或某一组织在较长时间里连续进行调查，从而研究其行为发展变化的全过程的方法。案例研究法旨在通过对具体案例的分析，揭示其本质和规律。

案例研究法具有以下特点：

①具体性：以具体的案例为研究对象，具有较强的针对性。

②实践性：将理论与实践相结合，通过对具体案例的分析，为研究成果的实践应用转化提供典型范式。

③启发性：通过对具体案例的分析，为其他类似问题的解决提供参考和启示。

2. 案例选择的原则

①典型性：选择具有代表性的案例，能够反映研究问题的普遍本质和规律。

②真实性：选择真实的案例，确保研究结果的可靠性和有效性。

③时效性：选择近期发生的案例，能够反映当前社会的热点和难点问题。

3. 案例分析的步骤

①明确问题：明确研究的目的和问题，以便选择匹配的案例进行分析。

②收集案例：收集关于案例的相关资料，包括案例背景、事件经过、事件结果等方面的资料。

③描述案例：对收集到的案例资料进行整理和描述，以便进行分析和研究。

④分析案例：对描述后的案例进行分析，以揭示其本质和规律，可以采用定性分析法、定量分析法等。

⑤得出结论：根据分析结果得出结论，回答研究问题，并对研究结果进行讨论和解释。

六、跨学科研究法

1. 定义与特点

跨学科研究法又称交叉研究法，是运用多学科的理论、方法和成果从整体上对某一课题进行综合研究的方法。从创造知识和科学研究的角度来看，学科是一定科学领域或一门科学的分支，是相对独立的知识体系。学科将学术分成若干个类型和领域，不同学科在学科属性、研究范式、话语体系和研究方法等方面存在差异，其中最典型的三个区分类别就是自然学科、人文学科和社会学科。自然学科涵盖基础科学、工程学科、技术科学等；人文学科涵盖哲学、文学、艺术学、历史学等；社会学科涵盖法学、政治学、教育学、管理学等。伴随着人类对科学探索深度与广度的拓展，其对学科边界和归属的认知也在逐渐深化。交叉学科引起社科研究界越来越多的关注。

交叉学科旨在通过并不局限于一种学科的研究方式，综合多学科的理论知识与学科范式来对研究对象进行综合性的研究。跨学科研究法是指综合运用多个学科的理论和方法，对研究问题进行全面、深入的研究方法。跨学科研究法是对传统单一研究方法的补充和完善，有助于从多个角度、更加全面地掌握研究对象。跨学科研究法通过两门及两门以上学科研究方法相互融合，实现对研究问题全面深入、系统科学的研究。跨学科研究法可以是自然学科、人文学科和社会学科各自范畴中子学科研究方法的协同，也可以是三者跨学科大类之间研究方法的融合。无论是哪种交叉，其都要服务于某一基础理论的深入研究，或者某一社会现实问题的系统破解。

跨学科研究法具有以下特点：

①综合性：综合运用多个学科的理论和方法，以获取全面的信息。

②创新性：打破学科界限，开拓新的研究领域和方法。

③实用性：将不同学科的理论和方法应用于解决实际问题。

近年来，跨学科研究法逐渐引起高校思政社科研究者的高度关注。在不少学者的研究中，思想政治教育学科与其他相关学科的研究方法进行系统融合。与内容和方法的简单叠加不同，跨学科研究法追求的是学术研究方法、研究范式、学术理论的深层次系统嵌入，基于多维研究视角和多样研究方法，围绕研究对象进行多方面的考察、分析、综合，从而整合成为一种综合的研究体系。

2019 年 3 月 18 日，在学校思想政治理论课教师座谈会上，习近平总书记对全国思政课教师提出“六个要”的要求，其中包括“思维要新”和“视野要广”。思政课教师不仅要站稳讲台，更要做好研究，要敢用、会用、善用交叉学科的新理论、新视角、新方法来支撑思政社科研究的高质量发展，全方位拓展历史视野、学科视野、知识视野、国际视野，推进高校各类课程思政与思政课程同向同行。《高等学校课程思政建设指导纲要》指出，全面推进课程思政建设是落实立德树人根本任务的战略举措，要将思想政治教育学科与公共基础课程、专业基础课程以及实践类课程相结合。

高校思政社科研究可以与文学、历史学、哲学、心理学等学科相交叉，做到专业知识传授与职业价值引导相结合，将社会主义核心价值观等融入其中，将知识能力、专业本领、人格塑造与心理健康进行统合；可以与经济学、管理学、法学等学科结合，用马克思主义的科学世界观和方法论引导学生树立中国特色社会主义的道德意识，并弘扬与之相契合的法治观念，营造良好社会风气。此外，教育学师范类专业学生的师德师风教育，工科专业学生的工匠精神培育，医学专业学生的医德修为养成等，都需要借助思想政治教育学科与各专业学科的交叉研究来实现。

2. 跨学科研究法的类型

①学科交叉研究：将两个或多个学科的理论和方法进行交叉融合，以开拓新的研究领域和方法。

②问题导向研究：以现实具体问题为导向，综合运用多个学科的理论和方法进行研究，以解决实际问题。

③综合集成研究：将多个学科的理论和方法进行综合集成，构建新的理论体系和方法体系。

3. 跨学科研究法的步骤

①确定问题：明确研究的目的和问题，选择合适的跨学科研究方法。

②选择学科：根据研究问题选定相关的学科领域，综合运用多个学科的理论和方法进行研究。

③组建团队：组建由不同学科专家组成的研究团队，进行跨学科研究。

④制定方案：根据研究问题和学科领域，制订具体研究方案，包括研究方法、数据搜集方法、分析方法等。

⑤开展研究：按照研究方案开展研究，综合运用多学科的理论和方法支撑。

⑥得出结论：根据研究结果得出结论，回答研究问题，并对研究结果进行讨论和解释。

七、定性研究法

1. 定义与特点

定性研究法是根据社会现象或事物所具有的属性和在运动中的矛盾变

化，从事物的内在规定性来研究事物的一种方法或角度。进行定性研究要依据一定的理论与经验，直接抓住事物特征的主要方面，将同质性在数量上的差异暂时略去。定性研究有两个不同的层次：一是没有或缺乏数量分析的纯定性研究，结论往往具有概括性和较浓的思辨色彩；二是建立在定量分析基础上的、更高层次的定性研究。在实际研究中，定性研究与定量研究常配合使用。

定性研究法具有以下特点：

①主观性：依赖研究者的主观体验和理解，具有较强的主观性。

②深入性：深度挖掘分析研究对象的内在本质和意义，具有较强的研究深度。

③灵活性：根据研究对象的特点和研究实际进行灵活调整，具有较强的灵活性。

2. 定性研究法的类型

定性研究大多是采用参与观察和深度访谈而获得第一手资料，具体的方法主要有观察法、访谈法和文本分析法等。

①观察法：通过对研究对象的行为、表现等进行观察，了解其特点和规律。

②访谈法：通过与研究对象进行面对面的访谈，了解其观点、态度、经验等。

③文本分析法：对研究对象的相关文本资料进行分析，了解其本质特征和价值。

3. 定性研究法的步骤

①确定问题：明确研究的目的和问题，以便选择合适的定性研究法。

②选择对象：根据研究问题选择合适的研究对象，可以是个人、群体、组织等。

③收集资料：采用观察法、访谈法、文本分析法等方法收集研究对象的资料。

④分析资料：对收集到的资料进行分析，以揭示研究对象的本质和规律，可以采用归纳法、演绎法、比较法等方法。

⑤得出结论：根据分析结果得出结论，回答研究问题，并对研究结果进行讨论和解释。

八、定量研究法

1. 定义与特点

定量研究法是通过对社会事实的测量，从中发现社会规律，旨在确定它们之间的关系以及解释变化的原因，以指导社会实践的方法。定量研究主要用观察、实验、调查、统计等方法研究社会现象，对研究的严密性、客观性、价值中立都提出了严格的要求，以得到客观事实。定量研究通常采用数据的形式，对社会现象进行说明，通过演绎的方法来预见理论，之后通过收集资料和证据来评估或验证在研究之前预想的模型、假设或理论。作为人类认识社会现象的活动，定量研究法最基础的工作就是测量。在社会研究中，人的行为、态度等往往被作为测量的对象，这相较于自然科学研究中的测量更具有复杂性。在定量研究中，除测量外，另一个重要的概念是抽样。研究者通常会围绕某一类群体或某一种现象进行总体研究。但是，由于研究对象具有广泛性，无法做到对每一个个体都进行定量研究，因而必须通过抽取具有代表性样本的方式来进行研究，再得出适用于整个群体的普遍性结论。

定量研究法具有如下特点：

①客观性：以客观的数据为依据，避免主观臆断。

②精确性：可以通过精确的测量和分析，得出准确的结论。

③可重复性：研究过程和结果可以被重复验证，以确保研究的可靠性。

在高校思政社科研究中，最常用的定量研究法就是社会调查法中的问卷调查法。

2. 定量研究法的类型

①问卷调查法：研究者用控制式的测量对所研究的问题进行度量，从而收集到可靠的资料。

②实验法：通过控制变量，对研究对象进行实验，以验证假设、揭示规律。

③统计分析法：对搜集到的数据进行统计分析，以揭示研究对象的数量特征、关系等。

3. 定量研究法的步骤

①确定问题：明确研究的目的和问题，以便选择合适的定量研究方法。

②提出假设：根据研究问题提出假设，以便通过定量研究进行验证。

③设计方案：根据研究问题和假设，设计具体的研究方案，包括研究对象、研究方法和数据搜集方法等。

④收集数据：按照研究方案搜集实际数据，可以采用问卷调查法和实验法。

⑤分析数据：对搜集到的数据进行分析，以验证假设、揭示规律，可以采用描述性统计分析、推断性统计分析等统计分析法实现。

⑥得出结论：根据数据分析结果得出结论，回答研究问题，并对研究结果进行讨论和解释。

九、行动研究法

1. 定义与特点

行动研究法是指在自然、真实的教育环境中，研究者按照一定的操作程序，综合运用多种研究方法与技术，以解决实际问题为首要目标的一种研究方法。

行动研究法具有以下特点：

①实践性：强调研究与实践相结合，以解决实际问题为目的。

②合作性：研究者与实际工作者合作进行研究，共同解决问题。

③反思性：在研究过程中，不断反思和总结，以提高研究质量和实践效果。

2. 行动研究法的步骤

①确定问题：明确实际工作中存在的问题，确定研究的主题。

②制订计划：根据问题制订研究计划，包括研究目标、研究方法、研究步骤等。

③实施行动：按照研究计划实施行动，搜集相关数据和信息。

④反思总结：对实施行动的过程和结果进行反思和总结，分析存在的问题和不足，为进一步优化提供指导。

⑤调整计划：根据反思总结结果调整研究计划，继续推进实施行动，直到问题得到解决。

十、大数据研究法

1. 定义与特点

大数据研究法是指利用大规模、多样化、高速生成的数据集，通过特定的技术手段和分析流程，以发现新知识、揭示规律、解决问题或做出决策的研究方式。

大数据研究法的特点如下：

①数据量大：能够处理海量的数据，从 TB 级到 PB 级甚至更大规模的数据集合，这使得研究可以基于更广泛的样本和更全面的信息。

②类型丰富：数据类型丰富，涵盖结构化数据、半结构化数据和非结构化数据。

③高速同步：数据产生和更新的速度快，能够实时或近实时地进行数据采集和分析，以适应快速变化的研究对象和研究环境。

④价值密度低：虽然数据量大，但有价值的信息可能相对较少，需要通过有效的分析筛选来提取和挖掘。

⑤准确客观：基于大量真实的数据，降低了主观偏见所产生的影响，提高了研究结果的准确性和客观性。

2. 大数据研究法的类型

①描述性分析：对大数据进行汇总、统计和可视化，以描述数据的基本特征和分布情况。例如，通过柱状图和折线图展示数据的趋势和变化。

②预测性分析：利用历史数据建立模型，对未来的趋势、事件或行为进行预测。例如，基于销售数据预测未来的市场需求。

③关联性分析：挖掘数据中不同变量之间的关联关系。例如，通过购物车分析发现不同商品之间的购买关联性。

④聚类分析：将数据对象划分为不同的群组，使得同一群组内的数据对象具有较高的相似性，而不同群组之间的相似性较低，用于研究对象细分、文本分类等领域。

3. 大数据研究法的步骤

①数据收集：确定数据来源，包括内部数据库、传感器、社交媒体、网络爬虫等，采用合适的技术手段收集数据，并确保数据的质量和完整性。

②数据预处理：对搜集到的数据进行清洗、去噪、转换和集成等处理，去除异常值、缺失值，统一数据格式，提高数据的可用性水平。

③数据分析：根据研究目的选择合适的分析方法和工具，如数据挖掘算法、机器学习模型、统计分析软件等，对预处理后的数据进行深入分析，挖掘有价值的信息。

④结果解释与可视化呈现：对分析结果进行解释和评估，判断其有效性和可靠性，通过可视化手段将研究结果直观呈现。

⑤应用与反馈：将研究结果应用于实际问题的解决或决策制定中，通过收集反馈信息，持续调整和优化研究过程，提高研究的质量和效果。

成事：概况篇

专题八

国家社科基金高校思政课研究专项立项概述

2019—2024 年，国家社科基金高校思政课研究专项立项项目已完成受理申报、通讯初审、会议初审、网上初审等程序，经全国哲学社会科学工作领导小组批准，公示的立项选题为 981 项。在获批立项的课题中，重点项目 81 项，呈逐年上升趋势，发展态势迅猛；一般项目 900 项，保持稳定状态。

2019—2024 年，国家社科基金高校思政课研究专项立项高校按照省（自治区、直辖市）汇总排序，北京市、湖南省、河南省的立项总数位居全国前三位，共有 424 所各类高校及研究机构获批立项。

一、立项类别分布

从表 8-1 中可以看出，2019—2024 年，在国家社科基金高校思政课研究专项立项项目中，一般项目分别为 150 项、151 项、139 项、157 项、145 项、158 项；重点项目从 2021 年才开始设立，立项数分别为 12 项、15 项、26 项、28 项。重点项目和一般项目的立项数总体上呈现增加趋势，体现出党和国家对高校思政课研究专项的高度重视和大力扶持。

表 8-1　2019—2024 年国家社科基金高校思政课研究专项立项类别分布

单位：项

年份	2019	2020	2021	2022	2023	2024
重点项目	—	—	12	15	26	28
一般项目	150	151	139	157	145	158
总立项数	150	151	151	172	171	186

二、立项省份分布

从表 8-2 中可以看出，2019—2024 年，国家社科基金高校思政课研究专项按照省份汇总排序，北京市、湖南省和河南省的立项总数位列全国前三。

表 8-2　2019—2024 年，各省（自治区、直辖市）高校立项国家社科基金高校思政课研究专项（节选）

序号	省（自治区、直辖市）	立项院校/所	重点项目/项	一般项目/项	总计/项
1	北京市	48	25	127	152
2	湖南省	22	6	54	60
3	河南省	25	3	52	55
4	江苏省	29	4	50	54
5	广东省	24	3	51	54
6	湖北省	24	1	50	51
7	浙江省	25	2	44	46
8	山东省	20	2	44	46
9	上海市	18	3	39	42
10	陕西省	16	4	36	40
11	辽宁省	14	3	29	32
12	四川省	13	2	28	30
13	河北省	12	1	27	28
14	新疆维吾尔自治区	12	0	28	28
15	重庆市	12	4	22	26

三、立项高校分布与覆盖比例

从表 8-3 中可以看出，2019—2024 年，在国家社科基金高校思政课研究专项立项项目中，全国共有 424 所各类高校及研究机构获批立项，其中高校 402 所，立项 946 项。从立项院校层次来看，有 41 所一流大学建设高校获批立项，立项覆盖率 97. 62%，位居第一；一流学科建设高校和普通本科高校分别以 79. 05%和 22. 91%的立项覆盖率紧随其后，位居第二和第三。从立项数来看，41 所一流大学建设高校共获批立项 184 项，院校平均立项 4. 49 项；82 所一流学科建设高校共立项 250 项；266 所普通本科高校共立项 500 项。由此可见，在国家社科基金高校思政课研究专项项目中，“双一流”高校体现出较大优势，普通本科高校立项项目数占据半壁江山。

表 8-3　全国各类高校国家社科基金高校思政课研究专项汇总

序号	学校类型	高校总数/所	立项高校/所	立项覆盖率/%	立项数/项	高校平均立项/项	立项总数占比/%
1	一流大学建设高校	42	41	97. 62	184	4. 49	18. 76
2	一流学科建设高校	105	83	79. 05	250	3. 01	25. 48
3	普通本科	1 161	266	22. 91	500	1. 88	51. 10
4	高职高专	1 560	12	0. 77	12	1. 00	1. 22

立项数据来源：根据全国哲学社会科学工作办公室有关公开资料整理。统计数据未包括党校、研究院。

高校数据来源：截至 2024 年 6 月 20 日，教育部发布的全国高等学校共计 3 117 所。普通高等学校 2 868 所，其中本科学校 1 308 所，高职（专科）学校 1 560 所；成人高等学校 249 所（本数据未包含我国港澳台地区高等学校）。

四、立项单位情况

2019—2024 年，国家社科基金高校思政课研究专项获批立项的 424 所各类高校及研究机构主要来自 13 类不同学科的高校。其中，综合类高校多达 126 所，以 29.7%的占比位居第一，理工类和师范类高校分别以 24.3%和 13.2%的占比紧随其后，位居第二和第三。

从 2021—2024 年重点项目立项情况来看，清华大学获批 4 项，安徽师范大学和湖南第一师范学院均获批 3 项，中国人民大学、北京师范大学、西南大学、中共中央党校（国家行政学院）、北京理工大学、河南大学、中国青年政治学院均获批 2 项。另外，西安交通大学、大连理工大学、吉林大学、四川大学、山东大学、华南理工大学、北京理工大学、中央民族大学、东北师范大学、北京化工大学、贵州师范大学等高校榜上有名。其中，湖南第一师范学院作为没有博士点的普通高校成功获批 3 项重点项目。

在一流大学建设高校中，西安交通大学、大连理工大学、北京理工大学均获批 8 项，并列第一；中国人民大学、清华大学、北京师范大学均获批 7 项，并列第二；郑州大学、云南大学、山东大学、吉林大学、复旦大学、新疆大学、厦门大学、华南理工大学均获批 6 项，并列第三。

在一流学科建设高校中，东北师范大学和北京化工大学均获批 8 项，并列第一；对外经济贸易大学获批 7 项，位列第二；西藏大学、华南师范大学、西南大学、大连海事大学、河南大学、陕西师范大学、南京师范大学均获批 6 项，并列第三。

在全国重点马克思主义学院建设高校中，西安交通大学、大连理工大学、东北师范大学均获批 8 项，并列第一；清华大学、中国人民大学、北京师范大学、贵州师范大学均获批 7 项，并列第二；吉林大学、山东大学、复旦大学、郑州大学、云南大学、华南师范大学、西南大学、陕西师范大学、南京师范大学、新疆师范大学、天津师范大学、河北师范大学均获批

6 项，并列第三。贵州师范大学作为普通高校中的全国重点马克思主义学院建设高校，交出了一份非常亮眼的答卷。

在普通高校中，贵州师范大学和河北大学（7 项）拔得头筹，新疆师范大学、曲阜师范大学、天津师范大学、河北师范大学（6 项）并列第二，中南民族大学、湖南第一师范学院、河南师范大学、郑州轻工业大学、湖南科技大学、南昌航空大学（5 项）并列第三。

在综合类高校中，立项数量最多的是清华大学、中国人民大学和河北大学（7 项），其次是吉林大学、山东大学、复旦大学、郑州大学、云南大学、西南大学、厦门大学、新疆大学、西藏大学、大连海事大学、河南大学（6 项）。其中，河北大学作为普通本科院校，且没有全国重点马克思主义学院建设的加持，仍体现出强劲的发展势头。

在理工类高校中，大连理工大学、西安交通大学、北京理工大学、北京化工大学（8 项）并列第一，华南理工大学（6 项）紧随其后，北京航空航天大学、华中科技大学、上海交通大学、北京邮电大学、武汉理工大学、南京航空航天大学、郑州轻工业大学、南昌航空大学（5 项）并列第三。

在师范类高校中，东北师范大学（8 项）位居第一，北京师范大学和贵州师范大学（7 项）位居第二，华南师范大学、南京师范大学、陕西师范大学、河北师范大学、天津师范大学、新疆师范大学、曲阜师范大学（6 项）并列第三。

在财经类高校中，对外经济贸易大学（7 项）位居第一，天津财经大学和浙江工商大学（4 项）并列第二，中央财经大学、西南财经大学、中南财经政法大学、北京工商大学、广西财经学院、湖南工商大学（3 项）并列第三。

在医药类高校中，湖南中医药大学、南京医科大学、海军军医大学（3 项）位居第一，展现了较强的科研实力。北京中医药大学、广州中医药大学、福建医科大学、广州医科大学、吉林医药学院（2 项）并列第二。

在众多的党校中，中共中央党校（5 项）位居第一，中共广东省委党校和中共山东省委党校（2 项）并列第二，中共浙江省委党校、国家教育行政学院、中共重庆市委党校、中共北京市委党校均有立项。

军事类高校中，国防大学（7 项）位居第一，国防科技大学（3 项）位居第二，火箭军工程大学（2 项）位居第三。

在农林类高校中，中国农业大学（5 项）位居第一，湖南农业大学（4 项）位居第二，东北林业大学、华南农业大学、河北农业大学、新疆农业大学（3 项）位居第三。

在语言类高校中，中国传媒大学（4 项）位居第一，四川外国语大学（3 项）位居第二，北京第二外国语学院、浙江传媒学院（2 项）并列第三。

在民族类高校中，中央民族大学和中南民族大学（5 项）并列第一，贵州民族大学、西南民族大学（2 项）并列第二，西藏民族大学、广西民族大学、大连民族大学、云南民族大学均有立项。

在政法类高校中，中国政法大学（4 项）位居第一，中国青年政治学院（3 项）位居第二，湖南警察学院、华东政法大学、西南政法大学（2 项）位居第三。

在体育类高校中，有 4 所高校获批国家社科基金高校思政课研究专项，分别是北京体育大学、上海体育学院、首都体育学院、天津体育学院。

在艺术类高校中，有 7 所高校立项国家社科基金高校思政课研究专项，分别是中央音乐学院、上海音乐学院、湖北美术学院、景德镇陶瓷大学、内蒙古艺术学院、河北艺术职业学院、河北传媒学院。

在民办高校中，郑州科技学院、宁波财经学院（2 项）并列第一，福建师范大学协和学院、广州商学院、广州工商学院、广东科技学院、三亚学院、河北传媒学院、武汉工商学院、长春财经学院、无锡太湖学院、山东华宇工学院、西京学院均有立项，展现了民办高校不容小觑的发展势头。

在众多的高职高专院校中，有 12 所高校实现了立项方面的突破，重庆电子科技职业大学、浙江经济职业技术学院、新疆师范高等专科学校、乌鲁木齐职业大学、宁夏职业技术学院、宁波卫生职业技术学院、南京工业职业技术大学、湖南现代物流职业技术学院、河北艺术职业学院、哈密职业技术学院、广东农工商职业技术学院、北京电子科技职业学院为高职高专院校申请国家社科基金高校思政课研究专项提供了坚定信心和经验借鉴。

2019—2024 年国家社科基金高校思政课研究专项立项高校分类情况	扫一扫
2021—2024 年国家社科基金高校思政课研究专项重点项目立项情况	扫一扫
2019—2024 年国家社科基金高校思政课研究专项一流大学建设高校立项情况（节选）	扫一扫
2019—2024 年国家社科基金高校思政课研究专项一流学科建设高校立项情况（节选）	扫一扫
2019—2024 年国家社科基金高校思政课研究专项全国重点马克思主义学院建设高校立项情况（节选）	扫一扫

2019—2024 年国家社科基金高校思政课研究专项普通高校立项情况（节选）	扫一扫
2019—2024 年国家社科基金高校思政课研究专项综合类高校立项情况（节选）	扫一扫
2019—2024 年国家社科基金高校思政课研究专项理工类高校立项情况（节选）	扫一扫
2019—2024 年国家社科基金高校思政课研究专项师范类高校立项情况（节选）	扫一扫
2019—2024 年国家社科基金高校思政课研究专项财经类高校立项情况（节选）	扫一扫
2019—2024 年国家社科基金高校思政课研究专项医药类高校立项情况	扫一扫

2019—2024 年国家社科基金高校思政课研究专项党校立项情况	扫一扫
2019—2024 年国家社科基金高校思政课研究专项军事类高校立项情况	扫一扫
2019—2024 年国家社科基金高校思政课研究专项农林类高校立项情况	扫一扫
2019—2024 年国家社科基金高校思政课研究专项语言类高校立项情况	扫一扫
2019—2024 年国家社科基金高校思政课研究专项民族类高校立项情况	扫一扫
2019—2024 年国家社科基金高校思政课研究专项政法类高校立项情况	扫一扫

2019—2024 年国家社科基金高校思政课研究专项体育类高校立项情况	扫一扫
2019—2024 年国家社科基金高校思政课研究专项艺术类高校立项情况	扫一扫
2019—2024 年国家社科基金高校思政课研究专项民办高校立项情况	扫一扫
2019—2024 年国家社科基金高校思政课研究专项高职高专院校立项情况	扫一扫

五、立项高频词

高频词是指在所有立项选题中出现频率较高的关键词。高频词能够呈现立项选题中涉及本学科领域关注度较高的研究背景、研究对象、研究内容、研究视角以及常用的研究方法、内在机理、作用机制和实践路径等。

1. 2019年国家社科基金高校思政课研究专项立项高频词

2019年国家社科基金高校思政课研究专项立项选题中，高频词包括“新时代”“意识形态”“教育”“文化”“认同”“融入”“精神”等（见图8-1）。进入新时代，中国发展突飞猛进，科技创新日新月异，社会结构不断调整，人们的思想观念和价值取向也呈现多元化趋势，社会安全稳定和可持续发展需要正确的思想引领和价值导向。思想政治理论课是落实立德树人根本任务的关键课程，是培养人的正确的世界观、人生观和价值观的重要途径，必须紧密结合新时代的特点和人才素质需求，持续进行理论创新和实践探索。在实现中华民族伟大复兴的征程中，党和国家需要培养更多政治可靠，有家国情怀、文化认同、创新精神和社会责任的优秀人才。

图8-1　2019年国家社科基金高校思政课研究专项立项高频词

2. 2020年国家社科基金高校思政课研究专项立项高频词

2020年国家社科基金高校思政课研究专项立项选题中，高频词包括“思想政治理论课”“社会主义核心价值观”“创新研究”“教学模式”“机制”“课程”“实践”“疫情”等（见图8-2）。伴随着2019年全国思政课教师座谈会的召开，党和国家对学校思想政治理论课教育教学的系统化、科学化、信息化要求日益迫切，2020年立项选题多从思政课程教学改革出发，更加注重将研究往深里走、往实里走、往学生心里走，更多关注思政课教学研究、教学方法、教学模式、建设困境与对策。2020年上半年，受到全球突如其来的新型冠状病毒感染疫情（以下简称“新冠疫情”）影响，部分高校开启了思政课“线上教学”的新尝试。部分立项选题涉及思政课的线上教学模式、教学方法和教学效果研究，具有较强的时代性和针对性。

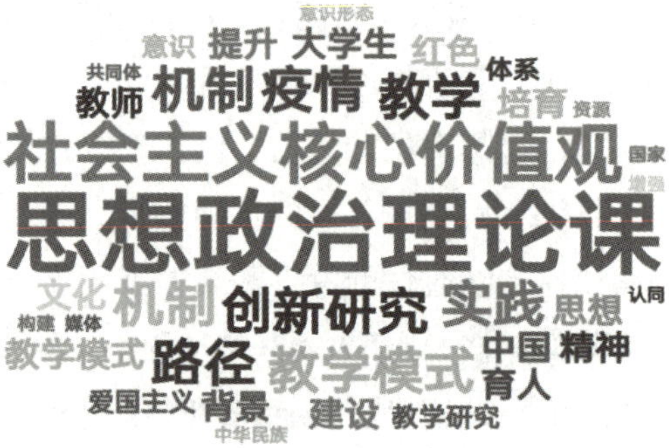

图 8-2　2020 年国家社科基金高校思政课研究专项立项高频词

3. 2021 年国家社科基金高校思政课研究专项立项高频词

2021 年国家社科基金高校思政课研究专项立项选题中，高频词包括“中国共产党”“建党百年”“数字时代”“红色”“精神”“教育”“思想”“路径”等（见图 8-3）。2021 年是中国共产党成立 100 周年，在学术界掀起了中国共产党人精神谱系对新时代高校思想政治教育全面引领与系统赋能的研究热潮。高校思政课作为全面系统提升新时代大学生思想认识、政治素质和道德情操的主阵地，更要主动将赓续中国共产党百年红色基因和红色精神作为思政课创新发展的关键点和发力点，深入挖掘与活化党史红色基因的精神价值，充分激发党史红色基因的育人效用，用中华优秀传统文化、革命文化和社会主义先进文化鼓舞人、凝聚人和教育人。思想政治教育研究已经步入数字化、信息化和智能化时代，研究者要依托生成式人工智能、大数据等数字技术手段拓展教学资源、精准对接教学对象需求、迭代教学方式、优化教学路径和提升教学效果。

图 8-3　2021 年国家社科基金高校思政课研究专项立项高频词

4. 2022 年国家社科基金高校思政课研究专项立项高频词

2022 年国家社科基金高校思政课研究专项立项选题中，高频词包括"大思政课""高校思政课教学""伟大建党精神""党史学习教育""理论自信""制度自信""红船精神""中国化""红色文化"等（见图 8-4）。2022 年 7 月，为深入贯彻落实习近平总书记关于"大思政课"的重要指示批示和习近平总书记在中国人民大学考察时的重要讲话精神，教育部、中共中央宣传部、中共中央网络安全和信息化委员会办公室、科学技术部、工业和信息化部、生态环境部等十部门联合下发《全面推进"大思政课"建设的工作方案》（以下简称《方案》），要求新时代思政课建设要开门办学，强化问题意识、突出实践导向，充分调动全社会力量和资源，建设"大课堂"、搭建"大平台"、建好"大师资"；推动思政小课堂与社会大课堂相结合，推动各类课程与思政课同向同行，教育引导学生坚定"四个自信"。《方案》要求各高校全面开设习近平新时代中国特色社会主义思想概论课，积极构建党的创新理论研究阐释和教育教学自主知识体系。党的二十大胜利召开，进一步将学习贯彻习近平新时代中国特色社会主义思想作为首要政治任务。伴随着学校思想政治理论课教师座谈会召开，中共中央、教育部实施了系列组合措施，充分发挥新时代思政课铸魂育人关键课程的作用。教育部升级全国高校思政课教师网络集体备课平台，制作《习近平新时代中国特色社会主义思想三十讲》精品课件，并与中央网信办共同打造“云上大思政课”主题宣讲活动。一时间，“大思政课”建设成为思政学科的研究热点。

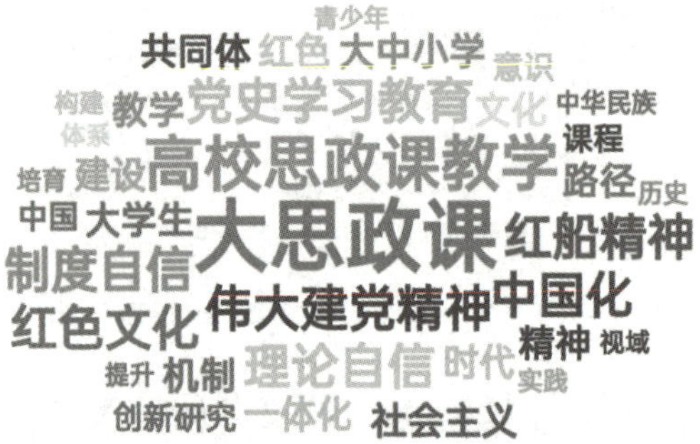

图 8-4　2022 年国家社科基金高校思政课研究专项立项高频词

5. 2023 年国家社科基金高校思政课研究专项立项高频词

2023 年国家社科基金高校思政课研究专项立项项目中，高频词包括“概论”“路径”“大思政课”“教学研究”“大中小学思政课”“数字化转型”“人工智能”等。在研究领域方面，聚焦习近平新时代中国特色社会主义思想概论课程的研究数量有大幅度增加，研究内容有系统化深入，研究范畴有全过程覆盖，涉及案例教学、实践教学、教学体系优化、师资队伍建设、教师素养等方面。研究者系统化、学理化深入学习阐释习近平新时代中国特色社会主义思想，分领域、分专题研究习近平新时代中国特色社会主义思想概论课程教学教法，用习近平新时代中国特色社会主义思想全面融入和系统指导高校大学生思想政治理论与实践的创新发展。2023 年 8 月，国家网信办、国家发展改革委、教育部、科技部等 7 部门联合发布《生成式人工智能服务管理暂行办法》，这标志国家对生成式人工智能的使用逐步规范。如何更好地依托人工智能，实现新时代高等教育从内容到形式的全方位数字化转型，已成为 2023 年教育教学研究普遍关注的焦点。

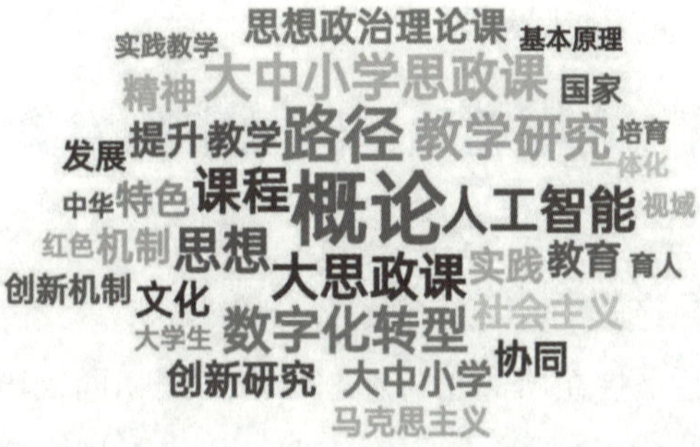

图 8-5　2023 年国家社科基金高校思政课研究专项立项高频词

6. 2024 年国家社科基金高校思政课研究专项立项高频词

2024 年国家社科基金高校思政课研究专项立项项目中，高频词包括“新时代”“大学生”“思政课”“网络思政”“课程思政”“话语权”“创新”等（见图 8-6）。2024 年全国教育大会明确了思政课作为落实立德树人根本任务的关键课程的地位，锚定了围绕教育强国战略目标推进思想引领力的系统部署，聚焦习近平新时代中国特色社会主义思想概论课创新教学方法与提升教学效果，全面推进习近平新时代中国特色社会主义思想进教材、进课堂、进头脑。立项选题涵盖大中小学思政课一体化建设、高校思政课精准化教学、从理论教学到实践教学的全方位探索，特别关注数智时代运用新兴技术提升思政课针对性和吸引力。选题还围绕大学生网络思想政治教育、社会思潮辨识力提升等现实问题展开。总体来说，本年度立项选题紧紧抓住新时代思政课建设守正创新与内涵式发展要求，立足多学科交叉融合的创新视角，不断探索新时代思政课教学质量提升和育人效果达成。

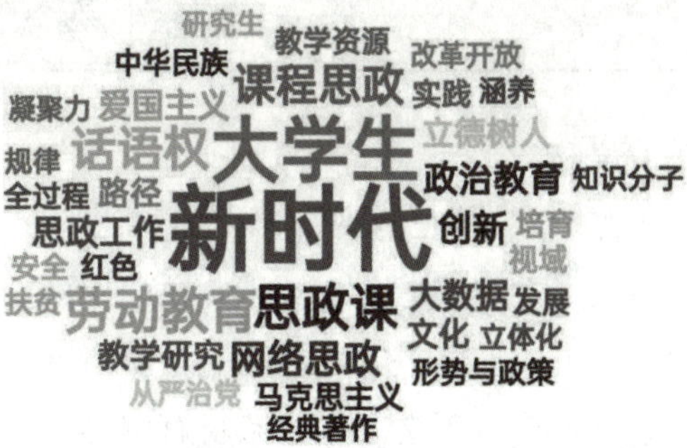

图 8-6　2024 年国家社科基金高校思政课研究专项立项高频词

六、立项选题与选题指南相关度

1. 指南原题选题

指南原题选题是指立项选题与选题指南完全相同，申请人依托选题指南的权威性和指导性，结合个人研究方向、研究基础和研究成果进行原题申报。以2021年中南大学立项选题“新时代高校课程思政的理论研究与实践探索”为例，申请人聚焦新时代高校思政课程与课程思政协同育人的时代背景，围绕教育强国、科技强国、人才强国对人才核心素养的基本要求，积极探索高校课程思政的理论研究与实践创新，尝试构建具有中国特色的高校课程思政体系。指南原题立项的选题，一般来说都是立足高校思政课程建设、课程思政协同创新、高校思想政治教育理论发展与实践创新，具有全局性、系统性、代表性的研究课题。特别说明，2024年选题指南仅针对重点课题，一般课题不再设立选题指南，因此2024年指南原题选题立项仅涉及重点课题。

2020—2024年国家社科基金高校思政课研究专项立项指南原题选题

扫一扫

2. 高度相关选题

高度相关选题是指立项选题与选题指南原题高度类似，只是在指南原题基础上，围绕某种具体的研究背景、研究视域、研究对象、研究内容、研究方法、研究模式、研究路径等方面展开小切口研究。例如，2022年国家社科基金高校思政课研究专项选题指南条目有“铸牢中华民族共同体意识融入立德树人全过程研究”，立项的高度相关选题则是在研究对象上选取“边疆地区大学生”“澳门青年”“多民族地区大学生”等细分对象群体。又如，选题指南条目有“新时代大学生价值观教育引导研究”，立项的高度相关选题则是对新时代大学生价值观教育的“引导机制”和“引导策略”进行深入探究。再如，围绕选题指南条目“牢牢掌握高校意识形态工作领导权的体制机制研究”的立项选题“‘大思政’视域下牢牢掌握高校网络意识形态工作领导权研究”，以“大思政”为研究视域具体展开，申请人挖掘网络意识形态教育各类典型案例，并将其转化为“大思政课”建设的生动元素；围绕选题指南条目“‘两个确立’融入高校思想政治理论课教学研究”的立项选题“‘两个确立’融入高校思政课教学的路径创新研究”，选取了路径创新作为“两个确立”融入高校思政课教学的研究切入点，为新时代高校思想政治教育教学的改革创新提供对策建议。高度相关选题既能围绕选题指南中学科研究的重大关切和社会需求，又能结合申请人研究专长和现实需要围绕某一个特定的具体范畴展开精准靶向研究。

2020—2024 年国家社科基金高校思政课
研究专项立项高度相关选题

扫一扫

3. 部分相关选题

部分相关选题是指立项选题从选题指南条目中框定了研究背景、研究内容、研究范畴、研究对象、研究目标、研究模式等核心元素，但是选题的结构和表述上与选题指南条目有一定差异。例如，2021 年选题指南条目有“高校‘本硕博’思想政治理论课一体化研究”与立项选题“本硕博《习近平新时代中国特色社会主义思想概论》‘阶梯式’教育教学一体化研究”相比，立项选题虽然归属于高校思想政治理论课的一体化与阶梯式教学研究，但立项选题将研究对象聚焦于“习近平新时代中国特色社会主义思想概论”这一门具体课程。又如，选题指南条目有“发挥红色文化资源的教育功能研究”与立项选题“革命文化资源提升高校思政课教学效果研究”“英雄文化与新时代大学生精神成长研究”“红色经典融入高校思想政治理论课研究”相比，立项选题依托地方红色教育资源和学科优势挖掘“革命精神”“英雄文化”“红色经典”等具体红色文化，对“融入思政课”“融通机制”“内在逻辑”“实现路径”“长效化机制”等进行针对性研究。部分相关选题既能够保证不偏离选题指南的研究重点，结合申请单位的学科特色、地域特点和资源禀赋，又能体现申请人的专业背景和研究基础，选题体现出聚焦性与灵活性的统一。

2020—2024 年国家社科基金高校思政课研究专项立项部分相关选题

扫一扫

4. 自选选题

自选选题是申请人根据自身的学术兴趣、研究专长、研究积累和思想政治教育教学解决实际问题的需要，自行拟定研究选题并申报立项的选题。自选选题的研究对象和内容广泛，模式和手段多元，路径和方式多样。例如，习近平“青年寄语”、习近平总书记成长经历系列采访实录、袁隆平先进事迹、古诗词文化、革命文物资源、总体国家安全观、中华文化主体性、红色工业遗产、红色音乐文化、中国共产党人红色诗词、红色家书、近现代爱国企业家精神、脱贫攻坚精神、教育家精神、科学家精神、铁人精神、乌兰牧骑精神、大学生群体积极心态、兵团文化资源、地缘政治风险、“校地馆”一体化、君子文化、民办高职院校、艺术院校、涉农高校、公安院校等。自选选题的研究对象更为特殊，研究范畴更加聚焦，涵盖思政课建设、思想政治教育研究和立德树人实践的方方面面，能更好地凸显院校专业特色和地域资源优势。

2020—2024 年国家社科基金高校思政课研究专项立项自选选题

扫一扫

七、立项选题五大研究范畴

1. 思想政治理论课教学研究

思想政治理论课教学研究主要聚焦思想政治理论课教学的内容、方法、路径、手段，分析当前思政课教学的现状、面临的问题与挑战，并在此基础上提出改进策略与优化建议。此类选题的研究侧重于提升思想政治理论课的思想性、理论性、针对性和亲和力研究。纵观立项选题，思想政治理论课教学研究选题涉及“习近平新时代中国特色社会主义思想概论”“马克思主义基本原理”“马克思主义政治经济学”“中国近现代史纲要”“毛泽东思想和中国特色社会主义理论体系概论”“思想道德与法治”“中国马克思主义与当代”“自然辩证法”等高校思想政治理论核心课程；研究内容涵盖课程内容与资源的有效整合、教学方法与模式的创新实践、教学难点与重点的深度解析、课程评价与提升路径的系统研究、党的创新理论和红色资源的有机融入等；研究方法积极引入交叉学科的先进技术方法（社会网络分析、人工智能虚拟现实技术），为思想政治理论课教育教学的纵深发展提供理论指导和创新路径。

国家社科基金高校思政课研究专项思政课教学研究选题（节选）

扫一扫

2. 课程思政协同方法路径研究

课程思政协同方法路径研究主要聚焦探索思政课程与课程思政协同育人的机制方法，研究如何将思政元素有效融入各类课程中，以形成协同效应，共同促进学生的全面发展。此类选题的研究涉及对课程思政协同育人的现状、成效与问题分析，并结合具体课程提出有针对性的对策建议。在立项选题中，有的对医学、经管、艺术、法学等多个学科课程思政与思政课程的协同方式进行探讨，有的关注课程思政与生成式人工智能、大数据、信息技术的教学方法协同，有的挖掘地域和行业红色教育元素（乌兰牧骑精神、袁隆平先进事迹、工匠精神等）融入课程思政，有的研究课程协同与整合、价值观与精神融入、实践教学与实训嵌入、评价体系与提升路径以及文化与理论融入等多个方面，体现出思政课程与课程思政协同研究的广度与深度。

国家社科基金高校思政课研究专项课程思政协同方法路径研究选题（节选）

扫一扫

3. 思想政治教育创新实践研究

思想政治教育创新实践主要聚焦借助现代信息技术、新媒体等手段，探索思想政治教育育人实践的新理念、新模式和新方法。具体而言，立项选题在研究内容上，将中共延安五老红色基因、英雄文化、铁人精神、对党忠诚思想等融入新时代高校立德树人的具体实践，在大学生群体中传承和弘扬中华优秀传统文化、革命文化和社会主义先进文化；研究对象涉及香港青年、少年儿童、“网络愤青”等群体；研究目标聚焦维护高校意识形态安全、构建社会主义意识形态话语体系、培育青年政治信仰、凝聚青年国家认同、树立大学生奋斗幸福观、开展中华民族历史观教育、提升国家安全素养、进行少年儿童政治启蒙等当下迫切需要解决的实际问题。

国家社科基金高校思政课研究专项思想政治教育实践创新研究选题（节选）

扫一扫

4. 马克思主义与党的创新理论研究

马克思主义与党的创新理论研究主要聚焦系统宣传与阐释马克思主义理论，特别是党的创新理论成果，用先进的理论武装人民群众，推动新时代思想政治教育学科自主知识体系的创新与发展。此类选题紧密围绕党和国家关于新时代立德树人目标，系统学习和深入贯彻习近平总书记关于教育、科技、人才、青年成长成才等方面系列重要论述，全面梳理总结建党100周年、新中国成立70周年、延安时期、改革开放、党的十八大以来思想政治教育的基本经验，既有历史经验的回溯总结，也有创新理论的指导展望，为新时代思想政治教育学科发展奠定了坚实的理论研究基础。

国家社科基金高校思政课研究专项马克思主义与党的创新理论研究选题（节选）

扫一扫

5. 思政课教师队伍建设研究

思政课教师队伍建设研究主要围绕高校思政课教师的素质要求、职业发展、教学水平、队伍建设和评价机制展开，通过分析思政课教师队伍建设的现状与问题，提出强化师资队伍的对策建议。立项选题有的围绕高校（中小学）思政课教师的学术成长、主体价值重建、教学能力发展、队伍建设、后备人才培养、话语能力形成、考核评价、职业认同感展开研究；有的围绕不同地域（边疆民族地区等）、不同院校类型（工科院校、民办高校等）、不同授课主体（老一辈思政课教师、青年教师、研究生思政课教师等)，选取不同视角研究思政课教师职业素养提升（精准教学能力、教育家精神、教书育人能力、话语能力、职业认同、政治认同、信息素养、考核评价等)。

国家社科基金高校思政课研究专项思政课教师队伍建设研究选题（节选）

扫一扫

八、典型案例

专题九

教育部人文社科项目思政类专项项目立项概述

随着2018年全国教育大会和2019年全国学校思政课教师座谈会的召开，思政课成为落实立德树人根本任务的关键课程，思想政治教育学科的理论研究和实践创新驶入发展快车道。教育部积极响应党中央号召，从2019年开始，在教育部人文社科项目中设立与思政相关的若干研究专项，提供政策支持、制度保障、经费投入。教育部人文社科项目思政类专项选题聚焦时代热点，围绕教育重点，突破发展的难点，高校思政社科研究呈现出前所未有的关注度、覆盖度、响应度和活跃度。

本专题所研究的立项项目，主要涵盖2019—2024年教育部人文社会科学项目中思政类立项选题，共计3 697项（表9-1），项目类型涉及规划项目、青年项目、自筹经费项目、后期资助项目、西部和边疆地区项目、西藏项目、新疆项目、重大攻关项目、高校示范马克思主义学院项目、高校思政教师专项、高校思想政治工作项目、高校辅导员研究项目、中国特色社会主义理论体系项目和教育廉政理论研究项目等14个类别。其中，高校示范马克思主义学院项目、教育廉政理论研究项目仅2019年有立项。自2022年开始，高校思政教师专项中不再设置重大项目，并将一般项目数量增加至每年200项左右。

表 9-1　教育部人文社科项目思政类专项项目立项分布

年份	规划项目、青年项目、自筹经费项目			后期资助项目		西部和边疆地区项目		西藏项目		新疆项目		重大攻关项目	高校示范马克思主义学院项目		高校思政教师专项		高校思想政治工作项目	高校辅导员研究项目	中国特色社会主义理论体系项目	教育廉政理论研究项目
	学科【马克思主义理论/思想政治教育】																			
	规划项目	青年项目	自筹经费项目	重大项目	一般项目	规划项目	青年项目	规划项目	青年项目	规划项目	青年项目		重点项目	一般项目	重大项目	一般项目				
2019	67	117	0	1	7	6	4	0	1	1	0	11	50	137			20	50	100	5
2020	49	98	2	2	8	6	10	1	1	2	0	4			10	153		200	51	
2021	63	94	0	1	7	6	8	0	0	0	2	16			9	160		209	15	
2022	58	100	1	1	5	4	5	0	1	2	0	0			0	198		208	30	
2023	59	137	4	1	1	6	16	0	0	1	4	0			0	206		202	27	
2024	73	129	0	0	0	7	12	0	0	0	2	0			0	200		202	31	

数据来源：教育部官网，截至 2024 年 9 月 30 日。

一、立项数量分布

从表 9-2 中可以看出，2019—2024 年教育部人文社科项目思政类专项项目立项数量分别为 577 项、597 项、590 项、613 项、664 项、656 项，立项数量整体上呈现递增趋势，体现出党和国家对思想政治教育学科研究的高度重视和大力支持。

表 9-2　2019—2024 年教育部人文社科项目思政类专项项目立项数量

年份	2019	2020	2021	2022	2023	2024
项目数量/项	577	597	590	613	664	656

二、立项省份分布

从表 9-3 中可以看出，2019—2024 年教育部人文社科项目思政类专项项目高校立项按照省（自治区、直辖市）汇总排序，其中江苏省、广东省、北京市的立项总数位居全国前三位。

表 9-3　2019—2024 年各省（自治区、直辖市）教育部人文社科项目思政类专项项目高校立项汇总（节选）

序号	省（自治区、直辖市）	立项院校/所	总计/项
1	江苏省	82	302
2	广东省	72	294
3	北京市	51	279
4	山东省	64	275
5	浙江省	66	269
6	上海市	34	197
7	陕西省	41	191
8	湖北省	46	184
9	湖南省	48	183
10	重庆市	25	155
11	四川省	38	149
12	河南省	39	138
13	天津市	23	128
14	辽宁省	31	121
15	吉林省	32	97
16	安徽省	17	94
17	黑龙江省	21	86
18	福建省	32	85
19	江西省	29	73
20	广西壮族自治区	26	63

三、立项高校分布与覆盖比例

从表9-4中可以看出，2019—2024年，教育部人文社科项目思政类专项项目共有945所高校获批立项。从立项院校来看，有41所一流大学建设高校获批立项，立项覆盖率97.62%，位居第一；一流学科建设高校和普通本科高校分别以81.90%和51.59%的立项覆盖率紧随其后，位居第二和第三。从立项数来看，41所一流大学建设高校共立项527项，院校平均立项12.85项；86所一流学科建设高校共立项654项；599所普通本科高校共立项2 128项。由此可见，“双一流”高校在教育部人文社科项目思政类课题研究方面体现出较大优势。

表9-4　全国各类高校立项教育部人文社科项目思政类专项项目立项汇总

序号	学校类型	院校总数/所	立项院校/所	立项覆盖率/%	立项数/项	院校平均立项/项	立项数占比/%
1	一流大学建设高校	42	41	97.62	527	12.85	14.25
2	一流学科建设高校	105	86	81.90	654	7.60	17.69
3	普通本科	1 161	599	51.59	2 128	3.55	57.56
4	高职高专	1 560	219	14.04	388	1.77	10.49

立项数据来源：根据教育部官网有关公开资料整理。

高校数据来源：截至2024年6月20日，教育部发布的全国高等学校共计3 117所。普通高等学校2 868所，其中本科学校1 308所，高职（专科）学校1 560所；成人高等学校249所（统计数据未包含我国港澳台地区的高等学校）。

四、立项单位情况

2019—2024年，教育部人文社科项目思政类专项项目获批立项的945所高校中，主要来自12类不同学科的高校。其中，综合类高校多达283所，以29.95%的占比位居第一，理工类和师范类高校分别以28.68%和12.06%的占比紧随其后，位居第二和第三。

在一流大学建设高校中，山东大学获批34项，位居第一；大连理工大学获批29项，位居第二；同济大学获批24项，位居第三。

在一流学科建设高校中，东北师范大学获批36项，位居第一；西南大学获批28项，位居第二；陕西师范大学获批26项，位居第三。值得一提的是，三所高校均为教育部直属师范高校且均拥有全国重点马克思主义学院。

在全国重点马克思主义学院建设高校中，东北师范大学获批36项，位居第一；山东大学获批34项，位居第二；大连理工大学获批29项，位居第三。

在普通本科高校中，湖南科技大学获批26项，拔得头筹；曲阜师范大学获批18项，位居第二；山东科技大学和长沙学院均获批16项，并列第三。其中，长沙学院作为普通本科院校，且没有全国重点马克思主义学院建设单位的加持，体现出强劲的发展势头。

在综合类高校中，山东大学获批34项，全国领跑；西南大学获批28项，紧随其后；湖南科技大学获批26项，作为普通本科院校表现突出。

在理工类高校中，大连理工大学获批29项，位居第一；中国矿业大学获批19项，位居第二；电子科技大学获批18项，位居第三；山东科技大学作为普通本科院校获批16项，位居第四。

在师范类高校中，东北师范大学获批36项，位居第一；陕西师范大学获批26项，位居第二；曲阜师范大学获批18项，位居第三。

在财经类高校中，天津商业大学获批14项，位居第一；天津财经大学获批12项，位居第二；湖北经济学院获批12项，位居第三。值得一提的是，三所高校均为普通本科院校，表现可圈可点。

在医药类高校中，温州医科大学获批9项，位居第一；浙江中医药大学获批8项，紧随其后；北京中医药大学、滨州医学院、长春中医药大学、新乡医学院均获批 6 项，并列第三。医药类高校展现了坚实的思政社科研究基础。

在农林类高校中，中国农业大学获批 14 项，位居第一；西北农林科技大学获批 13 项，位居第二；东北农业大学获批 11 项，位居第三。

在语言类高校中，西安外国语大学获批 9 项，位居第一；上海外国语大学、大连外国语大学、四川外国语大学均获批 7 项，并列第二；中国传媒大学获批 5 项，位居第三。

在民族类高校中，立项最多的是西南民族大学（获批 12 项），展现出较强的科研实力，其次是中南民族大学（获批 6 项）、西藏民族大学（获批 4 项）。

在政法类高校中，中国人民公安大学获批 11 项，位居第一；西南政法大学获批 10 项，位居第二；华东政法大学和中国政法大学均获批 7 项，并列第三。

在艺术类高校中，有 10 所高校教育部人文社科项目思政类专项项目立项数为 2 项，分别是山东工艺美术学院、广东文艺职业学院、广州美术学院、天津美术学院、中央美术学院、南京艺术学院、四川美术学院、中国美术学院、武汉音乐学院、湖北美术学院。

在体育类高校中，有 5 所高校榜上有名，北京体育大学与上海体育大学并驾齐驱，均获批 3 项，并列第一，西安体育学院（获批 2 项）紧随其后，南京体育学院和武汉体育学院各获批 1 项。

在众多的民办高校中，宁波财经学院获批 12 项，位居第一；浙江树人学院获批 6 项，位居第二；广东科技学院获批 5 项，位居第三，展现了民办高校不容小觑的发展势头。

在众多的高职高专院校中，重庆电子工程职业学院获批 14 项，位居第一；广东轻工职业技术学院获批 10 项，位居第二；金华职业技术学院获批 6 项，位居第三。以上三所院校均在 2024 年成功升级为本科院校，这为专科院校申请教育部人文社科项目思政类专项项目提供了信心和成功经验。

2019—2024 年教育部人文社科项目思政类专项项目立项高校分类情况

2019—2024 年教育部人文社科项目思政类专项项目一流大学建设高校立项情况（节选）

2019—2024 年教育部人文社科项目思政类专项项目一流学科建设高校立项情况（节选）

2019—2024 年教育部人文社科项目思政类专项项目全国重点马克思主义学院高校立项情况（节选）

2019—2024 年教育部人文社科项目思政类专项项目普通本科高校立项情况（节选）

2019—2024 年教育部人文社科项目思政类专项项目综合类高校立项情况（节选）

2019—2024 年教育部人文社科项目思政类专项项目理工类高校立项情况（节选）	扫一扫
2019—2024 年教育部人文社科项目思政类专项项目师范类高校立项情况（节选）	扫一扫
2019—2024 年教育部人文社科项目思政类专项项目财经类高校立项情况（节选）	扫一扫
2019—2024 年教育部人文社科项目思政类专项项目医药类高校立项情况（节选）	扫一扫
2019—2024 年教育部人文社科项目思政类专项项目农林类高校立项情况（节选）	扫一扫
2019—2024 年教育部人文社科项目思政类专项项目语言类高校立项情况（节选）	扫一扫

2019—2024 年教育部人文社科项目思政类专项项目民族类高校立项情况（节选）	扫一扫
2019—2024 年教育部人文社科项目思政类专项项目政法类高校立项情况（节选）	扫一扫
2019—2024 年教育部人文社科项目思政类专项项目艺术类高校立项情况（节选）	扫一扫
2019—2024 年教育部人文社科项目思政类专项项目体育类高校立项情况	扫一扫
2019—2024 年教育部人文社科项目思政类专项项目民办高校立项情况（节选）	扫一扫
2019—2024 年教育部人文社科项目思政类专项项目高职高专立项情况（节选）	扫一扫

五、立项高频词

高频词是指在所有立项选题中出现频率较高的关键词。高频词可以从研究背景、研究对象、研究内容、研究视角、研究方法、内在机理、作用机制和实践路径等方面，呈现各年度思想政治教育学科研究的关注领域。

1. 2019 年教育部人文社科项目思政类专项项目立项高频词

2019 年教育部人文社科项目思政类专项项目立项选题中，高频词有"新时代""大学生""思政课""话语权""劳动教育""课程思政""立德树人"等（见图 9-1）。进入新时代，思想政治教育研究要紧密结合时代特征，加强思想政治教育理论与实践的创新，要聚焦大学生成长成才的发展规律，通过思政课系统的教学，帮助大学生树立正确的世界观、人生观和价值观，培养全面发展的社会主义建设者和接班人。同时，高校要在提升思想政治教育话语权上下功夫，增强思想政治教育的吸引力和感染力。2019 年，伴随着学校思想政治理论课教师座谈会的召开和《关于深化新时代学校思想政治理论课改革创新的若干意见》的出台，思政研究更侧重于强调"推动各类课程与思政课建设形成协同效应"。

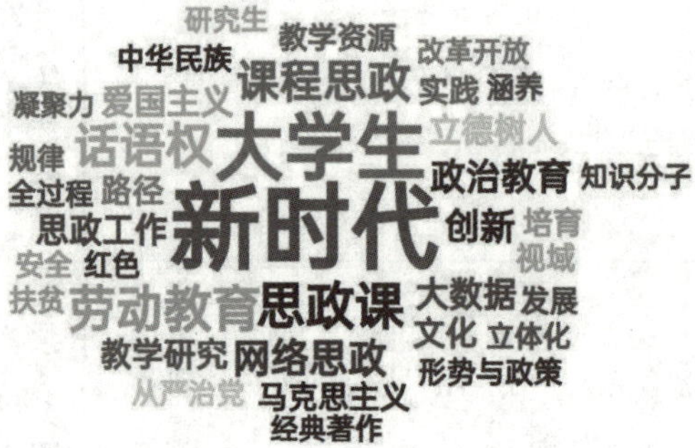

图 9-1　2019 年教育部人文社科项目思政类专项项目立项高频词

2. 2020 年教育部人文社科项目思政类专项项目立项高频词

2020 年教育部人文社科项目思政类专项项目立项选题中，高频词有“大学生”“劳动教育”“高职院校”“意识形态”“高校辅导员”“三全育人”“课程思政”“疫情”等（见图 9-2）。2020 年，教育部等六部门联合下发《关于做好 2020 年高职扩招专项工作的通知》，强调各地全面深化职业教育改革，进一步稳定高职扩招规模。高职院校作为培养高素质技能型人才的重要阵地，通常与劳动教育紧密结合，旨在提升大学生的职业道德素养。《关于加快构建高校思想政治工作体系的意见》强调，构建高校思想政治工作体系，要以建立完善全员、全程、全方位育人体制机制为关键。随着“三全育人”综合改革试点单位培育工作全面铺开，与此相关的研究成为 2020 年度思想政治教育研究领域的热点。同年，教育部印发《高等学校课程思政建设指导纲要》，明确要把思想政治教育贯穿人才培养体系，发挥好每门课程的育人作用，思政社科研究从传统立足“思政课程”研究转向聚焦“思政课程与课程思政协同发展”研究。经历 2020 年全球新冠疫情，高校大学生心理健康教育引起社会广泛关注。

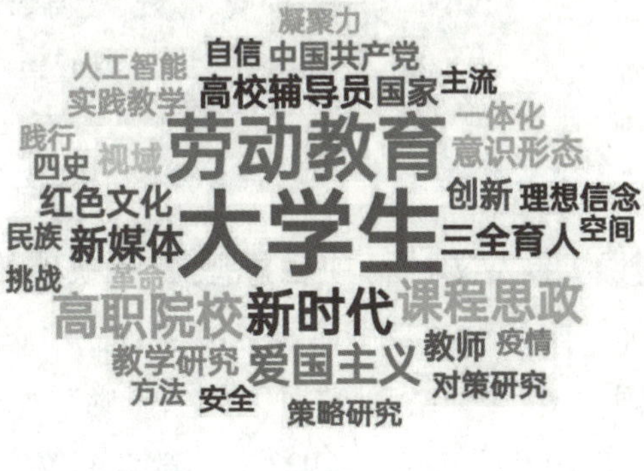

图 9-2　2020 年教育部人文社科项目思政类专项项目立项高频词

3. 2021 年教育部人文社科项目思政类专项项目立项高频词

2021 年教育部人文社科项目思政类专项项目立项选题中，高频词有“劳动教育”“课程思政”“爱国主义”“建党百年”“新媒体”“党史”

“四史”等（见图 9-3）。2021 年是中国共产党成立 100 周年，深入学习党的百年奋斗历程，总结党的历史经验，有助于加强大学生对中国共产党的思想凝聚和政治认同。结合学习贯彻习近平总书记在党史学习教育动员大会、庆祝中国共产党成立 100 周年大会上的讲话精神，中共中央办公厅印发《关于在全社会开展党史、新中国史、改革开放史、社会主义发展史宣传教育的通知》，以“党史”为核心的“四史”教育有助于引导大学生弄清楚“中国共产党为什么能、马克思主义为什么行、中国特色社会主义为什么好”等关键性问题。同时，思想政治教育研究要坚持“破立并举”，结合建党百年契机，旗帜鲜明地反对历史虚无主义。高校要充分利用新媒体技术和平台，优化思想政治教育内容，创新思想政治教育形式，提高新时代思政教育的精准性和有效性。

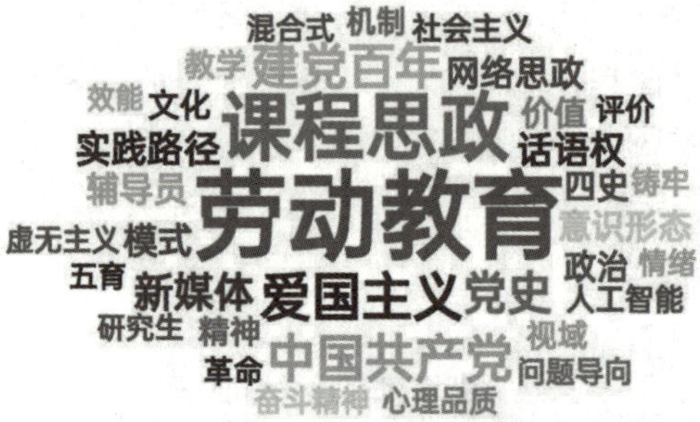

图 9-3　2021 年教育部人文社科项目思政类专项项目立项高频词

4. 2022 年教育部人文社科项目思政类专项项目立项高频词

2022 年教育部人文社科项目思政类专项项目立项选题中，高频词有“课程思政”“爱国主义”“网络思政”“中国共产党”“人工智能”“元宇宙”“意识形态”等（见图 9-4）。2022 年，教育部等十部门印发了《全面推进“大思政课”建设的工作方案》，强调思政小课堂与社会大课堂要相融合，推动各类课程与思政课同向同行，避免课程思政存在“硬融入”“表面化”等现象。党的十九届六中全会通过《中共中央关于党的百年奋斗重大成就和历史经验的决议》，思想政治教育研究更加聚焦用中国共产党百年思想政治教育的经验做法，探索推进新时代学校立德树人目标的实现。与此同时，人工智能和大数据信息技术的快速发展为思想政治教育提供更为精准化和个性化的路径与渠道。同时，人工智能的应用也带来了诸多挑战，如何捍卫网络意识形态领域马克思主义的主导地位成为亟待回答和解决的新问题。“元宇宙”概念的提出，让思想政治教育亟待突破时空限制，实现虚实结合、情理相通、情景交融的教育效果。

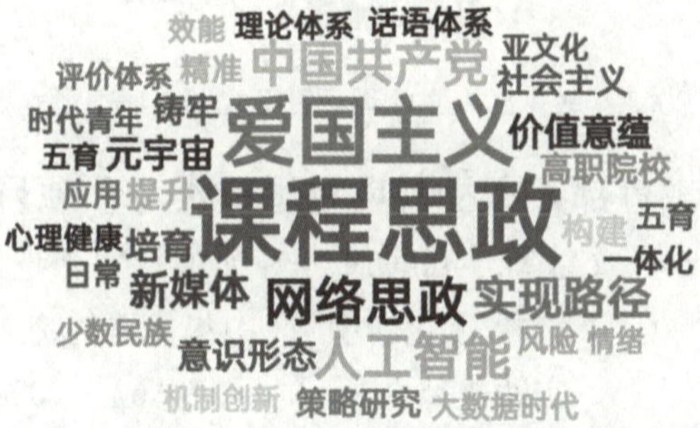

图 9-4　2022 年教育部人文社科项目思政类专项项目立项高频词

5. 2023 年教育部人文社科项目思政类专项项目立项高频词

2023 年教育部人文社科项目思政类专项项目立项选题中，高频词有“大中小学一体化”“话语权”“人工智能”“ChatGPT”“网络思政”“思政学科”“中国式”等（见图 9-5）。党的二十大报告对新时代学校思想政治教育提出了新的更高要求，要用社会主义核心价值观铸魂育人，完善思想政治工作体系，推进大中小学思想政治教育一体化建设。思政课大中小学一体化建设旨在确保思想政治教育的连续性与系统性，确保不同学段之间的思想政治教育在内容、目标、路径上能够形成合力，达到相互衔接、协同配合的效果。我们要以中国式现代化全面推进中华民族伟大复兴，思想政治教育研究要体现中国特色社会主义的优越性，深度挖掘和有效利用中华优秀传统文化、革命文化和社会主义先进文化的育人价值。以“ChatGPT”为代表的新一代人工智能技术横空出世，思想政治教育在驾驭新科学技术为我所用的同时，要更加关注技术伦理和人文关怀的探索。

图 9-5　2023 年教育部人文社科项目思政类专项项目立项高频词

6. 2024 年教育部人文社科项目思政类专项项目立项高频词

2024 年教育部人文社科项目思政类专项项目立项选题中，高频词有“爱国主义”“思政学科”“数字化转型”“中华优秀传统文化”“大中小学一体化”“协同育人”“实践进路”等（见图 9-6）。2024 年，《中华人民共和国爱国主义教育法》全面实施，爱国主义教育被明确纳入大中小学思政课一体化建设之中，贯穿学校思想政治教育全过程。这一年，思想政治教育也迎来了学科设置的 40 周年纪念。40 年来，思想政治教育学科从改革开放的历史进程中诞生和发展，吸收马克思主义中国化的理论和实践滋养，从目标到方法、从内容到路径，持续创新发展。新时代数字化转型浪潮为思想政治教育学科建设发展赋予了新的动能。中华优秀传统文化是中华民族的“根”和“魂”，“同中华优秀传统文化相结合”是坚持和发展马克思主义的必然要求，同时也是推动思想政治教育守正创新的必由之路。

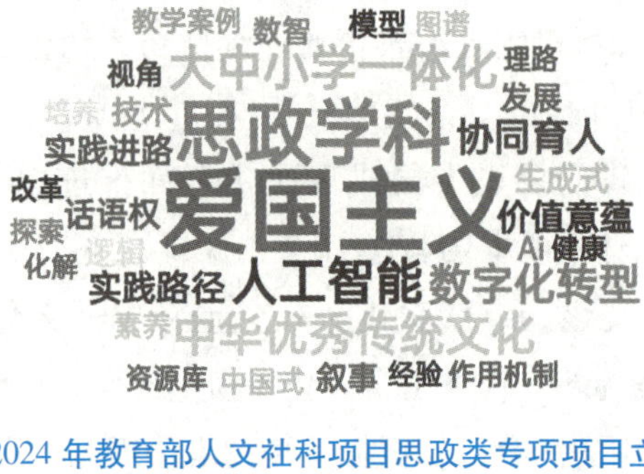

图 9-6　2024 年教育部人文社科项目思政类专项项目立项高频词

六、典型案例

专题十

教育部人文社科辅导员研究专项立项概述

一、立项数量分布

从表 10-1 中可以看出，2019—2024 年教育部人文社科辅导员研究专项（以下简称“教育部高校辅导员专项项目”）立项数量分别为 50 项、200 项、209 项、208 项、202 项、202 项。其中，2019 年辅导员骨干专项设在教育部人文社科研究专项项目（高校思想政治工作）中共计立项 50 项。2020 年以后，教育部人文社科高校辅导员专项课题从高校思想政治工作专项中独立出来单独申报立项，每年立项资助 200 项左右。专项项目的设立，极大地鼓励高校辅导员队伍朝着专业化、职业化方向发展，对提升新时代高校思想政治教育工作的研究水平具有重要意义。

表 10-1　2019—2024 年教育部高校辅导员专项项目数量分布

年份	2019	2020	2021	2022	2023	2024
立项数量/项	50	200	209	208	202	202

二、立项省份分布

从表10-2中可以看出，2019—2024年各省（自治区、直辖市）教育部高校辅导员专项立项数按照省（自治区、直辖市）汇总排序，浙江省、广东省、江苏省的立项总数位居全国前三位。

表10-2　2019—2024年各省（自治区、直辖市）教育部高校辅导员专项分布（节选）

序号	省（自治区、直辖市）	总计/项	立项院校/所
1	浙江省	122	51
2	广东省	112	56
3	江苏省	110	58
4	山东省	87	51
5	湖北省	63	35
6	北京市	56	31
7	湖南省	55	28
8	上海市	46	21
9	陕西省	39	22
10	河南省	35	20
11	天津市	34	14
12	辽宁省	32	19
13	四川省	29	19
14	安徽省	29	17
15	重庆市	28	15
16	江西省	25	13
17	云南省	25	13
18	福建省	23	17
19	黑龙江省	22	12
20	广西壮族自治区	19	13

三、立项高校分布与覆盖比例

从表 10-3 中可以看出，2019—2024 年教育部高校辅导员专项项目共有 579 所高校获批立项。从立项院校来看，有 32 所一流大学建设高校获批立项，立项覆盖率 76.19%，位居第一；一流学科建设高校和普通本科高校分别以 67.62%和 32.56%的立项覆盖率紧随其后，位居第二和第三。从立项数来看，32 所一流大学建设高校共立项 85 项，院校平均立项 2.66 项；71 所一流学科建设高校共立项 165 项；378 所普通本科高校共立项 693 项。由此可见，“双一流” 高校在教育部高校辅导员专项研究方面体现出较大优势。

表 10-3　2019—2024 年各类高校立项教育部高校辅导员专项项目立项汇总

序号	学校类型	院校总数/所	立项院校/所	立项覆盖/%	立项数/项	院校平均立项/项	立项数占比/%
1	一流大学建设高校	42	32	76.19	85	2.66	7.94
2	一流学科建设高校	105	71	67.62	165	2.32	15.41
3	普通本科	1 161	378	32.56	693	1.83	64.71
4	高职高专	1 560	98	6.28	128	1.31	11.95

立项数据来源：根据教育部官网有关公开资料整理。

高校数据来源：截至 2024 年 6 月 20 日，教育部发布的全国高等学校共计 3 117 所。普通高等学校 2 868 所，其中本科学校 1 308 所，高职（专科）学校 1 560 所；成人高等学校 249 所（统计数据未包含我国港澳台地区的高等学校）。

四、立项单位情况

2019—2024 年教育部高校辅导员专项获批立项的 577 所高校中，主要来自 12 类不同学科的高校。其中，理工类高校多达 178 所，立项占比

30.85%，位居第一；综合类和师范类高校分别以27.90%和12.13%的立项占比紧随其后，位居第二和第三。

在一流大学建设高校中，华南理工大学获批7项，位列第一；大连理工大学获批6项，位居第二；云南大学、浙江大学和天津大学均获批5项，并列第三。

在一流学科建设高校中，中国人民公安大学获批6项，位列第一；东北师范大学、对外经济贸易大学、江南大学、宁波大学、华中农业大学均获批5项，并列第二。

在普通本科高校中，曲阜师范大学和盐城师范学院均获批7项，拔得头筹；浙江工商大学和湖南科技大学均获批6项，并列第二。

在综合类高校中，湖南科技大学获批6项，位列第一；其后是浙江大学、云南大学、江南大学、宁波大学、天津大学和广州大学，均获批5项。

在理工类高校中，华南理工大学获批7项，位列第一；大连理工大学获批6项，位居第二；广东轻工职业技术学院、广东工业大学、河南工业大学均获批5项，并列第三。

在师范类高校中，曲阜师范大学和盐城师范学院均获批7项，位居第一；东北师范大学、湖州师范学院和吉林师范大学均获批5项，并列第二。

在民族类高校中，西藏民族大学、湖北民族大学、云南民族大学和河北民族师范学院各有2项立项，西南民族大学、大连民族大学、北方民族大学和广西民族大学各有1项立项。

在众多的民办高校中，浙江树人学院获批4项，位居第一；浙江工商大学杭州商学院和宁波财经学院均获批3项，并列第二；昆明医科大学海源学院、北京城市学院和福州外语外贸学院均获批2项，并列第三。其中，福州外语外贸学院2024年不仅首次获批立项，而且是申报2项，立项2项。

在众多的高职高专院校中，广东轻工职业技术学院获批5项，位居第一；无锡职业技术学院和广州铁路职业技术学院均获批4项，广东科学技术职业学院和盐城工业职业技术学院均获批3项。立项院校为高职专科院校申报教育部高校辅导员专项项目提供了借鉴。

2019—2024 年教育部高校辅导员专项项目立项高校分类情况
2019—2024 年教育部高校辅导员专项项目一流大学建设高校立项情况（节选）
2019—2024 年教育部高校辅导员专项项目一流学科建设高校立项情况（节选）
2019—2024 年教育部高校辅导员专项项目普通本科高校立项情况（节选）
2019—2024 年教育部高校辅导员专项项目综合类高校立项情况（节选）
2019—2024 年教育部高校辅导员专项项目理工类高校立项情况（节选）

2019—2024 年教育部高校辅导员专项项目师范类高校立项情况（节选）	扫一扫
2019—2024 年教育部高校辅导员专项项目民族类高校立项情况	扫一扫
2019—2024 年教育部高校辅导员专项项目民办高校立项情况	扫一扫
2019—2024 年教育部高校辅导员专项项目高职高专立项情况（节选）	扫一扫

五、立项高频词

高频词是指在所有立项选题中出现频率较高的关键词。高频词可以从研究背景、研究对象、研究内容、研究视角、研究方法、内在机理、作用机制和实践路径等方面，呈现各年度思想政治教育学科研究的关注领域。

1. 2019 年教育部高校辅导员专项项目立项高频词

2019 年，教育部高校辅导员专项立项选题中，高频词有“新时代”

“社会主义核心价值观”“话语权”“互联网”“舆情”“数据”“涵养”等（见图 10-1）。进入新时代，中国经济持续发展，科技进步日新月异，社会和谐稳定和可持续发展需要正确的思想引领和价值导向。高校辅导员是开展大学生思想政治教育的骨干力量，是高等学校学生日常思想政治教育和管理工作的组织者、实施者、指导者。思想政治教育要引导大学生弘扬践行社会主义核心价值观，树立正确的世界观、人生观和价值观，提升网络素养和信息辨别能力，建立应对网络舆情的常态化机制。因此，思想政治教育不仅是落实立德树人根本任务的关键课程，更是培养大学生正确世界观、人生观和价值观的重要途径。

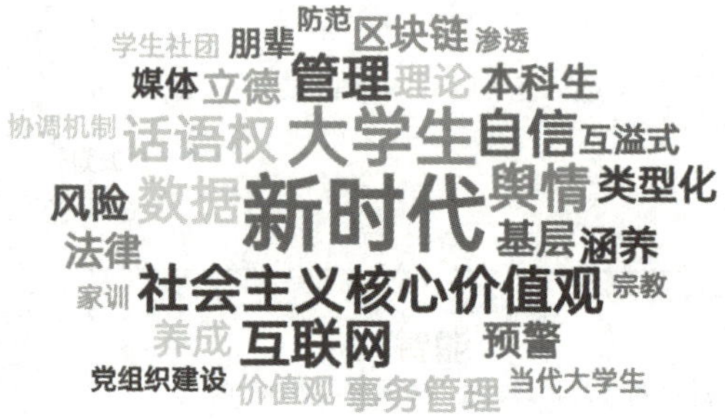

图 10-1　2019 年教育部高校辅导员专项项目立项高频词

2. 2020 年教育部高校辅导员专项项目立项高频词

2020 年，教育部高校辅导员专项项目立项选题中，高频词有“教育”“辅导员”“高职院校”“幸福感”“探索”“嵌入”“视域”“手机”“体系”等（见图 10-2）。2019 年全国思政课教师座谈会召开，对学校思想政治教育的系统化、科学化、信息化提出更为迫切的需要，新时代思想政治课教育教学研究迎来了新的热潮。基于此，2020 年，教育部辅导员专项项目立项选题多围绕思政课程与课程思政协同落地、落细、落实展开研究，关注辅导员的积极作为。立项选题更多关注辅导员开展高校思想政治教育的教育目标、教学方法、育人模式、资源整合、困境对策等。2020 年，新冠疫情突如其来，部分高校为应对新冠疫情开启线上思政课教学模式，高校辅导员积极思考、主动作为，挖掘网络教育素材，对大学生开展抗疫精神宣传教育，进行学生社区党建研究和高校育人生态系统构建，为高校思政教育体系的建设和完善提供了有力的支撑。

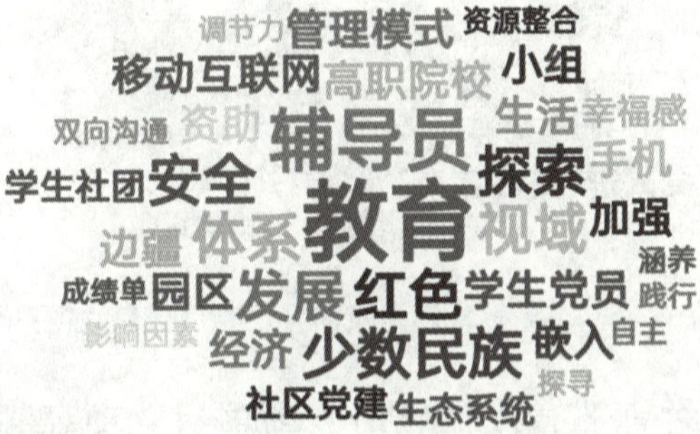

图 10-2　2020 年教育部高校辅导员专项项目立项高频词

3. 2021 年教育部高校辅导员专项项目立项高频词

2021 年，教育部高校辅导员专项项目立项选题中，高频词有“四史教育”“建党百年”“策略研究”“党员先进性教育”“劳动”“朋辈”“效能”“防范”“培育”等（见图 10-3）。立足建党百年，我国高等教育进入新的发展阶段，全国高校响应党中央号召开展党史学习教育。高校思想政治教育要引导青年大学生深入学习领悟党史、新中国史、改革开放史、社会主义发展史。中国共产党人精神谱系有助于增强青年大学生对国家的认同感和民族复兴的使命感。高校思想政治教育要聚焦培育有理想、敢担当、能吃苦、肯奋斗的时代新人，更多关注劳动教育和奋斗精神培养。与此同时，辅导员群体开始为提升新时代高校思想政治工作的科学性和有效性，探索教育策略和培育方法创新，以适应“Z 世代”大学生的心理特点和成长需求。

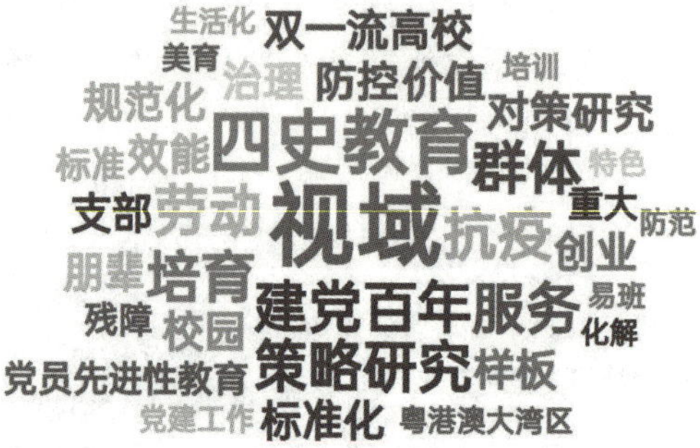

图 10-3　2021 年教育部高校辅导员专项项目立项高频词

4. 2022 年教育部高校辅导员专项项目立项高频词

2022 年，教育部高校辅导员专项项目立项选题中，高频词有“中国共产党”“科学家精神”“数字时代”“共同体”“亚文化”“社交圈”“时效性”“数据”“赋能”“画像”等（见图 10-4）。在研究生思想政治教育内容方面，高校将党史和红色革命精神融入育人全过程以根植研究生爱党爱国情怀。在思想政治教育方法层面，高校激励学生勇于探索、追求真理，将科学知识与实践本领相结合。同时，思想政治教育学科发展正式进入数字时代，这对辅导员数字素养和信息素养提出了更高的要求。高校思想政治教育聚焦“大思政课”的建设，依托数据信息精准赋能教育，推进家、校、社三方协同育人机制，构建网络育人共同体和全生态。

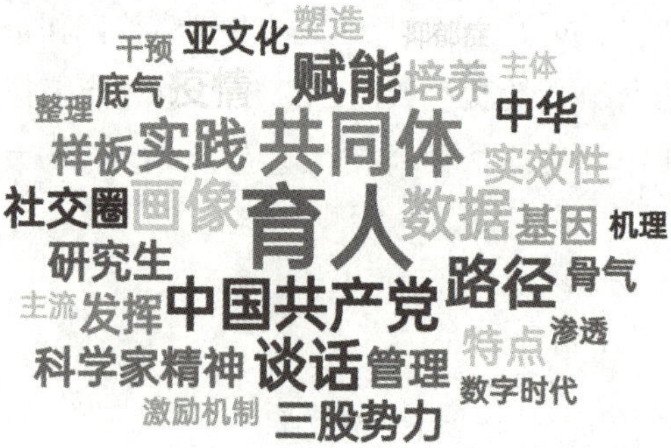

图 10-4　2022 年教育部高校辅导员专项项目立项高频词

5. 2023 年教育部高校辅导员专项项目立项高频词

2023 年，教育部高校辅导员专项项目立项选题中，高频词有“策略研究”“ChatGPT”“圈群”“构建”“精准”“社恐”“风险”“样态”“话语”等（见图 10-5）。2023 年，国家网信办、发展改革委、教育部、科技部等 7 部门联合发布《生成式人工智能服务管理暂行办法》，这一举措标志着国家对生成式人工智能的使用逐步规范化。如何更好地利用以生成式人工智能为代表的数字技术，创新“AI+思政”教育策略研究，满足创新型人才培养需求，成为辅导员群体关注和研究的热点之一。高校思想政治教育要依托大数据技术手段，对学生个体思想、学习、生活进行“精准画像”，从而围绕思想引领、学业指导、职业规划、心理辅导开展精准思政教育。同年，网络流行语“搭子”文化在青年群体迅速盛行，立项选题中出现对青年社交“圈层化”的研究。

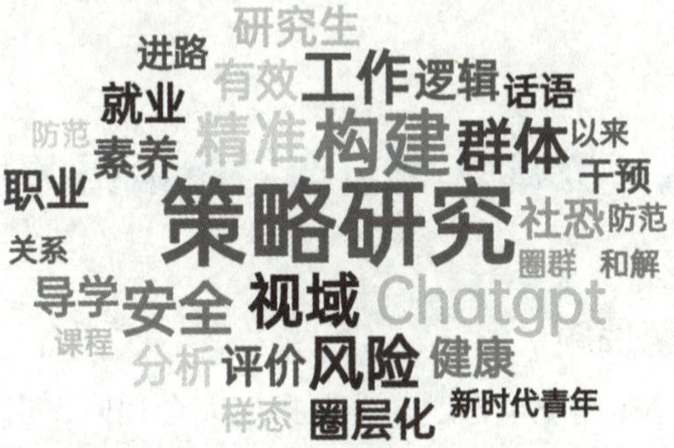

图 10-5　2023 年教育部高校辅导员专项项目立项高频词

6. 2024 年教育部高校辅导员专项项目立项高频词

2024 年，教育部高校辅导员专项项目立项选题中，高频词有“新质生产力”“人工智能”“时代新人”“娱乐化”“赋能”“精准”“技术”“数字”“AI”“Aigc”等（见图 10-6）。以人工智能、AI 等先进技术手段为代表的新质生产力，已成为当下思政教育研究的热点。高校辅导员要紧跟国家发展新质生产力的战略布局和政策导向，结合国家制造强国战略和新型工业化对培养创新型人才的现实需求，引导大学生积极参与创新创业和社会实践，主动对接所学专业的相关行业和企业科技创新需求，提升就业竞争力。2024 年 4 月 30 日，《高校“一站式”学生社区综合管理模式建设提质增效指南》正式发布。该指南要求院校领导力量、管理力量、服务力量、思政力量下沉到教育管理服务学生一线。立项选题中也有对“一站式学生社区”建设的创新思考。

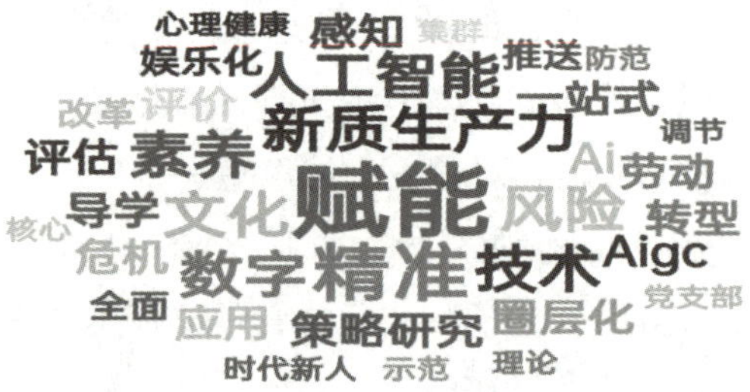

图 10-6　2024 年教育部高校辅导员专项项目立项高频词

六、立项选题与选题指南相关度

1. 指南原题选题

指南原题选题是指立项选题与选题指南完全相同，申请人依托选题指南的权威性和指导性，结合个人研究方向、研究基础和研究成果进行原题申报。例如，围绕 2020 年选题指南条目“红色基因融入大学生日常思想政治教育工作研究”，申请人聚焦红色基因融入思政教育的时代要求，针对大学生这一关键群体，积极探索红色基因融入大学生日常思想政治教育的现状与实践创新，丰富大学生思想政治教育的内容；围绕 2021 年选题指南条目“高校辅导员政治能力及提升路径研究”，申请人立足高校思政体系建设，通过分析高校对辅导员政治素养要求、辅导员政治能力提升措施等角度，培养高校辅导员过硬的政治修养，为引导学生正确认识时代责任和历史使命做好铺垫。以指南原题立项的选题，一般都是围绕高校思政课程建设、课程思政协同创新、高校思想政治教育理论发展与实践创新，具有全局性、系统性、代表性的研究选题。

> 2019—2024 年教育部高校辅导员专项项目立项指南原题选题
>
> 扫一扫

2. 高度相关选题

高度相关选题是指立项选题与选题指南高度类似，只是在指南原题基础上，围绕某种具体的研究背景、研究视域、研究对象、研究内容、研究方法、研究模式、研究路径等方面展开小切口研究。例如，围绕 2021 年教育部高校辅导员专项项目指南中的“防范‘校园贷’长效机制研究”申报的高度相关立项选题“新时期‘校园贷’的风险甄别和治理机制研究”。在时间维度上，立项选题时间跨度相对较小，更具有即时性和针对性；在研究内容深度上，立项选题更具体、更深入，细分至“风险甄别”和“治理机制”，注重对当前热点问题的解决和针对性措施的制定。又如，围绕 2023 年选题指南条目“ChatGPT 对高校思想政治工作的影响研究”立项的研究选题“ChatGPT 赋能高校思想政治教育研究”。从研究视角而言，立项选题将重点聚焦在如何利用 ChatGPT 的技术优势提升高校思想政治教育的质量和效果上，在研究内容和研究方法方面聚焦探索 ChatGPT 赋能高校思政教育的新型教学内容和方法。高度相关选题既能围绕选题指南中学科研究的重大关切和社会需求，又能结合申请人研究专长和现实需要围绕某一个特定的具体范畴展开精准靶向研究。

2019—2024 年教育部高校辅导员专项项目立项高度相关选题

扫一扫

3. 部分相关选题

部分相关选题是指立项选题从选题指南条目中框定了研究背景、研究内容、研究范畴、研究对象、研究目标、研究模式等核心元素，但是选题的结构和表述上与选题指南条目有一定差异。例如，围绕 2019 年选题指南条目“社会主义核心价值观认同教育研究”的部分相关立项选题“新时代大学生社会主义核心价值观认同隐性教育研究——基于积极心理学与情境创设理论”。立项选题在研究对象上精准聚焦大学生群体，在研究方法上引入隐形教育视角，在研究内容上具体到心理学教育。又如，基于选题指南原题“大学生网络素养内容、载体及培育机制研究”的立项选题“‘大思政’视域下大学生网络素养提升机制研究”。从研究角度来看，立项选题从“大思政”视域出发，将大学生网络素养的提升置于更宏观的思想政治教育体系中进行考量；就研究内容而言，立项选题突出探索“大思政”要求的网络素养，强调思政教育在网络素养培育中的应用。部分相关选题既能够保证不偏离选题指南的研究重点，能结合申请单位的学科特色、地域特点和资源禀赋，又能体现申请人的专业背景和研究基础，选题体现出聚焦性与灵活性的统一。

2019—2024 年教育部高校辅导员专项项目立项部分相关选题

扫一扫

4. 自选选题

自选选题是申请人根据自身的学术兴趣、研究专长、研究积累和思想政治解决实际问题的需要，自行拟定题目申报并成功立项的选题。自选选题的研究对象和内容覆盖面广，模式和方法灵活多样，路径和载体特色突显。例如，立项的自选选题“大数据视域下高校精准资助育人体系构建及实现路径研究”“仪式理论视域下仪式礼仪在高校爱国主义教育中的运用研究”“将工匠精神融入大学生核心技能培养的行动研究”“亚文化风格理论视域下提升新媒体短视频育人功能机制研究”站在大数据、仪式理论、“新工科”、亚文化风格理论视域等特定角度进行研究，“明清家训中德育思想及其当代价值研究”“工匠精神引领下高职院校‘树状型’劳动教育体系构建研究”“恽代英青年观及其在当代大学生思想政治教育中的价值研究”对明清家训、工匠精神、恽代英青年观等精神观念活化演进，运用体系构建、价值观养成模式、行为引导、融合、功能机制建设等模式进行研究。自选选题的研究范围更加宽广，涵盖思想政治工作的方方面面，更能凸显立项单位和申请人的专业特色与资源优势。

2019—2024 年教育部高校辅导员专项项目立项自选选题

扫一扫

七、立项选题十二类研究范畴

1. 思想政治教育理论研究

党的十八大以来，思想政治教育理论建设得到高度重视，党和国家先后发布了《关于加强和改进新形势下高校思想政治工作的意见》《关于新时代加强和改进思想政治工作的意见》《新时代高校思想政治理论课教学工作基本要求》等文件，对新时代思想政治教育工作做出了科学系统的顶层设计。纵观立项选题，不少立项选题聚焦习近平总书记关于教育的重要论述，具体涉及青年工作、幸福观教育、价值观教育、体育育人等方面。还有的立项选题从学科交叉视角，将管理学、社会学、心理学等学科理论引入思想政治教育学科研究，为新时代思想政治教育理论科学化创新发展保驾护航。

教育部高校辅导员研究专项项目思想政治教育理论研究选题（节选）

扫一扫

2. 高校党建工作研究

伴随着《中国共产党普通高等学校基层组织工作条例》《关于开展新时代高校党建示范创建和质量创优工作的通知》等文件相继出台，党中央对新时代高等学校党组织建设与党员教育培养的水平和质量提出了更高的要求。纵观立项选题，其主要围绕高校辅导员在基层党建工作中的主要内容展开研究，特别是围绕高校基层党建重点工作“党建工作标杆院系”“样板党支部”“‘双带头人’工作室”“学生党员发展质量”“‘一站式’学生社区”展开。例如，“习近平总书记关于党的建设的重要思想指导创建党建工作标杆院系研究”“新时代高校学生党支部组织力提升研究”“大数据时代高校学生党员发展质量提升研究”“高校研究生‘样板党支部’示范引领作用发挥研究”“基于‘一站式’学生社区的基层党支部建设创新研究”等。

教育部高校辅导员研究专项项目高校党建工作研究选题（节选）

3. 爱国主义、理想信念和民族团结教育

爱国主义教育、理想信念教育和民族团结教育是高校辅导员思想政治教育的重点领域。伴随着“总体国家安全观”的提出，国家安全教育在高校广泛开展。《新时代爱国主义教育实施纲要》《中华人民共和国爱国主义教育法》相继出台，将爱国主义教育贯穿学校教育全过程，立项选题涉及利用抗战工业遗产和红色基因加强爱国主义教育，如“抗战工业遗产的爱国主义教育价值研究——以宝鸡申新纱厂旧址为例”与“红色基因融入少数民族大学生爱国主义教育实践研究——以江西高校为例”。在理想信念教育方面，立项选题有对延安时期干部学校青年理想信念教育的经验总结，如“延安时期干部学校青年理想信念教育的基本经验研究（1937—1945）”；也有对新时代大学生理想信念教育的创新思考，如“新时代大学生理想信念教育机制创新研究”。民族团结教育立项选题大多由边疆民族地区高校申报，如“边疆民族地区高校加强民族宗教政策教育的长效机制研究”，突出了选题研究较强的针对性。

教育部高校辅导员研究专项项目爱国主义、理想信念和民族团结教育选题（节选）

4. 意识形态安全与文化育人

党的十九届四中全会审议通过的《中共中央关于坚持和完善中国特色社会主义制度、推进国家治理体系和治理能力现代化若干重大问题的决

定》，强调要坚持马克思主义在意识形态领域指导地位的根本制度。2019年印发的《中国共产党宣传工作条例》，将宣传工作定义为党的一项极端重要的工作，是中国共产党领导人民不断夺取革命、建设、改革胜利的优良传统和政治优势。2023年，党中央出台了《党委（党组）意识形态工作责任制实施办法》，第一次以党内法规形式，对党委（党组）意识形态工作责任制做了总体安排与制度规定，划清了意识形态工作的底线、红线，明确了各个层次各个方面的责任要求。维护高校意识形态安全与文化育人，成为新时代高校辅导员工作的应有之义和分内之责。立项选题围绕特定群体学生意识形态认知、网络意识形态风险防范、网络舆情群体极化、网络文化产品精准推送等新问题展开意识形态安全研究；围绕红色文化、改革开放精神、建党百年革命精神、科学家精神、红医文化等红色文化，探索中华优秀传统文化、革命文化和社会主义先进文化对大学生群体的教育效能发挥。

教育部高校辅导员研究专项项目意识形态安全与文化育人选题（节选）

扫一扫

5. 网络思想政治教育

在历年立项选题中，网络思想政治教育研究均具有较高热度，内容主要涉及网络文化、网络素养、网络话语权、网络舆情、网络育人共同体、网络意识形态安全以及教育获得感等，旨在提升网络空间中思想政治教育在价值引领和言行示范方面作用的发挥。例如“新时代大学生网络意识形态安全问题及对策研究”“互联网+时代大学生网络素养培育研究”“微时代高校网络舆情引导策略研究”“‘大思政’视域下大学生网络素养提升机制研究”“基于网络舆情群体极化的高校思想政治教育质效提升路径研究”“大学生网络游戏社交圈层化特点与引导策略研究”等。

教育部高校辅导员研究专项项目网络思想政治教育选题（节选）

扫一扫

6. 学风建设与学业指导

学风是凝聚在教与学过程中的精神动力、态度作风、方法措施，优良学风建设直接关系到大学生学术素养和学校教育质量。从高中步入大学，学生的学习模式发生了根本性转变，辅导员要掌握学业指导的本领，帮助大学新生尽快适应大学阶段的教学模式。立项选题基于“三全育人”“五育并举”“科研育人”“生态系统”“数字思政”“师生共同体”“大数据”等不同视角展开研究。例如，“基于大数据的本科生学习预警与学风建设研究”“科研育人视域下高校优良学风形成的路径研究”“师生共同体视角下研究型大学优良学风建设路径研究”“‘数字思政’视域下高校优良学风培育路径研究”“积极心理学视域下大学生日常性学业弹性提升路径与机制研究”“生态系统视角下高校优良学风培育方法与路径研究”等。

教育部高校辅导员研究专项项目学风建设与学业指导选题（节选）

扫一扫

7. 心理健康与社会适应

大学阶段是伴随着学生个体思想与心理快速发展、趋向成熟的重要人生阶段。大学生不仅要学会克服学业上的困难，还要学会应对情感、人际、生活等方面的诸多挑战。大学阶段也是心理健康问题频发的阶段。大学阶段是加速大学生社会化的关键时期。随着人际交往的范围扩大和内容深入，大学生需要从人际交往中不断学习和积累。近年来，大学生社会适应能力较弱，人际交往本领缺失，大学生心理危机引发的问题激增，心理健康问题引起全社会的高度关注。党的二十大报告强调要重视心理健康和精神卫生。2023 年 5 月，教育部等 17 个部门联合印发的《全面加强和改进新时代学生心理健康工作专项行动计划（2023—2025 年）》，将学生心理健康教育上升为国家战略。作为辅导员工作职责和内容的重要组成，心理健康教育研究更多聚焦于大学生心理健康状况、影响因素以及干预措施，依托大数据和人工智能提升工作科学性和精准性。例如，“积极心理品质视域下的育心育德融合机制研究”“大学生心理问题早期发现和科学干预机制研究”“新质生产力视域下大数据赋能大学生心理危机的识别与干预路径研究”“中庸思维对大学生情绪健康与社会适应的作用及其机制研究”。

教育部高校辅导员研究专项项目心理健康与社会适应选题（节选）

扫一扫

8. 资助育人与诚信教育

资助育人超越了传统的经济资助，旨在通过系统性资助措施与教育活动，帮助家庭经济困难学生克服经济障碍，顺利完成学业，同时更加注重培养贫困学生的综合素质、道德品质、创新能力和社会责任感，帮助经济困难学生成人成才。资助育人需要关注四个关键点：对象精准、方式科学、诚信为本、心存感恩。例如，“区块链视域下高校精准资助育人体系的构建与实施策略研究”“五育并举背景下学困生精准帮扶工作机制研究”“精准思政视域下高校发展型资助体系建设研究”“高校资助育人长效机制研究”“新时代大学生诚信教育机制创新研究”“志智双扶导向下高校学生资助育人机制及创新路径研究”等。

教育部高校辅导员研究专项项目资助育人与诚信教育选题（节选）

扫一扫

9. 创新创业与就业指导

创新创业与就业指导教育旨在培养学生的创新思维、创业意识、创业能力、职业规划和就业本领。纵观立项选题，其涵盖了创新创业教育、创新素质培养、就业指导与服务、就业能力提升、精细化就业帮扶、产教融合、精准就业等问题。例如，“资源整合视阈下高校创新创业实践育人共同体的构建研究”“乡村振兴战略背景下大学生返乡创业教育长效机制研究”“基于大数据智能化的高校精准就业研究与实践”“产教融合背景下中国特色学徒制提升高校毕业生就业质量的路径研究——以江苏省为例”“数智化背景下大学生生涯教育促进就业质量提升策略研究”“‘大思政’视域下新时代大学生就业能力提升路径研究”“基于 USEM 模型的高校数字化精准就业指导服务机制研究”等。

教育部高校辅导员研究专项项目创新创业与就业指导选题（节选）

扫一扫

10. 辅导员队伍建设

立项选题有的围绕新时代高校辅导员提升“思想政治工作能力”“网络思政引导能力”“精准就业指导力”“数字领导力”“教育引领力”“教育话语权”等展开研究，有的关注辅导员与专业课教师、辅导员与思政课教师的协同育人共同体构建，有的关注辅导员专业化、职业化发展的制度设计和构建辅导员职业化标准体系，有的关注辅导员选聘、培养、激励、考核、晋升的相关机制，有的关注辅导员个体的职业倦怠、职业价值感、职业动力和职业幸福感。例如，“新时代高校辅导员思想政治教育话语权提升研究”“新时代高校辅导员核心素质能力体系构建研究”“‘后真相’时代高校辅导员网络思想政治教育引领力提升研究”“高校辅导员政治引领力提升路径研究”“新时代高校辅导员与思政课教师协同育人共同体构建与实现路径研究”“教育数字化转型下高校辅导员数字素养测评及提升路径研究”“高校辅导员数字领导力对学生追随力的影响研究”等。

教育部高校辅导员研究专项项目辅导员队伍建设选题（节选）

扫一扫

11. 劳动教育与美育育人

在立项选题中，围绕高校“五育并举”中劳动教育与美育育人的选题占有一定比例。围绕劳动教育的选题十分丰富，如“新时代劳模精神融入大学生劳动教育的路径研究”“新时代高校劳动教育创新实践路径研究”“新时代大学生积极劳动观培育研究”“新时代大学生劳动素养培育机制创新研究”“高职院校劳动教育实践模式研究”“新时代高职院校劳动教育的路径与机制研究”“基于‘家校社’协同的高校劳动教育机制构建研究”等；围绕美育育人的选题鲜明亮眼，如“音乐治疗对大学生情绪调节力提升的应用研究”“大学生思想政治教育以美育人研究”“红色美术浸润青年学生思政教育的百年历程与启示”“大学生审美异化及其对策研究”“高校思政工作中德育与美育协同创新研究”等。

教育部高校辅导员研究专项项目劳动教育与美育育人选题（节选）

扫一扫

12. 其他

其他选项主要是指立项选题中未在前面 11 种研究对象中涵盖的研究范畴。辅导员工作内容关切大学生成长成才的点点滴滴，辅导员工作挑战来自社会生活的方方面面，选题要更加聚焦高等教育和社会生活的新形势、新对象、新变化、新挑战、新技术、新方法，大处着眼，小处着手，用研究的小切口回应教育的大战略。例如，“基于多维度预警模型融合高校学生群体画像的精准思政研究”“人工智能时代研究生学术道德失范治理机制研究”“生成式人工智能对高校思政教育风险及化解方法研究”“行业特色类高校‘校政企 3+3+6X’实践育人模式研究”“ChatGPT 对新时代高校思想政治工作数字化转型的影响和对策研究”等。

教育部高校辅导员研究专项项目其他选题（节选）

扫一扫

八、典型案例

干事：技法篇

专题十一

高校思政社科研究的科学选题

一、选题的重要性

秧好一半谷，题好一半文。对于高校思政社科研究而言，科学选题至关重要。思想政治教育通过对人们的思想观念、政治观点、道德规范施加有目的、有计划、有组织的教育手段，促使其形成符合一定社会要求的思想品德和道德素质。从这个意义上讲，高校思政社科研究选题的一切“起点”和“落点”本质上都归结于提升人们的思想认识、政治素养和道德规范。好的思政社科选题，一定要兼顾问题意识、研究价值、科学支撑和创新思考。

1. 一个好的选题，要有问题意识

问题意识是个体在面对各种复杂情境时，能够主动发现问题、提出问题并最终解决问题。人类透视世界、理解世界和改造世界的过程，本质上也是发现问题、提出问题和解决问题的过程。问题是时代的声音，只有聆听时代声音，回应时代关切，经过缜密思考提出新时代思想政治教育学科发展和实践创新的关键问题，才能真正把握新时代思政学科研究的发展脉络。

2. 一个好的选题，要有研究价值

高校思政社科研究的价值可以分为理论价值（学术价值）和实践价值（应用价值）。理论价值体现在对思想政治教育学科发展的理论创新，实践价值体现在思想政治教育实践领域的问题破解。好的思政社科选题，不仅能够探寻复杂现象背后的作用机理和教育规律，也能够提供科学有效的方法路径和对策建议，从理论和实践两个层面推动现实问题的解决。

3. 一个好的选题，要有科学支撑

高校思政社科研究的选题要遵循思想政治工作规律，遵循教书育人规律，遵循学生成长规律，既要体现社科研究的学术规范与学理逻辑，又要把握育人实践的规律性与有效性。拟定选题前，研究者要对选题涉及的研究对象、研究目标、研究内容、研究思路、研究方法进行系统性思考，全面性评估和多维度考量选题的可行性。

4. 一个好的选题，要有创新思考

创新不是执念于“新”或“旧”，而是要善于寻找和创造更优的解决问题的方法，创新的本质是“更适应条件”和“更符合要求”。高校思政社科研究的创新可以是理论创新、资料创新、方法创新、内容创新、视角创新、机制创新、路径创新，也可以是学科交叉创新。研究者不妨借助各种创新思维工具，以系统有序的方式展开思考，打开创新的大门。

SCAMPER 法（奔驰法）代表着七种创新思维方式，分别为：

S——substitution（替换）；

C——combination（合并）；

A——adaptation（改造）；

M——modification（调整）；

P——put to other uses（其他用途）；

E——elimination（去除）；

R——reverse（反向）。

二、选题的来源

1. 选题指南

选题指南是项目管理部门提供的选题指导性文件，也是申报选题的参考目录，旨在为申请人提供选题的参考范围和方向。选题指南条目通常涵盖本年度思政社科研究的重点领域和关键问题，是风向标、指南针、坐标系，具有指导性和参考性。申请人必须认真研读和深入领会指南精神，聚焦选题指南的范畴和方向拟定题目，从而能够提升选题获得立项的概率。

2. 研究基础

研究基础是申请人前期的科研储备和资源支撑。申请人可以从自身积累、组织助力和社会借力三个方面对研究基础进行系统梳理，再与高校思想政治教育进行精准匹配，充分发挥研究基础对选题的支撑作用。教育背景、学科专业、掌握技能、科研潜质、前期成果都属于自身积累，学校特色、团队优势、学科交叉、科研平台都属于组织助力，外部数据、问卷调查、野外调研、合作单位都属于社会借力。

3. 党政文件

党政文件是指申请人要从党和国家最新理论、路线、方针、政策中寻找选题。读原著、学原文、悟原理，是学习理论最有效的办法；读报告、学理论、悟政策，是社科选题最深厚的宝藏。党的二十大报告，党的历届全会决议精神，习近平总书记关于教育、科技、人才青年工作的重要论述，习近平总书记对学校思政课建设作出的重要指示，习近平总书记在全国教育大会上和学校思想政治理论课教师座谈会上的重要讲话精神，国务院政府工作报告，教育部关于思想政治课程和思想政治工作的相关文件等都蕴含着极其丰富的思政社科选题。

4. 学术文献

学术文献是指记录、积累、传播、承载学术知识和学术信息的载体手段，包括报纸、期刊、会议文献、学位论文等。学术文献在学术研究和教育领域占据着举足轻重的地位，通常由学术机构或研究人员发表，是获取前沿知识、掌握研究动态、提升专业水平和推动学科发展的重要资料。学术文献作为固化在一定载体上的学术知识和学术思想，有文字、图像、音频、视频等多种存在形式，能够为申请人提供学术研究的坚实理论支撑和事实依据。申请人依托学术文献拟定思政社科研究选题，既要选择高水平的学术著作、期刊和会议论文集，确保选题的典型性；又要尽可能获取最新学术研究成果，确保选题的时效性。

5. 网络热点

网络热点是网络空间中引发网民高度关注和持续跟进的事件或话题。热点事件脉络、热点问题科普、热点话题讨论，都围绕网络热点问题展开。当今世界，信息技术日新月异，数字化、网络化、智能化纵深发展，互联网是我国意识形态领域风险挑战的“最大变量”，更是激发民族复兴伟业的“最大增量”。近年来，我国意识形态领域出现的许多新情况、新问题，往往因网而生、因网而聚、因网而增，互联网成为许多错误思潮滋生发酵的温床。党的宣传思想工作作为高校思想政治教育领域的重要环节，越来越多地引起思政学者的高度关注。往年立项的思政社科研究选题中涉及网络意识形态安全治理和错误社会思潮抵制的比例逐年攀升。《2024年上半年百度热点报告》显示，2024 年上半年，百度用户数字阅读时长增加，网络热点传播更快更广。用户阅读需求已从传统碎片化热点知晓向权威真实事件还原转变。用户数字阅读呈现出全面性、真实性和多元化趋势。思政社科研究可以从人民群众关心的身边事着手，从百姓普遍关注的热点事件、热门人物、热梗热搜、热映影视作品中寻找选题素材。

6. 社会调查

社会调查是指有目的、有计划、有系统地收集有关研究对象社会现实状况或历史状况的大量资料，围绕研究问题进行科学、全面、深入的社会考察，以探求客观事物的本质特征和发展规律。研究真问题、真研究问题，不做调查就没有发言权，不做正确的调查同样没有发言权。社会调查对思政社科研究意义重大、地位突出。思政社科研究的问题不能仅仅来自文献，更要来自社会生活的方方面面，要寻找真问题、解决真问题、真寻找问题、真解决问题。思政社科项目的申请人不能受困于自己的学科专业和网络信息推送的“信息茧房”，要主动走出去、走下去、走进去，让选题浸润着泥土的清香味、沾染着市井的烟火气。

7. 交流研讨

交流研讨是指通过搭建学术交流和研讨的学术机制平台，推动知识共享，促进思维碰撞，提升理解深度，拓宽视野的广度，促进思想的碰撞和创新的产生。交流研讨的形式多种多样，可以是圆桌会议、主题演讲、学术讲座交流，也可以是研讨会、案例研究、分组交流。交流研讨是同行学者之间难得的面对面交流，思政社科项目的申请人一定要秉持积极主动、开放包容的态度参与交流和讨论，不盲目服从权威，不轻易否定对方，随时记录下交流研讨中碰撞出的智慧火花，关注思维变换中闪现出的选题灵感。

8. 教育教学实践

教育教学实践是学校思想政治课教学和思想政治教育育人实践的总称，是高校思政社科研究的出发点和落脚点。实践出真知，实践出选题。高校思政课教师可以围绕“马克思主义基本原理”“毛泽东思想、邓小平理论和‘三个代表’重要思想概论”“中国近现代史纲要”“思想道德修养与法律基础”“新时代中国特色社会主义理论与实践”“中国马克思主义与当代”“形势与政策”等思政课程中的教师素质提升、教学内容、教学对象、教学目标、教学方式、教学手段、教学评价等维度思考选题。高校思想政治工作队伍（辅导员、党政干部、党团工作队伍等）可以围绕新时代高校立德树人总体目标，结合信息化、数字化、智能化的社会新环境和

00 后大学生群体的鲜明特征，从爱国主义教育、理想信念教育、道德法治教育、创新创业教育、心理健康教育、体育美育劳动教育、国家安全教育、民族团结教育、生态文明教育等方面思考选题。专业课教师可以乘国家课程思政建设东风，快人一步入局，抢先一步出圈，秉承学科交叉思维，主动思考将本专业课程教学与思政元素育人协同推进的特色选题，凝练所在学科研究课程思政的代表性成果。

三、选题的范畴

1. 聚焦重点问题

高校思政社科研究的重点问题是关系教育强国和人才强国战略、关系高等学校立德树人根本任务、关系思想政治教育学科建设发展、关系思政课改革创新等重要目标实现的根本性、全局性、战略性的问题。

2. 捕捉热点问题

高校思政社科研究的热点问题是思想政治教育领域备受社会关注的时代性、阶段性、现实性的问题。热点问题往往来自社会近期刚刚发生的热点事件或热门话题，研究具有较强的时效性，申请人要锻炼随时从当下最新社会热点中透视思政现象、抓取思政元素、提取思政选题的本领。

3. 直击痛点问题

高校思政社科研究的痛点问题是思想政治教育领域长期以来存在风险隐患，未引起足够重视，或者需要从根本上得到有效解决的长期性、隐蔽性、紧迫性的问题。痛点问题的寻找要善于转换用户思维和他者视角，多从教育主体和教育客体的“双本位”视角出发，从确保思想政治教育目标与效果的同步性出发。2024 年，与青年大学生群体密切相关的痛点问题层出不穷，考公考编狂热、经济下行压力、低水平内卷等。在一系列社会痛点问题的背后，高校思政社科研究应该扛起思政学科应有的社会责任，关切时局，躬身入局，沉稳控局，敢于破局。

4. 突破难点问题

高校思政社科研究的难点问题涉及思想政治教育的作用机制、关键方法和技术路线，是关系到教育目标实现和教育效果达成的关键性、复杂性、决定性问题。难点问题的破解往往推动着思想政治教育研究的跨越式发展。如何有效提升学校思政课堂的抬头率和点头率？如何建立思想政治教育效果评价的科学指标体系？如何利用大数据和生成式人工智能迭代思想政治教育传统工具？如何构建学科和学校特色鲜明的“大思政课”协同育人体系？以上这些都是当前思想政治教育研究亟待突破的难点问题。

5. 疏通堵点问题

高校思政社科研究的堵点问题是思想政治教育各个环节中有待疏通的小瘀堵，影响教育规律作用和育人机制系统循环的局部性、结构性、偶然性问题。堵点问题具体表现为机制不顺、结构不均、衔接不畅、方法不适、驱动不足、反馈不力等，通常需要解决“畅通”“连贯”“适配”的问题。解决堵点问题的关键并非从无到有、由少及多，而是从无序到有序，从混乱到条理的疏解。

四、选题的原则

第一，务必抬头观天，服务国家需要。

第二，务必放眼当下，围绕现实问题。

第三，务必回望历史，挖掘红色资源。

第四，务必立足地域，尽显区域优势。

第五，务必拓宽视野，鼓励科教融通。

五、选题的禁忌

第一，宁选微观聚焦，不选宏大叙事。

第二，宁选新题慢做，不选老题重做。

第三，宁选人无我有，不选人有我优。

第四，宁选资源禀赋，不选技术优势。

第五，宁选学科交叉，不选专业单一。

六、选题的模式

本书通过对国家社科基金高校思政课专项立项选题（2019—2023 年）、教育部人文社科项目思政类专项立项选题（2019—2024 年）中与思政领域相关选题以及教育部高校辅导员研究专项任务选题（2019—2024 年），进行了系统梳理，将选题的模式归纳为 16 种模式。

1. 直奔主题模式

直奔主题模式通常开门见山，直接亮明主题。直奔主题模式分为两类：

第一类是重大理论研究。题目涉及思想政治教育学科的基础理论和原创理论研究。这类题目通常为思想政治教育学科基础理论研究，如国家社科基金思政课专项历年重点项目。其对申请人学术功底和科研资源要求非常高。在多数情况下，“双一流”建设高校为申请单位或思想政治教育学科的学术大咖作为申请人成功概率较高。

2019—2023 年国家社科基金思政课专项立项名单“直奔主题模式”之重大理论研究（节选）如表 11-1 所示。

表 11-1　2019—2023 年国家社科基金思政课专项立项名单“直奔主题模式”之重大理论研究（节选）

序号	年份	项目类别	立项高校	项目名称
1	2019	一般	河北师范大学	马克思主义基本原理与立德树人研究
2	2019	一般	广东金融学院	习近平总书记关于高校思想政治工作重要论述研究
3	2019	一般	泰州学院	习近平总书记关于培养时代新人重要论述研究
4	2020	一般	河北师范大学	习近平总书记关于思想政治理论课建设重要论述研究
5	2021	重点	北京大学	习近平总书记关于思想政治教育重要论述原创性贡献及学理化学科化研究
6	2021	重点	北京师范大学	新时代思想政治教育体系建设体制机制研究
7	2021	重点	北京化工大学	习近平总书记关于学校思想政治理论课重要论述研究
8	2022	重点	西安交通大学	新时代学校思想政治理论课的本质研究
9	2022	重点	清华大学	高校思想政治理论课教学质量评价研究
10	2023	重点	中国青年政治学院	习近平总书记关于中国青年运动重要论述研究
11	2023	重点	中国石油大学（北京）	“马克思主义基本原理”课教学重点难点研究

2019—2024 年教育部人文社科项目思政类专项立项名单“直奔主题模式”之重大理论研究（节选）如表 11-2 所示。

表 11-2　2019—2024 年教育部人文社科项目思政类专项立项名单“直奔主题模式”之重大理论研究（节选）

序号	年份	项目类别	立项高校	项目名称
1	2019	高校思想政治工作	北京联合大学	习近平总书记关于高校思想政治工作遵循“三大规律”的重要论述研究
2	2019	重大课题攻关项目	浙江工业大学	习近平总书记关于教育是国之大计党之大计重要论断研究

表11-2(续)

序号	年份	项目类别	立项高校	项目名称
3	2019	中国特色社会主义理论体系研究项目	河南师范大学	习近平总书记关于典型教育的重要论述研究
4	2019	中国特色社会主义理论体系研究项目	长春工业大学	习近平新时代中国特色社会主义思想的内涵及逻辑体系研究
5	2020	高校思想政治理论课教师研究专项	安徽工业大学	先秦儒家义利观对高校思想政治理论课的借鉴价值研究
6	2020	规划基金项目	宁波财经学院	习近平总书记关于青年的重要论述在大学生成长成才中的实现路径研究
7	2020	规划基金项目	梧州学院	习近平新时代中国特色社会主义思想微传播研究
8	2020	规划基金项目	西华师范大学	中国共产党思想政治教育话语体系研究
9	2020	青年基金项目	岭南师范学院	习近平总书记关于生态经济体系的重要论述研究
10	2020	中国特色社会主义理论体系研究项目	台州学院	习近平总书记关于责任担当的重要论述研究
11	2021	高校思想政治理论课教师研究专项	常州工学院	习近平总书记关于中华民族共同体的重要论述融入高校思政课教学的价值意蕴和实现路径研究
12	2022	中国特色社会主义理论体系研究项目	齐鲁工业大学	习近平新时代中国特色社会主义思想在日传播研究
13	2022	高校思想政治理论课教师研究专项	赣南师范大学	习近平系列采访实录在高校思政课教学中的运用研究
14	2022	高校思想政治理论课教师研究专项	湖南科技大学	习近平总书记重要讲话金句对高校思政课教学话语体系创新的启示研究
15	2023	西部和边疆项目	宁夏医科大学	新时代高校思想政治教育制度效能提升研究
16	2023	青年基金项目	湖北师范大学	习近平总书记书信中蕴含的思想政治工作方法及其当代价值研究
17	2023	青年基金项目	常熟理工学院	习近平总书记关于思想政治教育方法重要论述研究

表11-2(续)

序号	年份	项目类别	立项高校	项目名称
18	2023	高校思想政治理论课教师研究专项	广东科技学院	高校思政课铸牢中华民族共同体意识教学实践研究
19	2024	规划基金项目	安庆师范大学	习近平总书记关于加强和改进人民信访工作重要思想研究
20	2024	高校思想政治理论课教师研究专项	无锡职业技术学院	习近平语言艺术引领思政课教学话语创新研究

第二类是重大现实问题研究。题目多以解决思想政治教育的重大现实问题为旨向，更加偏重有针对性的应用研究。地方院校在研究某一领域现实问题破解方面，能依托区域优势、资源优势和行业优势，更充分地发挥自身特长。

2020—2023年国家社科基金思政课专项立项名单“直奔主题模式”之重大现实问题（节选）如表11-3所示。

表11-3　2020—2023年国家社科基金思政课专项立项名单“直奔主题模式”之重大现实问题（节选）

序号	年份	项目类别	立项高校	项目名称
1	2020	一般	上海师范大学	泛娱乐主义对大学生价值观的消极影响及其对策研究
2	2020	一般	许昌学院	思想政治理论课名师工作室运行机制与作用发挥研究
3	2020	一般	武汉纺织学院	高校专业课与思政课协同机制研究
4	2020	一般	衡阳师范学院	新时代高校思政课教师培训体系协同与优化研究
5	2020	一般	华侨大学	香港青年国家认同问题研究
6	2021	重点	江西师范大学	中国共产党百年革命精神融入高校思政课教学的实践研究
7	2021	重点	湖南第一师范学院	新时代高校“大思政课”建设研究
8	2021	一般	河南师范大学	教育家精神引领师范院校“大思政课”建设研究

表11-3(续)

序号	年份	项目类别	立项高校	项目名称
9	2021	一般	台州学院	十八大以来学校思政课教师队伍建设理论与实践研究
10	2021	一般	山西财经大学	思想政治理论课教师素质提升路径研究
11	2022	重点	河南大学	坚定大学生历史自信研究
12	2022	一般	温州大学	青少年爱国情感的发生发展机制与培育研究
13	2022	一般	黑龙江中医药大学	铸牢中华民族共同体意识融入立德树人全过程研究
14	2022	一般	湖北经济学院	高校思想政治理论课实践教学创新研究
15	2022	一般	吉林建筑大学	大学生培育和践行社会主义核心价值观研究
16	2023	重点	辽宁师范大学	“习近平新时代中国特色社会主义思想概论”课教学体系优化研究

2019—2024 年教育部人文社科项目思政类专项立项名单“直奔主题模式”之重大现实问题（节选）如表 11-4 所示。

表 11-4　2019—2024 年教育部人文社科项目思政类专项立项名单“直奔主题模式”之重大现实问题（节选）

序号	年份	项目类别	立项高校	项目名称
1	2019	高校示范马克思主义学院和优秀教学科研团队建设项目	闽南师范大学	思想政治理论课实践教学考核机制研究
2	2019	高校示范马克思主义学院和优秀教学科研团队建设项目	龙岩学院	习近平关于以人民为中心的重要论述融入“原理”课教学的路径研究
3	2019	中国特色社会主义理论体系研究项目	山东中医药大学	中国特色社会主义法治理论进教材进课堂进头脑研究
4	2019	高校示范马克思主义学院和优秀教学科研团队建设项目	延安大学	习近平新时代中国特色社会主义思想有机融入“思想道德修养与法律基础”

表11-4(续)

序号	年份	项目类别	立项高校	项目名称
5	2020	自筹经费项目	淄博职业学院	习近平总书记关于劳动教育的重要论述在高职思政教育中的践行模式研究
6	2020	高校思想政治理论课教师研究专项	曲阜师范大学	中国特色社会主义制度自信教育贯穿高校本科生思政课教学全过程研究
7	2020	高校思想政治理论课教师研究专项	湖南科技大学	用习近平总书记关于党史教育的重要论述指导“中国近现代史纲要”课教学研究
8	2021	高校思想政治理论课教师研究专项	广州美术学院	党政领导干部讲高校思政课常态化机制研究
9	2021	青年基金项目	长春理工大学	习近平法治思想引领高校法治教育的实践路径研究
10	2021	中国特色社会主义理论体系研究项目	陇东学院	中国共产党革命精神与“四史”教育有机融合研究
11	2022	高校思想政治理论课教师研究专项	河南财经政法大学	新时代高校思政课引领力的增效机制与精准提升研究
12	2022	规划基金项目	河北农业大学	新时代青年学生创业奋斗精神培育研究
13	2022	青年基金项目	深圳职业技术学院	新时代中国共产党强化意识形态领导权的理论建构和实践路径研究
14	2022	青年基金项目	枣庄学院	新时代高校意识形态话语权提升路径研究
15	2023	青年基金项目	安徽师范大学	新时代思想政治教育高质量发展的维度与方法研究
16	2023	青年基金项目	长春中医药大学	思想政治教育在中国式现代化建设中的价值引领力研究
17	2023	规划基金项目	山西医科大学	高校思想政治教育的智能化转型与风险治理研究
18	2024	高校思想政治理论课教师研究专项	四川大学锦江学院	马克思主义理论学科体系支撑高校思政课建设研究
19	2024	高校思想政治理论课教师研究专项	温州理工学院	马克思主义理论经典诵读教学设计与效果实验研究

表11-4(续)

序号	年份	项目类别	立项高校	项目名称
20	2024	高校思想政治理论课教师研究专项	安徽师范大学	高校思政课讲好中国式现代化故事的方式方法研究

与高校思政课教师不同，高校辅导员群体更倾向于开展将立德树人理论与实践相结合的应用型研究，因此教育部高校辅导员专项课题中地方高校的立项选题绝大部分都与新时代高校铸魂育人实践、辅导员工作内容、00后大学生群体特性等密切相关，涉及思政学科的重大理论研究和重大现实问题比例偏低。

2019—2024年教育部人文社科项目辅导员专项立项名单“直奔主题模式”之重大现实问题（节选）如表11-5所示。

表11-5 2019—2024年教育部人文社科项目辅导员专项立项名单“直奔主题模式”之重大现实问题（节选）

序号	年份	项目类别	立项高校	项目名称
1	2019	高校辅导员研究	北京化工大学	习近平总书记关于青年工作的重要论述指导下的大学生政治认同提升研究
2	2019	高校辅导员研究	浙江万里学院	习近平总书记关于幸福的重要论述融入大学生幸福教育的路径研究
3	2020	高校辅导员研究	东北师范大学	习近平总书记关于青年价值观教育的重要论述研究
4	2020	高校辅导员研究	福建农林大学	习近平新时代中国特色社会主义思想在大学生中有效传播路径研究
5	2021	高校辅导员研究	重庆电子工程职业学院	建党百年革命精神融入大学生日常思想政治教育工作研究
6	2022	高校辅导员研究	大连民族大学	百年党史赋能大学生中华民族共同体意识教育研究
7	2022	高校辅导员研究	南京大学	新时代大学生国情教育与爱国主义精神培育研究
8	2022	高校辅导员研究	上海对外经贸大学	中国共产党青年政策的百年探索与实践研究

表11-5(续)

序号	年份	项目类别	立项高校	项目名称
9	2022	高校辅导员研究	湖南第一师范学院	红色基因赋能大学生思想政治教育的实然状态与应然进路
10	2023	高校辅导员研究	大连理工大学	伟大建党精神涵育时代新人的有效路径研究
11	2024	高校辅导员研究	集美大学诚毅学院	习近平总书记关于党的建设的重要思想指导创建党建工作标杆院系研究
12	2024	高校辅导员研究	兰州大学	习近平文化思想引领高校文化育人体系建构研究

2. “追忆往昔+主题模式”

“追忆往昔+主题模式”是选取历史上的某一个时段、某一个时期、某一个阶段为研究内容的时间参照，或者是系统梳理和总结党和国家关于思想政治工作的历史经验，或者是全面回顾学校思想政治理论课建设发展历程，或者是紧密围绕思想政治教育具体目标的方法创新，等等。该选题模式的常用词组有“建党百年”“新中国 70 年”“中国共产党……经验”“改革开放以来”“思想政治教育学科 40 年”“党的十八大以来”“延安时期”“老一辈”等。

2019—2023 年国家社科基金思政课专项立项名单“追忆往昔+主题模式”（节选）如表 11-6 所示。

表 11-6　2019—2023 年国家社科基金思政课专项立项名单“追忆往昔+主题模式”（节选）

序号	年份	项目类别	立项高校	项目名称
1	2019	一般	西南交通大学	老一辈思政课教师学术成长口述史挖掘、整理与研究
2	2019	一般	西北师范大学	延安时期中国共产党领导高校思政课建设研究
3	2019	一般	陕西师范大学	延安时期中国共产党思政课建设的历史地位和当代价值研究

表11-6(续)

序号	年份	项目类别	立项高校	项目名称
4	2019	一般	广西大学	新中国成立70年来思想政治教育基本经验研究
5	2019	一般	华南师范大学	新中国70年高校思政课维护国家意识形态安全研究
6	2019	一般	河南师范大学	新中国成立初期高校思想政治理论课制度创建历程和经验研究（1949—1956）
7	2019	一般	中南财经政法大学	中国共产党领导高校思政课教师队伍建设的历程和经验研究
8	2020	一般	云南民族大学	建党百年中华民族共同体意识培育的历史经验及思想政治教育意义研究
9	2020	一般	广西师范大学	新中国成立以来高校思想政治理论课历史观教育的演变历程与基本经验研究
10	2021	一般	重庆邮电大学	中国共产党国际宣传工作经验研究
11	2021	一般	闽江学院	中国共产党领导高校思政课建设的百年探索史及其经验研究
12	2021	一般	上海工程技术大学	新中国成立后高校思政课历史教育的演变与启示研究
13	2021	一般	河南工程学院	中国共产党以史育人的基本经验与现实启示研究
14	2021	一般	曲阜师范大学	中国人民抗日军政大学思政课建设及其当代启示研究
15	2022	重点	湖南第一师范学院	“大思政课”内容创新视角下红色资源挖掘、整理及征编研究
16	2022	一般	国防大学	党的十八大以来军队院校党史军史课建设基本经验研究
17	2023	重点	清华大学	党的十八大以来高校思政课程发展历程与建设经验研究
18	2023	重点	东北师范大学	思想政治教育学科40年建设实践研究
19	2023	一般	重庆交通大学	新中国成立以来高校思政课程发展历程与建设经验研究

2019—2024年教育部人文社科项目思政类专项立项名单“追忆往昔+主题模式”（节选）如表11-7所示。

表 11-7　2019—2024 年教育部人文社科项目思政类专项立项名单
"追忆往昔+主题模式"（节选）

序号	年份	项目类别	立项高校	项目名称
1	2019	高校示范马克思主义学院和优秀教学科研团队建设项目	天津商业大学	新中国成立 70 年来高校思想政治理论课程建设经验研究
2	2019	规划基金项目	广西财经学院	改革开放以来红色文化大众传播基本经验研究
3	2019	青年基金项目	江西师范大学	建国初期（1949—1956）主流意识形态嵌入大众日常生活研究
4	2019	青年基金项目	天津财经大学	改革开放以来国产电影传播主流意识形态的历程及经验研究
5	2019	中国特色社会主义理论体系研究项目	广东科贸职业学院	粤港澳青年价值观教育的历史进程与现实路径比较研究
6	2020	规划基金项目	西南科技大学	形态、逻辑与构建：新中国成立以来社会主流价值观演进研究
7	2020	青年基金项目	重庆邮电大学	新中国成立 70 年高校思政课建设的文本挖掘研究
8	2020	青年基金项目	内蒙古科技大学	近十年中国革命历史题材电影社会主义核心价值观研究（2009—2019）
9	2020	青年基金项目	天津财经大学	新中国成立 70 年来中美主流意识形态博弈研究
10	2021	高校思想政治理论课教师研究专项	广东农工商职业技术学院	建党百年思想政治教育经验梳理及其对思政课教学的方法论意义研究
11	2021	青年基金项目	合肥工业大学	中国共产党传承发展中华优秀传统文化的百年历程、经验及启示研究
12	2021	青年基金项目	天津市职业大学	建党百年劳模精神的历史演进及其当代价值研究
13	2022	规划基金项目	云南师范大学	中国共产党在西南联大的思想政治工作及其当代价值研究
14	2022	规划基金项目	上海应用技术大学	延安时期中国共产党构建思想政治教育话语体系研究
15	2022	青年基金项目	南通大学	百年党史中的英雄精神及其新时代传承弘扬研究

表11-7(续)

序号	年份	项目类别	立项高校	项目名称
16	2022	青年基金项目	浙江师范大学	中国共产党延安时期青年理想信念教育研究
17	2023	高校思想政治理论课教师研究专项	景德镇陶瓷大学	新中国成立初期高校思想政治理论课建设研究
18	2023	规划基金项目	湖南财政经济学院	十八大以来中国共产党维护网络意识形态安全的历程与经验研究
19	2024	青年基金项目	南昌师范学院	中国共产党运用红色歌曲培塑理想信念的基本经验研究
20	2024	高校思想政治理论课教师研究专项	无锡城市职业技术学院	新中国成立初期高校思政课话语体系建设的经验与启示研究（1949—1956）

2019—2024年教育部人文社科项目辅导员专项立项名单“追忆往昔+主题模式”（节选）如表11-8所示。

表11-8　2019—2024年教育部人文社科项目辅导员专项立项名单“追忆往昔+主题模式”（节选）

序号	年份	项目类别	立项高校	项目名称
1	2019	高校辅导员研究	闽江学院	优秀传统家训涵养当代大学生社会主义核心价值观研究
2	2020	高校辅导员研究	宝鸡文理学院	抗战工业遗产的爱国主义教育价值研究——以宝鸡申新纱厂旧址为例
3	2020	高校辅导员研究	贵州师范学院	明清家训中德育思想及其当代价值研究
4	2021	高校辅导员研究	湖南农业大学	农耕文化融入农业高校学生思想政治教育的实践研究
5	2021	高校辅导员研究	湖北经济学院	建党百年中国共产党关于“五育并举”培养青年的落实机制研究
6	2022	高校辅导员研究	广东金融学院	中国共产党百年红色家书在大学生日常思想政治教育中的应用研究
7	2022	高校辅导员研究	长沙学院	湘赣边区红军标语整理及其党史学习教育价值研究

表11-8(续)

序号	年份	项目类别	立项高校	项目名称
8	2022	高校辅导员研究	山东工艺美术学院	红色美术浸润青年学生思政教育的百年历程与启示
9	2023	高校辅导员研究	深圳大学	改革开放以来中国共产党青年观研究
10	2024	高校辅导员研究	西藏民族大学	西藏高校促进各族学生交往交流交融的基本经验和路径优化研究

3. “关键词嵌入+主题模式”

“关键词嵌入+主题模式”是在题目中嵌入一个关键词，并采用引号在题目中直接引用，凸显研究选题的关键背景、关键对象、关键内容、关键场域、关键目标、关键视角、关键方法等。嵌入关键词能够让选题的研究更有针对性和精准性。

关键词通常来源于以下四个方面：

第一，党中央、国务院、教育部、各级地方政府和教育主管部门关于思想政治教育的理论、方针、政策、路线中的具体表述。例如，关键词有“百年大变局”“四个自信”“八个统一”“大思政课”“思政课大先生”“同课异构”“延伸教学”“人民至上”“新工科”“三下乡”等。

第二，网络上的热词、“爆梗”和流行语。例如，关键词有“网络愤青”“圈层化”“后真相”“微时代”“智能+”“舆论战”“轻社交”“搭子”“社牛”“Z 世代”“饭圈”“内卷”“躺平”“热搜”等。

第三，高校关于思想政治教育的方法创新和经验凝练。例如，关键词有“问题导向+经典文本”“阅思研析践”“学习·研习·传习”“三维五步五课堂”“纪念日叙事”“双线三阶”“四全覆盖”“馆地校”“为战育人”等。

第四，引入特定的内容和表述。例如，关键词有“西藏民主改革史”“第二课堂成绩单”“特区精神”“‘四千’精神”“耕读文化”“幸福思政”等。

2019—2023 年国家社科基金思政课专项立项名单“关键词嵌入+主题模式”（节选）如表 11-9 所示。

表 11-9　2019—2023 年国家社科基金思政课专项立项名单
"关键词嵌入+主题模式"（节选）

序号	年份	项目类别	立项高校	项目名称
1	2019	一般	安徽大学	"智能+"时代虚拟教研室赋能大中小学思政课一体化建设研究
2	2019	一般	上饶师范学院	新时代高校"办好讲好学好"思想政治理论课的整体性研究
3	2019	一般	云南师范大学	"四个自信"教育与高校思政课教学改革创新研究
4	2019	一般	湖南第一师范学院	高校思政课实现"八个统一"思路方法研究
5	2019	一般	福建医科大学	新时代高校"讲好中国故事·上好思政课程"创优攻坚教学实践研究
6	2019	一般	天津师范大学	以"三入八讲"法建设高校思政课高效课堂的理论研究与成果推广
7	2020	一般	湖南农业大学	"百年大变局"下青年爱国主义教育话语创新研究
8	2020	一般	新疆理工学院	"微时代"边疆大学生思想政治教育生活化实现路径研究
9	2020	一般	空军军医大学	军队院校思政课"为战育人"模块链系统联动研究
10	2020	一般	陆军装甲兵学院	战"疫"元素融入军队院校政治理论课教学研究
11	2021	一般	湖南工程学院	"新工科"背景下工科院校"四全覆盖"课程思政建设的探索与实践
12	2021	一般	宁波卫生职业技术学院	新时代行业类高职院校思政课"学习·研习·传习"教学模式研究
13	2022	一般	湘潭大学	大学生"网络愤青"及其引导策略研究
14	2022	一般	常州大学	"馆地校"一体化红色文化资源育人模式研究
15	2022	一般	浙江工商大学	新时代"思政课大先生"的基本内涵、评价标准与内生外育机制研究
16	2022	一般	南京航空航天大学	高校思政课教学中意识形态"漂浮"现象及对策研究

表11-9（续）

序号	年份	项目类别	立项高校	项目名称
17	2022	一般	贵州大学	高校思政课“主导-主体”互动机理与模式研究
18	2023	重点	山西师范大学	高校“大思政课”实践机制建构中若干关键性问题研究
19	2023	一般	贵州医科大学	“习近平新时代中国特色社会主义思想概论”课“阅思研析践”教学模式研究
20	2023	一般	大连海军舰艇学院	军校学员“微空间”思想行为调查及教育引导对策研究

2019—2024年教育部人文社科项目思政类专项立项名单“关键词嵌入+主题模式”（节选）如表11-10所示。

表11-10　2019—2024年教育部人文社科项目思政类专项立项名单“关键词嵌入+主题模式”（节选）

序号	年份	项目类别	立项高校	项目名称
1	2019	高校示范马克思主义学院和优秀教学科研团队建设项目	哈尔滨工程大学	新时代思想政治理论课“两分两专”教学创新研究
2	2019	高校示范马克思主义学院和优秀教学科研团队建设项目	重庆师范大学	“三维五步五课堂”实践教学模式的改革与创新
3	2019	规划基金项目	重庆文理学院	建立高校“八维一体”思想政治教育生态共同体的路径研究
4	2020	高校思想政治理论课教师研究专项	哈尔滨学院	“生命·实践”教育学视野下的思政课“双线”教学设计研究
5	2020	高校思想政治理论课教师研究专项	惠州学院	“八个统一”与高校思政课深度教学模式改革方法、路径和目标研究
6	2020	高校思想政治理论课教师研究专项	天津财经大学	“舆论战”背景下推进高校爱国主义教学研究
7	2020	高校思想政治理论课教师研究专项	开封大学	“关键在党”命题融入高校思政课教学研究

表11-10(续)

序号	年份	项目类别	立项高校	项目名称
8	2020	高校思想政治理论课教师研究专项	三峡大学	“延伸教学”在高校思想政治理论课教学中的运用研究
9	2020	高校思想政治理论课教师研究专项	河南工学院	高校思政课“馆课结合”体验式教学模式构建与平台建设研究
10	2021	高校思想政治理论课教师研究专项	丽水职业技术学院	实际·实质·实现：新时代高校思政课教学改革与创新
11	2021	高校思想政治理论课教师研究专项	台州职业技术学院	高校思政课手拉手教学“同课异构”机制及其实践路径研究
12	2021	高校思想政治理论课教师研究专项	山东商业职业技术学院	高校思政课实践教学“转理念、建体系、强考核、重提升”的劳动实践型教学体系研究
13	2021	高校思想政治理论课教师研究专项	广东药科大学	“圈层化”视域下高校思政课引导大学生精神追求的多维解析
14	2021	规划基金项目	沈阳体育学院	体教融合背景下我国竞技体育发展的“裂变与融合”机制研究
15	2022	高校思想政治理论课教师研究专项	山东科技大学	高校思政课教学“话语力”提升策略研究
16	2022	高校思想政治理论课教师研究专项	吉首大学	“问题导向+经典文本”的思政课教学模式创新研究
17	2022	青年基金项目	湖南中医药大学	“人民至上”引领新时代医学生德育的实践路径研究
18	2023	高校思想政治理论课教师研究专项	西藏农牧学院	“西藏民主改革史”融入当地高校思政课教学研究
19	2023	高校思想政治理论课教师研究专项	哈尔滨学院	“五色融合 虚实结合 双课耦合”的思政课实践教学模式研究
20	2023	高校思想政治理论课教师研究专项	深圳职业技术学院	基于“特区精神”的职业院校思政课案例教学法改革研究
21	2023	高校思想政治理论课教师研究专项	浙江交通职业技术学院	“纪念日叙事”与高校思政课话语力量研究
22	2023	高校思想政治理论课教师研究专项	山西大学	“中国式现代化叙事”融入高校思政课教学研究
23	2023	高校思想政治理论课教师研究专项	皖南医学院	思政课“双线三阶”教学模式创新研究

表11-10(续)

序号	年份	项目类别	立项高校	项目名称
24	2023	青年基金项目	集美大学	当代西方社会思潮对高校学生"志气、骨气、底气"培育的影响及对策研究
25	2023	高校思想政治理论课教师研究专项	菏泽医学专科学校	"习近平新时代中国特色社会主义思想概论"课"贴近·吸引·沉浸"教学模式创新研究
26	2023	青年基金项目	温州医科大学	"人民至上"引领新时代医学生"大思政课"教育的实践研究
27	2024	青年基金项目	广东财经大学	"后真相"境遇下主流意识形态情感化
28	2024	规划基金项目	湖南农业大学	"耕读文化"融入涉农高校择业观教育的三重逻辑和实施路径研究
29	2024	规划基金项目	四川美术学院	"动漫艺术+"大学生思政教育"盐溶方式"创新实践研究
30	2024	规划基金项目	中国社会科学院大学	"由治及兴"背景下香港爱国主义教育的完善路径研究

2020—2024年教育部人文社科项目辅导员专项立项名单"关键词嵌入+主题模式"（节选）如表11-11所示。

表11-11　2020—2024年教育部人文社科项目辅导员专项立项名单"关键词嵌入+主题模式"（节选）

序号	年份	项目类别	立项高校	项目名称
1	2020	高校辅导员研究	桂林航天工业学院	新时代高校"幸福思政"理论内涵及其供给改革研究
2	2020	高校辅导员研究	陕西国际商贸学院	"第二课堂成绩单"制度下的高校思政教育实践路径研究
3	2020	高校辅导员研究	温州大学	大学生"三下乡"与思想政治教育相结合的路径研究
4	2020	高校辅导员研究	信阳师范学院	"00后"大学生精神需求及引导研究
5	2020	高校辅导员研究	浙江树人学院	基于大数据应用的高校"智慧育人"可行性研究

表11-11(续)

序号	年份	项目类别	立项高校	项目名称
6	2021	高校辅导员研究	山西财经大学	新时代研究生样板支部“双创”培育成效评价与质量提升研究
7	2021	高校辅导员研究	汉江师范学院	“共生、共创、共融”——短视频育人机制研究
8	2021	高校辅导员研究	湖北中医药大学	大学生网络欺凌干预——旁观者的“慎独”道德品质培养及其行引导研究
9	2022	高校辅导员研究	浙江师范大学	新时代大学生“全息化”劳动教育实践体系研究
10	2022	高校辅导员研究	中国地质大学（武汉）	高校“大先生”时代内涵与引领作用发挥研究
11	2023	高校辅导员研究	河南工业大学	破“卷”踏“平”：大思政育人格局下大学生生涯适应力培养与提升研究
12	2023	高校辅导员研究	吉林化工学院	基于新时代视角下“尼特族”群体画像分析的高校精准思政研究
13	2023	高校辅导员研究	喀什大学	防范“三股势力”向校园渗透工作机制研究——以新疆南疆高校为例
14	2023	高校辅导员研究	温州科技职业学院	“‘四千’精神”融入高校创新创业教育的实践路径研究
15	2023	高校辅导员研究	台州学院	教育生态学视域下的“Z 世代”大学生积极社会心态培育体系构建研究
16	2024	高校辅导员研究	桂林航天工业学院	数智时代大学生网络“轻社交”的成因、影响及引导策略研究
17	2024	高校辅导员研究	湘潭医卫职业技术学院	数字消费主义下“饭圈”青年思想特征与引导机制
18	2024	高校辅导员研究	长江大学文理学院	大学生“社恐”现象的心理机制与应对策略研究
19	2024	高校辅导员研究	浙江工商大学	大学生“搭子”社交同伴网络的形成与影响研究
20	2024	高校辅导员研究	武汉轻工大学	社群化传播中大学生利益诉求表达的生成机理与治理对策——基于“热搜治校”现象

4. “新理论+主题模式”

“新理论+主题模式”是围绕如何将党和国家最新思想、理论、论述、理念、观点与思政课程和课程思政深度融合，指导思想政治教育理论研究与育人实践落地落细、产生实效。这类模式是近年来国家社科基金思政课专项和教育部人文社科思政选题中研究思想政治理论课教学比较常用的搭配。但在教育部辅导员专项立项选题中，此类选题模式出现较少，这与辅导员群体更侧重实践的工作属性相关。

在近年立项选题中，涉及新思想、新理论（理念）、新论述（观点）的主要有习近平新时代中国特色社会主义思想、习近平法治思想、习近平文化思想、习近平生态文明思想、习近平强军思想、习近平总书记关于青年工作的重要论述、习近平总书记关于发展新质生产力的重要论述、人类命运共同体理念、全面从严治党思想、总体国家安全观、人类文明新形态、中国式现代化、人民至上理论、中华民族共同体理论、乡村振兴战略、海洋强国战略、大历史观、中国特色反贫困理论等。

2019—2023 年国家社科基金思政课专项立项名单“新理论+主题模式”（节选）如表 11-12 所示。

表 11-12　2019—2023 年国家社科基金思政课专项立项名单“新理论+主题模式”（节选）

序号	年份	项目类别	立项高校	项目名称
1	2019	一般	衢州学院	习近平新时代中国特色社会主义思想融入“马克思主义基本原理概论”课教学研究
2	2019	一般	南昌航空大学	高校坚持用习近平新时代中国特色社会主义思想铸魂育人协同机制研究
3	2019	一般	龙岩学院	习近平新时代中国特色社会主义思想进课堂路径研究及课例设计
4	2019	一般	武警海警学院	习近平强军思想引领军队院校政治理论课教学路径研究
5	2021	一般	湖南工商大学	总体国家安全观融入高校大思政教育空间研究

表11-12(续)

序号	年份	项目类别	立项高校	项目名称
6	2022	一般	哈尔滨商业大学	习近平法治思想融入法科学生思想政治教育全过程研究
7	2022	一般	南昌大学	人类文明新形态融入高校思想政治理论课教学的实践研究
8	2022	一般	北京外国语大学	人类命运共同体理念融入来华留学生中国国情教育课程教学研究
9	2022	一般	百色学院	伟大建党精神融入高校思政课教学的经验、范式和机制研究
10	2022	一般	中国农业大学	乡村振兴战略融入高校思政课教学研究
11	2022	一般	中国海洋大学	海洋强国战略融入“大思政课”建设改革与创新研究
12	2023	重点	上海工程技术大学	习近平文化思想融入“中国近现代史纲要”课教学全过程研究
13	2023	重点	北京林业大学	习近平生态文明思想融入高校思政课教学研究
14	2023	一般	河南工业大学	习近平文化思想融入“习近平新时代中国特色社会主义思想概论课”教学研究
15	2023	一般	北京信息科技大学	习近平文化思想融入高校思想政治理论课教学研究
16	2023	一般	河南工程学院	中国式现代化理论融入高校思政课的实践路径研究
17	2023	一般	国防科技大学	以习近平强军思想为核心内容的军队院校思政课课程群建设研究
18	2023	一般	郑州航空工业管理学院	人类命运共同体理念融入高校思想政治理论课教学研究
19	2023	一般	郑州轻工业大学	总体国家安全观融入高校课程思政的理论逻辑和实践路径研究
20	2023	一般	西藏大学	中华民族共同体理论体系融入西藏高校“中国近现代史纲要”课教学研究

2019—2024 年教育部人文社科项目思政类专项立项名单“新理论+主题模式”（节选）如表 11-13 所示。

表 11-13　2019—2024 年教育部人文社科项目思政类专项立项名单“新理论+主题模式”（节选）

序号	年份	项目类别	立项高校	项目名称
1	2019	高校示范马克思主义学院和优秀教学科研团队建设项目	天津工业大学	全面从严治党思想融入高校思想政治理论课教学研究
2	2020	西藏项目	西藏民族大学	中国共产党长期建藏思想研究
3	2021	高校思想政治理论课教师研究专项	上海外国语大学	习近平生态文明思想融入高校思政课教学研究
4	2021	青年基金项目	天津理工大学	新时代青年美好生活观及其价值引导研究
5	2021	重大课题攻关项目	华东理工大学	习近平总书记关于坚持系统观念的重要论述研究
6	2022	高校思想政治理论课教师研究专项	浙江树人学院	人类文明新形态融入高校思政课教学研究
7	2022	高校思想政治理论课教师研究专项	浙江金融职业学院	人民至上理论融入高校思政课教学研究
8	2022	高校思想政治理论课教师研究专项	山东药品食品职业学院	党的十九届六中全会精神融入高校思政课教学研究
9	2023	规划基金项目	湖南大学	习近平总书记关于青年工作重要论述融入高校思政工作研究
10	2023	高校思想政治理论课教师研究专项	闽江学院	习近平总书记关于历史自信重要论述融入“中国近现代史纲要”课程教学研究
11	2024	高校思想政治理论课教师研究专项	山东石油化工学院	习近平文化思想融入高校思政课实践教学研究
12	2024	高校思想政治理论课教师研究专项	中国刑事警察学院	总体国家安全观融入大中小学思政课教学一体化研究
13	2024	高校思想政治理论课教师研究专项	西安石油大学	新时代党的创新理论融入“中国马克思主义与当代”课的教学实践研究

表11-13(续)

序号	年份	项目类别	立项高校	项目名称
14	2024	高校思想政治理论课教师研究专项	陕西交通职业技术学院	中国特色反贫困理论融入思政课的教学案例开发研究
15	2024	高校思想政治理论课教师研究专项	广东外语外贸大学	习近平文化思想融入高校思政课的叙事方式研究
16	2024	高校思想政治理论课教师研究专项	天津商业大学	大历史观融入“马克思主义基本原理”课教学研究——基于问题导向的教学模式
17	2024	高校思想政治理论课教师研究专项	安徽工业大学	中国式现代化理论融入“中国近现代史纲要”课教学创新研究
18	2024	高校思想政治理论课教师研究专项	青海民族大学	铸牢中华民族共同体意识融入民族地区高校思政课的逻辑机理与创新路径研究
19	2024	高校思想政治理论课教师研究专项	陕西交通职业技术学院	中国特色反贫困理论融入思政课的教学案例开发研究
20	2024	高校思想政治理论课教师研究专项	河海大学	习近平总书记关于新质生产力的重要论述融入“马克思主义基本原理”课教学研究

5. “新对象+主题模式”

“新对象+主题模式”是选题聚焦某一特定群体或对象展开研究。特定群体或对象的选择要具有特殊性和典型性，最好是学术界鲜有关注和少有系统研究过的。新对象可以是高校类型、办学模式、学科专业、学生群体、网络圈层、文化思潮、新生事物。

例如，中外合作办学高校、民族高校、军队院校、体育院校、民办高校、高职院校、特殊教育、理工类专业、地方应用型高校、港澳台侨学生、高职高专大学生、师范生、研究生、少先队辅导员、农村基层领导干部、外国学者、本硕博思政课、大中小学国防教育、样板支部、红色金融资源、红色仪式、红色戏剧、主旋律电影、网络亚文化、名师工作室、数字领导力、数字身份、网络圈群等。

2019—2023 年国家社科基金思政课专项立项名单“新对象+主题模式”（节选）如表 11-14 所示。

表 11-14　2019—2023 年国家社科基金思政课专项立项名单“新对象+主题模式”（节选）

序号	年份	项目类别	立项高校	项目名称
1	2019	一般	辽宁大学	中外合作办学高校思政课建设理论与实践研究
2	2019	一般	华侨大学	高校港澳台侨学生中华民族共同体意识建构研究
3	2019	一般	陆军军医大学	军队院校政治理论课获得感研究：指标测度、形成过程及干预机制
4	2020	一般	北京体育大学	体育院校思政课培育中华体育精神研究
5	2020	一般	信阳学院	民办高校思政课实践教学研究
6	2020	一般	天津师范大学	增强内地港澳大学生国家认同感的分类融合与精准施策研究
7	2021	一般	浙江师范大学	虚无主义对高校意识形态教育的影响与防范研究
8	2021	一般	山东财经大学	新时代高校研究生思想政治理论课改革创新研究
9	2021	一般	重庆邮电大学	当代国产动画作品对中华优秀传统文化的传承与传播研究
10	2021	一般	西北大学	美国自媒体的政治传播对我国高校思想政治教育的挑战研究
11	2022	重点	温州大学	青少年爱国情感的发生发展机制与培育研究
12	2022	一般	佛山科学技术学院	智媒体的价值导向与青少年思想引领研究
13	2022	一般	喀什大学	各民族大学生中华民族历史观教育引导研究
14	2022	一般	北京物资学院	革命文化短视频思想政治教育功能研究
15	2022	一般	郑州轻工业大学	高校劳动教育实施困境及其破解对策研究
16	2022	一般	云南大学	少先队辅导员政治素质提升路径研究

表11-14（续）

序号	年份	项目类别	立项高校	项目名称
17	2022	一般	杭州电子科技大学	主旋律电影育人价值融入大学生社会主义核心价值观教育研究
18	2022	一般	中南民族大学	社会工作助力家庭思想政治教育的实践模式研究
19	2022	一般	新乡学院	中小学思政课教师素质能力提升研究
20	2022	一般	湖南现代物流职业技术学院	高职院校“工匠精神”教育体系化研究
21	2023	重点	琼台师范学院	中外合作办学高校思想政治理论课体制机制建设研究
22	2023	一般	苏州大学	新时代高校思政课青年教师素质能力提升研究
23	2023	一般	昆明理工大学	理工类专业“自然辩证法”课教学改革创新研究
24	2023	一般	空军预警学院	大中小学国防教育机制与路径创新研究
25	2023	一般	湖南女子学院	新时代地方应用型高校家校社协同育人机制研究
26	2023	一般	浙江农林大学	涉农高校耕读教育教学科研实践示范基地建设研究
27	2023	一般	北京第二外国语学院	中欧合作办学院校的思政课建设研究
28	2023	一般	南京航空航天大学	网络亚文化对当代大学生国家认同的影响与引导策略研究
29	2023	一般	南阳师范学院	新时代师范生立德树人教育实效及优化研究
30	2023	一般	河北工业大学	工科院校思政课教师素质能力测评与提升研究

2019—2024 年教育部人文社科项目思政类专项立项名单“新对象+主题模式”（节选）如表 11-15 所示。

表 11-15　2019—2024 年教育部人文社科项目思政类专项立项名单
"新对象+主题模式"（节选）

序号	年份	项目类别	立项高校	项目名称
1	2019	高校示范马克思主义学院和优秀教学科研团队建设项目	成都医学院	医药类高校思想政治理论课有效性提升机制研究
2	2019	高校示范马克思主义学院和优秀教学科研团队建设项目	吉林华侨外国语学院	民办高校思想政治理论课建设研究
3	2019	高校示范马克思主义学院和优秀教学科研团队建设项目	沈阳农业大学	农林类高校思想政治理论课有效性提升机制研究
4	2019	高校示范马克思主义学院和优秀教学科研团队建设项目	大连民族大学	民族高校推进"全课程"社会主义核心价值观教育研究
5	2019	高校示范马克思主义学院和优秀教学科研团队建设项目	广州科技职业技术学院	新时代高职高专大学生政治认同的特点与增强路径研究
6	2019	规划基金项目	海南经贸职业技术学院	网络舆论群体极化风险评估及导控研究
7	2019	中国特色社会主义理论体系研究项目	新乡医学院	农村基层领导干部意识形态能力建设研究
8	2019	西部和边疆地区项目	云南财经大学	哈尼族中华民族共同体意识研究
9	2020	高校思想政治理论课教师研究专项	西安理工大学	新时代研究生思政课教学质量评价体系研究
10	2021	高校思想政治理论课教师研究专项	安徽师范大学	高校本硕博思政课教学协同性研究
11	2021	西部和边疆地区项目	西南财经大学	国外学者关于习近平总书记人类命运共同体思想的研究
12	2021	新疆项目	石河子大学	新疆生产建设兵团红色戏剧文化研究
13	2022	高校思想政治理论课教师研究专项	西安理工大学	高校思政课智慧课堂有效教学行为研究
14	2022	青年基金项目	曲阜师范大学	共同富裕进程中农村基层党组织对农民精神生活的价值引领研究

表11-15(续)

序号	年份	项目类别	立项高校	项目名称
15	2023	高校思想政治理论课教师研究专项	天津财经大学	红色金融资源在财经类高校思政课教学中的挖掘与应用研究
16	2023	高校思想政治理论课教师研究专项	九江学院	红色仪式强化大学生理想信念教育的功能与机制研究
17	2024	青年基金项目	天津师范大学	青年亚文化异动对大学生社会心态的影响与对策研究
18	2024	高校思想政治理论课教师研究专项	南京特殊教育师范学院	特殊教育大中小学思政课一体化育人共同体研究
19	2024	高校思想政治理论课教师研究专项	江苏财经职业技术学院	基于大学生话语认同的新时代高校思政课教学话语创新研究
20	2024	高校思想政治理论课教师研究专项	河北工业大学	新时代高校思政课教师数字化能力现状调查及提升策略研究

2019—2024年教育部人文社科项目辅导员专项立项名单“新对象+主题模式”（节选）如表11-16所示。

表11-16　2019—2024年教育部人文社科项目辅导员专项立项名单“新对象+主题模式”（节选）

序号	年份	项目类别	立项高校	项目名称
1	2019	高校辅导员研究	天津外国语大学	“00后”大学生政治认同现状与路径的实证研究
2	2020	高校辅导员研究	山西财经大学	法学专业大学生的社会主义核心价值观培育与践行研究
3	2021	高校辅导员研究	重庆师范大学	中外合作办学中辅导员开展大学生意识形态工作策略研究
4	2021	高校辅导员研究	东华大学	从文化认同到国家认同：内地高校香港学生爱国主义教育研究
5	2022	高校辅导员研究	四川师范大学	少数民族师范生中华民族共同体意识传承力培育研究
6	2023	高校辅导员研究	江苏大学	高校辅导员与思政课教师、专业课教师协同育人研究

表11-16(续)

序号	年份	项目类别	立项高校	项目名称
7	2023	高校辅导员研究	重庆财经学院	样板支部在高校学生思政教育中的示范引领作用研究
8	2023	高校辅导员研究	杭州师范大学	大学生网络圈群的思想互动及引导机制研究
9	2023	高校辅导员研究	陕西科技大学	高校研究生导师导学思政育人模式创新研究
10	2023	高校辅导员研究	深圳职业技术学院	高校辅导员数字领导力提升机制研究
11	2023	高校辅导员研究	玉溪师范学院	高校辅导员政治引领力提升路径研究
12	2024	高校辅导员研究	成都理工大学	高校辅导员新质思想政治工作能力研究
13	2024	高校辅导员研究	福建幼儿师范高等专科学校	大学生网络游戏社交圈层化特点与引导策略研究
14	2024	高校辅导员研究	广州工商学院	大学生消极情绪与生命教育：认知情绪调节的中介作用及园艺干预
15	2024	高校辅导员研究	杭州师范大学	辅导员数字身份的生成逻辑、现实表征以及优化路径
16	2024	高校辅导员研究	河南大学	大学生网络群体极化现象的高校应对体系研究
17	2024	高校辅导员研究	江西外语外贸职业学院	高校辅导员名师工作室建设有效路径研究
18	2024	高校辅导员研究	南京财经大学红山学院	大学生积极心理品质培育及机制研究
19	2024	高校辅导员研究	天津城建大学	网络趣缘行为对大学生价值观的影响机理及引导策略研究
20	2024	高校辅导员研究	宜宾学院	高校女大学生负面身体自我与ACT团体教育干预研究

6. “新内容+主题模式”

“新内容+主题模式”是指将最新鲜活的内容素材注入思想政治教育学科的理论与实践研究中，充分挖掘与发挥各类教育资源的协同育人功效。立项选题的新内容主要分为以下五个范畴：

第一，中国共产党人的精神谱系。例如，西柏坡精神、红旗渠精神、航天精神、劳模精神、工匠精神、科学家精神、企业家精神、改革开放精神、脱贫攻坚精神等。

第二，中华优秀传统文化、革命文化和社会主义先进文化。例如，古诗词文化、君子文化、屈原文化、乡土文化、戏曲文化、廉洁文化、中华农耕文化、红色家书文化、红色音乐文化、新中国屯垦戍边文化、革命文物资源、中华文明探源工程成果、历史主动精神等。

第三，先进人物事迹。例如，习近平总书记成长经历系列采访实录、袁隆平先进事迹、近代爱国企业家精神等。

第四，区域特色资源。例如，区域绿色资源、兵团文化、黄河文化、老西藏精神、三线建设等。

第五，其他教育内容。例如，生命教育、风险教育、网络伦理教育等。

2019—2023 年国家社科基金思政课专项立项名单“新内容+主题模式”（节选）如表 11-17 所示。

表 11-17　2019—2023 年国家社科基金思政课专项立项名单“新内容+主题模式”（节选）

序号	年份	项目类别	立项高校	项目名称
1	2019	一般	天津财经大学	口述历史在高校思想政治理论课实践教学中的运用模式研究
2	2019	一般	井冈山大学	红色家书文化资源融入高校思想政治理论课路径建构研究
3	2019	一般	武汉科技大学	科学家精神融入研究生思想政治教育机制研究
4	2020	一般	福建师范大学	习近平总书记成长经历系列采访实录在思政课教学中的应用研究
5	2020	一般	江南大学	中共延安五老红色基因传承研究
6	2020	一般	云南师范大学	新中国屯垦戍边文化资源融入边疆高校思政课研究

表11-17(续)

序号	年份	项目类别	立项高校	项目名称
7	2020	一般	宁夏职业技术学院	网络伦理教育融入高校思政课教学研究
8	2021	重点	河南财政金融学院	脱贫攻坚精神融入新时代“大思政课”研究
9	2021	一般	湖南农业大学	袁隆平先进事迹融入新时代涉农高校思政课程和课程思政研究
10	2021	一般	南通大学	近现代爱国企业家精神与高校“大思政”育人格局融入研究
11	2021	一般	东北林业大学	生命教育融入高校思想政治理论课研究
12	2021	一般	石河子大学	兵团文化资源在高校思想政治理论课的应用研究
13	2022	一般	浙江师范大学	风险教育融入高校思想政治理论课教学研究
14	2022	一般	河北师范大学	西柏坡精神融入高校思想政治理论课教学研究
15	2022	一般	中共山东省委党校	中华优秀家训家书融入思想政治教育研究
16	2022	一般	上海财经大学	中华文明探源工程成果融入高校思政课教学研究
17	2023	一般	绍兴文理学院	君子文化融入大学生人格培育研究
18	2023	一般	江西师范大学	革命文物资源融入高校思政课教学研究
19	2023	一般	湘南学院	红色音乐文化有效融入高校思想政治课教学研究
20	2023	一般	成都理工大学	古诗词文化融入新时代课程思政的实践路径

2019—2024 年教育部人文社科项目思政类专项立项名单“新内容+主题模式”（节选）如表 11-18 所示。

表 11-18　2019—2024 年教育部人文社科项目思政类专项立项名单
“新内容+主题模式”（节选）

序号	年份	项目类别	立项高校	项目名称
1	2019	高校示范马克思主义学院和优秀教学科研团队建设项目	安顺学院	“三线建设”的文化价值挖掘及融入高校思想政治理论课研究
2	2019	高校示范马克思主义学院和优秀教学科研团队建设项目	四川外国语大学	区域绿色资源在高校思想政治理论课生态文明教育中的开发与利用研究
3	2020	高校思想政治理论课教师研究专项	上海外国语大学	劳模精神融入高校思政课教学研究
4	2020	高校思想政治理论课教师研究专项	中国人民公安大学	公安特色文化资源融入思政课建设研究
5	2021	高校思想政治理论课教师研究专项	重庆工商大学	脱贫攻坚口述史融入高校思政课教学体系研究
6	2021	高校思想政治理论课教师研究专项	重庆电子工程职业学院	劳模精神、劳动精神、工匠精神融入高职思政课教学研究
7	2021	规划基金项目	福建工程学院	政治仪式推进高校意识形态教育的内在机理与实现路径研究
8	2021	青年基金项目	西南政法大学	新时代大学生奋斗精神生成机理及培育路径研究
9	2021	中国特色社会主义理论体系研究项目	嘉兴学院	弘扬红船精神与统筹推进“四个伟大”关系研究
10	2022	高校思想政治理论课教师研究专项	湖北第二师范学院	乡土文化融入“毛泽东思想和中国特色社会主义理论体系概论”课教学研究
11	2022	规划基金项目	湖南理工学院	屈原文化融入新时代高校思想政治教育的价值及路径研究
12	2022	规划基金项目	沈阳农业大学	中华农耕文化融入涉农高校思想政治教育研究
13	2022	青年基金项目	西藏大学	“老西藏精神”的时代价值及弘扬路径研究
14	2023	高校思想政治理论课教师研究专项	广东医科大学	新时代企业家精神融入大中小学思想政治教育一体化研究

表11-18(续)

序号	年份	项目类别	立项高校	项目名称
15	2023	高校思想政治理论课教师研究专项	北华航天工业学院	航天精神融入高校思政课教学及资源库建设研究
16	2023	高校思想政治理论课教师研究专项	湖南中医药大学	人类文明新形态融入高校思政课教学研究
17	2023	高校思想政治理论课教师研究专项	湖南工商大学	廉洁文化融入数字思政的教学资源建设研究
18	2023	高校思想政治理论课教师研究专项	沈阳农业大学	历史主动精神融入高校思想政治理论课教学研究
19	2024	规划基金项目	山东大学	黄河文化融入中华民族共同体意识教育的内在机理和实践进路研究
20	2024	西部和边疆项目	成都理工大学	中华美育精神融入高校思想政治教育的逻辑机理和实践研究

2020—2024 年教育部人文社科项目辅导员专项立项名单“新内容+主题模式”（节选）如表 11-19 所示。

表 11-19　2020—2024 年教育部人文社科项目辅导员专项立项名单“新内容+主题模式”（节选）

序号	年份	项目类别	立项高校	项目名称
1	2020	高校辅导员研究	北华大学	改革开放精神融入大学生社会主义核心价值观认同教育研究
2	2020	高校辅导员研究	湖北美术学院	红色美术文化融入大学生思想政治教育的路径研究
3	2020	高校辅导员研究	南昌工学院	红色基因融入少数民族大学生爱国主义教育实践研究——以江西高校为例
4	2020	高校辅导员研究	宁波财经学院	新时代劳模精神融入大学生劳动教育的路径研究
5	2021	高校辅导员研究	安阳师范学院	红旗渠精神融入大学生思想政治教育工作研究——以河南省高校为例
6	2021	高校辅导员研究	山东师范大学	红色音乐文化融入大学生思想政治教育工作研究

表11-19(续)

序号	年份	项目类别	立项高校	项目名称
7	2022	高校辅导员研究	山东工商学院	新时代大学生增强做中国人的志气、骨气、底气研究
8	2023	高校辅导员研究	广东技术师范大学	图像叙事视域下红色家书融入大学生理想信念教育的逻辑理路与实践路径
9	2023	高校辅导员研究	上海对外经贸大学	新时代数字素养融入大学生思想政治教育路径探究
10	2023	高校辅导员研究	曲阜师范大学	习近平总书记关于体育的重要论述融入高校思想政治教育研究
11	2023	高校辅导员研究	浙江中医药大学	红医文化融入医学生思想政治教育的理路研究
12	2024	高校辅导员研究	济南大学	科学家精神融入大中小学第二课堂思想政治教育一体化建设研究
13	2024	高校辅导员研究	济宁医学院	戏曲文化融入大学生日常思想政治工作创新策略研究
14	2024	高校辅导员研究	曲阜师范大学	教育家精神融入高校师范生职业理想教育研究
15	2024	高校辅导员研究	长沙理工大学	新时代大国工程全面融入大学生爱国主义教育机制研究

7. “新视角+主题模式”

“新视角+主题模式”是在选题开头对研究内容的角度和视域进行一定限定，聚焦某个特定视野和领域展开，让选题的研究落点更加精准。这类选题模式能够帮助申请人减少因学术研究储备有限和能力不足带来的本领恐慌，更容易立足小切口、做好大文章，从而规避因选题过于宏大而无法驾驭的风险。

我们常见的带有“视域下”“视阈下”“视角下”“场域下”“基于”等词语的选题，都是“新视角+主题模式”的典型代表。

2019—2023 年国家社科基金思政课专项立项名单“新视角+主题模式”（节选）如表 11-20 所示。

表 11-20　2019—2023 年国家社科基金思政课专项立项名单
“新视角+主题模式”（节选）

序号	年份	项目类别	立项高校	项目名称
1	2019	一般	北方民族大学	新媒体视阈下高校主流意识形态话语权构建机制研究
2	2019	一般	中南民族大学	意识形态安全视角下西方慕课对我国高校思政课的挑战及对策研究
3	2019	一般	三亚学院	大数据视阈下思政课智慧课堂研究
4	2019	一般	嘉兴学院	大思政视野下红船精神融入高校思政课建设的理论与实践研究
5	2020	一般	中国地质大学（武汉）	基于异课同构和同课异构的统筹推进思政课程与课程思政建设研究
6	2020	一般	四川农业大学	现代学徒制背景下高职高专院校思政课“实践人”育人模式研究
7	2021	一般	广东技术师范大学	总体国家安全观视域下高校意识形态安全及风险防范研究
8	2021	一般	浙江工商大学	新文科视域下基于制度优势的高校思政课教学案例库建设研究
9	2021	一般	大连理工大学	统筹发展和安全视域下总体国家安全观融入高校思政课教学研究
10	2021	一般	洛阳师范学院	基于学生成长规律的大中小学思政课一体化衔接机制研究
11	2021	一般	贵州大学	基于云网协同的思想政治理论课教学智慧化评价研究
12	2022	一般	广东工业大学	家庭教育视角下青少年传承红色基因的内在机理与实践对策研究
13	2022	一般	内蒙古科技大学包头师范学院	基于学生获得感的《习近平新时代中国特色社会主义思想概论》立体化教学体系构建研究
14	2022	一般	湖南中医药大学	问题导向视域下善用“大思政课”培根铸魂的理论基础与实践机制研究
15	2022	一般	河南科技大学	“两个结合”视域下黄河文化融入高校思政课教学研究
16	2022	一般	青海师范大学	中华民族共同体意识视域下少年儿童政治启蒙培养路径研究

表11-20(续)

序号	年份	项目类别	立项高校	项目名称
17	2022	一般	西北师范大学	系统原则视角下社会主义核心价值观融入大学生思政课实效性研究
18	2022	一般	曲阜师范大学	“大思政课”视域下高校思政课校外实践教学社会协同机制研究
19	2023	一般	湖南科技大学	方法论视域下“中国马克思主义与当代”课教学路径优化研究
20	2023	一般	桂林理工大学	总体国家安全观视域下大学生国家安全素养提升研究

2019—2024年教育部人文社科项目思政类专项立项名单“新视角+主题模式”（节选）如表11-21所示。

表11-21　2019—2024年教育部人文社科项目思政类专项立项名单“新视角+主题模式”（节选）

序号	年份	项目类别	立项高校	项目名称
1	2019	高校示范马克思主义学院和优秀教学科研团队建设项目	北京化工大学	基于立体课堂建设的“基础”课精准教学模式研究
2	2019	高校示范马克思主义学院和优秀教学科研团队建设项目	河北金融学院	专题项目驱动下思想政治理论课教学模式创新研究
3	2019	高校示范马克思主义学院和优秀教学科研团队建设项目	江苏经贸职业技术学院	基于资源库建设的高职院校思想政治理论课“一改三化”教学理论与实践
4	2019	规划基金项目	贵州师范大学	数字化媒介场域下马克思主义意识形态话语能力建设研究
5	2019	青年基金项目	山东师范大学	马克思主义意识形态理论视野中的“人权”研究
6	2020	高校思想政治理论课教师研究专项	天津科技大学	青年亚文化视域下靶向辨析教学法在“思想道德修养与法律基础”课教学中的构建与应用
7	2020	高校思想政治理论课教师研究专项	佛山科学技术学院	教学生活化视阈下增强地方高校思政课亲和力和针对性研究

表11-21(续)

序号	年份	项目类别	立项高校	项目名称
8	2020	高校思想政治理论课教师研究专项	安徽大学	积极心理学视域下高校思想政治理论课学习效能提升机制研究
9	2020	高校思想政治理论课教师研究专项	哈尔滨幼儿师范高等专科学校	逆全球化背景下总体国家安全观融入高校思政课教学研究
10	2020	规划基金项目	安庆师范大学	基于推进个人品德建设的网络道德自律精神培育研究
11	2020	青年基金项目	华侨大学	基于历史记忆建构的内地高校香港学生国家认同教育研究
12	2021	高校思想政治理论课教师研究专项	广州工程技术职业学院	大中小学思政课一体化视域下宪法教育研究
13	2021	高校思想政治理论课教师研究专项	广东轻工职业技术学院	基于“红色增量”转化的“矩阵式”思政课教学改革与实践
14	2021	青年基金项目	南京信息工程大学	美好生活视域下城市社区居民友善观养成研究
15	2023	青年基金项目	盐城师范学院	中国式现代化视域下高校思想政治教育话语体系创新研究
16	2023	高校思想政治理论课教师研究专项	浙江工商大学	知识图谱视域下基于浙江实践的高校思政课数字化教学资源库建设研究
17	2023	高校思想政治理论课教师研究专项	天津城建大学	认知心理学视域下高校思政课教学吸引力提升研究
18	2024	青年基金项目	东南大学	习近平文化思想视域下大学生“意义贫困”的网络文化纾解路径研究
19	2024	青年基金项目	山东第二医科大学	B站视频平台赋能高校网络思政育人实践路径研究
20	2024	高校思想政治理论课教师研究专项	浙江机电职业技术学院	文化认同视域下高职思政课共情力提升研究

2019—2024年教育部人文社科项目辅导员专项立项名单“新视角+主题模式”（节选）如表11-22所示。

表 11-22　2019—2024 年教育部人文社科项目辅导员专项立项名单“新视角+主题模式”（节选）

序号	年份	项目类别	立项高校	项目名称
1	2019	高校辅导员研究	广西民族大学	全面从严治党视域下高校出国学习学生党员教育管理研究
2	2019	高校辅导员研究	吉林师范大学	融媒体视域下朋辈互溢式价值观养成模式研究
3	2019	高校辅导员研究	上海工程技术大学	网络参与视野下高校大学生思想政治教育获得感研究
4	2020	高校辅导员研究	三峡大学	“时代新人”视域下大学生担当精神培育研究
5	2020	高校辅导员研究	合肥工业大学	代际差异视角下的高校辅导员群体思想状况实证研究
6	2020	高校辅导员研究	湖北大学	媒介伦理视域下大学生网络素养教育内容、载体及机制研究
7	2020	高校辅导员研究	宁波大学	态度理论视角下大学生社会主义核心价值观的心理认同教育研究
8	2021	高校辅导员研究	华东理工大学	精准思政视角下构建“校园贷”风险防范机制研究
9	2021	高校辅导员研究	云南大学	生态系统视角下高校优良学风培育方法与路径研究
10	2022	高校辅导员研究	广州航海学院	基于网络舆情群体极化的大学生主流意识形态认同引导实证研究
11	2022	高校辅导员研究	南昌大学	元宇宙视域下大学生爱国主义教育机制创新研究
12	2022	高校辅导员研究	太原师范学院	基于生态系统理论的高校育人共同体构建研究
13	2023	高校辅导员研究	上海立信会计金融学院	总体国家安全观视域下 ChatGPT 介入高校思想政治教育的风险与应对策略
14	2023	高校辅导员研究	广东技术师范大学	图像叙事视域下红色家书融入大学生理想信念教育的逻辑理路与实践路径
15	2023	高校辅导员研究	台州学院	教育生态学视域下的“Z 世代”大学生积极社会心态培育体系构建研究
16	2023	高校辅导员研究	扬州大学广陵学院	积极心理学视域下大学生思想政治教育实效性研究

表11-22(续)

序号	年份	项目类别	立项高校	项目名称
17	2024	高校辅导员研究	广州城建职业学院	治理现代化视域下高校国家安全教育问题与对策研究
18	2024	高校辅导员研究	天津理工大学	新质生产力视域下“五育融合”嵌入大学生职业胜任力的培养路径研究
19	2024	高校辅导员研究	仲恺农业工程学院	大先生视域下高校辅导员与思政课教师、专业课教师协同育人研究
20	2024	高校辅导员研究	北京工商大学	韧性治理视域下数字赋能高校网络舆情管理机制构建研究

8.“新境遇+主题模式”

“新境遇+主题模式”是在某个新出现的社会特征或社会背景下对选题内容进行研究。值得注意的是，此类选题中表述的研究背景与研究内容通常具有较强的相关性。换言之，正是由于当前面临的某种新的境遇，课题的研究才显得更为必要。

“新视角+主题模式”与“新境遇+主题模式”有相似之处，也有不同之处。两者都是将课题研究选取某一个小的切口深入下去，所不同的是“新视角+主题模式”多是基于一个落点的理论研究和学术创新，而“新境遇+主题模式”则是当下正在经历的时代、社会、环境或具体战略目标，具有更加鲜明的时代性和紧迫性。例如，新时代、背景下、情境下、框架下、圈层文化下、后疫情时代、后真相时代、后扶贫时代、数字时代、数智时代、图像时代、舆论中、环境中等。

2019—2023年国家社科基金思政课专项立项名单“新境遇+主题模式”（节选）如表11-23所示。

表11-23　2019—2023年国家社科基金思政课专项立项名单“新境遇+主题模式”（节选）

序号	年份	项目类别	立项高校	项目名称
1	2019	一般	淮阴师范学院	新时代高校社会主义意识形态话语权建构研究

表11-23(续)

序号	年份	项目类别	立项高校	项目名称
2	2019	一般	燕山大学	新时代西方意识形态网络渗透背景下高校意识形态安全工作研究
3	2019	一般	广东农工商职业技术学院	职业教育改革背景下高职思政课特质和教学实践研究
4	2020	一般	广东外语外贸大学	抗击疫情背景下中国制度优势及话语体系构建研究
5	2020	一般	河北艺术职业学院	疫情防控背景下高校思政课在线精准教学研究
6	2020	一般	华北水利水电大学	疫情防控背景下高校思政课在线教学实效性问题与对策研究
7	2020	一般	北京理工大学	危机情境下增强思政课的实效性研究
8	2020	一般	湖南财政经济学院	中外合作办学背景下思政课建设困境与对策研究
9	2021	一般	昌吉学院	“文化润疆”背景下新疆高校思想政治理论课质量提升路径研究
10	2021	一般	长春财经学院	突发公共卫生事件下中西方思想政治教育比较研究
11	2021	一般	河南工业大学	两岸命运共同体背景下台湾青年国家认同及建构路径研究
12	2021	一般	海军军医大学	一体化联合作战视域下军校学员海上安全观体系构建与培育研究
13	2022	一般	南京师范大学	以党、团、队一体化建设推进新时代少先队特色化发展研究
14	2022	一般	华东理工大学	数智融合时代大学生思想政治教育的风险挑战与价值建构研究
15	2022	一般	浙江城市学院	数字时代少年儿童政治启蒙教育偏差的生成与治理机制研究
16	2022	一般	郑州科技学院	数智化时代民办高校构建思想政治工作体系研究
17	2023	一般	湖南人文科技学院	科技强国背景下高校思政课培育大学生工匠精神的实践路径研究
18	2023	一般	山西师范大学	数字时代高校思政课教学集成优化的学理阐释与实践图景研究

表11-23（续）

序号	年份	项目类别	立项高校	项目名称
19	2023	一般	华侨大学	两岸融合发展背景下大陆高校台湾学生历史认同及建构路径研究
20	2023	一般	铜仁学院	学科交叉融合背景下课程思政与思政课程协同教学研究

2019—2024年教育部人文社科项目思政类专项立项名单“新境遇+主题模式”（节选）如表11-24所示。

表11-24　2019—2024年教育部人文社科项目思政类专项立项名单“新境遇+主题模式”（节选）

序号	年份	项目类别	立项高校	项目名称
1	2019	高校示范马克思主义学院和优秀教学科研团队建设项目	东华理工大学	“一带一路”倡议推动构建人类命运共同体教学研究
2	2019	高校示范马克思主义学院和优秀教学科研团队建设项目	长春师范大学	大中小学一体化框架下高校法治教育教学调适与优化研究
3	2019	规划基金项目	德州学院	意识形态安全背景下高校互联网宗教问题研究
4	2019	中国特色社会主义理论体系研究项目	重庆工商大学	社交媒体环境中高校舆情事件传播规律及引导研究
5	2019	中国特色社会主义理论体系研究项目	吉林财经大学	大数据背景下社会主义核心价值观精准传播研究
6	2020	高校思想政治理论课教师研究专项	宁波财经学院	后疫情时代高校爱国主义教育价值取向和策略建构研究
7	2020	高校思想政治理论课教师研究专项	齐鲁医药学院	新医科背景下课程思政与思政课程的融合研究
8	2021	高校思想政治理论课教师研究专项	四川农业大学	大学生自律差异下高校思政课线上线下教学融合难点与突破路径研究
9	2021	高校思想政治理论课教师研究专项	顺德职业技术学院	扩招背景下的高职思政课精准教学研究
10	2021	规划基金项目	东华大学	网络舆论中大学生网络群体极化生成机理与治理策略研究

表11-24（续）

序号	年份	项目类别	立项高校	项目名称
11	2021	青年基金项目	贵州师范大学	陌生人社会境遇下道德冷漠防控机制研究
12	2021	青年基金项目	上海电机学院	宗教网络传播情境下大学生宗教认知与宗教行为的引导机制研究
13	2021	青年基金项目	西北师范大学	道德秩序视阈下网络语言暴力的语用生态研究
14	2021	西部和边疆地区项目	云南交通职业技术学院	后扶贫时代高校思政工作助推乡村振兴路径探析
15	2022	规划基金项目	河南师范大学	图像时代高校思想政治教育的话语景观及其审美建构研究
16	2022	青年基金项目	长沙理工大学	数字时代的意识形态风险防范研究
17	2023	高校思想政治理论课教师研究专项	顺德职业技术学院	生成式人工智能背景下高校思政课教学改革创新研究
18	2024	规划基金项目	岭南师范学院	数智时代高校思想政治教育话语样态及其新质研究
19	2024	青年基金项目	长沙学院	数字化背景下湖湘红色文化基因的谱系整理及全景呈现研究
20	2024	西部和边疆地区项目	昆明理工大学	数智时代铸牢云南各民族中华民族共同体意识宣传策略研究

2019—2024 年教育部人文社科项目辅导员专项立项名单“新境遇+主题模式”（节选）如表 11-25 所示。

表 11-25　2019—2024 年教育部人文社科项目辅导员专项立项名单“新境遇+主题模式”（节选）

序号	年份	项目类别	立项高校	项目名称
1	2019	高校辅导员研究	北京理工大学	立德树人背景下基于 PDCA 理论的高校基层党员教育管理研究
2	2019	高校辅导员研究	荆楚理工学院	“强军梦”背景下的新时代爱国主义教育——地方高校大学生征兵对策及路径研究

表11-25(续)

序号	年份	项目类别	立项高校	项目名称
3	2021	高校辅导员研究	福建技术师范学院	区块链视域下高校思想政治教育研究
4	2021	高校辅导员研究	东莞理工学院	网络圈层文化下的大学生国家认同教育研究
5	2022	高校辅导员研究	湖北经济学院	后疫情时代大学生政治认同提升策略研究
6	2022	高校辅导员研究	湖州师范学院	智媒时代大学生积极心理品质生成机制及培育路径研究
7	2022	高校辅导员研究	宿迁学院	网络亚文化传播下大学生积极社会心态塑造研究
8	2023	高校辅导员研究	淮南师范学院	协同共生：新时代大中小学思想政治教育同城一体化建设研究
9	2023	高校辅导员研究	广东轻工职业技术学院	人工智能时代高职院校大学生劳动教育研究
10	2023	高校辅导员研究	广州铁路职业技术学院	网络“圈层化”背景下高校网络思政的话语创新及策略研究
11	2023	高校辅导员研究	湖南大众传媒职业技术学院	学习型大国建设背景下高校辅导员核心素养培育路径研究
12	2024	高校辅导员研究	沧州师范学院	后真相时代大学生网络素养内容、载体及培育机制研究
13	2024	高校辅导员研究	南京工程学院	基于新时代国土空间观的大学生国家安全教育策略研究
14	2024	高校辅导员研究	陕西青年职业学院	新时代劳动教育对大学生积极心理品质影响研究
15	2024	高校辅导员研究	顺德职业技术学院	数智时代高校爱国主义教育图像叙事研究

9.“新问题+主题模式”

“新问题+主题模式”紧扣思想政治教育领域面临的新问题的解决。结合历年立项选题不难发现，思政研究领域的新问题很多，地方高校如果能够回应时代需要，精准定位问题，给出解决具体问题的新招、妙招、绝招，就有成功立项的机会。

“新问题”可以是围绕高校思政课建设亟待解决的，如思政教师核心素养、思政课程引领课程思政协同育人、教学数字化转型、教学评价标准、教学供给有效性、标准化案例库建设、实践研修基地建设；可以是围绕大学生成长成才目标诉求的，如大学生幸福观教育、劳动价值观培育、网络圈群舆论引导、当代青年的数字焦虑、青少年道德敏感性、群体偶像观、网络社群道德观；可以是新时代思想政治工作面临的新要求，如高校意识形态风险研判与防控机制、高校党外知识分子思想引领、国家重大政治仪式认同功能、国家安全教育案例库建设。

2019—2023 年国家社科基金思政课专项立项名单“新问题+主题模式”（节选）如表 11-26 所示。

表 11-26　2019—2023 年国家社科基金思政课专项立项名单“新问题+主题模式”（节选）

序号	年份	项目类别	立项高校	项目名称
1	2019	一般	北京工商大学	思想政治理论课教师的网络发声与高校意识形态安全研究
2	2019	一般	浙江工商大学	高校优秀思政课教师核心素养与培育机制研究
3	2019	一般	贵州师范大学	高校思政课教师实践研修基地建设若干问题研究
4	2020	一般	广州中医药大学	新时代高校意识形态风险研判与防控机制研究
5	2020	一般	长治学院	当代大学生思想政治教育认知与接受特点研究
6	2020	一般	云南大学	新时代边疆民族地区高校思想政治理论课教学供给有效性问题研究
7	2020	一般	皖南医学院	高校思政课讲好中国制度故事研究
8	2020	一般	甘肃政法大学	大学生幸福观教育的问题及对策研究
9	2021	一般	郑州大学	新时代高校思政课教学数字化转型研究
10	2021	一般	燕山大学	高校网络意识形态安全风险治理路径研究

表11-26（续）

序号	年份	项目类别	立项高校	项目名称
11	2021	一般	西京学院	新时代思政课培养学生服务国家需求意识研究
12	2021	一般	郑州轻工业大学	新时代高校思政课程引领课程思政协同育人路径研究
13	2021	一般	衡阳师范学院	新时代高校思政课教师马克思主义信仰建构研究
14	2021	一般	中国海洋大学	新时代全民国防教育指数评价与推进路径研究
15	2022	一般	大连海事大学	大学生奋斗幸福观培育研究
16	2022	一般	武汉工程大学	高校思想政治理论课教学评价标准及监控机制研究
17	2022	一般	南京财经大学	高校课程思政建设效能评价与提升路径研究
18	2023	一般	曲阜师范大学	“习近平新时代中国特色社会主义思想概论”课标准化案例库建设研究
19	2023	一般	温州医科大学	“习近平新时代中国特色社会主义思想概论”课实践教学体系优化研究
20	2023	一般	北京教育科学研究院	大中小学思政课一体化的内容层次体系研究
21	2023	一般	中共广东省委党校	新时代大中小学劳动价值观培育一体化研究
22	2023	一般	南昌大学	人工智能时代高校思政课教师数字素养提升研究
23	2023	一般	湖南师范大学	大学生网络圈群舆论引导研究
24	2023	一般	河南大学	高校思政课教师提升中国式现代化叙事教学能力研究

2019—2024年教育部人文社科项目思政类专项立项名单“新问题+主题模式”（节选）如表11-27所示。

表 11-27　2019—2024 年教育部人文社科项目思政类专项立项名单
“新问题+主题模式”（节选）

序号	年份	项目类别	立项高校	项目名称
1	2019	高校示范马克思主义学院和优秀教学科研团队建设项目	重庆电子工程职业学院	新时代弘扬伟大民族精神教学研究
2	2019	高校示范马克思主义学院和优秀教学科研团队建设项目	吉林建筑大学	推动构建人类命运共同体专题教学研究
3	2019	高校示范马克思主义学院和优秀教学科研团队建设项目	长沙学院	“马克思主义基本原理概论”课在线教学资源建设研究
4	2019	高校思想政治工作	湖南商学院	新时代加强高校党外知识分子思想引领研究
5	2019	高校思想政治工作	淮阴师范学院	高校思想政治工作公共空间建设研究
6	2019	高校思想政治工作	南华大学	新时代大学生思想政治教育获得感测评研究
7	2019	高校思想政治工作	泰山学院	高校口述党史育人机制研究
8	2019	青年基金项目	盐城工学院	中英大学生价值观教育比较及现实启示研究
9	2020	高校思想政治理论课教师研究专项	温州大学	新时代提升高校思想政治理论课教师全球思维能力研究
10	2020	高校思想政治理论课教师研究专项	长沙学院	新时代高校思政课教师学情分析能力及其提升研究
11	2020	高校思想政治理论课教师研究专项	湖南工学院	工业文化遗产与高校思政课教学资源开发研究
12	2020	高校思想政治理论课教师研究专项	黄淮学院	融媒体时代思政课实践教学资源谱系开发与利用研究
13	2020	高校思想政治理论课教师研究专项	苏州大学	新时代博物馆思想政治教育功能及其实现研究
14	2020	规划基金项目	南通大学	内地高校少数民族大学生中华民族共同体意识培育研究
15	2020	青年基金项目	河南师范大学	国家重大政治仪式认同功能研究

表11-27(续)

序号	年份	项目类别	立项高校	项目名称
16	2021	高校思想政治理论课教师研究专项	辽宁师范大学	基于成果导向的高校思政课教学供给侧改革研究
17	2022	高校思想政治理论课教师研究专项	淮阴师范学院	高校思政课构建“讲好中国故事”的教学话语体系研究
18	2022	青年基金项目	邵阳学院	大学生网络社群道德观建构与实现路径研究
19	2022	规划基金项目	滨州医学院	新时代青年网络亚文化的生成机理及价值引领研究
20	2023	高校思想政治理论课教师研究专项	天津理工大学	高校对口支援思政课程质量评价研究
21	2023	高校思想政治理论课教师研究专项	南京信息工程大学	生成式人工智能赋能高校思政课教学创新研究
22	2023	后期资助项目	广东技术师范大学	青少年道德敏感性及学校德育对策研究
23	2024	青年基金项目	南方医科大学	当代青年的数字焦虑及其纾解研究
24	2024	青年基金项目	萍乡学院	ChatGPT对青年群体意识形态安全的挑战及对策研究
25	2024	规划基金项目	浙江中医药大学	教育家精神赋能高校师德师风建设研究

2019—2024年教育部人文社科项目辅导员专项立项名单“新问题+主题模式”（节选）如表11-28所示。

表11-28　2019—2024年教育部人文社科项目辅导员专项立项名单“新问题+主题模式”（节选）

序号	年份	项目类别	立项高校	项目名称
1	2019	高校辅导员研究	山东药品食品职业学院	新时代高校学生党支部组织力提升研究
2	2019	高校辅导员研究	中国劳动关系学院	国家安全教育案例库建设研究
3	2020	高校辅导员研究	北京物资学院	学业-择业-事业：辅导员与专业课教师协同培育大学生职业价值观研究

表11-28(续)

序号	年份	项目类别	立项高校	项目名称
4	2020	高校辅导员研究	常州工学院	恽代英青年观及其在当代大学生思想政治教育中的价值研究
5	2020	高校辅导员研究	河南工程学院	抵御宗教渗透和防范校园传教的创新机制研究
6	2020	高校辅导员研究	平顶山学院	大学生数字身份发展的教育引导研究
7	2020	高校辅导员研究	莆田学院	高校民族宗教政策教育的现状、困境及路径研究
8	2020	高校辅导员研究	石河子大学	依托兵团红色文化加强大学生理想信念教育机制的创新与实践研究
9	2020	高校辅导员研究	云南民族大学	国际职业技术教育中辅导员素质能力提升研究
10	2020	高校辅导员研究	浙江理工大学	漫画语言对大学生思想政治教育的艺术表达与实践路径研究
11	2021	高校辅导员研究	西安欧亚学院	高无聊倾向性群体积极心理品质提升探究
12	2021	高校辅导员研究	华北航天工业学院	新时代高校大学生群体偶像观研究
13	2021	高校辅导员研究	浙江工商大学	网络流行语折射的大学生奋斗心态研究
14	2022	高校辅导员研究	盐城师范学院	网络直播中大学生道德失范及治理研究
15	2023	高校辅导员研究	徐州工程学院	网络空间青年亚文化的时代表征与政治引领研究
16	2024	高校辅导员研究	安徽理工大学	基于学生舆论画像的高校精准思政研究
17	2024	高校辅导员研究	对外经济贸易大学	高校出国（境）学生党员教育管理研究
18	2024	高校辅导员研究	福州职业技术学院	生成式人工智能技术对思想政治教育的影响、风险和应对
19	2024	高校辅导员研究	淮南师范学院	高校贫困生积极心理品质的影响机制及干预研究
20	2024	高校辅导员研究	河南工业大学	生成式人工智能赋能高校思想政治教育的现实风险及对策研究

10. “新方法+主题模式”

“新方法+主题模式”是对思想政治教育教学的方式方法和路径策略的研究，属于实践层面的优化改革和创新发展。这类选题模式往往伴随“机制”“方法”“路径”“策略”“评价”等词语，或者是阐述某种具体的教育教学方法。

历年立项选题的新方法涉及大数据综合评价、混合式教学改革、分层次分阶段教学、博物馆体验式学习、教学研联动、专题式教学、智慧课堂互动教学、网络育人生态优化、沉浸式党课、混合式教学、党史短视频、医校协同、叙事教学、话语创新等。

2019—2023 年国家社科基金思政课专项立项名单“新方法+主题模式”（节选）如表 11-29 所示。

表 11-29　2019—2023 年国家社科基金思政课专项立项名单“新方法+主题模式”（节选）

序号	年份	项目类别	立项高校	项目名称
1	2019	一般	西北大学	新时代“概论”课中毛泽东思想整体性课堂教学叙事研究
2	2020	一般	云南大学	运用精准思维推进新时代边疆民族地区高校思政课改革创新研究
3	2020	一般	南阳师范学院	中小学思政课统编教材教法培训研究
4	2020	一般	中南财经政法大学	思政课提质增效系列教法综合创新的实证研究
5	2021	一般	电子科技大学	高校思政课教学效果的大数据综合评价研究
6	2021	一般	北京邮电大学	手机 APP 在高校思想政治理论课教学中的应用研究
7	2021	一般	天津中医药大学	高校思想政治理论课混合式教学改革研究与实践
8	2022	一般	河南师范大学	高校思想政治理论课分层次分阶段教学研究
9	2022	一般	山东大学	《习近平新时代中国特色社会主义思想概论》专题式教学研究

表11-29(续)

序号	年份	项目类别	立项高校	项目名称
10	2022	一般	福建医科大学	运用B站讲活高校思政课的实践创新研究
11	2022	一般	复旦大学	博物馆体验式学习对少年儿童精神素养的培育和提升研究
12	2023	重点	湖南第一师范学院	调查研究在“习近平新时代中国特色社会主义思想概论”课实践教学中的运用研究
13	2023	重点	广西大学	新时代高校“形势与政策”课教学方法改革创新研究
14	2023	一般	江西理工大学	“习近平新时代中国特色社会主义思想概论”课讲好中国式现代化故事的叙事教学研究
15	2023	一般	合肥工业大学	促进深度学习的高校思想政治理论课教学方法论研究
16	2023	一般	西安建筑科技大学	新时代大学国防教育路径和机制创新研究
17	2023	一般	南京邮电大学	高校思想政治理论课叙事方法和话语创新研究
18	2023	一般	南京理工大学	以教学研联动提升高校思想政治理论课实效性研究
19	2023	一般	电子科技大学	高校思政课学习成效的大数据增值评价研究
20	2023	一般	湖北中医药大学	高校思政课智慧课堂互动教学研究

2019—2024年教育部人文社科项目思政类专项立项名单“新方法+主题模式”（节选）如表11-30所示。

表11-30　2019—2024年教育部人文社科项目思政类专项立项名单“新方法+主题模式”（节选）

序号	年份	项目类别	立项高校	项目名称
1	2019	高校示范马克思主义学院和优秀教学科研团队建设项目	陕西警官职业学院	新时代高校捍卫弘扬英烈精神的教学法研究

表11-30（续）

序号	年份	项目类别	立项高校	项目名称
2	2019	高校示范马克思主义学院和优秀教学科研团队建设项目	楚雄师范学院	“思想道德修养与法律基础”课践行式互动教学法
3	2019	高校示范马克思主义学院和优秀教学科研团队建设项目	三峡大学	高校思想政治理论课教学中“工作室教学法”研究——以“人生发展设计工作室”为例
4	2020	高校思想政治理论课教师研究专项	上海政法学院	虚拟实践教学：激发学生主体意识的思政课实践教学新路径
5	2020	高校思想政治理论课教师研究专项	宁夏警官职业学院	访谈式教学法在思政课教学改革中的创新研究
6	2020	高校思想政治理论课教师研究专项	鹤壁职业技术学院	沉浸式教学法在高校思想政治理论课教学中的应用研究
7	2020	高校思想政治理论课教师研究专项	湖北医药学院	基于对分课堂的高校思政课“六环教学法”研究
8	2022	高校思想政治理论课教师研究专项	贵州大学	新时代高校思政课教师教学共同体构建研究
9	2022	规划基金项目	江苏大学	“双减”政策下促进我国青少年体质健康水平的家校社体育协同机制、路径与政策研究
10	2022	规划基金项目	天津理工大学	需求价值与情感导向下的智慧社区服务设计路径研究
11	2022	青年基金项目	合肥师范学院	乡村教师教育情怀的生成机制与培育策略研究
12	2022	青年基金项目	九江学院	传统家规家训中的生态伦理思想及当代价值转化研究
13	2023	高校思想政治理论课教师研究专项	贵州中医药大学	高校思政课培育大历史观的核心要义及优化路径研究
14	2023	规划基金项目	安阳师范学院	红旗渠精神的生成逻辑、时代价值及其传承发展路径研究
15	2023	规划基金项目	常熟理工学院	算法推荐场域网络意识形态风险的生成机理与治理路径研究
16	2024	青年基金项目	北京工业大学	人与自然和谐共生现代化的叙事体系建构及国际传播策略研究

表11-30(续)

序号	年份	项目类别	立项高校	项目名称
17	2024	青年基金项目	贵州大学	地方性道德资源的思想政治教育功能及其实现
18	2024	青年基金项目	鲁东大学	我国主流意识形态数字叙事的生成机理与实践路径研究
19	2024	规划基金项目	温州职业技术学院	中华君子文化融入时代新人培养的价值与路径研究
20	2024	西部和边疆地区项目	西北师范大学	延安时期毛泽东关于党史学习教育的方法论研究

2021—2024 年教育部人文社科项目辅导员专项立项名单“新方法+主题模式”（节选）如表 11-31 所示。

表 11-31　2021—2024 年教育部人文社科项目辅导员专项立项名单“新方法+主题模式”（节选）

序号	年份	项目类别	立项高校	项目名称
1	2021	高校辅导员研究	枣庄学院	党史短视频在大学生思想政治教育中的应用研究
2	2021	高校辅导员研究	广州中医药大学	中庸思维对大学生情绪健康与社会适应的作用及其机制研究
3	2022	高校辅导员研究	华东理工大学	高校沉浸式党课的构建方法与实践路径
4	2022	高校辅导员研究	华东理工大学	高校沉浸式党课的构建方法与实践路径
5	2022	高校辅导员研究	广州卫生职业技术学院	医校协同提升大学生抑郁症认知健康教育路径研究
6	2023	高校辅导员研究	北京联合大学	跨界与融合：IP 形象在高校文化育人中的实践路径研究
7	2023	高校辅导员研究	江西理工大学	历史主动精神涵育青年责任感的逻辑理路及实践路径研究
8	2023	高校辅导员研究	深圳职业技术学院	高校辅导员数字领导力提升机制研究

表11-31(续)

序号	年份	项目类别	立项高校	项目名称
9	2023	高校辅导员研究	徐州医科大学	基于大学生生涯发展档案画像的精准思政研究
10	2023	高校辅导员研究	浙大宁波理工学院	基于学生数字画像的高校精准思政实施路径研究
11	2023	高校辅导员研究	广东技术师范大学	图像叙事视域下红色家书融入大学生理想信念教育的逻辑理路与实践路径
12	2023	高校辅导员研究	深圳技术大学	应用型高校研究生“双导双辅”“导学思政”创新实践路径研究
13	2024	高校辅导员研究	济南职业学院	基于 WSR 系统方法论的高职院校学生工匠精神培养评价研究
14	2024	高校辅导员研究	昆明学院	边疆民族地区留守经历大学生社会情感能力提升路径研究
15	2024	高校辅导员研究	青岛理工大学	大学生自杀意念保护因素作用机制及干预路径研究
16	2024	高校辅导员研究	天津理工大学中环信息学院	高校思政类微信公众号传播力影响因子分析及路径探究
17	2024	高校辅导员研究	长安大学	数字思政视域下高校少数民族学生中华文化认同的作用机理与优化路径研究
18	2024	高校辅导员研究	浙江科技学院	算法推荐视域下青年学生网络集群行为的心理机制与干预策略研究
19	2024	高校辅导员研究	浙江师范大学	新质生产力视域下高校网络育人生态优化策略研究
20	2024	高校辅导员研究	上海财经大学	新时代高校学生生命意义感形成机制及培育路径研究

11.“新区域+主题模式”

“新区域+主题模式”是立足特定的区域等地理区间来进行课题研究，往年立项选题中立足民族地区、边疆地区、贫困地区、革命老区和港澳台地区的研究比较有代表性。

2019—2023 年国家社科基金思政课专项立项名单“新区域+主题模式”（节选）如表 11-32 所示。

表 11-32　2019—2023 年国家社科基金思政课专项立项名单“新区域+主题模式”(节选)

序号	年份	项目类别	立项高校	项目名称
1	2019	一般	广东工业大学	粤港澳大湾区背景下香港青年国家认同及建构路径研究
2	2019	一般	云南大学	新时代边疆民族地区高校思政课建设质量提升研究
3	2019	一般	新疆大学	新时代新疆高校意识形态工作的问题与对策研究
4	2019	一般	西藏民族大学	西藏高校思政课教学模式创新研究
5	2019	一般	楚雄师范学院	西南少数民族地区高校思政课情感教学模式研究
6	2020	一般	云南师范大学	边疆高校中华民族共同体意识培育研究
7	2020	一般	新疆师范大学	新疆爱国守边精神融入高校思想政治教育研究
8	2021	一般	广西民族大学	澳门青年国家认同、民族认同、文化认同的分类施策研究
9	2021	一般	昆明理工大学	西南边疆多民族地区大学生中华民族共同体意识培育的历史根基研究
10	2021	一般	河北师范大学	太行山红色文化资源融入高校思想政治理论课教学研究
11	2022	一般	南昌大学	港澳台青少年红色研学旅行爱国主义教育效果评价与提升路径研究
12	2022	一般	昆明理工大学	西南边疆民族地区铸牢中华民族共同体意识大中小学一体化教育研究
13	2022	一般	新疆大学	新疆高校开展马克思主义无神论教育研究
14	2022	一般	华南农业大学	创新引领香港青少年增强民族自豪感研究
15	2023	一般	贵州大学	“大思政课”视域下西南边疆民族国家认同教育历史考察与现实启示研究
16	2023	一般	广东工业大学	香港青少年国家安全教育路径研究
17	2023	一般	呼伦贝尔学院	边疆民族地区高校思政课教师素质能力提升研究

表11-32(续)

序号	年份	项目类别	立项高校	项目名称
18	2023	一般	新疆师范大学	新疆青少年国防教育路径与机制构建研究
19	2023	一般	河南科技大学	地方高校理工专业课程思政的协同、实施与保障机制研究
20	2023	一般	广西财经学院	民族地区优秀传统文化融入高校思政课教学研究

2019—2024 年教育部人文社科项目思政类专项立项名单“新区域+主题模式”（节选）如表 11-33 所示。

表 11-33　2019—2024 年教育部人文社科项目思政类专项立项名单“新区域+主题模式”（节选）

序号	年份	项目类别	立项高校	项目名称
1	2019	高校示范马克思主义学院和优秀教学科研团队建设项目	德宏职业学院	民族地区高职高专院校思想政治理论课实践育人模式研究
2	2019	高校示范马克思主义学院和优秀教学科研团队建设项目	兰州交通大学	西部地区高校马克思主义学院建设成效及分析评价研究
3	2019	高校示范马克思主义学院和优秀教学科研团队建设项目	西藏农牧学院	西藏贫困地区精神贫困问题与对策研究
4	2020	高校思想政治理论课教师研究专项	和田师范专科学校	新疆南疆高校思政课培育大学生中华民族共同体意识路径研究
5	2020	高校思想政治理论课教师研究专项	西藏大学	充分利用涉藏省区红色文化资源做好西藏高校爱国主义教育思政课教学的研究
6	2020	高校思想政治理论课教师研究专项	和田师范专科学校	新疆南疆高校思政课本土教学资源开发与利用研究
7	2020	高校思想政治理论课教师研究专项	川南幼儿师范高等专科学校	成渝高校网络思政教育资源共建共享机制研究

表11-33(续)

序号	年份	项目类别	立项高校	项目名称
8	2020	高校思想政治理论课教师研究专项	黑河学院	多元文化背景下边疆地区高校思政课教学改革研究
9	2020	高校思想政治理论课教师研究专项	汕头大学	广东优秀传统文化资源在高校思政课中的运用研究
10	2020	规划基金项目	天水师范学院	西部边疆地区高校思政课优质教学资源共享机制研究
11	2020	青年基金项目	深圳信息职业技术学院	新时代粤港澳大湾区青年价值观研究
12	2020	中国特色社会主义理论体系研究项目	贵州工贸职业学院	老少边穷地区高职院校红色文化资源育人研究
13	2020	中国特色社会主义理论体系研究项目	韶关学院	香港青少年国家认同感的建构新途径——遗产旅游教育研究
14	2021	高校思想政治理论课教师研究专项	无锡商业职业技术学院	地域红色文化融入高校思政课教学研究——以W地为例
15	2021	规划基金项目	长江师范学院	武陵山民族地区红军遗址资源的调查、保护及开发利用研究
16	2021	规划基金项目	广州体育学院	粤港澳大湾区民族体育文化交流与青少年国家认同构建研究
17	2022	中国特色社会主义理论体系研究项目	郑州轻工业大学	新时代农村精神生活共同富裕研究
18	2022	青年基金项目	普洱学院	边疆地区中华民族历史观教育研究
19	2023	高校思想政治理论课教师研究专项	桂林电子科技大学	西部民族地区思政课一体化建设中“大学—高中”有效衔接研究
20	2024	高校思想政治理论课教师研究专项	昌吉学院	新疆高校思政课铸牢中华民族共同体意识教育教学案例的编写及应用研究

2020—2024年教育部人文社科项目辅导员专项立项名单“新区域+主题模式”（节选）如表11-34所示。

表 11-34　2020—2024 年教育部人文社科项目辅导员专项立项名单“新区域+主题模式”（节选）

序号	年份	项目类别	立项高校	项目名称
1	2020	高校辅导员研究	昆明学院	西南民族地区高校辅导员文化育人能力提升研究
2	2020	高校辅导员研究	塔里木大学	新疆少数民族大学生社会主义核心价值观认同教育研究
3	2020	高校辅导员研究	西北民族大学	西北少数民族大学生思想政治教育的现状和对策研究
4	2020	高校辅导员研究	新疆大学	新疆高校辅导员开展大学生思想政治教育质量能效测评体系研究
5	2021	高校辅导员研究	广东海洋大学	粤港澳大湾区高校红色文化育人研究
6	2021	高校辅导员研究	云南民族大学	边疆民族地区高校加强民族宗教政策教育的长效机制研究
7	2022	高校辅导员研究	广东工业大学	粤港澳大湾区家国同构与青年学生价值观塑造研究
8	2022	高校辅导员研究	广西民族师范学院	整合资源构建民族地区高校实践育人共同体研究
9	2023	高校辅导员研究	滇西应用技术大学	西南边疆民族地区高校学生网络意识形态安全研究
10	2023	高校辅导员研究	云南大学	民族地区“双一流”高校打造就业育人共同体实践路径研究
11	2024	高校辅导员研究	喀什大学	新疆南疆高校少数民族学生思想政治教育机制创新研究

12.“新模式+主题模式”

“新模式+主题模式”的选题比较容易区分，题目中通常会出现“模式”二字。作为连接思想政治教育相关理论与教育教学具体实践之间的中介环节，模式旨在通过主体性理论构建，遵循一般性与特殊性相结合原则，有针对性地提供解决具体问题的标准范式和框架。

立项选题主要围绕新时代高校思想政治理论课的教学模式和育人模式展开研究，提出了知行合一模式、知情意行协同培养模式、线上线下混合教学模式、大数据评估检测模式、议题式教学模式、ROM-SIW 模式、“主轴+轮转”协同创新教学模式、情境体验式实践教学模式、CCPA 教学模式、生态文明教育模式、名师工作室运行模式、红色文化育人模式、乡村工匠培育模式等创新模式。

2019—2023 年国家社科基金思政课专项立项名单“新模式+主题模式”（节选）如表 11-35 所示。

表 11-35　2019—2023 年国家社科基金思政课专项立项名单“新模式+主题模式”（节选）

序号	年份	项目类别	立项高校	项目名称
1	2019	一般	四川外国语大学	新时代高校思想政治理论课知行合一模式研究
2	2019	一般	湖南师范大学	新时代高校思政课知情意行协同培养模式研究
3	2019	一般	成都理工大学	新时代高校思想政治理论课实践教学模式研究
4	2019	一般	河北农业大学	新时代思政课线上线下混合教学模式研究
5	2019	一般	吉林农业大学	新时代高校思政课内涵式教学模式探索及应用研究
6	2019	一般	国防科技大学	新时代军队院校思政课知信行合一模式研究
7	2020	一般	上饶师范学院	新时代高校思想政治理论课体验式教学模式创新研究
8	2020	一般	常州大学	构建校地共建共享红色文化育人模式研究
9	2021	一般	西南石油大学	高校思想政治理论课线上线下混合式教学模式研究
10	2021	一般	山东青年政治学院	新时代大中小学思想政治理论课教师协作交流机制研究
11	2021	一般	浙江农林大学	大中小学思政课一体化大数据评估监测模式构建研究
12	2021	一般	广东科技学院	运用新媒体开展思政课教学的 ROM-SIW 模式研究
13	2022	一般	华北水利水电大学	高校思政课教学质量评价指标体系研究

表11-35(续)

序号	年份	项目类别	立项高校	项目名称
14	2023	一般	上海大学	新时代高校思政课生态文明教育模式研究
15	2023	一般	兰州财经大学	思政课名师工作室运行模式及其作用发挥研究

2019—2024年教育部人文社科项目思政类专项立项名单“新模式+主题模式”（节选）如表11-36所示。

表11-36　2019—2024年教育部人文社科项目思政类专项立项名单“新模式+主题模式”（节选）

序号	年份	项目类别	立项高校	项目名称
1	2019	高校示范马克思主义学院和优秀教学科研团队建设项目	东北石油大学	全面依法治国“多微一体”教学模式研究
2	2019	高校示范马克思主义学院和优秀教学科研团队建设项目	北京石油化工学院	校内外协同育人机制在思想政治理论课实践教学中的构建与实践
3	2019	高校示范马克思主义学院和优秀教学科研团队建设项目	福建师范大学	构建“形势与政策”课“主轴+轮转”协同创新教学模式
4	2020	高校思想政治理论课教师研究专项	郑州西亚斯学院	提高大学生思政课获得感教学模式创新及评价指标体系研究
5	2020	高校思想政治理论课教师研究专项	北京物资学院	思想政治理论课情境体验式实践教学模式创新与探索
6	2020	高校思想政治理论课教师研究专项	广东科技学院	高校思想政治理论课CCPA教学模式研究
7	2020	高校思想政治理论课教师研究专项	安阳职业技术学院	“专题+微课+圆桌派”，建构高校思政翻转课堂
8	2021	高校思想政治理论课教师研究专项	河南工业大学	新时代研究生思政课“五维十步”教学模式改革与探索
9	2021	高校思想政治理论课教师研究专项	天津城建大学	基于大学生抗逆力的高校思政课教学模式与路径创新研究

表11-36(续)

序号	年份	项目类别	立项高校	项目名称
10	2021	高校思想政治理论课教师研究专项	山东科技职业学院	新时代高职院校“协同化、体验式”思政课实践教学模式研究
11	2021	高校思想政治理论课教师研究专项	北京物资学院	“中国近现代史纲要”双语教学模式研究和推广
12	2021	高校思想政治理论课教师研究专项	湖南铁道职业技术学院	“高铁+思政”双轮驱动思政课教学模式的构建与实践
13	2022	高校思想政治理论课教师研究专项	天津中医药大学	虚拟与现实耦合的思政课沉浸式实践教学模式研究
14	2022	青年基金项目	湖南农业大学	后扶贫时代新乡村工匠培育的模式与路径研究
15	2022	青年基金项目	武汉理工大学	高校课程思政建设中“师-生”德育互塑的生成机制研究
16	2023	高校思想政治理论课教师研究专项	曲阜师范大学	高校思政课培养大学生历史思维的教学模式研究
17	2023	高校思想政治理论课教师研究专项	长春中医药大学	新时代高校思政课把道理讲深、讲透、讲活的教学模式构建研究
18	2024	高校思想政治理论课教师研究专项	上海公安学院	新时代公安院校忠诚教育协同机制研究
19	2024	高校思想政治理论课教师研究专项	鲁东大学	大中小学思政课议题式教学模式开发及其案例设计研究
20	2024	高校思想政治理论课教师研究专项	山西医科大学	大语言模型赋能高校思政课教学新模式研究

2019—2023 年教育部人文社科辅导员专项项目立项名单“新模式+主题模式”（节选）如表 11-37 所示。

表 11-37　2019—2023 年教育部人文社科项目辅导员专项立项名单“新模式+主题模式”（节选）

序号	年份	项目类别	立项高校	项目名称
1	2019	高校辅导员研究	中国计量大学	高校网络素养教育融合式课程的探索与实践研究

表11-37(续)

序号	年份	项目类别	立项高校	项目名称
2	2020	高校辅导员研究	上海电机学院	劳动教育视角下的高校生活园区自主管理模式研究
3	2020	高校辅导员研究	皖南医学院	辅导员与思政课教师协同育人研究
4	2020	高校辅导员研究	潍坊学院	红色家书与高校理想信念教育深度融合的“四位一体”模式研究
5	2021	高校辅导员研究	大连医科大学	“三全育人”视域下的“三季育人”模式构建和向度研究
6	2021	高校辅导员研究	广西大学	“三全育人”背景下大学生马克思主义新闻观实践育人模式研究
7	2021	高校辅导员研究	湖南大学	基于双螺旋模型的高校辅导员和专业课教师协同育人模式研究
8	2021	高校辅导员研究	长治学院	“党建+志愿服务”新型教育管理模式探究
9	2021	高校辅导员研究	新乡医学院	新媒体环境下大学生“四史”教育模式研究
10	2022	高校辅导员研究	河北大学	“互联网+朋辈”思政模式研究
11	2022	高校辅导员研究	吉林财经大学	新时代高校辅导员与思政课教师协同育人模式及实现机制研究
12	2022	高校辅导员研究	吉林工程技术师范学院	高校建立党史学习教育常态化长效化制度机制研究
13	2022	高校辅导员研究	山东交通学院	系统观视角下新时代高校辅导员核心素养的体系构建与培育路径
14	2022	高校辅导员研究	武汉职业技术学院	高校大学生思政教育与双创教育实践育人的耦合机制研究
15	2022	高校辅导员研究	长沙学院	共建共享模式下红色基因资源库建设及育人工作研究
16	2023	高校辅导员研究	河北北方学院	高校辅导员与思政课教师、专业课教师协同育人研究
17	2023	高校辅导员研究	陕西科技大学	高校研究生导师导学思政育人模式创新研究
18	2023	高校辅导员研究	郑州商学院	高校基层党组织工作督考融合研究：机理、路径与模式

表11-37（续）

序号	年份	项目类别	立项高校	项目名称
19	2023	高校辅导员研究	山东建筑大学	基于大数据的高校思想政治教育精准化模式研究
20	2023	高校辅导员研究	江苏大学	高校辅导员与思政课教师、专业课教师协同育人研究

13. “课程思政+主题模式”

“课程思政+主题模式”的选题主要研究高校专业课程中的思政元素融入和价值目标达成，从而实现思政课程与课程思政协同推进、同向同行。近年来，伴随着国家和教育部门的高度重视研究热度持续攀升，立项数量增幅最为明显。

“课程思政”相关已立项选题涵盖的专业和课程比较广泛，涉及艺术、医护、财经、体育、外语、法学等专业，关联来华留学生中国国情、国际法、经管、外语、戏剧、美术、舞蹈、科技小院、生涯规划、职业道德等课程。

2020—2023年国家社科基金思政课专项立项名单“课程思政+主题模式”（节选）如表11-38所示。

表11-38　2020—2023年国家社科基金思政课专项立项名单“课程思政+主题模式”（节选）

序号	年份	项目类别	立项高校	项目名称
1	2020	一般	福建师范大学	高校中华人文经典通识课程思政体系研究
2	2020	一般	太原科技大学	高校课程思政与思政课程建设的协同效应研究
3	2020	一般	浙江传媒学院	中国共产党百年精神谱系融入艺术学类专业思政教育研究
4	2020	一般	山东华宇工学院	民办高职院校推进新生代农民工隐性课程思政育人体系研究
5	2020	一般	湖北师范大学	新时代高校教师“课程思政”能力素养评价与提升路径研究

表11-38(续)

序号	年份	项目类别	立项高校	项目名称
6	2021	一般	华北科技学院	新时代高校应急管理类专业课程思政化建设路径研究
7	2021	一般	中国人民大学	新时代来华留学生中国国情课程体系建设研究
8	2021	一般	郑州大学	伟大抗疫精神融入医护类专业思想政治教育研究
9	2021	一般	重庆大学	人类命运共同体理念融入国际法课程思政体系构建研究
10	2021	一般	西安文理学院	经管课程思政话语体系与学术话语体系协同创新研究
11	2022	一般	怀化学院	高校艺术教育与思想政治教育有机融合研究
12	2022	一般	河北经贸大学	党史融入财经专业课程思政体系的构建机制与实施路径研究
13	2023	重点	四川外国语大学	《习近平谈治国理政》“三进”教学引领高校外语课程思政建设研究
14	2023	一般	哈尔滨工程大学	高校课程思政与思政课程协同教学的发展逻辑及推进机制研究
15	2023	一般	湘潭大学	高校课程思政与思政课程协同教学效果评价及提升路径研究
16	2023	一般	温州大学	高校“艺术思政”课程体系构建研究
17	2023	一般	华北电力大学（保定）	法学专业课程思政实践创新机制研究
18	2023	一般	厦门大学	以课程思政培育大学生社会主义核心价值观教学创新研究
19	2023	一般	西安财经大学	高校课程思政的协同路径与数智策略研究
20	2023	一般	宁夏医科大学	医学类高校课程思政与思政课程协同教学研究

2019—2024 年教育部人文社科项目思政类专项立项名单“课程思政+主题模式”（节选）如表 11-39 所示。

表 11-39　2019—2024 年教育部人文社科项目思政类专项立项名单
“课程思政+主题模式”（节选）

序号	年份	项目类别	立项高校	项目名称
1	2019	高校示范马克思主义学院和优秀教学科研团队建设项目	中国戏曲学院	挖掘戏曲德育资源，打造有艺术院校特色的思想政治理论课育人模式
2	2020	高校思想政治理论课教师研究专项	燕山大学	“同向同行”目标下思政课程与课程思政的逻辑互构研究
3	2020	高校思想政治理论课教师研究专项	南开大学滨海学院	课程思政与思政课程协同育人机制研究
4	2021	青年基金项目	东北师范大学	课程思政教学中的英语专业教师语用身份研究
5	2021	规划基金项目	江南大学	立德树人视域下大学体育“课程思政”的逻辑、现况及进路研究
6	2022	高校思想政治理论课教师研究专项	天津美术学院	红色美术的思政课教育价值及实践路径研究
7	2022	西部和边疆地区项目	四川师范大学	体育公费师范生乡土教育情怀培育路径研究
8	2022	青年基金项目	北京中医药大学	古代医德思想中的当代思政要素研究
9	2022	青年基金项目	山东建筑大学	新时代高校武术课程思政的价值内涵和实践路径研究
10	2022	规划基金项目	西北民族大学	铸牢中华民族共同意识在高等教育中的路径研究——以舞蹈美育为例
11	2022	规划基金项目	湖北幼儿师范高等专科学校	高校音乐教育与美育成人的实践逻辑研究
12	2023	西部和边疆地区项目	玉林师范学院	民族地区中小学课程思政助推中华民族共同体意识教育模式研究
13	2024	规划基金项目	仲恺农业工程学院	中华优秀传统农耕文化融入科技小院课程思政的创新路径研究
14	2024	西部和边疆地区项目	西安建筑科技大学	高校专业课教师课程思政元素挖掘能力提升路径研究
15	2024	高校思想政治理论课教师研究专项	广州科技贸易职业学院	课程思政视域下大学生网络意见表达与教育路径研究

2020—2022 年教育部人文社科项目辅导员专项立项名单“课程思政+主题模式”（节选）如表 11-40 所示。

表 11-40　2020—2022 年教育部人文社科项目辅导员专项立项名单“课程思政+主题模式”（节选）

序号	年份	项目类别	立项高校	项目名称
1	2020	高校辅导员研究	江苏城市职业学院	高校课程思政运行中辅导员工作角色实现机制研究
2	2021	高校辅导员研究	广东轻工职业技术学院	“课程思政”视角下高校专业文化作为思想政治教育资源的研究——以纸文化特色数据库为例
3	2021	高校辅导员研究	菏泽学院	“课程思政”视域下高校思政课教师、专业课教师、辅导员三位一体协同育人研究
4	2021	高校辅导员研究	济南大学	“大思政”视野下高校生涯教育一体化实践模式研究
5	2021	高校辅导员研究	江苏师范大学	高校思政课程与课程思政协同育人过程中“辅导员参与”研究
6	2021	高校辅导员研究	天津外国语大学	“大思政”背景下高校辅导员和思政课教师协同育人实践模式创新研究
7	2021	高校辅导员研究	燕山大学	课程思政视域下高校辅导员与专业课教师协同育人路径研究
8	2022	高校辅导员研究	北京中医药大学	新时代医学生医德教育思想政治工作实效性研究
9	2022	高校辅导员研究	青岛理工大学	新时代美育与思想政治教育双向融合 Hall 模式研究
10	2022	高校辅导员研究	山东工艺美术学院	红色美术浸润青年学生思政教育的百年历程与启示

14.“学科交叉+主题模式”

“学科交叉+主题模式”主要通过将相关学科先进的技术方法引入解决思政学科的具体问题，提升社科研究的科学性、规范性和有效性。申请人在选择引入技术手段时要符合两个条件：一是可用，即学科交叉的可能性；二是好用，即学科交叉的有效性。无论是自然科学技术，还是社会科学理论，都可以为思政学科所用。

通过梳理发现，立项申请人借助大数据、云计算、ChatGPT、人工智能、知识图谱、WSR 技术、现代信息技术、智能算法技术、虚拟现实技术、AHP-DM 组合模型、AIGC 技术、传播符号学、亚文化风格理论等技术理论实现多学科的交叉研究。

2019—2023 年国家社科基金思政课专项立项名单“学科交叉+主题模式”（节选）如表 11-41 所示。

表 11-41　2019—2023 年国家社科基金思政课专项立项名单“学科交叉+主题模式”（节选）

序号	年份	项目类别	立项高校	项目名称
1	2019	一般	山东理工大学	大数据提升高校思政课课堂教学效果路径研究
2	2019	一般	广州大学	基于 SPOC 的思政课“翻转课堂”教学有效性评价体系研究
3	2019	一般	华中科技大学	人工智能与高校思政课智慧化教学体系研究
4	2019	一般	复旦大学	智能算法技术影响下的大学生认知习惯研究
5	2020	一般	湘潭大学	人工智能驱动的高校思政课教学模式创新研究
6	2020	一般	广西财经学院	数智技术推动边疆地区高校思政课教学改革创新研究
7	2021	一般	佛山科学技术学院	基于网络应用平台的高校思政课教学模式创新研究
8	2021	一般	青海开放大学	人工智能融入高校思政课教学研究
9	2022	一般	北京工商大学	基于现代信息技术的高校思政课程数字化转型研究
10	2022	一般	景德镇陶瓷大学	基于现代信息技术创新高校红色文化课堂教学模式研究
11	2022	一般	火箭军工程大学	人工智能助推构建新时代人民军队思想政治教育体系研究

表11-41(续)

序号	年份	项目类别	立项高校	项目名称
12	2023	一般	深圳大学	生成式人工智能促进“习近平新时代中国特色社会主义思想概论”课教师创新素养研究
13	2023	一般	东南大学	网络空间教育在学校思政课教学中的应用研究
14	2023	一般	青岛大学	基于云计算技术的青少年国防教育路径与机制创新研究
15	2023	一般	安徽大学	数字技术赋能“思想道德与法治”课效能评价与提升路径研究
16	2023	一般	湖南中医药大学	用好智媒讲好高校思想政治理论课的实践创新研究
17	2023	一般	西南财经大学	基于生成式人工智能的课程思政与思政课程协同实验及智慧教学研究
18	2023	一般	安徽工业大学	基于社会网络分析的百年红色家书融入高校思政课教学研究
19	2023	一般	山东科技大学	基于人工智能的大学生思想政治理论课的接受心理机制研究
20	2023	一般	新疆政法学院	虚拟现实技术在高校思政课程实践教学中的应用研究

2019—2024 年教育部人文社科项目思政类专项立项名单“学科交叉+主题模式”（节选）如表 11-42 所示。

表 11-42 2019—2024 年教育部人文社科项目思政类专项立项名单“学科交叉+主题模式”（节选）

序号	年份	项目类别	立项高校	项目名称
1	2019	青年基金项目	北京科技大学	海外中国学研究成果用于高校思政课教学资源的路径研究
2	2020	高校思想政治理论课教师研究专项	温州职业技术学院	基于 SPOC 模式的高校思想政治理论课教学改革研究
3	2020	中国特色社会主义理论体系研究项目	广州中医药大学	人工智能技术对国家意识形态安全挑战及应对研究

表11-42(续)

序号	年份	项目类别	立项高校	项目名称
4	2021	高校思想政治理论课教师研究专项	郑州电力职业技术学院	思政课虚拟仿真实验教学的探索与应用
5	2021	青年基金项目	广西民族师范学院	传播符号学视域下中华体育精神的传播与流变
6	2022	高校思想政治理论课教师研究专项	南宁职业技术学院	高校思想政治理论课红色虚拟实践研究
7	2022	高校思想政治理论课教师研究专项	中国海洋大学	算法推荐对思想政治教育的影响研究
8	2022	高校思想政治理论课教师研究专项	东华大学	短视频叙事在高校思政课教学中的应用问题研究
9	2022	高校思想政治理论课教师研究专项	长沙学院	基于大数据的高校思政课过程性评价体系构建与应用研究
10	2022	青年基金项目	广东外语外贸大学	认知修辞视角下基于人工智能的网络意识形态风险预测与防范研究
11	2023	西部和边疆地区项目	四川大学锦江学院	ChatGPT 对高校思想政治理论课教学的冲击与应对研究
12	2023	高校思想政治理论课教师研究专项	浙江工商大学	知识图谱视域下基于浙江实践的高校思政课数字化教学资源库建设研究
13	2024	高校思想政治理论课教师研究专项	西南政法大学	基于胜任力模型的新时代高校思政课教师素质能力提升研究
14	2024	高校思想政治理论课教师研究专项	沈阳音乐学院	数字化红色文化资源赋能艺术类高校思政课教学研究
15	2024	高校思想政治理论课教师研究专项	广西建设职业技术学院	数智赋能高职院校思政课精准化教学创新研究
16	2024	高校思想政治理论课教师研究专项	青岛理工大学	数字技术赋能高校思政课学习效果智慧评价研究

2021—2024 年教育部人文社科项目辅导员专项立项名单“学科交叉+主题模式”（节选）如表 11-43 所示。

表 11-43　2021—2024 年教育部人文社科项目辅导员专项立项名单“学科交叉+主题模式”（节选）

序号	年份	项目类别	立项高校	项目名称
1	2021	高校辅导员研究	南京农业大学	亚文化风格理论视域下提升新媒体短视频育人功能机制研究
2	2022	高校辅导员研究	潍坊医学院	基于大数据群体画像的大学生精准思政路径研究
3	2023	高校辅导员研究	对外经济贸易大学	基于 TAM 模型的高校大学生数字思政教育接受度研究
4	2023	高校辅导员研究	河南科技大学	ChatGPT 对高校思想政治教育的影响研判及应对策略研究
5	2023	高校辅导员研究	广东金融学院	B2C 到 C2B：AIGC 对高校思想政治工作的影响及对策研究——以 ChatGPT 为例
6	2023	高校辅导员研究	广州大学	ChatGPT 应用于大学生网络意识形态安全教育的风险审视与路径构建研究
7	2023	高校辅导员研究	兰州交通大学	大数据赋能高校网络文化产品精准推送机制研究
8	2023	高校辅导员研究	南宁师范大学	数字化赋能高校辅导员提升政治引领力的路径研究
9	2023	高校辅导员研究	徐州医科大学	基于大学生生涯发展档案画像的精准思政研究
10	2023	高校辅导员研究	广东海洋大学	数字时代基于 CIPP 模型的高校网络思想政治教育实效性评价与提升策略研究
11	2024	高校辅导员研究	上海电子信息职业技术学院	AIGC 技术在思政课程中的应用研究与探索
12	2024	高校辅导员研究	天津财经大学	红色文物赋能高校校园文化建设的逻辑理路与实践进路
13	2024	高校辅导员研究	吉首大学	基于 AHP-DM 组合模型的高校辅导员科研能力评价与提升路径研究
14	2024	高校辅导员研究	浙江水利水电学院	AIGC 视域下高校网络舆情传播风险矩阵与治理进路研究
15	2024	高校辅导员研究	安徽理工大学	基于学生舆论画像的高校精准思政研究

表11-43(续)

序号	年份	项目类别	立项高校	项目名称
16	2024	高校辅导员研究	河北金融学院	AI 新技术发展与应用对高校思想政治工作的影响研究
17	2024	高校辅导员研究	北京城市学院	基于 USEM 模型的高校数字化精准就业 指导服务机制研究
18	2024	高校辅导员研究	福州外语外贸学院	文化认同视角下高校台籍学生中华民族共同体意识培育路径研究
19	2024	高校辅导员研究	济南职业学院	基于 WSR 技术下高校毕业生职业画像构建及精准就业指导策略研究
20	2024	高校辅导员研究	江西财经大学	基于五育雷达图精准画像的大学生综合评价体系改革研究

15.“融合（融入）+主题模式”

“融合（融入）+主题模式”的选题中一般会有两个研究对象，根据研究对象的关系可以分为融合式和融入式两类。

第一，融合式。选题中两个研究对象是并列关系，具体表述为“A 与 B 研究”。例如，形势政策课与维护国家意识形态安全、移动短视频与高校思政课线上线下教学、思政小课堂与社会大课堂、知识教育与信仰培育、延安经验与新时代全面从严治党、延安文艺宣传与先进文化认同、政治仪式与社会主义核心价值观认同、育人模式与实现路径。

第二，融入式。选题中两个研究对象是从属关系，具体表述为“A 融入 B 研究”。融入式选题中的“对象 A”，同时也可能是前面选题模式中的“新理论”“新对象”和“新内容”。例如，抗美援朝精神融入高校思想政治教育、总体国家安全观融入边疆民族地区高校思政课、中华优秀民俗文化融入高校思政课、民法典教育融入高校思政课教学体系、耕读教育融入思政课、“新时代水利精神”融入水利院校思政课。

2019—2023 年国家社科基金思政课专项立项名单“融合（融入）+主题模式”（节选）如表 11-44 所示。

表 11-44　2019—2023 年国家社科基金思政课专项立项名单
“融合（融入）+主题模式”（节选）

序号	年份	项目类别	立项高校	项目名称
1	2019	一般	郑州轻工业大学	形势政策课与维护国家意识形态安全研究
2	2019	一般	河海大学	新时代高校思政课“四个自信”教育与大学生认同性参与协同的提升机制研究
3	2019	一般	河北传媒学院	新媒体与高校思政课教育教学实践研究
4	2019	一般	内蒙古民族大学	新媒体与少数民族地区高校思政课教育教学研究
5	2019	一般	石河子大学	新疆高校思政课与维护国家意识形态安全研究
6	2019	一般	哈密职业技术学院	新疆高职院校工匠精神培育与思政课程融合研究
7	2020	一般	温州大学	移动短视频与高校思政课线上线下教学深度融合研究
8	2021	一般	浙江大学	新时代大学生知识教育与信仰培育的关系研究
9	2023	一般	华东理工大学	思政小课堂与社会大课堂的有效衔接研究
10	2023	一般	内蒙古工业大学	新时代家庭教育与学校思政课融合发展研究

2019—2024 年教育部人文社科项目思政类专项立项名单“融合（融入）+主题模式”（节选）如表 11-45 所示。

表 11-45　2019—2024 年教育部人文社科项目思政类专项立项名单
“融合（融入）+主题模式”（节选）

序号	年份	项目类别	立项高校	项目名称
1	2019	高校示范马克思主义学院和优秀教学科研团队建设项目	西华大学	思想政治理论课网络教学辅助课堂教学的实践探索与研究

表11-45(续)

序号	年份	项目类别	立项高校	项目名称
2	2019	高校示范马克思主义学院和优秀教学科研团队建设项目	湖南科技大学	网络意识形态安全教育融入高校思想政治理论课研究
3	2019	高校示范马克思主义学院和优秀教学科研团队建设项目	西安工程大学	总体国家安全观融入高校思想政治理论课教学研究
4	2019	西部和边疆地区项目	延安大学	延安经验与新时代全面从严治党研究
5	2019	西部和边疆地区项目	遵义医学院	新时代高校生态文明教育融入思想政治教育的理论与实践研究
6	2020	高校思想政治理论课教师研究专项	江苏大学	全球战疫期间习近平总书记关于人类命运共同体的重要论述和中国行动融入高校思政课教学研究
7	2020	高校思想政治理论课教师研究专项	武汉理工大学	抗疫故事融入高校思政课教学的价值及其实现研究
8	2020	高校思想政治理论课教师研究专项	五邑大学	习近平总书记关于劳动的重要论述有机融入“马克思主义基本原理概论”课程教学的逻辑理路和实现方式研究
9	2020	高校思想政治理论课教师研究专项	洛阳理工学院	中华民族认同融入“中国近现代史纲要”课程研究
10	2020	高校思想政治理论课教师研究专项	沈阳航空航天大学	抗美援朝精神融入高校思想政治教育研究
11	2020	高校思想政治理论课教师研究专项	云南师范大学	总体国家安全观融入边疆民族地区高校思政课教学研究
12	2020	高校思想政治理论课教师研究专项	上海工程技术大学	中华优秀民俗文化融入高校思政课的有效路径研究
13	2021	高校思想政治理论课教师研究专项	东北农业大学	民法典教育融入高校思政课教学体系研究
14	2021	高校思想政治理论课教师研究专项	宁德师范学院	中国特色反贫困理论融入高校思政课教学研究
15	2022	高校思想政治理论课教师研究专项	华南农业大学	涉农高校耕读教育融入思政课选择性必修课建设研究

表11-45(续)

序号	年份	项目类别	立项高校	项目名称
16	2022	高校思想政治理论课教师研究专项	重庆水利电力职业技术学院	“新时代水利精神”融入水利院校思政课教育教学研究
17	2023	高校思想政治理论课教师研究专项	长春理工大学	人类文明新形态融入高校思想政治理论课教学研究
18	2024	青年基金项目	广州大学	脱贫攻坚口述史与高校爱国主义教育叙事研究
19	2024	规划基金项目	武汉东湖学院	民办高校党建工作与思政课教学深度融合机制研究
20	2024	青年基金项目	西安翻译学院	延安文艺宣传与先进文化认同研究

2019—2024年教育部人文社科项目辅导员专项立项名单“融合（融入）+主题模式”（节选）如表11-46所示。

表11-46　2019—2024年教育部人文社科项目辅导员专项立项名单“融合（融入）+主题模式”（节选）

序号	年份	项目类别	立项高校	项目名称
1	2019	高校辅导员研究	广东药科大学	政治仪式与社会主义核心价值观认同教育研究
2	2020	高校辅导员研究	安徽医科大学	大学生国家安全教育的基础理论与实践探索研究
3	2020	高校辅导员研究	天津科技大学	思想政治教育元素融入专业实践活动研究
4	2021	高校辅导员研究	南京理工大学	大数据技术与高校思想政治教育的融合机制研究
5	2021	高校辅导员研究	山东交通学院	新时代大学生思想政治教育与校园文化建设融合发展研究
6	2022	高校辅导员研究	辽宁大学	工匠精神与新时代大学生劳动教育融合探究
7	2022	高校辅导员研究	东华大学	科学家精神融入时代新人培育路径研究
8	2022	高校辅导员研究	武汉音乐学院	红色交响乐融入艺术院校思想政治教育的路径研究

表11-46(续)

序号	年份	项目类别	立项高校	项目名称
9	2024	高校辅导员研究	滨州职业学院	新质生产力导向下高职院校劳动教育的目标转型与质量提升研究
10	2024	高校辅导员研究	广州南方学院	数字化视域下红色文化与高校大思政课创新融合机制研究
11	2024	高校辅导员研究	鲁东大学	中华体育精神与高校思想政治教育融合研究
12	2024	高校辅导员研究	南京信息工程大学	高校“戏剧思政”育人模式与实践路径研究
13	2024	高校辅导员研究	上海中医药大学	数字赋能高校院系党组织政治功能和组织功能提升的路径研究
14	2024	高校辅导员研究	山东理工大学	高校研究生辅导员与导师协同育人机制研究
15	2024	高校辅导员研究	沈阳航空航天大学	高校网络舆情风险分级管控与思想政治教育协同机制研究

16. “多重嵌套+主题模式”

“多重嵌套+主题模式”顾名思义就是选题中嵌套了两种或两种以上的选题模式。例如，“军队院校发挥红色资源优势培养合格红军传人研究”选题中，嵌套有新对象（军队院校）、新内容（红色资源）和新问题（培养合格红军传人）；“乌兰牧骑精神融入艺术类高校课程思政改革研究”选题中，嵌套有新内容（乌兰牧骑精神）、新对象（艺术类高校）和课程思政；“粤港澳大湾区背景下广东高校港澳学生国家认同研究”选题中，嵌套有新视角（粤港澳大湾区背景下）、新区域（广东高校）、新对象（港澳学生）和新问题（国家认同）；“袁隆平先进事迹融入新时代涉农高校思政课程和课程思政研究”选题中，嵌套有新内容（袁隆平先进事迹）、新境遇（新时代）、新对象（涉农高校）和新问题（融入思政课程与课程思政）；“网络泛娱乐主义对‘Z世代’青少年价值观的影响及教育策略研究”选题中，嵌套有新对象（网络泛娱乐主义）、关键词（“Z世代”）、新对象（青少年价值观）和新方法（教育策略）；“总体国家安全观视角下西藏高校国土观教育研究”选题中，嵌套有新视角（总体国家安全观）、新对象（西藏高校）和新内容（国土观教育）。

2019—2023 年国家社科基金思政课专项立项名单“多重嵌套+主题模式”（节选）如表 11-47 所示。

表 11-47　2019—2023 年国家社科基金思政课专项立项名单“多重嵌套+主题模式”（节选）

序号	年份	项目类别	立项高校	项目名称
1	2019	一般	哈密职业技术学院	新疆高职院校工匠精神培育与思政课程融合研究
2	2019	一般	陆军步兵学院	军队院校发挥红色资源优势培养合格红军传人研究
3	2020	一般	中山大学	粤港澳大湾区背景下广东高校港澳学生国家认同研究
4	2020	一般	内蒙古艺术学院	乌兰牧骑精神融入艺术类高校课程思政改革研究
5	2020	一般	中国人民公安大学	精准思政视域下公安院校思政课教学模式创新研究
6	2021	一般	华北水利水电大学	“四史”教育融入高校思政课“多课联动”教学模式研究
7	2021	一般	湖南农业大学	袁隆平先进事迹融入新时代涉农高校思政课程和课程思政研究
8	2021	一般	南通大学	近现代爱国企业家精神与高校“大思政”育人格局融入研究
9	2021	一般	宁波卫生职业技术学院	新时代行业类高职院校思政课“学习·研习·传习”教学模式研究
10	2021	一般	对外经济贸易大学	共建“一带一路”背景下中国援外培训“大思政课”研究
11	2021	一般	海军军医大学	一体化联合作战视域下军校学员海上安全观体系构建与培育研究
12	2022	重点	华南理工大学	中外合作办学院校思想政治理论课“五维”体系建设研究
13	2022	一般	常州大学	“馆地校”一体化红色文化资源育人模式研究

表11-47(续)

序号	年份	项目类别	立项高校	项目名称
14	2022	一般	浙大城市学院	数字时代少年儿童政治启蒙教育偏差的生成与治理机制研究
15	2022	一般	青海师范大学	中华民族共同体意识视域下少年儿童政治启蒙培养路径研究
16	2022	一般	新疆大学	网络泛娱乐主义对“Z 世代”青少年价值观的影响及教育策略研究
17	2022	一般	西藏大学	总体国家安全观视角下西藏高校国土观教育研究
18	2022	一般	国防大学	党的十八大以来军队院校党史军史课建设基本经验研究
19	2023	一般	内蒙古科技大学	人类命运共同体视域下来华留学生中国国情教育课程体系建设研究
20	2023	一般	北京语言大学	汉学和中国学融入来华留学生中国国情教育课程教学研究

2019—2023 年教育部人文社科项目思政类专项立项名单“多重嵌套+主题模式”（节选）如表 11-48 所示。

表 11-48　2019—2023 年教育部人文社科项目思政类专项立项名单“多重嵌套+主题模式”（节选）

序号	年份	项目类别	立项高校	项目名称
1	2019	高校示范马克思主义学院和优秀教学科研团队建设项目	陕西工业职业技术学院	“三同”式“以案说法”创新思想政治理论课教学法探索与实践
2	2020	高校思想政治理论课教师研究专项	新疆警察学院	学生认知方式视阈下边疆民族地区高校思政课教学模式研究
3	2022	高校思想政治理论课教师研究专项	陕西工业职业技术学院	马克思主义实践观视域下高职院校思政课实践教学“学+做+创”全教学链研究
4	2022	青年基金项目	九江学院	大中小学及幼儿园生态文明教育思政教学一体化模式研究
5	2022	规划基金项目	仲恺农业工程学院	“瓷的精神”——外销瓷图像里对外传播与中国形象塑造研究

表11-48(续)

序号	年份	项目类别	立项高校	项目名称
6	2022	青年基金项目	湖州师范学院	工夫论视域下的阳明心学教育及当代价值研究
7	2023	高校思想政治理论课教师研究专项	广东医科大学	新时代企业家精神融入大中小学思想政治教育一体化研究
8	2023	高校思想政治理论课教师研究专项	云南中医药大学	“文艺育德”视域下经典文艺作品融入“思想道德与法治”课教学研究
9	2023	高校思想政治理论课教师研究专项	重庆交通大学	“思想道德与法治”课“生命相遇·灵魂对话”教学模式的创新与实践研究
10	2023	高校思想政治理论课教师研究专项	东莞职业技术学院	高职院校“思想道德与法治”课实践教学“微项目化”构建与应用研究

2020—2024 年教育部人文社科项目辅导员专项立项名单“多重嵌套+主题模式”（节选）如表 11-49 所示。

表 11-49　2020—2024 年教育部人文社科项目辅导员专项立项名单“多重嵌套+主题模式”（节选）

序号	年份	项目类别	立项高校	项目名称
1	2020	高校辅导员研究	滨州学院	大思政背景下高校“思政课程”与“课程思政”协同育人体系研究
2	2020	高校辅导员研究	深圳信息职业技术学院	基于特色高水平院校建设的“头雁领航”榜样育人培养模式研究
3	2020	高校辅导员研究	盐城师范学院	融媒体场域下高校思想政治教育“交互模式”优化研究
4	2022	高校辅导员研究	哈尔滨商业大学	“大思政”视域下东北抗联精神与大学生思想政治教育协同育人研究
5	2022	高校辅导员研究	鲁东大学	产教融合背景下构建“联盟式”实践育人共同体探索研究
6	2022	高校辅导员研究	长安大学	“双一流”建设背景下高校实践育人共同体的情感资源开发及其建构策略研究

表11-49(续)

序号	年份	项目类别	立项高校	项目名称
7	2023	高校辅导员研究	浙江中医药大学	AI时代高校思想政治教育数据化转型的内生逻辑与应用评价研究
8	2023	高校辅导员研究	中国美术学院	“圈层化”视域下高校网络思想政治教育面临挑战及应对之策
9	2024	高校辅导员研究	绍兴职业技术学院	“时代新人”历史主动精神培育的内容体系与践行路径研究
10	2024	高校辅导员研究	潍坊理工学院	新时代“枫桥经验”视阈下高校学生社区优化路径建设研究

专题十二

高校思政社科研究的精准立题

一、差异比较

1. 2024 年国家社科基金思政专项申报公告新要求

从申报公告发布的时间来看，2024 年国家社科基金思政专项申报公告的发布时间较 2023 年提早了 1 个月。

（1）选题研究背景与时俱进

2023 年申报公告：深入贯彻落实习近平总书记在学校思想政治理论课教师座谈会上的重要讲话精神，认真落实《国家“十四五”时期哲学社会科学发展规划》和《关于深化新时代学校思想政治理论课改革创新的若干意见》以及《中央宣传部教育部关于在高校思想政治理论课中进一步加强习近平新时代中国特色社会主义思想教育教学工作的通知》等文件要求，围绕着力解决好培养什么人、怎样培养人、为谁培养人这个根本问题，落实立德树人根本任务，深入研究思想政治理论课建设和教学基本规律、重大问题，推动思想政治理论课教学改革创新，不断增强课程的思想性、理论性、针对性和亲和力，努力培养担当民族复兴大任的时代新人，培养德智体美劳全面发展的社会主义建设者和接班人。

2024 年申报公告：申报工作以习近平新时代中国特色社会主义思想为

指导，深入贯彻党的二十大和二十届二中、三中全会精神，贯彻落实习近平文化思想和习近平总书记关于学校思政课建设的重要指示以及新时代学校思政课建设推进会部署，认真落实《关于深化新时代学校思想政治理论课改革创新的若干意见》等文件要求，落实立德树人根本任务，围绕着力解决好培养什么人、怎样培养人、为谁培养人这个根本问题，深入研究思政课建设和教学基本规律、重大问题，守正创新推动思政课建设内涵式发展，不断提高思政课的针对性和吸引力，努力培养更多让党放心、爱国奉献、担当民族复兴重任的时代新人，确保党的事业和社会主义现代化强国建设后继有人。

相比 2023 年申报公告，2024 年申报公告的背景更加突出了新时代思想政治课“为党育人”的目标要求。

（2）项目类型侧重要求明确

2024 年申报公告强调，重点项目应围绕党和国家工作大局，聚焦思政课建设发展的重大理论和实践问题、教学重点难点问题开展体系化学理化研究。一般项目应立足于思政课教学实践，围绕对思政课教学创新具有理论支撑作用和实践指导作用的问题，开展具有学科视角的创新性研究。

（3）课题指南仅限重点项目

2024 年，重点项目设置课题指南，一般项目不再设置课题指南。重点项目可以根据条目直接申报，也可以结合自身研究实际和教学实践适当修改课题名称申报。

申报一般项目的申请人可以对照研究专项近年课题指南的导向、已立项选题和研究成果，着眼推动思政课建设内涵式发展，科学拟定题目申报，避免脱离实际、简单重复或低水平研究。一般项目重点围绕目前开设的各门思政课程教学内容、教学方法、教学设计改革创新，中华优秀传统文化、革命文化和社会主义先进文化与思政课相融合，学校国防教育，课程思政教学创新，数字赋能思政课建设，思政课教学示范讲义、创新课件、优秀案例等方面开展深入研究。

（4）申请人资格和条件变化

2024 年申报公告将 2023 年申报公告中申请人“须遵守《中华人民共

和国宪法》和法律，坚持正确的政治方向、价值取向和研究导向，遵守国家社科基金有关管理规定”的要求，改为“遵守《中华人民共和国宪法》和法律，遵守国家社会科学基金管理规定，具有独立开展研究和组织开展研究的能力，能够承担实质性研究工作，品行端正、学风优良”。

2024 年申报公告删除了之前对申请人“主要面向全国普通高等学校思政课教师及相关研究人员、省级以上党校（行政学院）思政教学科研人员、省级以上教育研究相关机构科研人员和军队院校政治教员”的身份界定，保留了 2023 年申报公告中“申请重点项目需具有副高级以上（含）专业技术职称；申请一般项目需具有中级以上（含）专业技术职称，或者具有博士学位”的要求。

2023 年申报公告对课题组成员构成表述为“鼓励能够依托知名高校进行课题管理并牵头开展大中小学思政课一体化研究的重点中小学思政课教学名师、骨干教师和相关研究人员参与申报和研究”。

2024 年申报公告对课题组成员构成要求更加具体，即课题组成员须征得本人同意并签字确认；支持全国高校思想政治理论课教学展示活动特等奖获得者、国家级课程思政教学名师等优秀思政课教师担任负责人申报课题；大中小学思想政治教育一体化建设必须有高级职称的中小学思政课教师担任课题组成员。

（5）增加成果标注、评审形式和组织申报的要求

关于成果标注，2024 年申报公告要求立项后凡以国家社会科学基金项目名义发表阶段性成果或最终成果，不得同时标注其他基金项目资助字样。

关于评审形式，2024 年申报公告要求申报课题实行同行专家通讯评审，评审采用《2024 年国家社会科学基金高校思想政治理论课研究专项课题论证活页》（以下简称《课题论证活页》）匿名方式，论证字数不超过 7 000 字，要按规定的方式列出前期相关研究成果。

关于申报组织工作，2024 年申报公告要求各省（自治区、直辖市）和新疆生产建设兵团社科管理部门受理本地区普通高校、党校（行政学院）、教育研究相关机构等单位的课题申报，教育部社科司受理中央各部委所属在京普通高校、中国教育科学研究院等单位的课题申报，中央党校（国家行政学院）科研部受理本单位的课题申报，中国社会科学院科研局受理中国社会科学院大学的课题申报，全军社科规划办受理军队院校的课题申报。全国社科工作办不直接受理个人申报。

（6）增加申报纪律要求

2024 年申报公告增加申报纪律要求如下：

第一，贯彻落实中央《关于进一步加强科研诚信建设的若干意见》，申报项目须按照申请书和课题论证活页要求如实填写材料，保证申请信息的真实性和准确性、保证没有知识产权争议、没有违背科研诚信要求的行为。

第二，申请人要弘扬崇尚精品、严谨治学、注重诚信、讲求责任的优良学风，自觉坚持公平竞争的原则，严格遵守国家社会科学基金相关管理规定。凡有弄虚作假、抄袭剽窃、违规违纪等行为的，一经查实即取消参评资格，5 年内不得申报国家社会科学基金项目，同时通报批评，并责成所在单位依规进行处分，如获立项，一律撤项，并将其列入不良科研信用记录。

第三，获准立项后，项目负责人在项目执行期间要遵守相关承诺，履行约定义务，按期完成研究任务，结项成果的形式原则上须与预期成果保持一致。思政课教学示范讲义、创新课件、优秀案例等实践类课题成果可以会议鉴定方式结项。除特殊情况外，最终研究成果须先鉴定、后出版，若出现擅自出版的情况，则视为相关方自行终止资助协议。

第四，责任单位和申请人要切实把好政治方向关和学术质量关，认真审核申请信息的真实性和准确性。各省（自治区、直辖市）社科管理部门和在京委托管理机构要按工作程序对申请书、申请人及课题组进行资格审查。

2. 2024 年国家社科基金思政专项申请书新变化

（1）封面变化

2024 年申报书封面增加了“项目类别”。2023 年申报书封面的“申请人姓名”和“所在单位”分别变为 2024 年申报书封面的“申请人”和“责任单位”。

（2）申请人承诺变化

2024年申报书新增“本人已认真阅读《2024年国家社会科学基金高校思想政治理论课研究专项申报公告》”。2023年申报书中“遵守全国哲学社会科学工作办公室的相关规定”变为“遵守国家社科基金管理规章制度”。2023年申报书中的“我”变为“本人”。

（3）填写说明变化

2024年申报书增加了“排版清晰”的要求。“课题指南序号”，重点项目务必以课题指南为依据，填写课题指南序号；一般项目填写“自选”二字。“项目类别”填写重点项目或一般项目。“课题名称”一般不加副标题。2023年申报书填写说明的“全国社科工作办不受理个人申报”要求在2024年申报书的填写说明中未被提及。

（4）填写数据表注意事项变化

新增项目类别：项目类别——按所选项填1个字符，选“重点项目”填“A”，选“一般项目”填“B”。新增课题组成员：课题组成员——必须是真正参加本课题的研究人员，不含课题负责人；不包括科研管理、财务管理、后勤服务等人员。预期成果新增：预期成果选“专著”填“A”，选“专著”和“研究报告”填“A”和“C”。

（5）数据表变化

预期成果：由2023年申报书的“A. 专著　B. 论文　C. 研究报告”三类，新增“D. 示范讲义　E. 创新课件　F. 教学案例”三类，总共六个类别，体现出思政专项项目成果形式的多样性，更加突出应用导向。

（6）课题设计论证变化

2024年国家社科基金思政课专项项目申请表（课题设计论证）

本表参照以下提纲撰写，要求逻辑清晰，主题突出，层次分明，内容翔实，排版清晰。除“研究基础”外，本表与《申请书》表二内容一致，总字数不超过7 000字。 1.［**选题依据**］　相关研究动态（略写）；相对于已有研究特别是国家社会科学基金同类项目的独到学术价值和应用价值。 2.［**研究内容**］　本课题的研究对象、主要目标、重点难点、研究计划及其可行性等。（框架思路要列出提纲或目录）

3. [**思路方法**] 本课题研究的基本思路、具体研究方法、研究计划及其可行性等。

4. [**创新之处**] 在学术观点、研究方法等方面的特色和创新。

5. [**预期成果**] 成果形式、宣传转化及预期学术价值和社会效益等。(略写)

6. [**研究基础**] 申请人前期相关代表性研究成果、核心观点等。(略写)

7. [**参考文献**] 开展本课题研究的主要中外参考文献。(略写)

2023 年国家社科基金思政课专项项目申请表（课题设计论证）

本表参照以下提纲撰写，要求逻辑清晰，主题突出，层次分明，内容翔实，排版清晰。除“研究基础”外，本表与《申请书》表二内容一致，总字数不超过 7 000 字。

1. [**选题依据**] 相关研究动态；本课题相对于已有研究的独到学术价值和应用价值等，特别是相对于国家社科基金已立同类项目的新进展。

2. [**研究内容**] 本课题的研究对象、总体框架、重点难点、主要目标等。

3. [**思路方法**] 本课题研究的基本思路、具体研究方法、研究计划及其可行性等。

4. [**创新之处**] 在学术思想、学术观点、研究方法等方面的特色和创新。

5. [**预期成果**] 成果形式、使用去向及预期社会效益等。

6. [**研究基础**] 申请人前期相关研究成果、核心观点等。

7. [**参考文献**] 开展本课题研究的主要中外参考文献。

2019 年国家社科基金项目申请表（课题设计论证）

本表参照以下提纲撰写，要求逻辑清晰，主题突出，层次分明，内容翔实，排版清晰。除“研究基础”外，本表与《申请书》表二内容一致，总字数不超过 7000 字。

1. [**选题依据**] 相关研究动态；本课题相对于已有研究的独到学术价值和应用价值等。

2. [**研究内容**] 本课题的研究对象、总体框架、重点难点、主要目标等。

3. [**思路方法**] 本课题研究的基本思路、具体研究方法、研究计划及其可行性等。

4. [**创新之处**] 在学术思想、学术观点、研究方法等方面的特色和创新。

5. [**预期成果**] 成果形式、使用去向及预期社会效益等。

6. [**研究基础**] 课题负责人前期相关研究成果、核心观点等。

7. [**参考文献**] 开展本课题研究的主要中外参考文献。

第一，“选题依据”中撰写要求变化。2023 年申报书的表述为“相关研究动态；本课题相对于已有研究的独到学术价值和应用价值等，特别是相对于国家社科基金已立同类项目的新进展”。

2024年申报书的表述为“相关研究动态（略写）；相对于已有研究特别是国家社会科学基金同类项目的独到学术价值和应用价值”。

第二，“研究内容”中撰写要求变化。2023年申报书的表述为“本课题的研究对象、总体框架、重点难点、主要目标等”。

2024年申报书的表述为“本课题的研究对象、主要目标、重点难点、研究计划及其可行性等。（框架思路要列出提纲或目录）”。

第三，“预期成果”中撰写要求变化。2023年申报书的表述为“成果形式、使用去向及预期社会效益等”。

2024年申报书的表述为“成果形式、宣传转化及预期学术价值和社会效益等。（略写）”。

第四，“参考文献”中撰写要求变化。2023年申报书的表述为“开展本课题研究的主要中外参考文献”。

2024年申报书的表述为“开展本课题研究的主要中外参考文献。（略写）”。

（7）研究基础和条件保障变化

2024年国家社科基金项目申请表（研究基础和条件保障）

本表参照以下提纲撰写，要求填写内容真实准确。 1.［**学术简历**］　申请人的主要学术简历、学术兼职，在相关研究领域的学术积累和贡献等。 2.［**研究基础**］　申请人前期相关代表性研究成果及其与本研究的学术递进关系，学术影响和社会评价等。 3.［**承担项目**］　申请人承担的各级各类科研项目情况，包括项目名称、资助机构、资助金额、结项情况、研究起止时间等。 4.［**与已承担项目或博士论文的关系**］　凡以各级各类项目或博士学位论文（博士后出站报告）为基础申报的课题，须阐明已承担项目或学位论文（报告）与本课题的联系和区别。 5.［**条件保障**］　完成本课题研究的时间保证、资料设备等科研条件。 6.［**教学情况**］　申请人近三年（2022—2024年）思政课教学时长、教学评价及教学获奖情况。教学评价须由申请人所在单位提供并盖章，相关材料可扫描后上传。

2023 年国家社科基金项目申请表（研究基础和条件保障）

本表参照以下提纲撰写，要求填写内容真实准确。 1.［**学术简历**］　申请人的主要学术简历、学术兼职，在相关研究领域的学术积累和贡献等。 2.［**研究基础**］　申请人前期相关研究成果、核心观点及社会评价等。 3.［**承担项目**］　申请人承担的各级各类科研项目情况，包括项目名称、资助机构、资助金额、结项情况、研究起止时间等。 4.［**与已承担项目或博士论文的关系**］　凡以各级各类项目或博士学位论文（博士后出站报告）为基础申报的课题，须阐明已承担项目或学位论文（报告）与本课题的联系和区别。 5.［**条件保障**］　完成本课题研究的时间保证、资料设备等科研条件。

2019 年国家社科基金项目申请表（研究基础和条件保障）

本表参照以下提纲撰写，要求填写内容真实准确。 1.［**学术简历**］　课题负责人的主要学术简历、学术兼职，在相关研究领域的学术积累和贡献等。 2.［**研究基础**］　课题负责人前期相关研究成果、核心观点及社会评价等。 3.［**承担项目**］　负责人承担的各级各类科研项目情况，包括项目名称、资助机构、资助金额、结项情况、研究起止时间等。 4.［**与已承担项目或博士论文的关系**］　凡以各级各类项目或博士学位论文（博士后出站报告）为基础申报的课题，须阐明已承担项目或学位论文（报告）与本课题的联系和区别。 5.［**条件保障**］　完成本课题研究的时间保证、资料设备等科研条件。

第一，“研究基础”中撰写要求变化。2023 年申报书的表述为“申请人前期相关研究成果、核心观点及社会评价等”。

2024 年申报书的表述为“申请人前期相关代表性研究成果及其与本研究的学术递进关系，学术影响和社会评价等”。

第二，新增“教学情况”条目。2024 年申报书新增“教学情况”条目“申请人近三年（2022—2024 年）思政课教学时长、教学评价及教学获奖情况。教学评价须由申请人所在单位提供并盖章，相关材料可扫描后上传”。

二、选题依据

1. 研究背景

研究背景，顾名思义就是研究者要在什么样的背景下展开研究，课题研究能够对研究对象群体产生什么样的效用价值。研究背景就像一个引言，它通过高度凝练的文字吸引评审专家的目光，使人对申报课题产生想要一探究竟的冲动。一个成功的申报书，就是讲述一个能打动人的故事，讲述一个满怀科研济世赤诚的社科人为破解某一社会难题痴心不改、无怨无悔地求知与探索的故事。

如何讲好打动人心的科研故事，小米汽车给我们很好的启发。2024 年 3 月 28 日，小米汽车发布会上，雷军讲述了他和团队为了"让每个人都能享受科技的乐趣"的目标，历经各种困难，多次陷入困境，又多次重新崛起的故事，引发全体网民的深度认同与情感共鸣，发布会"收割"了全平台的网络热度，1 亿人次在线观看，小米 SU7 汽车发布 27 分钟预定达 50 000 辆。小米汽车"教科书式"的营销被载入史册，其成功的关键就是用故事代入，将小米汽车的企业文化与青春梦想相契合。研究背景的撰写需要抓住问题、分析问题、解决问题，因为一个个问题解决的后面往往就是社会科学的理论创新、机制优化、方法迭代和路径拓展。

(1) 研究背景撰写的必要性

关于研究背景，国家社科基金思政专项申请书填报要求是"[相关研究动态]　本课题相对于已有研究的独到学术价值和应用价值等，特别是相对于国家社科基金已立同类项目的新进展"，其并没有专门要求撰写研究背景。但是，总结部分成功立项的申报书，我们发现，在研究动态（学术史梳理）之前用 300 字左右高度概括的文字概括出选题背景，对评审专家快速、准确了解选题现实意义和时代价值非常重要。

（2）研究背景撰写的出发点

第一，国家需要：政治上可靠。

第二，制度落实：政策上可推。

第三，学术支撑：理论上可行。

第四，应用示范：实践上可用。

（3）研究背景撰写的关键点

第一，抓住观众。

第二，找准问题。

第三，理顺逻辑。

第四，雕琢语言。

（4）研究背景撰写的常见模式

①文件引入模式

——案例：2020 年，W 教授，国家社科基金党史 · 党建重点项目“健全党组织领导的乡村治理体系研究”。

> 中国特色社会主义最本质的特征是中国共产党领导，中国特色社会主义制度的最大优势是中国共产党领导。党的十九大报告指出**“加强农村基层基础工作，健全自治、法治、德治相结合的乡村治理体系”**。2019 年 1 月中共中央印发的《中国共产党农村基层组织工作条例》提出**“党的农村基层组织应当健全党组织领导的自治、法治、德治相结合的乡村治理体系”**。同年 6 月，由中共中央办公厅、国务院办公厅印发的《关于加强和改进乡村治理的指导意见》进一步强调了**“以自治增活力、以法治强保障、以德治扬正气，健全党组织领导的自治、法治、德治相结合的乡村治理体系”**。党的十九届四中全会提出**“构建基层社会治理新格局，要健全党组织领导的自治、法治、德治相结合的城乡基层治理体系”**。这一系列的政策充分表明：乡村治理体系作为国家治理体系的基础和重心，在理论和实践上都需要不断加强党组织的领导。只有始终将党管农村工作要求贯穿乡村治理体系建设全过程，不断加强农村基层党组织对乡村振兴的全面领导，不断夯实基层党组织在乡村治理中的领导核心作用，才能确保乡村振兴战略的稳步推进，确保乡村治理现代化水平不断提升，进而实现国家治理体系和治理能力现代化。

——案例：2021 年，W 教授，博士，国家社科基金党史 · 党建一般项目“抗战大后方红色音乐史料整理与研究”。

> 《中共中央关于制定国民经济和社会发展第十四个五年规划和二〇三五年远景目标的建议》中明确提出，要**“弘扬党和人民在各个历史时期奋斗中形成的伟大精神”**。

> 习近平总书记曾在多个重要场合谈及中国人民抗战历史，强调**"在新时代要继承和弘扬伟大抗战精神"**。抗日战争时期，红色音乐是与广大民众联系最广泛的艺术形式之一，是唤醒民众、鼓舞士气的号角，是凝聚人心、夺取胜利的强有力武器，是抗战精神的重要载体。以重庆为中心的"抗战大后方"，在中共中央南方局领导下，共产党人突破重重困难，利用红色音乐广泛宣传党的政策主张，巩固和扩大抗日民族统一战线，为抗战的胜利做出了突出的贡献。但是，**抗战大后方红色音乐活动极具特殊性、复杂性和隐蔽性，其整理和研究仍存在较大不足，亟待抢救性保护和深入挖掘。**

——案例：2021年，G教授，博士，国家社科基金党史·党建一般项目"党建引领基层应对重大传染病的历史考察与基本经验研究"。

> 健康中国、平安中国是全面建成社会主义现代化强国的重要内容，加强重大传染病防治是健康中国、平安中国的内在要求。党的十九届四中全会强调，要"坚持以基层为重点、预防为主、防治结合，加强公共卫生防疫和重大传染病防控"。**社会治理的重心在基层，疫情防控的难点也在基层。**考察百年来中国共产党带领人民战胜重大传染病的基层实践历程，探寻其内在逻辑和规律，凝炼基本经验和启示，研究如何通过党建引领来不断提升基层重大传染病治理能力，形成可持续推进、稳定性强的疾病防控体系和治理体系，成为新时代党建工作急迫而重要的课题。

②讲话切入模式

——案例：2022年，T副教授，博士，国家社科基金法学一般项目"生态环境大数据主权安全与智慧化法律保护机制研究"。

> 党中央、国务院高度重视大数据在推进生态文明建设中的地位和作用。习近平总书记明确指出，**"推进全国生态环境监测数据联网共享，开展生态环境监测大数据分析。"**生态环境大数据在推进我国环境治理体系和环境治理能力现代化中发挥着重要作用，对进一步推动互联网、大数据、人工智能等信息技术与生态环境业务深度融合，不断提升生态环境数字化、智能化水平提出了更高的要求。**生态环境数据的复杂性、脱敏性、开放性、规范性等特点，导致应用"烟囱"、数据"孤岛"等问题林立，风险来源日趋多样化，有必要高度警惕生态大数据体系建设背后所带来的主权安全风险。**目前，我国生态大数据资源保护法治建设明显滞后，用于规范、界定"数据主权安全"的相关法律缺失，没有对保护我国数据、限制数据跨境流通等作出明确规定。在新时代，**我国应当立足"主权安全"与"机制创新"，积极探索构建智慧化、高效化的生态环境大数据法律保护机制，实现上下衔接、左右配套、横向打通、纵向贯通的协同管理和服务，进一步推动信息技术与生态环境保护业务深度融合，用智慧化法律手段支撑生态环境保护工作的全国大协同，实现生态环境综合决策科学化、生态环境监管精准化、生态环境公共服务便民化。**

——案例：2023 年，Z 副教授，博士，国家社科基金哲学社会科学规划项目“中缅边境‘驻村干部’助推稳边固边兴边的路径优化研究”。

> 习近平总书记在党的二十大报告中强调：**“加强边疆地区建设，推进兴边富民、稳边固边”**。中缅边境地区与“金三角”毗邻，**集国家边境安全区、少数民族聚居区、乡村振兴重难点区于一体**，区位重要而独特。受特殊历史、政治、地理等因素影响，西方意识形态渗透、基层党组织涣散、村“两委”担当作为不足、农村“空心化”严重、毒品犯罪率和返贫率高等问题重叠累积，成为维护国家边境安全、全面推进乡村振兴的掣肘。面对错综复杂的边境治理问题，仅依靠**传统的科层制还不足以满足稳边固边兴边动态发展需要**。干部驻村制是国家顶层制度设计，**2021 年至今，全国陆续选派 56.3 万名驻村干部进行驻村帮扶**。“驻村干部”作为维持边疆地区社会稳定的重要举措，也是持续巩固脱贫成果、全面推进乡村振兴的重要抓手，如何进一步完善“驻村干部”的角色定位、优化“驻村干部”助推稳边固边兴边的路径，对推进新时代中缅边境地区安全体系和能力现代化建设至关重要。

——案例：2024 年，Z 讲师，学士，教育部人文社科高校辅导员研究专项项目“文化认同视角下高校台籍学生中华民族共同体意识路径研究”。

> 为贯彻落实党的二十大精神，积极响应习近平总书记作出的**“新时代推动两岸共同弘扬中华文化，促进两岸同胞心灵契合”**的重要指示，增强高校台籍学生的中华民族共同体意识培养，把两岸同胞联结成为一个文化共同体。据统计，目前有超过 1.2 万名台籍学生在大陆高校就读，该部分学生存在对**传统文化认知尚显浅薄、国情现状理解有待深化、民族认同感的强化存在隔阂等问题**。因此，推进台籍学生中华民族共同体意识教育常态化建设，对提升认同、凝聚共识、推动两岸和平统一有着重要作用。

③事件代入模式

——案例：2023 年，F 教授，博士，国家社科基金高校思政课研究专项项目“工匠精神挖掘活化与融入‘新工科’课程思政路径研究”。

> **“大国重器”，牵涉国脉国运，关系民族盛衰**。从嫦娥揽月到蛟龙探海，从天宫合舱到北斗组网，一代又一代大国工匠执着专注、精益求精、一丝不苟、追求卓越，**攻克“卡脖子”难题，打破“外国芯”垄断，将大国重器的关键核心技术牢牢握在手中**。科学成就离不开精神支撑。大国重器蕴含的工匠精神已成为加快推进**教育强国、科技强国、人才强国**的战略刚需，**培养战略科学家、卓越工程师**和**大国工匠**的价值先导，更成为培养“有理想、敢担当、能吃苦、肯奋斗”新时代好青年的题中之义。

> **“新工科”**作为我国应对新一轮科技革命和产业变革提出的学科建设理念，是教育、科技、人才的结合点，是科教融合和产教融合的关键点，更是科技创新和人才培养的发力点。**当前，中国高等工程教育在校生超 700 万人，超过世界总数 1/3，成为世界第一的工程教育供给体系。**回应国家重大战略需求，面向工程教育强国目标，将大国重器工匠精神融入“新工科”课程思政建设当中，对相关高校和部门进一步落实党的二十大关于**“教育优先发展、科技自立自强、人才引领驱动”**的要求意义重大。

④理论套入模式

——案例：2020 年，W 教授，博士，国家社科基金民族学一般项目“边疆治理视角下傣族的国家向心力研究”。

> **国家向心力**借物理学术语，**与国家离心力**相对，是指国家领土内的被研究对象（主体），在涉国家关系中表现在其行为上，以国家（向心力圆心）为发起行动之出发点、归宿的心理倾向、思想认识，以及对国家的深厚情感等。
>
> 习近平总书记强调：**中国史就是各民族交融汇聚成多元一体中华民族，共同缔造、发展巩固统一的伟大祖国的历史。**我们辽阔的疆域是各民族共同开拓的，要不断增强各民族的“五个认同”。在当前极端势力、跨境问题等多因素制约边疆治理和民族团结进步的背景下，深入研究西南边疆世居傣族及代表性群体国家向心力，对促进民族团结进步和推进边疆治理，具有重要的理论和实践意义。

⑤数据嵌入模式

——案例：2021 年，J 副教授，博士，国家社科基金管理学一般项目“退役军人有序参与应对突发公共事件的激励机制优化研究”。

> 根据当前应急管理建设的新形势，党的十九届五中全会提出了**“突发公共事件应急能力显著增强”**和**“畅通志愿者参与社会治理途径”**的要求，为社会力量参与应对突发公共事件提供了思想指引。5 700 多万退役军人大多在服役期间参与过应急维稳等行动，具有**组织观念好、执行能力强、地域分布广、综合素质高**的特点，且拥有从中央至社区（村）的六级国防动员和管理保障体系，参与应对突发公共事件的潜力巨大。然而，由于退役军人社会融入能力偏弱且缺乏相应机制保障，未能充分发挥应急突击队的作用。**据退役军人事务部 2021 年统计，新冠疫情期间有 10 万支退役军人志愿服务队、共计 257 万人投身一线，**与实现“做大做优退役军人志愿者队伍”的目标尚存在较大的提升空间。优化现有的激励机制，能够盘活社会上闲置的军事人力资源，吸引更多退役军人快速、精准、高效地有序参与应对突发事件，成为**安全稳定的生力军和维稳处突的先锋队**。

⑥多维混入模式

在上述各种研究背景撰写模式中，很少有从始至终沿用一种单一模式的情况，很多时候为了让研究背景更加抢眼、更有逻辑和语言的张力，通常会将领导讲话、政策文件、学术理论、现实案例、客观数据等模式的一种或多种进行混合使用，增加研究选题的必要性、重要性和紧迫性。

——案例：2018 年，W 教授，博士，国家社科基金管理学重点项目“新时代中国特色社会主义流域生态文明理论研究”。

> 习近平生态文明思想是习近平新时代中国特色社会主义思想的重要内容和有机组成部分。作为马克思主义中国化最新理论成果，新时代中国特色社会主义生态文明理论推动了一场广泛而深刻的环境变革。党的十八大以来，以习近平同志为核心的党中央站在新的历史方位，对流域生态安全、流域环境综合治理与流域生态文明给予高度重视，先后提出**“共抓大保护，不搞大开发”**（习近平，2016）**“统筹山水林田湖草沙系统治理”“实施流域环境和近岸海域综合治理”“以共抓大保护、不搞大开发为导向推动长江经济带发展”“健全耕地草原森林河流湖泊休养生息制度”**（习近平，2017）等一系列富有突破性的新论断，为新时代中国特色社会主义生态文明理论与流域可持续发展进一步纵深推进提供了理论创新方向和实践指导路径。**我国河湖众多，流域面积超过 100 平方千米的河流有 22 909 条，水面大于 1 平方千米的天然湖泊有 2 865 个，其中全国七大水系流域面积约占国土面积的 43%**，流域内人口密集，经济体量巨大，生态资源丰富，是我国重要的生产生活和生态场所。在**“建设生态文明是中华民族永续发展的千年大计”**的战略高度要求下，按照以自然属性为主的流域为切入点开展生态文明建设是对过去以行政区为单位建设模式在理论、方法与路径上的一项重要补充，创造性总结提炼中国特色社会主义流域生态文明的理论框架显得更加重要和紧迫。

W 教授的申报书的研究背景撰写非常经典。他的选题关于新时代中国特色社会主义流域生态文明理论研究，是一个比较新的研究领域。研究背景首先从习近平生态文明思想的时代价值出发，从学理上进行了阐释（“理论套入模式”）；其次系统梳理了党的十八大以来，习近平总书记关于流域生态安全、流域环境综合治理和流域生态文明等系列的创新性论述，“共抓大保护，不搞大开发”“统筹山水林田湖草沙系统治理”“实施流域环境和近岸海域综合治理”“以共抓大保护、不搞大开发为导向推动长江经济带发展”“健全耕地草原森林河流湖泊休养生息制度”，为研究提供理论指导（“讲话切入模式”）；再次从“我国河湖众多，流域面积超过 100

平方千米的河流有22 909条，水面大于1平方千米的天然湖泊有2 865个，其中全国七大水系流域面积约占国土面积的43%”说明研究对象覆盖面积之大、区域之广、人口之多，凸显流域生态文明理论研究的重大现实意义（“数据嵌入模式”）；最后引入党的十九大报告中“建设生态文明是中华民族永续发展的千年大计”的表述，体现出中国特色社会主义流域生态文明理论研究从国家战略上的重要性（“文件引入模式”）。

2. 相关研究动态

与国家社科基金年度项目“国内外相关研究的学术史梳理及研究动态（略写）”的要求不同，国家社科基金高校思政课专项项目从2019年首次发布立项通知开始，就要求撰写“相关研究动态”，直到2024年要求撰写“相关研究动态（略写）；相对于已有研究特别是国家社会科学基金同类项目的独到学术价值和应用价值。”

（1）研究动态撰写“五一心经”

①立场上一视同仁

申请人应做到客观平等，不带任何个人倾向地陈述学术界关于选题研究的每种代表性观点。

②研究上一脉相承

申请人应以选题研究的具体问题为主线（脉络），围绕研究问题主线系统梳理从古至今先后出现的各种代表性观点和研究结论，体现出学术研究的历史积淀、当代传承与创新发展，而并非按照时间顺序简单堆砌罗列众多学者不同的论述。

③逻辑上一气呵成

研究动态的撰写要形式紧凑、内容连贯、层次鲜明，体现出较强的逻辑性和发展性，能够体现出申请人学术研究的规范性和严谨性，侧面反映出申请人扎实的学术功底。

④表达上一锤定音

申请人在梳理学术史时，要根据掌握的学术资料将选题问题的研究分为前后几个阶段（时期），区分的依据是研究代表性观点的提出。申请人在撰写申请书的过程中要做到简洁明了，要点突出，分阶段、分学派、分流派、分观点、分类型围绕选题呈现既往研究的核心观点。

⑤述评上一分为二

研究述评是选题研究从追溯他人到展望自己的过渡，即通过对前人研究成果的系统性和阶段性梳理，最后要落脚到申请人的研究视角的差异性、独特性和进步性。申请人要一分为二地看待前人研究成果，既要肯定前人研究的价值性，又要落脚到自己选题研究的创新性。

（2）典型案例

——案例：2020 年，W 教授，国家社科基金党史·党建重点项目“健全党组织领导的乡村治理体系研究”。

1.1 国内外相关研究的学术史梳理及研究动态

1.1.1. 国外相关研究的学术史梳理及研究动态

（1）关于基层治理研究的起源。“治理”（govermance）一词最早是从古拉丁语和古希腊语延伸过来的，有掌舵、控制、引导、操控的意思，经常与“统治”（govermment）交叉使用。治理的概念于 20 世纪 90 年代开始在全球各地流行，逐渐演变为治理理论。例如，美国的 Ostrom 等人创立的多中心治理理论、Bob Jessop 提出的元治理理论等。国外的治理理论随着研究的深入，越来越多地被应用到社区建设中。

（2）基层治理研究的主要论题。国外学者对基层治理的研究主要集中在基层治理的主体、手段、绩效评估等方面。格里·斯托克（1999）在《作为理论的治理：五个论点》一文中提出，治理的主体是出自政府但又不限于政府的社会公共机构和行为者。Willam C Banks（2001）等人在《中美行政执行制度比较》一文中指出，行政执行是美国政府的基本使命，影响公众行为的政府权力来自政府能够采取强制措施保证政府规则的履行。Gene L Theodori（2001），Bardo John W，Dokmeci Vedia（1992）提出了关于社区满意和居民满意的绩效评估指标。

（3）针对中国基层治理的研究。国外学者对中国基层治理研究从论题上大致可以分为乡村基层治理和城市基层治理两个论域，这也是传统基层治理研究的延续。Jean C O（2000）通过对中国乡村的实地考察，采用保护主义理论全面分析中国乡村政治。当然，随着中国基层治理实践的不断深入，在城乡二元结构之外，新的治理要素也不断注入基层社会之中。例如，社会组织及其社会自主性的快速成长，成为国外对中国基层治理研究的新焦点。国外学者大多认同多元主体对基层公共事务的参与，认为基层治理的差别往往取决于基层治理主体，即政府、基层社会组织及公众之间的权能配置方式。关于基层治理手段的研究，学者们普遍认为传统基层管理对行政手段过于依赖，而对柔性手段却不够重视。

1. 1. 2. 国内相关研究的学术史梳理及研究动态

（1）基层治理理论研究和实践不断发展。党的十六大以来，学者们大多从宏观层面对我国乡村治理及乡村治理体制发展状况进行研究。俞可平（2000）较早系统地研究当代治理理论，认为治理理论的实践需要国家和社会之间的强化合作才能实现，治理的目的是善治。之后越来越多的学者开始关注社会治理，不仅翻译了大量国外社会治理的文献，也形成了一些具有代表性的著作，如郑杭生（2006）主编的《中国人民大学中国社会发展研究报告 2006 · 走向更讲治理的社会：社会建设与社会管理》、何增科（2008）主编的《社会管理与社会体制》、陆学艺（2011）主编的《中国社会建设与社会管理：探索 · 发现》等。这些著作从不同方面对社会建设、社会管理及体制进行深入研究。乡村治理是国家基层治理体系的重要组成部分。在关于乡村治理的研究中，徐勇从城乡比较方面研究非均衡的政治，从政党下乡方面研究乡村治理，如《乡村治理与中国政治》。贺雪峰及其团队在研究农村治理、村民自治、农村改革等方面取得了一定的成果，如《乡村治理的社会基础》（2003）、《村治的逻辑》（2009）等。党国英（2008）通过回顾改革开放前后乡村政策的调整，认为乡村治理是指以乡村政府为基础的国家机构和乡村其他权威机构给乡村社会提供公共品的活动，乡村政府或乡村其他权威机构构成乡村治理的主体。在乡村治理活动中，治理主体的产生方式、组织机构、治理资源的整合及其和乡村社会的基本关系构成了乡村治理机制。

（2）自党的十八大报告提出社会治理的相关论述后，学术界关于乡村治理体系的研究逐步从微观层面展开，集中在乡村治理模式、乡村权力关系、农民合作经济组织与乡村治理、农村社会组织参与社会治理等方面。王学俭（2013）认为，乡村社会管理的新趋向在于由“大政府小社会”向“小政府大社会”的转变。徐顽强（2017）对农村社区化和农村基层社会治理创新之间的相依相赖、互生共促关系进行了界定。蔡文成（2018）指出，农村基础党组织是乡村治理的根本力量和治理体系的中心，是实施乡村振兴战略的根本保障。党国英（2019）指出，乡村治理体系确立国家在乡村治理中的主要任务，规范各级政府与乡村自治组织之间在公共服务中的协助分工关系，维护乡村自治组织的基本权能，保护乡村居民的合法权利。杜志雄（2019）指出，新时代农村改革要坚持用系统思维谋划全局，准确把握改革的方向、主线和重点，处理好解放思想和实事求是的关系、整体推进和重点突破的关系、顶层设计和摸着石头过河的关系，充分发挥各级党委总揽全局、协调各方的领导核心作用，最大限度凝聚改革共识，形成改革合力。王文彬（2019）指出，构建“三治融合”的乡村治理体系，既要加速激发乡村治理主体自觉，重新培育乡土社会的行为规则，也要再建新型乡村文化体系，并推进更加完善的乡村合作治理。曹海军（2020）提出，完善村党组织引领下的乡村治理要遵循提能赋权、组织起来和上下联动的党建引领逻辑，以提升乡村治理成效，推动乡村治理体系的健全。

（3）关于提高党组织领导基层治理能力的研究不断丰富。理论界对提高党组织基层治理能力的研究越来越多。魏尧（2017）提出，要坚持以提升组织力为重点，突出政治功能，把党旗插在村庄，发挥农村留守党员的作用，提高群众对党组织和党员的认同感与满意度。陆文明（2018）指出，要创新基层党组织设置，健全党的工作融入机制，全面推进基层治理网格化。韩天炜（2018）提出，要构建以基层党组织为核心的基层治理多元架构，推动基层治理规范化科学化。

1.1.3 相关述评

从国内外乡村治理研究现状看，近年来，学者们对乡村治理及乡村治理体制研究已经取得比较丰富的成果，但是在已有研究成果中依旧存在有待进一步深入研究的方面：（1）在关于乡村治理研究中，涉及“党组织领导”的“乡村治理体系”构建有待深化；（2）在已有文献中，对健全党的领导的乡村治理体系进行全面系统研究的还不多；（3）现有文献在健全乡村治理机制的障碍及可行性路径研究方面缺乏微观实证分析。在新时代背景下，本课题针对乡村治理体制展开研究，将宏观考察与微观调研相结合，从党组织领导的角度出发，构建最适宜的乡村治理体制。

——案例：2023 年，F 教授，博士，国家社科基金高校思政课研究专项项目“工匠精神挖掘活化与融入‘新工科’课程思政路径研究”。

（一）国内外相关研究动态

1. 关于大国重器工匠精神的研究。目前，学术界对工匠精神整体梳理和系统探讨，绝大部分都离不开大国重器的具体语境。**①大国重器工匠精神的内涵。**“工匠”最早出现于《庄子》一书（郭象注，2011），“工匠精神”由“中国精造之父”聂圣哲提出（余东东，2008），大国重器工匠精神蕴含着匠心、匠魂、匠情、匠行（张健，2017），以精益求精、执着专注、一丝不苟、敬业创新、追求卓越为最突出的品格（蒋华林，2019；彭维锋，2021），干一行、爱一行、专一行，是职业道德、职业能力与职业品质的体现（刘建军，2016；吕欣，2023）。**②大国重器工匠精神的价值。**大国重器工匠精神是在国之重器建设过程中，劳动群体表现出的共性品德，承载着器用层面物质文化与观念层面精神文化的传承（邹宏秋，2022；肖文韬，2023），体现对劳动的认同尊重（杨冬梅，2017；闫长斌，2019），顺应新时代发展潮流，成为社会进步的关键力量（高凤林，2021；戴显红，2022）。

2. 关于“新工科”课程思政建设的研究。随着近代中国洋务运动的兴起，中国工程教育开始萌芽。中华人民共和国成立后，中国工程教育初步建立和发展。随着“新工科”概念的提出，中国工程教育进入高质量发展快车道。学者们的研究主要聚焦在以下三个方面：**①目标定位。**高等工程教育以培养高素质的复合应用型创新工程人才为目标，先后呈现又红又专、全面发展和创新卓越的要求（张光斗，1992；张大亮，2018；Shannon K，2019），以培养具备爱国情怀、使命担当、科学素养和时代精神的“红色工程师”为目标（尤政，2019；马建辉，2022；Cynthia J，2002）。**②内容拓展。**“新工科”课程思政要立足大工程教育观，尊重学生主体意识，以优秀工科文化滋养学生（李培根 2010；张秋山，2022；Tim S，2018），关注人与自然和谐发展，在情景化教学中呈现历史发展、知识体系、安全伦理、自主创新的内容（孔垂谦，2005；孙亮，2023）。**③路径探索。**“新工科”课程思政建设要坚持科学精神与人文素养结合，坚持精准挖掘、有机融入、系统建构，坚持转变观念、提升能力、厚植情怀（杨叔子，2022；马运福，2022），构建课程范式、整合资源机制、提供标准指导（林健，2023，Kristina E，2007）。

3. 关于工匠精神与“新工科”课程思政融合的研究。自2016年“新工科”要求提出后，学术界开始研究将工匠精神融入“新工科”课程思政的方法路径，呈现出三个语境：**①融合的时代要求语境。**“新工科”建设要服务国家战略、应对国际竞争、探索课程交叉、落实立德树人、践行教育真谛，培养卓越工程师（钟登华，2017；李晓红，2018；陈厚丰，2021）。**②融合的对象需要语境。**“新工科”建设要回应新技术、新产业、新业态、新模式需要，注重生态意识、科学态度、工匠精神和价值观教育，增强社会责任感（吴岩，2018；翟振元，2022；Edward F，2007），增强课程感染力和主体参与性（吴庆，2019；彭维锋，2021）。**③融合的创新发展语境。**工匠精神与“新工科”课程思政融合要用生动鲜活的工匠案例代替道德说教，构造特定职业角色在具体情境下的道德意识和伦理诉求，培育匠心、培树匠品、提升匠艺（杨凡，2018；刘国龙，2022）。

4. 研究述评。国内外学者的前期研究提供了有益借鉴，但在范畴、目标、路径三个方面仍存有不足。**①研究范畴。**既有研究主要侧重从内涵和价值维度探讨“工匠精神”和“新工科”课程建设，较少**从“学生获得感”出发**，研究**“目标牵引→求取激发→实践磨砺→环境浸润→自觉涵养”的逻辑理路。②目标对象。**既有研究虽然对“工匠精神”和“工程教育课程思政”均有涉及，但缺乏与大国重器红色资源挖掘利用的融合视角。**③实现路径。**既有研究或从宏观政策解读、总结梳理，或从微观研究具体课程融入，缺乏从中观层面针对大国重器工匠精神融入“新工科”课程思政的“路线图”和“方法论”进行深入透视和全面探讨。

——案例：2021年，W教授，博士，国家社科基金党史·党建一般项目“抗战大后方红色音乐史料整理与研究”。

（一）国内外相关研究的学术史梳理及研究动态（略写）

1. 国外相关研究的学术史梳理及研究动态

国外对本课题的相关研究较少，主要关注中国共产党在抗战时期的文艺政策，散见一些音乐本体研究。二十世纪三四十年代，《红星照耀中国》（Snow，1937）、《红色中国报道》（Forman，1945）对“延安的新文艺”略有涉及。之后，相关研究成果相对集中在二十世纪七八十年代。Judd（1980）对江西苏区的音乐作品进行了一定的分析，提出江西苏区的革命剧与歌曲发挥了宣传中国共产党政策的作用。Holm（1984）直接把延安的秧歌运动定义为“作为宣传手段的民间艺术”。这些研究对特定时期的革命戏剧、歌曲进行了一定的分析，认为中国共产党在文艺宣传方面取得了巨大的成就。

2. 国内相关研究的学术史梳理及研究动态

红色音乐可溯源至中国共产党成立初期，创作和研究一直相伴相生，共同发展。

九一八事变以后，红色音乐和抗战音乐高度重叠，作品开始大量涌现，形式丰富的音乐活动也接踵而来。以此为起点，对抗战时期的红色音乐研究已有约九十年的历史，大体上**经历了开拓**(1931年至1945年抗战胜利)、**沉寂**(1945年抗战胜利后至二十世纪七十年代)、**活跃**(二十世纪八九十年代）**和沉潜**(二十一世纪至今）**四个阶段**。在**开拓期**，研究的主要观点集中在推动民众音乐素质提升、开展抗战救亡运动（乔东君，1940；李抱忱，1941)、"新音乐运动"理论与实践（李凌，1940；赵沨，1940)、抗战背景下的中国民族音乐发展路径（杨荫浏，1942)、音乐批评（潘孑农，1942；徐迟，1943)、西方音乐文化研究和借鉴（张洪岛，1944）等方面。**沉寂期**又大致分成两个阶段。抗战胜利至新中国成立为第一个阶段，新中国成立至改革开放为第二个阶段。这个时期的研究成果较少、研究内容相对单一，主要以回忆、总结性文章为主（孙慎，1946；李凌，1958)。红色音乐研究的**活跃期**和"重写音乐史"思潮有密切关系。对抗战时期红色音乐的重新审视，拓展了抗战时期红色音乐内涵，丰富了研究内容（汪毓和，1987；梁茂春，1987；向延生，1994)。二十一世纪至今，研究进入**沉潜期**，但依然有一批学者继续在该领域深耕，在具体的音乐作品、音乐事件等方面有一定的建树（戴鹏海，2001；汤斯惟，2018)。值得指出的是，2019年4月举办的"首届全国红色音乐文化学术高端论坛"把相关研究推向了一个新的局面，红色音乐研究也上升到学科高度（李诗原，2020)。

3. 研究述评

国内外学者对抗战时期红色音乐的"音乐本体"及发展路径等方面取得了重要研究成果，这些成果为本课题研究提供了研究基础和经验借鉴。不过，学术界对抗战时期红色音乐史料的整理与研究还**缺少"两个区分"和"一个关注"**：(1）抗战时期，抗战音乐与红色音乐虽高度重叠，但内涵不尽相同，应有所区分。(2）从音乐史和中共党史的不同研究视角出发，对抗战时期红色音乐史料的研究重点不尽相同，应有所区分。(3）抗战时期，逐渐形成以延安为中心的敌后抗日根据地，以重庆为中心的大后方和日寇占领下的沦陷区的政治地域格局。目前，对抗日根据地的相关研究比较丰富，但对"抗战大后方红色音乐"研究领域还缺乏足够的关注。基于此，在吸取前人研究经验的基础上，本课题拟从中共党史研究角度出发，区别其他政治地域红色音乐，对抗战大后方红色音乐内涵进行界定，对相关史料开展系统的挖掘、整理和研究。

——案例：2018年，W教授，博士，国家社科基金管理学重点项目"新时代中国特色社会主义流域生态文明理论研究"。

1. 国外研究现状。国外学者很少直接提出生态文明这一概念，而大多是相近的概念和思想，且研究主线主要围绕可持续发展及绿色发展或绿色文明展开。20世纪初爆发的环境公害和污染事件，刺激着人们新的环保意识的觉醒。此后，1987年联合国环境与发展委员会发表的《我们共同的未来》中正式提出可持续发展概念，并在1992年提出人类可持续发展的新战略和新概念。Magdoff F（2011）认为，在尊重其他生命体的基础上，从经济社会生态系统整体出发促进人、自然、经济与社会的和谐统一。同时，在建设举措及其路径研究方面，相关研究主要涉及采取合理的生态指标评价体系、采用有效市场化工具（Morrison R S，2007）、采取道德话语的价值形式（Sauer T J et al.，2011）、进行制度建设（Egare A，2010）。**国外学者关于流域环境的研究实现了由关注流域生态环境保护的理论层面到提出流域生态管理治理措施的实践方面的转变。一是理论研究方面。**在对生态系统部分自我调节能力的认识的基础上，Reynolds P J（1985）强调了生态环境保护的重要性，此后学者们探索了经济活动对流域生态环境的影响（Petrov B V et al.，1993；Nienhuis P H et al.，2002）。近年来，流域生态环境保护的理论研究涉及气候变化对流域环境的影响（Kristie L E，2013）、海岸线生态保护的必要性（Burak G et al.，2013）、森林资源在流域可持续管理中的作用（Sarmila et al.，2015）等方面。**二是流域生态管理治理的实践研究。①水域管理。**水域作为流域基本组成单元，在流域可持续发展方面具有举足轻重的作用，运用合理模型进行水域管理具有重要意义（Galiulin R V et al.，2005）。**②流域资产管理。**Taeil J et al.（2013）提出，采取农业最佳管理模型，可以对流域内的有限资源进行优化管理。**③流域综合管理。**在实证研究的基础上流域生态系统可持续管理得到了高度重视，学者们提出加强流域综合治理，促进流域可持续发展（Lynch H J et al.，2008；Mohd Y K et al.，2016）。

2. 国内研究现状。学者们从不同研究视角对生态文明的内涵、特征、理论基础、实现机制等进行研究，主要集中以下几个方面：**一是生态问题产生的原因。**刘湘溶（2015）强调了“唯经济增长是问”的传统生产活动的反自然性质对生态的不利影响。此外，不合理的生产生活方式（邓玲，2015）、自然资源的不合理利用（薛纪恬，1992）也是重要因素。**二是生态文明内涵的界定。**孙要良（2013）认为，生态文明是对现代文明的补充和完善。郇庆治（2014）从哲学理论、政治意识形态、实践层面以及现代化发展语境四个方面对生态文明意蕴进行了更为细致的阐释。**三是生态文明建设的路径选择。**其主要包括生态文明生态意识的培养与思想观念的转变、消费模式转型、生态文明建设的政策选择等（赵玲，2000；张文斌等，2013；邓玲，2014）。**四是生态文明建设模式探究。**彭向刚（2015）认为，超越传统生态文明建设模式的“政府、市场与社会协同治理模式”可以有效发挥政府、非政府组织、企业、公民等各子系统的作用，实现多元化共同治理。**五是生态文明体制改革研究。**其主要包括生态文明评价体制研究、生态文明制度创新、生态文明法律制度研究（任勇等，2006；夏光等，2012；刘湘溶，2014）。随着城镇化、工业化的快速发展，流域环境污染防治压力日趋严峻，跨行政区流域环境污染问题对地区经济可持续发展、上下游地方政府以及人民之间矛盾解决及社会稳定等问题提出了严峻挑战。**国内学者从 20 世纪 50 年代就开始关注流域治理。随着研究的深化，流域生态文明建设的研究视角逐渐向流域生态治理方面转变，即积极探索流域治理与生态文明建设的理论和实践。**相关研究主要有水污染防治能力研究、生态系统管理研究（黄艺等，2009；周亮等，2013）；流域生态文明建设体制机制研究，包括水污染治理管理机制、流域合作治理机制以及流域生态补偿机制（施祖麟等，2007；尚海洋等，2017）。从 20 世纪 90 年代开始，我国开始关注经济、社会与环境协调发展问题。从 1994 年发布《中国 21 世纪议程》，到党的十七大将建设生态文明写入党代会的报告（陈洪波等，2013 年），再到党的十八大和党的十九大，生态文明的战略定位持续提升。国家先后出台150多部生态文明建设相关的政策、环境标准。目前，全国推行的河长制、湖长制等就是流域层面的生态文明体制创新，具有深远意义。

3. 相关研究述评。研究发现：（1）既有研究集中于**自然科学**领域，从**人文社科尤其是科学社会主义**视角研究对流域环境的综合性、复杂性、持续性问题关注度不够，理论研究不足。（2）以行政区域为单位的生态文明理论及实践研究较多，而流域视角的中国特色社会主义生态文明理论研究不足。（3）近年来，生态文明理论研究以及实践虽有长足进步，但新时代视角下对流域生态文明建设的**"不平衡不充分"**问题关注度不够。

——案例：2024年，L副教授，硕士，教育部人文社科高校辅导员研究专项项目"'一站式'学生社区综合管理能力跟踪评价与提升路径研究"。

（三）目前国内外研究的现状和趋势

1. 国内研究现状和趋势

"一站式"学生社区建设最早在2019年从西安交通大学等10所部属高校率先试点开始，经深化探索、扩大覆盖到全面铺开，各高校形成了具有本校人才培养特点和育人特色的做法和经验。例如，西安交通大学依托全员制住宿书院推进开展建设覆盖全年级的学生社区，着重解决党建和思政全程融入问题。浙江大学聚焦低年级本科学生社区建设，构建"空间-主体-服务-技术"相融合的四重机制。复旦大学依托住宿书院推进"一站式"社区建设，书院是学校第二课堂。厦门大学和东北大学以社区功能型党组织为抓手，通过建立实体机构统筹社区建设，提升整合效应。华南理工大学依托"现代书院制+全员导师制"，着力构建"三全育人"新格局。随着模式建设在各高校全面铺开，关于"一站式"学生社区综合管理模式的研究逐渐增多，学者们也从不同角度对该模式进行了深入研究。目前主要体现在如下三个方面：

一是对"一站式"学生社区综合管理模式的概念、内涵和特点的探讨研究。周远等（2021）从内涵生成、结构要素和现实意义三个方面剖析了"一站式"学生社区综合管理模式。韩东（2022）指出，"一站式"学生社区综合管理模式的价值意蕴主要体现在成为党建引领的主阵地和完成立德树人任务的关键平台。一些高校通过设立学生社区服务中心、建立学生社区党组织、开展丰富多彩社区活动等方式积极探索和实践"一站式"学生社区综合管理模式。

二是关注"一站式"学生社区综合管理模式在具体场景中的应用情况研究，以学生为中心，整合学校各方资源，提供一站式服务是"一站式"学生社区的主要特点。郝彩娟等（2023）以西安欧亚学院为例，提出围绕"以学生为中心"的理念，实现从招生开始到校友管理等一系列全生命周期场景化服务，为学生学习和生活提供一体化的综合服务。李敏（2022）提出"党建引领社区-空间有机融合-多元主体协同-提升治理效能-加强文化浸润"的"五位一体"工作机制，是优化"一站式"学生社区综合管理实践和协同育人的路径。

三是对“一站式”推进过程存在的问题进行分析，并提出可行的解决举措的研究。林东东等（2022）通过分析“一站式”学生社区建设过程中面临的主要问题，并从育人力量、工作模式、治理理念、社区功能以及路径等方面提出解决的对策，以此打通三全育人“最后一公里”。陈南菲等（2022）基于“自我同一性”理论视角出发，探索学生社区建设发展困境，强调在学生社区建设过程中要重视学生发展目标、凝聚队伍合力以及搭建信息化平台三个方面，以此全方位推进学生社区建设步伐。吴桂林（2023）从分析育人理念共识不强、党建工作引领力度不够、社区治理效能不足等问题提出需要通过“一站式”学生社区育人理念凝聚、党建工作盘活、信息技术赋能等方式提升高校学生社区基层治理水平，打造新时代高校版“枫桥经验”。卢意等（2023）提出，强化党建引领-完善育人体系-强化部门联动-发挥朋辈作用-增强主体参与是解决应用型高校“一站式”社区建设困境的主要路径。此外，已有研究关注“一站式”学生社区综合管理模式在新技术、新环境下的创新应用研究，如利用大数据、人工智能等技术手段提升服务质量和效率，构建更加智能化、个性化的学生社区。

2. 国外研究现状和趋势

在国外，虽然没有直接使用“一站式”学生社区综合管理模式这一术语，但类似的学生服务模式和实践却广泛存在。许多高校通过构建学生服务中心、提供“一站式”服务等方式，满足学生的多样化需求。国外的研究主要集中在学生服务体系的完善、学生社区文化的建设以及学生参与社区治理等方面。其注重通过优质的服务和丰富的活动，营造积极向上的社区氛围，促进学生成长和发展。

3. 研究动态评述

通过文献梳理我们发现，在国外，学生社区管理及其评价体系的研究起步较早，已经形成了相对成熟的理论体系和实践经验。和国际上的研究相比，现阶段国内研究成果主要集中在关于“一站式”学生社区综合管理模式建设、育人方面，具体体现在模式建设的机制探索、应用成果的推广和信息化赋能社区建设等，但对构建“一站式”学生社区综合管理能力评价体系方面的研究目前还未引起人们关注，仍存在研究空白。事实上，随着“一站式”学生社区综合管理模式建设在全国高校全面铺开，如何提升社区管理能力、如何有效评价势必成为影响“一站式”学生社区综合管理模式建设高质量发展的关键因素。因此，本课题选择从怎么评价“一站式”学生社区管理能力出发，围绕“构筑学生党建前沿阵地、建设‘三全育人’实践园地、打造智慧服务创新基地、争创平安校园样板高地”考察高校“一站式”学生社区综合管理模式建设成效，通过数据分析，并融入整体性治理理论，尝试构建以“四地”维度为评价内容的“一站式”学生社区综合管理能力评价体系，跟踪学生社区实施效果，并提出优化路径。

3. 与国家社科基金同类项目比较

（1）已立项同类项目检索与比较

第一步：拆解关键词。申请者可以从选题中拆解出 2~3 个最具代表性的关键词。

第二步：检索立项库。申请人通过关键词在国家社科基金立项选题数据库中进行检索，找到历年立项选题中含有相关关键词的选题。

第三步：比较差异性。申请人通过图表对检索出的相关选题进行数量梳理和内容呈现，从已立项相关选题中概括出具体的研究视角、研究对象、研究内容和研究方法等。

第四步：落脚独特性。申请人对已立项同类项目的筛选和比较，目的在于向评审专家说明选题独特的研究视角和研究价值。

（2）部分案例

——案例：2021 年，G 教授，博士，国家社科基金党史·党建一般项目“党建引领基层应对重大传染病的历史考察与基本经验研究”。

1. 国家社科基金已立同类项目进展分析

笔者通过检索国家社科基金已立项目，以“党建引领”“基层”“传染病”为关键词，得到 1996 年以来相关立项共 35 项（见图 1），**其中专门针对基层重大传染病治理的研究仅有 3 项**，分别为“乡村疫情防控的中国经验与基层治理体系优化研究”（20XGL020）、“城市社区重大传染病疫情协同防控机制研究”（20BSH046）、“复杂社会网络下突发传染病演化机理与协同防控对策研究”（18BGL229），均**未聚焦中国共产党领导基层应对重大传染病的整体性、演进性研究**。按组合关键词“党建引领+基层”搜索**仅有 2 项立项选题**（见图 2），按组合关键词“党建引领+重大传染病”搜索**没有相关立项选题**。

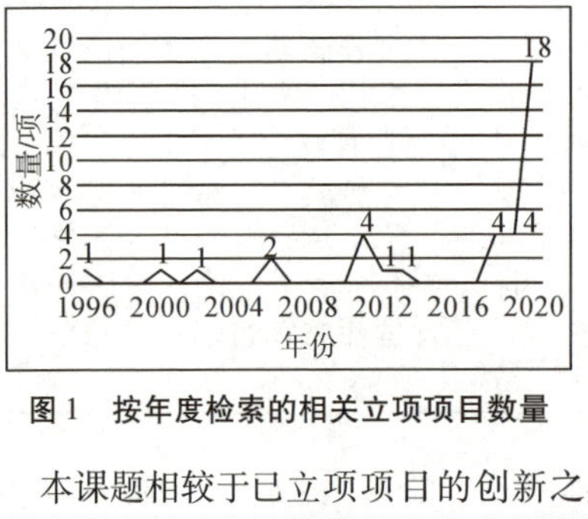

图 1　按年度检索的相关立项项目数量

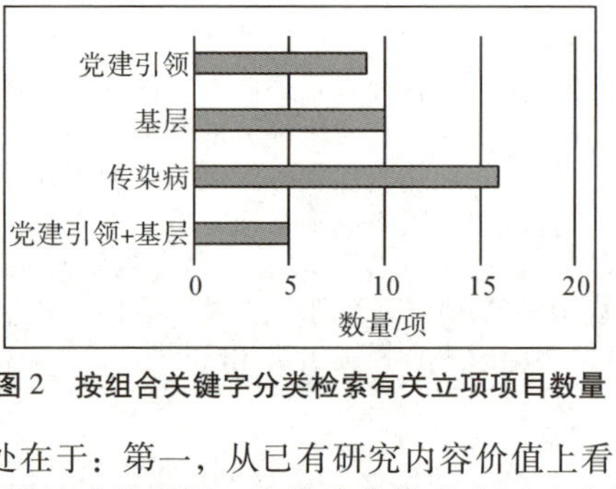

图 2　按组合关键字分类检索有关立项项目数量

本课题相较于已立项项目的创新之处在于：第一，从已有研究内容价值上看，基层有效应对重大传染病是未来疫情防控常态化的关键，也是建成健康中国、平安中国的核心，研究价值不言而喻。第二，**从已有选题视角借鉴上看，**以“党建引领”为视角，从社会史维度将基层应对重大传染病作为专门领域开展深入系统研究，并将其置于百年时间轴的整体研究中，意义重大。

——案例：2021 年，J 副教授，博士，国家社科基金管理学一般项目“退役军人有序参与应对突发公共事件的激励机制优化研究”。

1.3 国家社科基金已立同类项目情况

在国家社科基金项目数据库中，以“退役军人”“社会动员”“突发公共事件”“有序参与”为关键词进行检索，共有 91 个项目，其中相关度较高的四项课题情况见表 1。

表 1　国家社科基金相关已立项项目情况统计

项目名称	学科/年份	当前研究进展
转型期我国志愿者组织的社会动员研究	社会学 2011	1. 揭示志愿者组织社会动员的基本脉络和机制； 2. 从政府社会、志愿者组织和个体层面提出建议
系统视角下自然灾害应急救助的公众有序参与机制研究	管理学 2017	1. 分阶段公众有序参与途径； 2. 提出有序参与的评判标准，评价典型案例参与效率
退役军人权益保障体系研究	管理学 2018	1. 退役军人再就业权益保障机制； 2. 退役军人培训教育权益保障制度完善
国家应急管理体系与国防动员体系协调对接研究	管理学 2020	确立两大体系高效运行的程序、机制及配套法规制度，解决体系分割、力量分散、重复建设等问题

本课题以党的十九届五中全会思想为指导，从应急能力提升和退役军人帮扶的层面，探讨退役军人有序参与突发公共事件的激励机制优化问题，在研究对象、方法思路等方面较已有的立项选题有新的拓展和细化。

——案例：2021 年，W 教授，博士，国家社科基金党史·党建一般项目“抗战大后方红色音乐史料整理与研究”。

1. 本课题相对于国家社科基金已立项同类项目的新进展

近年来，国家社科基金已立项的同类项目共 14 项（见表 1），主要集中在党史·党建、马列·科社和艺术学三个学科，分别为 4 项、2 项和 8 项。

表 1　国家社科基金相关已立项项目情况统计

学科分类	项目名称
党史·党建	中国抗战美术史研究（17DBJ015）、中国抗战漫画研究（1934—1945）（17BDJ065）、中央苏区红色歌谣整理与时代价值研究（17BDJ067）、中央苏区红色漫画整理与研究（19BDJ070）
马列·科社	中央苏区红色歌谣与文化自信重塑研究（17XKS007）、中国革命音乐传播史（18BKS128）

表1(续)

学科分类	项目名称
艺术学	抗战民歌民谣与中华民族精神塑研究（15CA120）、我国抗战美术精神及其当代价值研究（16BF091）、战时陪都重庆的音乐研究（1937—1945）(16CD158)、抗战时期大后方报纸美术副刊研究（17BF100）、延安鲁艺红色音乐文化研究(19BD051)、中国红色音乐文化传播研究（20ZD17）、近代江西红色音乐文化及其历史语境研究（20BD065）、中央苏区红色音乐口述史研究（1927—1934）(20BD067)

党史·党建学科对抗战时期红色文艺的研究总体趋弱，且主要集中在“中央苏区”的“美术”“漫画”“歌谣”等方面，并未涉及“抗战大后方红色音乐”研究领域；马列·科社学科近两年则无相关研究项目立项；艺术学学科对红色音乐研究的热度持续上升，但重在研究其艺术价值和文化传播。**相对于已立项的同类项目，本课题研究注重历史真实和艺术真实的高度统一，用音乐视角生动再现抗战大后方中国共产党的光辉历史和不朽功勋。**

——案例：2023 年，Z 副教授，博士，国家社科基金哲学社会科学规划项目“中缅边境‘驻村干部’助推稳边固边兴边的路径优化研究”。

1. 相对于国家社科基金已立项同类项目的新进展。对已立项的国家社科基金项目检索分析结果显示：①关于“驻村干部”的研究共有 6 项，其关注点为乡村振兴背景下的驻村干部角色与实践机制；②关于“兴边富民”的研究共有 11 项，其关注点为开放政策、文旅融合以及碳达峰对兴边富民的影响；③关于“边疆治理”的研究共有 59 项，聚焦人权发展、民族交融、民族共同体以及国家安全等问题。已立项同类项目鲜有聚焦具体区域研究“驻村干部”助推稳边固边兴边问题的应用对策研究。

本课题拟实现的新进展主要有：①**聚焦分析**“中缅边境”村落“驻村干部”助推稳边固边兴边的**优化路径**，解决我国面临的重大边疆治理现实问题；②**系统探讨**中缅边境村落“驻村干部”助推稳边固边兴边面临的**现实困境与制约因素**，科学提出路径优化方案；③**深入挖掘**“驻村干部”在边境地区推进开展稳边固边兴边工作的**内在机制和重大价值**，为国家发展战略提供有力支持。

4. 独到的学术价值和应用价值

(1) 撰写要点

①何为独到：独一无二，独树一帜，人无我有，人有我优，人优我特。

②学术价值（理论价值）：理论价值是指课题研究成果对学术理论（马克思主义理论、习近平新时代中国特色社会主义思想、思想政治教育

理论等）和学科发展（思想政治教育学科）的贡献和影响，即在学术领域产生的知识价值。学术价值可以从以下三个视角展开：

视角 1“原创性”：研究成果对理论有新的发展、新的阐释，提供新的模式、新的机制，能够大大拓展相关学术研究的知识边界，丰富理论内涵。

视角 2“系统性”：研究成果通过对既有理论的丰富、补充、完善、深化、重构，推动理论研究更聚焦、更精准、更具体、更深入，提升理论的完整性和系统性，为学术理论研究提供更加全面科学的理论框架。

视角 3“发展性”：研究成果具有广泛的理论适用性和指导性，具有学科研究前瞻性，在实践中被有效验证，能够有效实现对现实问题的指导。

③应用价值（实践价值）：应用价值是指课题研究成果对现实问题解决（思想政治理论课教学、爱国主义教育、理想信念教育、社会主义核心价值观教育、三全育人、“大思政课”建设、五个思政、十大育人体系、思政教师队伍建设、辅导员素质能力提升等）具有重要启示，发挥积极作用，能够促进高校立德树人目标的实现。应用价值概括起来也有以下三个视角：

视角 1“落实国家战略”：对推进国家战略的落实价值。

视角 2“执行政策参考”：对部门政策执行的参考价值。

视角 3“形成示范推广”：对典型经验做法的推广价值。

（2）部分案例

——案例：2016 年，L 副教授，博士，国家社科基金教育科学规划项目“少数民族优秀传统文化融入高校思政教育研究——以贵州高校为例”。

本课题相对已有研究的独到学术价值：目前，思政教育中传统理论灌输式的教育方式和以往一些生涩难懂的知识已经不能满足高校思想政治教育要求，必须进行行之有效的教学改革和实施多元化的教育方式。在校园内营造民族传统文化氛围、组织专题化的教育内容、实施混合式和实践式的教学方式以及多元化的课程考核方式来增强大学生对民族的认同感、自豪感，增强民族的凝聚力，弘扬民族精神并提高大学生学习思政理论的兴趣，才能增加大学生对本民族和外民族的了解，使大学生在文化多元的背景下接受思想政治教育，进而促使大学生更加爱党、爱国、爱人民、爱家乡，使高校思政教育“内化为精神追求，外化为实际行动”。

> **本课题的应用价值在：**党的十八大报告中提出“建设优秀传统文化传承体系，弘扬中华优秀传统文化”。习近平总书记在十二届全国人大一次会议闭幕会上发表重要讲话，表示实现中国梦必须弘扬中国精神。这就是以爱国主义为核心的民族精神，以改革创新为核心的时代精神。这种精神是凝心聚力的兴国之魂、强国之魂。高等学校是传播先进文化、培养社会主义建设者和接班人的重要阵地。高校通过教育教学改革把各民族优秀传统文化融入高校思想政治理论课教育教学，使民族精神“进教材、进课堂、进学生头脑”，使以爱国主义为核心的民族精神真正成为高校育人之本、兴校之基、办学之魂。2002 年，贵州省教育厅、贵州省民宗委联合下发了《关于在我省各级各类学校开展民族民间文化教育的实施意见》，提出贵州普通中小学，特别是民族地区中小学应将优秀民族民间文化作为素质教育的内容，将当地各族人民喜爱的民族民间音乐、绘画、舞蹈、体育、文学、传统手工艺制作等引进教学活动中。不通晓汉语的民族聚居地区要坚持“双语”教学，有条件的地方应将“双语”教学逐步提前到学前教育阶段实施。有条件的高等院校应开设民族民间文化课程，培养民族民间文化的专门人才。本课题希望在此背景下运用各民族优秀传统文化进行大学生思政教育，增强大学生对民族的认同感、自豪感，增强民族的凝聚力，为中华民族伟大复兴贡献一份力量。

——案例：2020 年，W 教授，国家社科基金党史·党建重点项目“健全党组织领导的乡村治理体系研究”。

> 1.2 本课题相对于已有研究的独到学术价值和应用价值
>
> 1.2.1. 学术价值：（1）本课题以健全党组织领导的乡村治理为主题，着重研究如何构建和健全乡村治理体系，**力求催生我国乡村治理的体制机制研究成为一个系统化的理论。**（2）本课题通过对新时代乡村治理的内涵及关系进行系统学理阐述，将以更加开放的思维推进社区发展治理，**健全自治、法治、德治相结合的乡村治理体系**，注重发挥社会组织等作用，提供更精准、更优质的服务，提升社会参与发展治理的积极性和创造力。
>
> 1.2.2. 应用价值：（1）本课题将集合乡村治理现实的痛点、难点和忽略点，促进基层政府在健全乡村治理体系过程中抓住政治体制创新这个重点，为乡村全面振兴保驾护航。（2）本课题将强化党组织领导的乡村治理针对市场的应变能力，强化乡村治理的内在发展动力，健全乡村基层政府的服务机制，推动农业农村现代化。（3）本课题推进健全党组织领导的乡村治理体系的社会建设体制机制创新，优化利益格局，再造社会治理的微观主体，创新社会体制的运行方式，积极推动社会创新、城乡融合发展和乡村振兴的体制机制创新。（4）本课题推进健全党组织领导的全乡村治理体系的生态文明建设体制机制创新。

——案例：2020 年，W 教授，博士，国家社科基金民族学一般项目“边疆治理视角下傣族的国家向心力研究”。

> **（二）本课题相对于已有研究的独到学术价值和应用价值**
>
> **1. 学术价值。**(1) 本研究结合边疆治理和民族团结目标，对傣族及代表性群体的民族国家向心力规律性分析描述，可以拓展和丰富边疆具体民族群体国家向心力理论研究框架。(2) 本研究借助政治地理学、民族生态学、民族文化学等多学科交叉融合，有助于推动“边疆民族生态政治学”等边缘交叉新兴学科理论框架逐步形成良好的学术价值。
>
> **2. 应用价值。**(1) 傣族各群体世居中国西南边疆，现分布在两个自治州及多个地区。傣族及代表性群体的国家向心力研究，是落实习近平总书记关于民族团结进步和边疆治理讲话的具体实践。(2) 系统深入挖掘傣族及代表性群体对民族国家向心力之优秀元素，精准施策，是有效巩固和强化傣族人民对多民族国家认同的重要途径，也为民族边疆治理工作提供借鉴。(3) 从边疆治理视角来看，对傣族及代表性群体国家向心力研究，为推进云南和其他省（自治区、直辖市）民族团结示范区建设提供有益的资政参考。

——案例：2023 年，F 教授，博士，国家社科基金高校思政课研究专项项目“工匠精神挖掘活化与融入‘新工科’课程思政路径研究”。

> **（二）本课题相对于已有研究的独到学术价值和应用价值**
>
> **1. 学术价值：①从文化强国的视角出发，**深度挖掘和系统梳理大国重器工匠精神的案例资源，彰显中国工程教育文化自信，解析工匠精神对科技创新行为产生的驱动机理。**②从工程教育的视角出发，**阐释培养大国工匠对教育强国建设的支撑机理，拓展“新工科”建设的价值内核，为健全卓越工程师培养体系、优化工程教育认证提供学理支撑。**③从课程思政的视角出发，**聚焦透视“新工科”建设对课程思政的需求图景，厘清工科专业各课程群组对工匠精神培育的联动机理。
>
> **2. 应用价值：①响应习近平总书记“弘扬工匠精神”要求，**赓续中国共产党人的精神谱系，为国家“高水平科技自立自强”提供新动能。**②顺应教育强国、科技强国、人才强国国家战略，**为培养多元化、创新型卓越工程人才提供有益借鉴。**③回应教育部“新工科”建设创新诉求，**突出专业课程教学育人导向，以工匠精神感召时代新人，以课程思政赋能工程教育，探索由“工程教育大国”走向“工程教育强国”的创新路径。

三、研究内容

1. 研究对象

（1）定义解析

研究对象是科学研究过程中要认识的客体，是社科各类项目拟定选题的关键要素，是申请人要探究、分析、解释或描述的具体的人、事物、组织、现象或问题等。研究对象可以是单个的，也可以几个或是成千上万个。精确抓取和准确界定选题的研究对象，对社会科学研究至关重要。从这个意义上讲，研究对象不仅是思政社科研究的逻辑起点，更是思政社科选题的出发源点。研究目标既是课题瞄准的靶心，又是问题破解的靶向，要看准，要找准，要瞄准，更要一击即中。有一个形象的比喻，如果把思政社科选题比作“10 000”，那么研究对象就是最前面的“1”。在思政社科选题中，如果没有研究对象，那么课题的研究无异于无的放矢、无中生有；如果有很多个研究对象，那么课题的推进无疑会异常混乱。

（2）研究对象的五种类型

①以“人”为研究对象。“人”是人类社会最重要的行为主体，也是各种社会组织形成的基础。人是思政社科选题最常见、最受关注的研究对象。人的研究既包括个体的思想、心理、行动层面的研究，也包括群体性和组织性层面的研究。例如，思政课教师、青年教师、港澳台侨学生、内地高校港澳学生、来华留学生、思政课大先生、少先队辅导员、边疆大学生、军校学员、留守儿童、网络“愤青”、“Z 世代”、师范生、青少年等。

②以“物”为研究对象。“物”是人以外的具体物品，具有物体层面的特征和社会层面的特征，通常包括有形的物品和无形的物品。在思政社科选题中物的范围十分宽泛，可以是各类学校、学科、专业、课程，也可以是思想政治教育的新内容、新载体、新技术、新方法、新路径。例如，习近平新时代中国特色社会主义思想概论、中外合作办学高校、民族地区

高校、地方应用型高校、西北民族高校、军队院校、民办高校、高职院校、涉农高校、体育院校、理工类专业、美国自媒体、国产动画、西方慕课、革命文化短视频、生成式人工智能、虚拟教研室、主旋律电影、红色文化、社会工作、大数据、智媒体等。

③以“事”为研究对象。“事”是对人的思想观念和行为养成产生一定影响的社会事件。以“事”为研究对象其实不分事大事小，只要是对人的思想行为确实产生影响的事都可以成为思政社科选题的研究对象。事既可以是具有全国甚至世界影响的重大事件，是具有区域或行业影响的偶然事件，也可以是短时间迅速登上热搜的网络事件。例如，建党百年、改革开放40周年、新冠疫情、大中小思政课一体化、网络舆论引导、数字素养提升、奋斗幸福观培育、劳动价值观培育、国家安全素养提升、国防教育、风险教育、心理教育等。

④以“理”为研究对象。“理”是对理念、规律、原理、思想、理论的研究，包括新观点的提出、新理论的阐释、新思想的宣贯、新战略的实施、红色精神的弘扬、红色文化的传承、红色基因的赓续、红色品格的涵育、经典理论的创新发展。例如，习近平新时代中国特色社会主义思想、习近平强军思想、习近平文化思想、习近平生态文明思想、习近平法治思想、中国式现代化理论、海洋强国战略、中华民族共同体理论、人类命运共同体理念、人类文明新形态、工匠精神、科学家精神、教育家精神等。

⑤以“模式”“机制”“行为”为研究对象。“模式”是介于理论和实践之间的中介环节，是思想政治教育主体行为的一般方式，是对教育主体与教育对象之间关系规律的总结，具有一般性、简单性、重复性、结构性、稳定性、可操作性的特征。“机制”是指思想政治教育各要素之间的结构关系和运行方式。“行为”是指思想政治教育的教育主体或教育对象的各类表现和行动。例如，思政课名师工作室运行模式、思政课线上线下混合式教学模式、学校-家庭-社会协同育人机制、思政课虚拟现实技术应用模式、校地共建红色文化育人模式、思政课一体化大数据评估检测模式等。

（3）部分案例

——案例：2016 年，L 副教授，博士，国家社科基金全国教育科学规划青年课题“少数民族优秀传统文化融入高校思政教育研究——以贵州高校为例”。

> （一）研究对象
> 本课题的研究对象为少数民族优秀传统文化中的思政教育元素和方法路径。

——案例：2020 年，W 教授，博士，国家社科基金民族学一般项目“边疆治理视角下傣族的国家向心力研究”。

> 本课题**以世居我国西南的傣族及代表性群体为研究对象**。因族群概念含义丰富，本课题中选用群体概念，综合考虑语言差异、跨境文化影响、支系传统、历史分布以及现行政区划等因素，聚焦**五类典型傣族群体**，具体为西双版纳州内傣族（33.47 万人）、德宏州内傣族（24.984 万人），金沙江河谷傣族（约 4 万人）、花腰傣（约 15 万人）和居住在普洱、临沧等多个州（市）的傣族（约 48.67 万人）。

——案例：2021 年，J 副教授，博士，国家社科基金管理学一般项目“退役军人有序参与应对突发公共事件的激励机制优化研究”。

> 本课题的研究对象是参与应对突发公共事件的退役军人，特别是自主择业、复员、退休等非计划方式安置的退役军人。退役军人在服役期间形成了能够承担急难险重任务的军事人力资本，是国家应对突发公共事件时难得的专用性人才。然而，退役后由于组织、职业、地域等方面的转变，军事人力资本向社会转化的渠道不够畅通，无从发挥应有的价值。因此，有必要研究如何通过激励机制优化，吸引和保留退役军人有序参与应对突发公共事件。

——案例：2021 年，W 教授，博士，国家社科基金党史·党建一般项目“抗战大后方红色音乐史料整理与研究”。

> 本课题的研究对象为抗战大后方的红色音乐。具体包括：①时空对象。“抗战大后方”是指 1931—1945 年，“国统区”的重庆、四川、云南、贵州、广西等地。②本体对象。“红色音乐”是指中国共产党人创作和传播、领导和影响的抗战音乐及其活动，主要包括其形成和扩散各个环节发挥作用的人、事、物，如音乐作品、音乐人物、音乐活动、音乐组织和机构等。

——案例：2023 年，F 教授，博士，国家社科基金高校思政课研究专项项目“工匠精神挖掘活化与融入‘新工科’课程思政路径研究”。

> 本课题研究对象为“大国重器工匠精神融入‘新工科’课程思政”，具体分为：①对象领域，即大国重器，主要选取航空航天、国防军事、先进装备、交通运输、超级工程等领域。②对象内容，指工匠精神，即爱党报国、敬业奉献、执着专注、精益求精、追求卓越的宝贵品质。

2. 主要目标

（1）定义解析

主要目标是选题对研究对象、总体框架、重点难点逐渐明确清晰后，最终需要解决什么问题或达到什么终极目标。在课题研究中起支配作用和决定作用的目标，决定和影响着其他子目标的存在和发展方向。主要目标既是以课题研究的聚焦问题为起点，又是以课题研究的目的标准为终点。课题研究目标可以是“总分式”，即一个总目标，再细分为若干个并列的子目标（目标一、目标二、目标三）；也可以是“并列式”，即不罗列总目标，直接分为理论目标和应用目标来进行阐述。

假如我们要研究的选题是“参加国家奖学金评比答辩”，研究对象是“国家奖学金答辩”，而主要目标是“成功拿到国家奖学金”。为了更好地实现总目标，我们需要逐步分解成若干个子目标（分目标），比如“研读评选标准”“选取展示素材”“制作答辩材料”“练习演讲表达”“整理服装仪表”等。

（2）撰写要点

①目标要清晰具体。研究目标的表述要清晰、简洁和具体，切忌模糊、冗长和抽象。目标定才能心定，心定才能专注行动。抽象模糊的目标无法拆解、无法定位、无法量化、无法执行，清晰明确的目标可以拆解、可以定位、可以量化、可以执行。

②目标要多维呈现。研究目标可以立足多个服务面向视角，除实现学术领域的创新以外，还可以支撑学科建设、赋能人才培养、助力政府决策、提供示范推广。

③目标要有可操作性。研究目标要能通过具体的方法和步骤进行推进。

④目标要有可实现性。研究目标既不能唾手可得，更不能遥不可及。

⑤目标要与价值呼应。研究目标要与研究价值前后呼应，目标是价值的具体化。

⑥目标表述高频词汇。研究目标通常会用到探索、揭示、解释、梳理、阐释、总结、厘清、构建、缓解、促进、驱动等关键词汇。

（3）部分案例

——案例：2016 年，L 副教授，博士，国家社科基金全国教育科学规划青年课题“少数民族优秀传统文化融入高校思政教育研究——以贵州高校为例”。

> **主要目标：**本项目坚持理论联系实际的方法，对少数民族传统文化在当代大学生思想政治教育中的价值进行剖析，深刻认识少数民族传统文化的精华与糟粕，透视当今大学思想政治教育中的问题，以此实现二者的完美结合。本项目通过在校园内营造民族传统文化氛围、专题化教育内容、混合式和实践式的教学方式、多元化课程考核方式，将民族优秀传统文化融入高校思政教育，来增强大学生对民族的认同感、自豪感，增强民族的凝聚力，弘扬民族精神并提高大学生学习思政理论的兴趣，培养社会主义建设者和接班人，为中华民族伟大复兴贡献一份力量。

——案例：2021 年，J 副教授，博士，国家社科基金管理学一般项目“退役军人有序参与应对突发公共事件的激励机制优化研究”。

> 本课题围绕如何通过激励机制优化来吸引退役军人有序参与突发公共事件，探讨激励机制发展现状、优化目标和实施路径，为提升应急能力提供理论和实证参考。
>
> **①学术目标。**基于专用性人力资本理论、有序参与理论和应急管理理论，构建退役军人有序参与突发公共事件的理论框架。
>
> **②应用目标。**根据调研结果和实际需求，提出退役军人有序参与应对突发公共事件激励机制优化的政策建议。

——案例：2022 年，T 副教授，博士，国家社科基金法学一般项目“生态环境大数据主权安全与智慧化法律保护机制研究”。

> **1. 理论目标：**①构建生态环境大数据主权安全的理论研究分析框架。对国家安全观的治理理念、数据域外管辖权、数据出境风险管理制度进行系统性理论阐释，为破解国家主权安全困境提供理论支撑。②探索智慧化角度下生态环境大数据主权安全法律保护机制。阐释“数据主权安全-智慧化应用-法律保护”的机制框架。
>
> **2. 实践目标：**①建构生态环境大数据主权安全与智慧化法律保护实现路径，优化现存智慧化数据应用和数据主权保护体制机制的法律保障体系。②从智慧化角度创新生态环境大数据主权安全的法律保护体制，促进国家数据主权保护的高质量发展。

——案例：2023 年，Z 副教授，博士，国家社科基金哲学社会科学规划项目“中缅边境‘驻村干部’助推稳边固边兴边的路径优化研究”。

> **主要目标**是力图梳理总结出边疆地区“驻村干部”助推稳边固边兴边的作用机制和优化路径。具体分为：①理论上，尝试阐释厘清“驻村干部”助推稳边固边兴边的“一核二元”运行机制。②应用上，寻求和总结制约中缅边境村落“驻村干部”助推稳边固边兴边路径优化的关键因素，为边境地区“驻村干部”的工作开展提供指导方案。

——案例：2024 年，Z 讲师，学士，教育部人文社科高校辅导员研究专项项目“文化认同视角下高校台籍学生中华民族共同体意识路径研究”。

> 研究目标
>
> **1. 系统解读历史传统文化内涵，促进台籍学生客观认识了解。**本项目旨在面向大陆台籍学生系统解读历史传统文化，促进台籍学生对大陆传统文化、民族文化有更加深入的认识与了解，进而更好地推动两岸关系交往交流交融，更有效地培育台籍学生的中华民族共同体意识。
>
> **2. 把脉台海问题新变化新形势，与台籍学生达成心灵上契合。**大陆高校台籍学生是大陆与台湾情谊的重要联结，是大陆与台湾友好往来的“重要使者”。因此，本项目旨在对台籍学生进行严谨的调研和分析，精准了解台籍学生的真实需求与现实困境，进而更好地与台籍学生达成心灵上的契合。
>
> **3. 积极构建台籍学生培育路径，致力贡献学术力量和实践力量。**本项目通过定量和定性相结合的方式，从文化认同视角进行科学评估，引导台籍学生深入研究和理解历史文化，促进高校台籍学生全面发展，为推动两岸关系和平发展、实现祖国完全统一贡献学术智慧和实践力量。

——案例：2024年，L教授，硕士，教育部人文社科高校辅导员研究专项项目“‘一站式’学生社区综合管理能力跟踪评价与提升路径研究”。

本课题研究目标之一是探索高校教育治理能力和治理体系现代化建设新途径；**目标之二**是为教育强国建设提供人才培养创新路径，为高校创新育人理念和学生工作模式提供思路；**目标之三**是跟踪评价“一站式”学生社区管理实施效果，以更好地识别“一站式”学生社区在建设管理过程中的短板和问题；**目标之四**是通过提出切实可行的提升路径，更好地推动“一站式”学生社区建设高质量发展。

3. 总体框架

（1）定义解析

总体框架可以理解为整个课题研究内容的总体设计框架，是课题研究的顶层设计和战略推进，也是课题研究内容的基本盘。很多人从字面上将其解读为“框图”，认为应该是用一张图或几张图呈现框架，这是错误的。“总体框架”实际上就是课题研究的内容构架，分模块、分层次设计研究内容的过程，是对研究过程的一种系统化、结构化的规划。在整个研究过程中，研究框架能够帮助研究者清晰地把握研究的思路和方向，确保研究的科学性和系统性，降低研究的困难度和复杂性，起着十分关键的作用。通常，思政社科申请书的总体框架分为5~6个部分，一般用文字阐述的方式围绕每个部分的要点主题句分层阐述，且各部分之间有严密的逻辑关联。

（2）呈现形式

研究框架通常有两种呈现方式——提纲式框架与目录式框架。

提纲式框架概括叙述课题研究内容纲目和要点，提纲挈领地写出研究的主要内容，而不是把研究的细节内容全部呈现出来。

目录式框架揭示和定义课题研究的全部内容和层次关系，类似著作前的章节目的表述。比较而言，目录式框架对申请人的学术功底要求更高，申请人必须要对研究的全部内容细节清楚明确，要修炼较为深厚的学术内功，要对整个研究成果撰写精准把控、游刃有余。

（3）撰写要点

总体框架的撰写要关注每个内容模块之间的系统性、逻辑性、层次性和简洁性。系统性就是研究框架中所有内容都是一个整体，围绕着研究问题的解决；逻辑性就是研究框架的内容与内容之间并非随意安排，而是具有内在的逻辑关系；层次性就是虽然研究框架某一模块中会有内容要素的平行罗列，但是整体上看，模块与模块的内容还是呈现出围绕主题的分层推进和逐层深入；简洁性就是研究框架撰写切忌长篇大论、冗词赘句，要简明扼要、言简意赅，无须过多具体描述和局部细节拓展。总体框架撰写要求如下：

第一，不多不少，即内容模块不宜过多，段首主题不能少。

第二，不长不短，即每段篇幅不宜太长，学术话语不漏短。

第三，不深不浅，即逻辑层次不宜太深，点到为止不纠缠。

第四，不粗不细，即内容描述不宜太细，重点突出不粗略。

（4）部分案例

——案例：2016 年，L 副教授，博士，国家社科基金全国教育科学规划青年课题“少数民族优秀传统文化融入高校思政教育研究——以贵州高校为例”。

总体框架：

一、贵州少数民族优秀传统文化的育人资源

1. 贵州少数民族建筑文化蕴含的思想政治教育资源
2. 贵州少数民族服饰文化中蕴含的思想政治教育资源
3. 少数民族节日文化中蕴含的思想政治教育资源
4. 少数民族婚恋文化中蕴含的思想政治教育资源

二、少数民族优秀传统文化融入高校思政教育的重要意义

1. 培育大学生的文化自觉性，增强他们的民族文化认同感和民族归属感的必然要求
2. 帮助大学生树立正确的人生观、价值观和世界观的重要环节
3. 拓宽大学生的学习视野的有效途径

三、当代大学生思想政治教育中存在的问题分析

1. 当代大学生思想政治教育、教学中存在的问题
2. 分析思政教育、教学方式现状与原因
3. 分析思政教育考核方式现状与原因

四、少数民族优秀传统文化融入高校思政教育的改革方案

1. 高度重视少数民族优秀传统文化教育进校园、进课堂工作
2. 少数民族优秀传统文化融入高校思政教育内容改革方案
3. 少数民族优秀传统文化融入高校思政教育、教学方式改革方案
4. 少数民族优秀传统文化融入高校思政教育的多元化考核方式改革方案

——案例：2020年，W教授，博士，国家社科基金民族学一般项目“边疆治理视角下傣族的国家向心力研究”。

> **1. 历史溯源：傣族代表性群体对王朝国家向心力历史追溯**。运用历史分析法、文献研究法、心理研究法，适度**参考支系因素**，对现居住于西双版纳自治州，德宏自治州，普洱、临沧、大理、玉溪等州（市），花腰傣，金沙江河谷五个傣族群体历史上的国家向心力（心理、行为）表现、曲折、强化过程进行描述；坚持唯物辩证法和唯物史观分析傣族代表性群体国家向心力历史发展中的个性和共性。
>
> **2. 理论探幽：傣族国家向心力与边疆治理关系**。以习近平总书记关于民族、边疆以及多民族国家认同重要论述为理论指导，借鉴中外相关理论，在分析傣族国家向心力强化必要性、可行性的基础上，用价值分析法重点论析傣族民众国家向心力巩固强化，对增强傣族民众的民族国家认同，实现边疆治理目标，促进边疆各民族团结进步、区域协调发展等方面的重要价值及作用机制。
>
> **3. 现实考察：傣族代表性群体民族国家向心力的现状调查**。运用利益分析法、历史分析法、田野调查法、心理研究法，使用问卷、访谈，结合已有文献研究，对五个傣族代表性群体民族国家向心力现状（结合傣族民众心理、行为表现）进行描述，探究傣族代表性群体国家向心力发展变迁机制；对五个傣族代表性群体国家向心力现状可能之历史原因进行描述。
>
> **4. 困境分析：边疆治理视角下傣族及代表性群体国家向心力现实困境与挑战。**运用历史分析法和文献研究法，对现阶段制约傣族及代表性群体国家向心力强化的因素进行历史分析和描述；运用价值分析法、田野调查法和统计方法，对对象群体田野调查中民族国家向心力制约因素进行梳理，分析傣族民众国家向心力建设存在的困境与挑战。
>
> **5. 解决路径：边疆治理视角下傣族及代表性群体国家向心力提升路径与建议。**按照历史唯物主义原理，遵循习近平总书记关于民族团结、边疆治理、国家认同相关重要论述，结合国家治理体系和治理能力现代化目标，运用利益分析法、价值分析法，预测傣族及代表性群体国家向心力发展的总体趋势，对傣族重要群体国家向心力巩固强化的路径措施进行分析，针对边疆治理提出启发性建议。

——案例：2021年，G教授，博士，国家社科基金党史·党建一般项目“党建引领基层应对重大传染病的历史考察与基本经验研究”。

> **本课题研究提纲如下：**
>
> **第一章　党建引领基层应对重大传染病的理论基础**。本章将从**核心概念、理论基础和分析框架等三方面**来阐述党建引领基层应对重大传染病的理论框架。以“党建引领”“基层重大传染病治理”和“党建引领基层应对重大传染病”为本研究的

核心概念，以政党功能理论、国家治理理论作为主要理论基础，建构“基层党组织及其‘党建引领’**政治功能**-基层应对重大传染病蕴含的**内在逻辑**-党建引领基层应对重大传染病的**运作规律**-党建引领基层应对重大传染病的**实践成效**”这一总体分析框架，奠定“党建引领基层应对重大传染病”的学理基础。

第二章　党建引领基层应对重大传染病的内在机制。本章将从“**政党-国家-社会**”**关系模式、基层社会治理的历史脉络和依托政治立场实现核心价值目标等维度**，探讨党建引领基层应对重大传染病的治理机制。阐述中国共产党“以人民为中心”的政治立场及其所蕴含的政治价值，并从治理成果惠及民众、彰显人民主体地位等方面论证“党建引领”和基层重大传染病治理**核心价值的内在契合**。**结合整体性治理理论**，总结归纳出党组织领导下的基层应对重大传染病的治理逻辑。

第三章　党建引领基层应对重大传染病的历时考察。本章将系统梳理百年来党领导基层应对重大传染病的实践历程，总结其历史经验，汲取其历史智慧。一方面，通过考察中国共产党如何应对基层重大传染病变迁的外部环境的挑战，通过行动策略加强基层组织引领力，夯实领导基层治理重大传染病的合法性基础；另一方面，分析中国共产党作为行动主体，如何由内而外影响外部环境的变迁，并实现对基层重大传染病的有效防治。从“党建引领”和“基层应对重大传染病”两个维度，汲取了中国基层社会管理、新时代党建引领基层应对重大传染病案例等多方面的有益经验。

第四章　党建引领基层应对重大传染病的共时考察。本章将从党建引领基层应对新冠疫情的实践出发，选取疫情严重的典型地区，开展实地调研，实地走访全国7个典型社区：北京市A社区、上海B社区、武汉市C社区、温州市D社区、石家庄市E社区、乌鲁木齐市F社区、舒兰市G社区等，以座谈交流、个别访谈、发放调查问卷等形式，展开实证调查，进行比较分析，归纳、总结基层党组织在实践中暴露出的诸多现实问题。通过大数据等现代科技手段分析党组织的作用发挥现状及基层重大传染病治理机制的运行现状，探讨其存在的问题及根源。结合综合评价数据在全国范围内筛选出若干典型案例，实证研究党建引领基层应对传染病的实践过程、功能成效。

第五章　党建引领基层应对重大传染病的经验启示。本章将依循党建引领基层应对重大传染病的运作逻辑，以现实中的相关问题为导向，从**协调、整合、信任和责任四个维度**，构建新时代背景下党建引领基层应对重大传染病的具体政策建议。由于党建引领基层应对重大传染病是一个复合型命题，因此本研究同时分析、总结了包括党组织自身问题和重大传染病治理困境等所有可能弱化“党建引领”政治功能的现实问题，为形成可持续推进、稳定性强的疾病防控体系和治理体系提供借鉴与启发。就基层党建引领力提升和重大传染病治理可持续发展向有关部门提出相应建议。

——案例：2024年，Z讲师，学士，教育部人文社科高校辅导员研究专项项目“文化认同视角下高校台籍学生中华民族共同体意识路径研究”。

（二）研究内容

1. 关于文化认同和中华民族共同体意识的相关研究。本部分主要基于“文化认同”的理论渊源，即从民族学、历史学、社会学等方面入手，利用文献研究方法，对中华民族共同体意识的生成逻辑、内涵目标、现实运用以及实施路径进行整理归纳。结合台海问题新变化，对中华民族共同体意识的科学理论解读，总结在文化认同视角下，台籍学生在大陆高校的生存现状；剖析文化认同视角下，高校台籍学生的中华民族共同体意识现状及困境；厘清在文化认同视角下，可能影响高校台籍学生中华民族共同体意识的因素；尝试提出在文化认同视角下，高校应如何开展台籍学生中华民族共同体意识的培育工作。本课题通过开展中华民族共同体的相关理论研究以及建立文化认同与中华民族共同体的内在联系，为后续开展在文化认同视角下高校台籍学生中华民族共同体意识培育研究提供扎实的理论指导，保证本课题的研究更具科学性、说服力。

2. 大陆高校台籍学生中华民族共同体意识现状研究。利用随机抽样及判断抽样的抽样方法，选取有代表性的样本，使用非结构式访谈、问卷调查等资料收集方法，对高校台籍学生进行系统地、科学地调查。在该部分，本课题主要收集的资料有：

（1）高校台籍学生在大陆的生活环境适应情况。

（2）高校台籍学生在大陆的学习环境适应情况。

（3）高校台籍学生在大陆的社会交往适应情况。

（4）高校台籍学生的政策帮扶，即台籍学生在大陆的教育管理以及帮扶政策及实施。

（5）文化认同视角下高校台籍学生对中华民族共同体意识的相关认识情况与现状。

利用定量的资料分析方法，对所收集的一手调查问卷进行初步浏览、阅读编码，形成全面的问卷调查报告；根据判断抽样的方法，选取问卷调查中的典型代表，对其开展半结构式访谈，进而能够对高校台籍学生的中华民族共同体意识的实际情况有较为精准的把握。

3. 高校台籍学生中华民族共同体意识存在问题及原因探究。结合前期收集的一手资料，尝试从现实状况、存在问题以及主要难点探究高校台籍学生在文化认同视角下中华民族共同体意识方面存在问题。

（1）高校台籍学生的价值冲突与认同困境。由于“台独”势力试图割裂我国统一，有意误导和宣传甚至抹杀台湾同胞的历史记忆、民族记忆，进而使台籍学生出现价值冲突情况。

（2）多元文化冲突下传统文化非理性认识。台籍学生受到传统文化、外来文化等多重文化影响，无法对民族文化有较为理性的认识，严重影响中华民族共同体意识的培育路径实施。

（3）个人与社会价值背离下中华民族共同体意识的淡化。社会价值推崇时代责任与历史使命，而现今大学生群体受到不良社会思潮的影响，功利化、世俗化思想滋生，中华民族共同体意识被削弱。

进而，结合存在的问题，从个人、社会、制度以及文化四个方面剖析在文化认同视角下，高校台籍学生中华民族共同体意识存在问题可能的原因。

4. 探索加强高校台籍学生中华民族共同体意识培育的路径。

（1）加强教育政策倾斜，深化台籍学生中华民族共同体意识认识。从中华优秀传统文化着手，完善高校台籍学生政策体系，强化高校台籍学生的“同等待遇”，促使台籍学生最大限度地去认识民族文化、历史文化，更加客观地看待文化认同的内涵与外延，更好地推动中华民族共同体意识的形成。

（2）立足传统文化根基，增进台籍学生民族文化自信。中华文化源远流长，中国智慧丰富多元。大陆高校台籍学生是海峡两岸交流的“重要使者”，促进台籍学生更多地去感受、去体悟，借高校台籍学生之口去讲好中国故事、传播好中国声音，去调整非理性的歪曲印象，减少不必要猜忌，拉近海峡两岸关系，助推中华民族共同体意识的形成。

（3）优化课堂教育实践，完善台籍学生教育队伍建设路径。为更好地帮助台籍学生构建更为立体的传统文化及民族文化认识体系，仍需优化师资队伍建设并丰富课堂教育实践。师资队伍建设“一体化”，教学内容鼓励从课堂上走出去，让高校台籍学生在中西部农村、革命老区等切实体验探究地方性文化，助力中华民族共同体意识的形成。

（4）创新网络技术应用，绘制台籍学生特色教育路线图。创新教育方式，引入网络资源及 AR 技术，探索出一套具有高校台籍学生特色的教育体系，让高校台籍学生能够身临其境，切身感受中国之美、发展之快，激发高校台籍学生对大陆文化和风土人情的兴趣，帮助其能够更好地与其个人所形成的价值观相互融合、促进，进而成为真正意义上的交流使者，促进中华民族共同体的形成。

4. 重点难点

（1）定义解析

重点可以理解为项目研究中最重要、最突出、最大影响的部分，需要投入更多人力、财力、物力的方面。重点与研究内容相关，可以是项目研究的重点内容或重点部分，可以是项目研究的重点工作或重点环节，可以是项目研究的重点方面。

难点可以理解为项目研究中最困难、最关键、最不易解决，但是也最需要突破的困难或障碍，需要依托有针对性的数据信息、技术工具、方法手段和路径方式来解决。难点与研究资料、技术方法、工具手段和效果评价相关。缺少基层调研、缺少数据支撑、缺少优化工具、缺少科学方法、缺少有效路径，都有可能成为项目研究的难点。在撰写难点的同时，申请人最好附上针对难点问题的解决办法或手段，从而体现申请人思考的全面透彻。

（2）撰写要点

如果拿“邀请朋友来家吃饭”作为类比，重点是确定邀请人员、拟定家宴菜单、准备做饭食材、洗菜切菜炒菜；难点是通过对烹饪火候的掌控、油盐酱醋的搭配做出美味佳肴，最好让每位客人都意犹未尽，胃口大开。

如果拿“减脂减重”作为类比，重点是测量体脂体重、制定减重目标、优化饮食结构、辅助运动方案、确保睡眠时间；难点只有两件事——“管住嘴”和“迈开腿”，难在半夜饥饿难耐的时候能够忍住不吃消夜，难在上下班出行尽量步行，难在坚持规律地开展运动。

如果拿“参加国家奖学金评比答辩”作为类比，重点是“答辩自我展示”环节，其中包括答辩框架拟定、内容确定、素材收集、答辩 PPT 制作、答辩稿撰写、时间把控、谈吐姿态；难点是“有限时间内打动评委”，难在让评委抬头听讲，让评委点头微笑，让评委投票。

重点难点撰写要点如下：

第一，言之有理，即重点难点要高度凝炼，务必要义明确。

第二，言之有物，即重点难点要详细具体，不要空洞抽象。

第三，言之有点，即重点难点要针对目标，不要泛泛而谈。

第四，言之有数，即重点难点有数据匮乏，突出获取难度。

第五，言之有术，即重点难点有路径依赖，突出方法交叉。

（3）部分案例

——案例：2018 年，W 教授，博士，国家社科基金管理学重点项目“新时代中国特色社会主义流域生态文明理论研究”。

1. 重点：**（1）新时代中国特色社会主义流域生态文明建设“不平衡不充分”问题探究**。行政单元治理模式与流域单元治理模式、流域内部各系统之间的“不平衡不充分”问题是研究重点。**（2）新时代中国特色社会主义流域生态文明理论框架的维度确定**。剖析各维度的内涵外延、找准各维度的地位作用、探究各维度相互关系是科学构建理论框架的研究主体。**（3）关于流域生态文明建设的典型案例研究**。选取乌江流域为典型案例，乌江流域跨行政区域尺度范围广，不同区域协调难度大，构建乌江流域生态文明数据资料库、建立长期跟踪调研基地将是本课题的一项实践中的研究重点。

> 2. **难点：生态文明传统行政单元治理模式与流域单元治理模式的融合路径**。以自然地理特征划分的流域单元与以人为区划为界的行政单元存在的治理区域矛盾是生态文明实践亟待解决的重要难点问题，探索两种模式有机融合的实践路径是本课题拟待解决的难点。

——案例：2020年，W教授，国家社科基金党史·党建重点项目“健全党组织领导的乡村治理体系研究”。

> **2.3.1 研究重点**：本课题在理论研究的基础上着重从当前乡村治理的现状出发，通过模型构建分析健全党组织领导的乡村治理体系的指标体系，旨在坚持并强化党组织对乡村治理的全面领导，形成乡村集成协同治理的合力。
>
> **2.3.2. 研究难点**：从政治、经济、社会、文化、生态文明出发，构建新时代乡村治理格局。乡村治理作为社会治理的基本单位，在构建和完善“五位一体”乡村治理格局的基础上，如何真正落实到乡村建设的每个细节，是本课题研究的难点。

——案例：2023年，F教授，博士，国家社科基金高校思政课研究专项项目“工匠精神挖掘活化与融入‘新工科’课程思政路径研究”。

> **1. 重点**：①明晰“新工科”背景下大国重器工匠精神融入课程思政的学理框架，提炼工匠精神参与下传统工科专业课程赋能铸魂育人的转型逻辑。②围绕理论路径可视化分析典型案例，验证大国重器工匠精神驱动“新工科”课程思政效能发挥的作用机制。③构建中国工程教育课程思政自主知识体系，实现工程教育“有灵魂”，思政教育“有血肉”，明确工匠精神融入“新工科”课程思政的实现路径。
>
> **2. 难点**：①大国重器时间延展和空间分布较为广泛，涉及行业产业种类范围较为宽泛，因而在工匠精神的挖掘梳理、内涵凝练和案例库建设上存在难度。②教育数字化战略下推进“新工科”，如何聚焦数字时代学生认知特点探究工程教育规律，提升课程专业吸引力和文化引领力，亟待破题。

——案例：2024年，L副教授，硕士，教育部人文社科高校辅导员研究专项项目“‘一站式’学生社区综合管理能力跟踪评价与提升路径研究”。

> **（三）拟突破的重点和难点**
>
> 本课题拟突破的重点和难点主要集中在理论应用、指标体系构建、评价方法创新、数据收集与处理、管理实践差异性与变化性应对以及提升路径的有效实施等方面。
>
> **1. 拟突破的重点**
>
> **重点一：整体性治理理论的深度应用**。如何将“整体性”治理理论与学生社区管理的具体实践相结合，确保理论的有效转化与应用。深入研究整体性治理理论的核心要义，明确其在“一站式”学生社区管理中的适用性和可操作性，进而构建出符合实际需求的整体性治理框架。

重点二：多维度评价指标体系的构建。如何科学、合理地构建包括学生党建前沿阵地、"三全育人"实践园地、智慧服务创新基地、平安校园样板高地四个维度的评价指标体系。深入分析每个维度的内涵和特点，确保评价指标的针对性、全面性和可操作性，从而形成一个完整、系统的评价体系。

重点三：跟踪评价方法的创新。如何创新跟踪评价方法，确保能够准确、全面地反映"一站式"学生社区综合管理能力的变化。定期调查、数据分析、案例研究等，以获取全面、准确的信息，为提升路径的制定提供有力支持。

2. 拟突破的难点

难点一：数据搜集与处理的复杂性。如何有效地搜集和处理大量复杂的数据信息，以确保评价结果的准确性和可靠性。建立科学的数据搜集机制，采用先进的数据处理方法，同时注重数据的真实性和有效性。

难点二：管理实践中的差异性与变化性。如何应对不同高校"一站式"学生社区在管理实践中存在的差异性和变化性。深入研究不同社区的特点和实际情况，制定具有针对性的评价标准，并提出切实可行的提升策略，同时保持评价的灵活性和适应性。

难点三：提升路径的有效实施。如何确保提出的提升路径能够在实际中得到有效实施并取得预期效果。充分考虑实施过程中的各种因素和挑战，制定详细的实施方案和措施，同时加强监督和评估，确保实施效果的可持续性和稳定性。

四、思路方法

1. 基本思路

（1）定义解析

基本思路是为了实现研究目标，采取一系列逻辑清晰、条理分明的思考和行动路线，包括研究计划的设计、实施、分析、结论。申请书中的研究思路需要考察的是申请人根据研究问题和研究目的，对选题从题目到对象、内容、目标、方法、重点、难点、路径、对策等整体研究的理解和驾驭程度，从整体到局部、从目标到方法、从过程到细节、从结构到路径、从难点到对策等一系列问题的把握能力。

申请书的活页有 7 000 字的字数限制，申请人很难用 300~400 字的篇幅来把研究思路说清楚，如果选择用文字表述，那一定要保证条理清晰。在通常情况下，申请人可以借助国家自然科学基金项目中的技术路线图与框架图有机融合形成的技术路线框架图或逻辑框架图辅助表述，简明扼要，一目了然。逻辑框架图的呈现形式能够有效减少字数限制焦虑，即能用图就用图，能少用文字就少用文字，留出更多的字数空间给其他模块。

技术路线框架图的优势如下：

①系统性思维。技术路线框架图注重从整体上系统地认识问题、分析问题和解决问题，通过设定框架来组织和处理信息，避免了单一视角、片面思考和零散思维，有助于全面理解选题并找到最优解决方案。

②结构化呈现。技术路线框架图注重将复杂的问题分解成多个明确且可控的模块，能够清晰地展示各个部分之间的主次关系、逻辑顺序和系统关联，帮助评审专家深入理解申请人的解题思路。

③精美化观感。技术路线框架图用多样的图示和简洁的内容，在申请书的众多文字中给专家以新鲜的视觉体验，改善审美疲劳。技术路线框架图用图片的方式能尽可能精简文字，减少篇幅。

技术路线框架图的绘制工具如下：

① Word 软件。

② PPT 软件。

③ Visio 软件。

④ ProcessOn 软件。

⑤ Draw.io 等软件。

（2）撰写要点

研究思路呈现原则：**化繁为简，图说框解**。

技术路线框架图的常规范式如下：

第一步：从顶部开始，纵向向下分为三列（见图 12-1）。

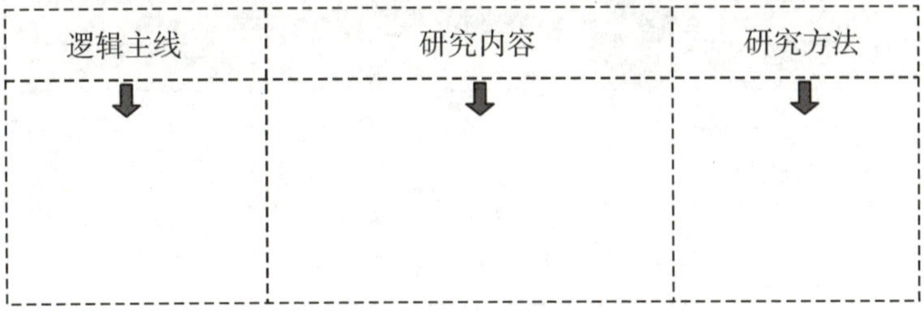

图 12-1　技术路线框架图绘制 1

第二步：问题导入模块，交代研究背景、现实困境与研究问题（见图12-2）。

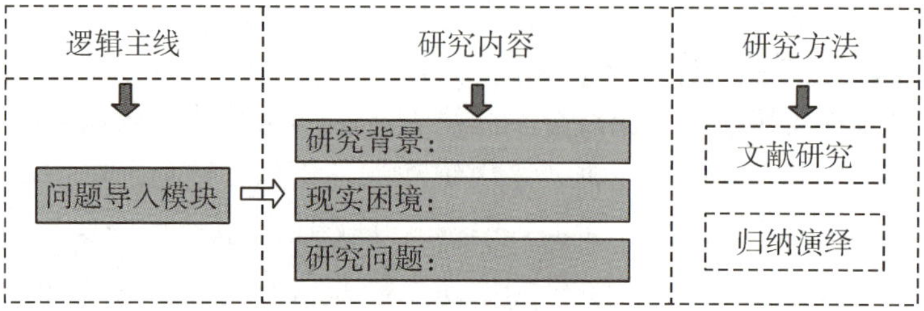

图 12-2　**技术路线框架图绘制 2**

第三步：理论研究模块。界定核心概念→理论基础→理论分析框架→理论逻辑梳理。

第四步：实证研究模块。现状调查→现存问题→原因剖析。

第五步：路径对策模块。内在机制→方法路径→对策建议（见图 12-3）。

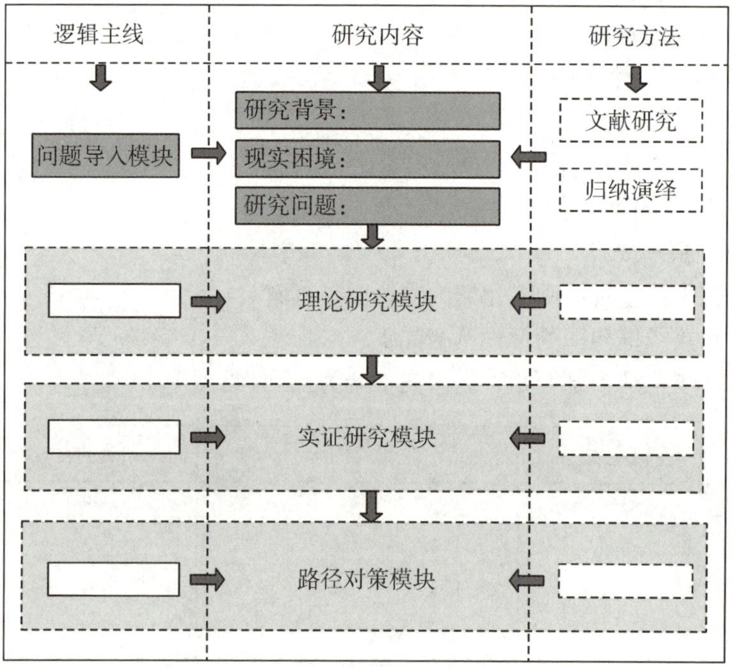

图 12-3　**技术路线框架图绘制 3**

（3）部分案例

——案例：2020 年，W 教授，国家社科基金党史·党建重点项目“健全党组织领导的乡村治理体系研究”。

3.1 基本思路

本课题按照“**理论建构→现状分析→实证研究→启示建议**”的**逻辑思路**展开研究（见图 1）。**首先**开展文献研究，研究习近平新时代中国特色社会主义思想，深入学习党的十九届四中全会精神，特别是基层治理相关论述，奠定理论基础；**其次**通过实践调研采集微观数据资料，在理论研究的基础上分析当前乡村治理体制构建情况，进而对乡村治理体制的动力机制、演进路径进行实证研究；**最后**，从应用的角度提出健全党组织领导的自治、法治、德治相结合的乡村治理体系的对策研究，并提出课题研究结束后进一步研究的途径和方向。

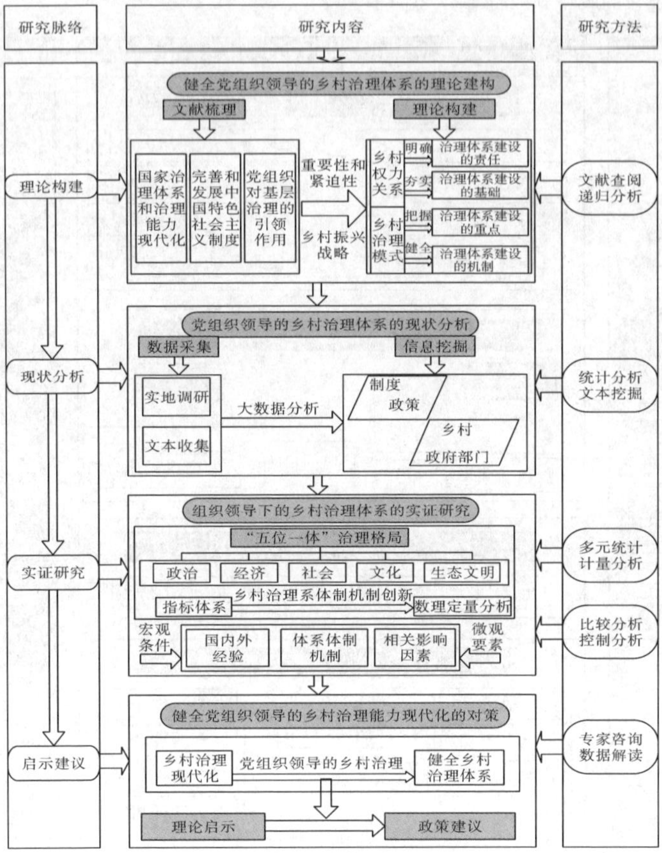

图 1　研究技术路线框架

——案例：2021年，G教授，博士，国家社科基金党史·党建一般项目“党建引领基层应对重大传染病的历史考察与基本经验研究”。

本课题以“党建引领基层应对重大传染病的历史考察与基本经验”为研究命题，**按照“理论建构→历时考察→共时考察→经验启示”的逻辑思路**，借鉴了与课题相关的中国政党理论和治理理论，基于“国情-党情-社情”维度、历史维度和比较维度，论证了在我国基层重大传染病治理中强化“党建引领”的内在机理，从**核心概念、理论基础和分析框架**等方面阐述了党建引领基层应对重大传染病的理论内涵，明晰了我国基层重大传染病的治理逻辑，阐述了党建引领基层应对重大传染病的运作逻辑。在结合百年实践历程的基础上，以当前党建引领基层应对重大传染病的现实问题为导向，在创新实践中**形成基层重大传染病“党建+”复合制治理结构**，以期形成新时代背景下符合基层重大传染病治理需求、将“党建引领”和“治理逻辑”有机统合的政策建议（基本思路框架见图3）。

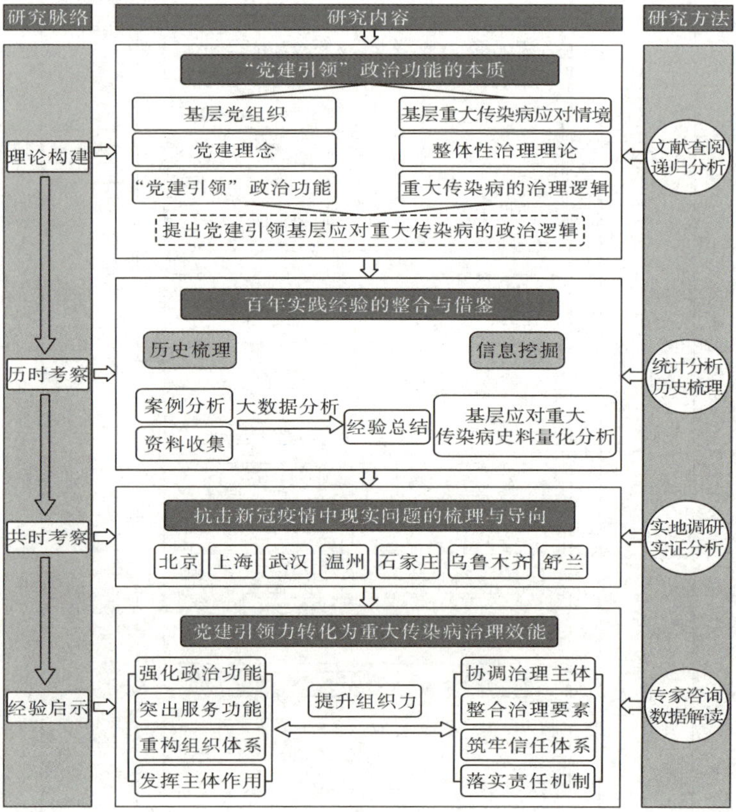

图3　基本思路框架

——案例：2021 年，W 教授，博士，国家社科基金党史·党建一般项目“抗战大后方红色音乐史料整理与研究”。

2. 研究思路

本课题遵循“理论研究→史料整理→价值认知→个案提炼→转化传承”的逻辑思路进行研究内容的安排，从宏观、中观和微观的角度，对抗战大后方红色音乐史料的挖掘与利用开展系统性研究（见图 1）。

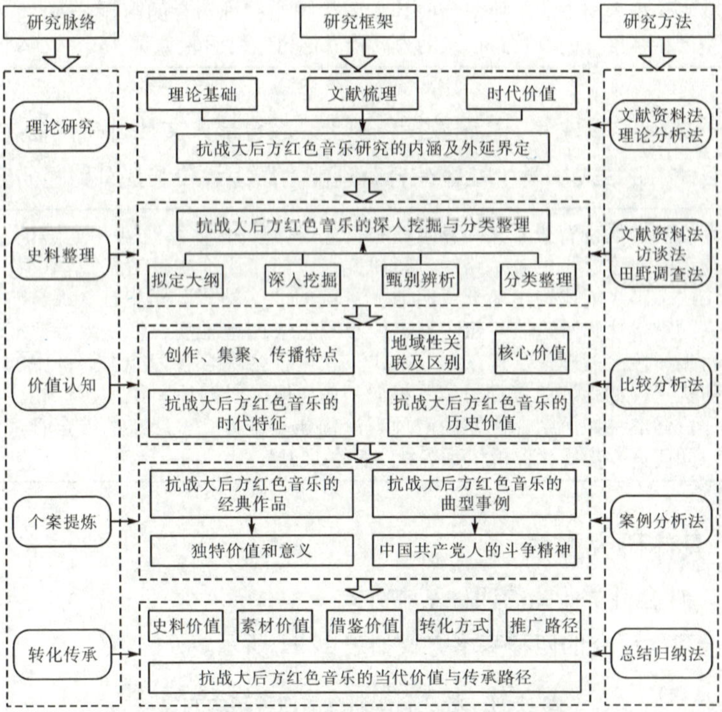

图 1　抗战大后方红色音乐史料整理与研究思路

——案例：2020 年，F 教授，博士，教育部人文社科高校辅导员研究专项项目“时代新人视域下大学生担当精神培育研究”。

（一）研究思路

本课题以高等学校为党和国家培养有理想、有本领、有担当，能担当民族复兴大任的时代新人的历史使命为出发点，坚持理论研究与实践探索相结合、文献分析与实证分析相统一、宏观目标与微观方法相匹配、国内研究与国外借鉴相融通的原则。其基本思路如下：

> **第一，政策解读，方向定位。**研究大学生担当精神培育的相关理论和政策，解读时代新人担当的新向度，分析当前大学生担当精神现状，为深入开展实证研究定位方向。
>
> **第二，实证调查，原因探析。**通过对全国部分省（自治区、直辖市）不同层次的高校的大学生担当精神培育现状调研，并通过适合的统计模型分析，探析制约当前大学生担当精神培育效果的问题及原因。
>
> **第三，路径探索，实践养成。**结合新时代特征、00后青年群体特点、高校思想政治教育工作理念与方法，探索新时代大学生担当精神培育的内在机理，尝试优化大学生担当精神培育的有效路径，助力高校立德树人目标的实现。

——案例：2024年，L副教授，硕士，教育部人文社科高校辅导员研究专项项目"'一站式'学生社区综合管理能力跟踪评价与提升路径研究"。

> 课题沿着**"明确背景意义→界定核心概念+构建评价体系框架→收集和分析数据提出优化策略与建议"**的技术路线进行研究，以如何评**价"一站式"学生社区管理能力**为主线，围绕阐述构建基于"四地"维度的"一站式"学生社区综合管理能力评价体系的重要性和紧迫性→如何界定核心概念（四地维度、整体性治理理论）→如何分析整体性治理理论及其在"一站式"学生社区综合管理能力评价中的应用价值→如何构建"四地"维度评价体系框架→如何根据"四地"维度设计相应的评价指标和评价标准→如何结合整体性治理理论构建多维度、多层次的综合管理能力评价体系→如何进一步优化评价体系等核心问题展开。

2. 具体研究方法

（1）社会科学研究的四种基本方式

社会科学研究的四种基本方式如表12-1所示。

表12-1　社会科学研究的四种基本方式

研究方式	具体内容	
调查研究（定量、统计分析）	种类	包括：①普遍调查；②抽样调查
	收集资料方式	包括：①统计报表；②自填式问卷；③结构式访问
	研究目的	描述总体情况或探讨不同变量之间的相互关系
实验研究（定量、统计分析）	种类	包括：①实地实验；②实验室实验
	收集资料方式	包括：①自填式问卷；②结构式访问；③结构式观察；④量表测量
	研究目的	探索和证明两个变量之间的因果关系

表12-1(续)

研究方式	具体内容	
实地研究（定性分析）	种类	包括：①参与观察；②个案研究
	收集资料方式	包括：①无结构观察；②无结构访问
	研究目的	深入理解特殊的社会现实，提炼和构建理论
利用文献的定量研究（定量、统计分析）	种类	包括：①现有统计资料分析；②二次分析；③内容分析
	收集资料方式	包括：①官方统计资料；②他人原始数据；③文字声像文献
	研究目的	研究无法接触到的研究对象

拓展：社会科学研究中的定量研究与定性研究的实质性区别在于数据化与非数据化（见表12-2）。

表12-2　社会科学研究中的定量研究与定性研究

项目	定量研究	定性研究
哲学基础	实证主义	人文主义
研究范式	科学范式	自然范式
逻辑过程	归纳推理	演绎推理
理论模式	理论检验	理论建构
主要目标	确定相关关系和因果联系	深入理解社会现象
分析方法	统计分析	文字描述
主要方式	实验、调查	实地研究
资料收集技术	量表、问卷、结构观察	参与观察、深度访问
研究特征	客观	主观

（2）社会科学研究的常见研究方法

①文献研究法。

②问卷调查法。

③案例分析法。

④因素分析法。

⑤理论分析法。

⑥定性分析法。

⑦定量分析法。

⑧实证研究法。

⑨比较调查法。

⑩经验总结法。

⑪个案研究法。

⑫跨学科研究法。

（3）部分案例

——案例：2020 年，W 教授，国家社科基金党史·党建重点项目“健全党组织领导的乡村治理体系研究”。

> **3.2 研究方法**
> 拟采用多种研究手段，综合运用政治学、党建理论、法学、社会学和公共管理学等多学科理论及研究方法进行综合研究：
> **3.2.1 递归方法（recursive programming）：**在具体研究过程中，将一些乡村治理过程中的较大的、复杂的问题分解为一些较小的、简单的、近似的、局部的决策问题进行研究，使研究具有灵活性与实用性。
> **3.2.2 实验手段：**通过数据采集建立指标体系，分析具体乡村治理政策在当地乡村开展的成效，并且为进一步加强乡村治理成效进行预测实验。
> **3.2.3 宏观数据与微观调研相结合：**采用数学、统计学、现代网络技术的方法实现乡村治理体系体制机制创新的数理定量分析。比较和借鉴国内外乡村治理体制机制的经验，为推进乡村治理体系提供理论支持和技术支撑。运用地理学 3S 技术深入东中西部地区调查乡村治理体系体制机制的基本情况和数据资料，运用大数据等现代技术对乡村治理体系体制机制各种影响因素进行分析，进而提出切实可行的对策，使理论更好地与实际相结合。

——案例：2021 年，J 副教授，博士，国家社科基金管理学一般项目“退役军人有序参与应对突发公共事件的激励机制优化研究”。

> **3.3 研究方法**
> ①基于多智能体仿真验证方法，结合典型突发事件调研数据，构建突发公共事件的少数据、贫信息、不确定性条件下的最优激励仿真模型，评估激励机制优化的运行效果。
> ②运用“压力-状态-响应”（PRM）模型思想分析退役军人参与应对突发公共事件的“面临形势-运行现状-目标评价-实施路径-政策建议”等逻辑关系，具有跨学科方法交叉应用的特色。

——案例：2023 年，F 教授，博士，国家社科基金高校思政课研究专项项目“工匠精神挖掘活化与融入‘新工科’课程思政路径研究”。

> （二）研究方法
>
> 1. **定性分析方法**：通过文本挖掘法、文献分析法、逻辑分析法、专家咨询法等定性分析手段，对文献资料和调研数据进行整理和挖掘，并“诊断”问题，厘清机理。同时，通过系统分析法中的定性方式，对实现的路径进行有效选择。
>
> 2. **定量分析方法**：通过多元统计法、空间分析法、网络爬虫法等定量分析手段，对宏观、微观数据进行解析，生成数据库，从而实现研究内容的多维可视化呈现和多元系统化分析。

——案例：2024 年，Z 讲师，学士，教育部人文社科高校辅导员研究专项项目“文化认同视角下高校台籍学生中华民族共同体意识路径研究”。

> 2. 研究方法
>
> 本项目主要采用定性和定量相结合的研究方法，使用文献法、访谈法以及问卷调查法等资料收集方法对大陆高校台籍学生进行中华民族共同体意识路径现状调研。问卷调查法主要采用随机抽样方法，访谈法主要采用判断抽样方法。进而，使用定性和定量相结合的资料分析方法，理论研究和实证研究相结合的方式，确保本课题研究的科学性和研究结论的可行性。

3. 研究计划

研究计划是申请人对未来课题研究工作所做的详细规划和总体安排，旨在帮助研究人员明确课题研究的方向、目标、内容、方法和时间进度，研究方法的选择与实施，研究结果评估的可靠性和有效性。科学的研究计划是确保社科研究顺利进行并取得成功的重要保证。清楚明白地告诉评审专家在未来的 2~3 年里，申请人将如何扎实有序地推进课题研究，详细罗列出不同时间段计划完成的工作内容和阶段性成果，让评审专家对申请人能够按照规定时间顺利结题充满信心。

（1）文字阐述模式

——案例：2021 年，G 教授，博士，国家社科基金党史 · 党建一般项目“党建引领基层应对重大传染病的历史考察与基本经验研究”。

1. 研究计划：本研究拟计划 4 年。 2021.07—2021.12 开展专家论证，完善研究提纲：进一步收集、整理、研读文献资料。 2022.01—2023.06 在 7 个典型基层社区开展田野调查、口述访谈；撰写书稿和 6~8 篇论文。 2023.07—2023.12 完成书稿初稿，进行专家意见咨询及修改书稿；发表相关论文。 2024.01—2024.06 修改书稿并定稿，提交结项申请。

——案例：2020 年，F 教授，博士，国家社科基金教育部人文社科高校辅导员研究专项项目“时代新人视域下大学生担当精神培育研究”。

（三）计划进度 **1. 描述分析阶段（2020 年 2 月—2020 年 5 月）** 采用文献分析、理论研究等方法，进行时代新人、大学生担当精神培育相关理论研究，解读党中央、教育部等相关文件政策，分析大学生担当精神培育的现状，结合实际找寻问题，为后期实证分析奠定精准坚实的基础。 **2. 实证调研阶段（2020 年 6 月—2020 年 12 月）** 进行省内外部分高校实地走访调研，通过访谈深入了解各高校担当精神培育的实际情况，对部分大学生担当精神缺失原因提出假设，并作为问卷设计的切入点。通过设计问卷、发放问卷和调研，掌握客观详实的数据资源，深入探寻大学生担当精神缺失原因，在此基础上形成《大学生担当精神缺失问题及对策》的调研报告一篇。 **3. 理论剖析阶段（2021 年 1 月—2021 年 4 月）** 根据社会学、心理学、统计学等学科相关理论，结合调查一手数据资料，项目负责人及团队成员拟完成著作《大学生担当精神培育研究》（全书分为 6 个章节，预计字数 20 万），并联系出版。 **4. 路径探析阶段（2021 年 5 月—2021 年 11 月）** 总结现有研究成果，结合具体案例，探寻在时代新人视域下高校培育大学生担当精神的有效途径和具体措施，利用 AMOS 结构方程模型工具，定位高校各种育人手段中与担当精神培育效果相关度最大的要素，并用其指导实践。

（2）表格罗列模式

——案例：2021 年，W 教授，博士，国家社科基金党史 · 党建一般项目“抗战大后方红色音乐史料整理与研究”。

（五）研究计划

研究进程	研究活动	研究任务
第一阶段 2021. 07—2022. 06	研究准备	
	◆组织 1 次学术研讨会； ◆制订和完善研究计划	◆汇总、整理抗战大后方红色音乐史料，形成史料长编
第二阶段 2022. 07—2022. 12	研究推进	
	◆田野调查； ◆专家访谈； ◆参加 1—2 次学术研讨会	◆汇编抗战大后方红色音乐的典型案例； ◆发表论文 1—2 篇
第三阶段 2023. 01—2023. 12	成果形成	
	◆组织 1 次学术研讨会； ◆完成公益性演出 1—2 场	◆发表论文 1—2 篇； ◆初步完成《抗战大后方红色音乐史料整理与研究报告》
第四阶段 2024. 01—2024. 06	申请结题	
	◆专家访谈； ◆完成公益性演出汇报 1—2 场	◆完成决策建议 1—2 篇； ◆完成《抗战大后方红色音乐史料整理与研究报告》定稿，申请结题

（3）工程进度模式

——案例：2020 年，W 教授，博士，国家社科基金民族学一般项目“边疆治理视角下傣族的国家向心力研究”。

（三）研究计划

本课题计划研究周期为 3 年半，从 2020 年 7 月至 2023 年 12 月，课题研究步骤和进度安排见表 1。

表 1　课题研究步骤和进度安排

序号	内容		2020年	2021年			2022年			2023年			目标任务
			7~12月	1~4月	5~8月	9~12月	1~4月	5~8月	9~12月	1~4月	5~9月	10~12月	
1	研究准备	文献研究	■										整理收集文献资料
2		方案设计	■	■									探讨设计研究方案
3	正式启动	内容构思		■	■								开展典型区域调研
4		实地调研			■	■							撰写专题研究报告
5		专题研究					■	■	■				完成课题中期检查
6	重点研究	修改论证						■					攻关重点难点问题
7		阶段报告					■		■				修改完善阶段报告
8	项目结题	成果完善								■	■		完善课题研究成果
9		结题报告									■	■	总结提交研究成果

——案例：2024 年，Z 讲师，学士，教育部人文社科高校辅导员研究专项项目“文化认同视角下高校台籍学生中华民族共同体意识路径研究”。

（二）计划进度

本课题计划研究周期 2 年，从 2024 年 7 月至 2026 年 12 月，研究进度安排（见表 3.2）。

表 3.2　研究进度安排

序号	内容		2024年		2025年				2026年				目标任务
			7~9月	10~12月	1~2月	3~5月	6~9月	10~12月	1~2月	3~5月	6~9月	10~12月	
1	准备研究	文献研究	■										1. 整理收集文献资料 2. 探讨设计研究方案
2		方案设计		■									
3	正式启动	内容构思		■	■								1. 撰写专题研究报告 2. 开展典型区域调研 3. 构建案例数据库
4		专题调研		■	■								
5		专题研究				■	■	■					
6	重点研究	修改论证					■						1. 攻关难点问题 2. 撰写修改阶段报告
7		阶段报告				■		■					
8	项目结题	成果完善							■	■			1. 完善课题研究成果 2. 总结提交研究成果
9		结题报告								■	■	■	

4. 研究可行性

（1）定义解析

研究可行性是获得开展社科项目研究各种条件的可行性，包括申请人研究积累、团队成员结构、理论、技术、工具、方法、设备、调研、数据、文献、平台等资源的合理性和科学性支撑，还有校外发挥积极作用的人员（公务员、工程师、研究员、行业专家等）、学科（学科交叉融合）和合作单位（政府、企业、高校、科研院所等）等研究资源。需要注意的是，课题申请书表格二中“研究可行性”与表格三中“完成本课题研究的时间保证、资料设备等科研条件”尽量要有所区分，不要进行重复阐述。

（2）撰写要点

国家社科基金项目研究的可行性分析可以参考国家自然科学基金的项目可行性分析范式，从以下四个方面展开：

第一，理论原理可行。

第二，技术方法可行。

第三，设备资料可行。

第四，知识技能可行。

研究可行性通常从申请人维度、内部维度和外部维度三个视角来进行。申请人维度主要是从课题申请人的学科专业、研究基础、技能支撑和科研潜质等方面阐述。内部维度主要是从团队的学科专业、年龄职称、学历结构、专业能力，成熟理论指导、数据库建设、典型性案例、科学方法和工具等进行阐述。外部维度主要是从申请单位和申请团队外部获取的有效资源，如数据获取、问卷调查、合作单位、调研基地、实践平台等外部条件支撑等进行阐述。

（3）部分案例

——案例：2021 年，G 教授，博士，国家社科基金党史·党建一般项目“党建引领基层应对重大传染病的历史考察与基本经验研究”。

> 2. 可行性
>
> **（1）研究能力。**项目申请人十余年来长期致力于党建理论和基层党建研究。**攻读博士期间就中国共产党领导的制度优势和基层党建开展了深入研究**，出版党建专著 1 部，参编著作 3 部，主持和参与国家社科基金项目和省部级课题 7 项，在权威期刊、核心期刊发表论文 20 余篇。研究成果获省市级奖项 4 项，**参与撰写的关于公立医院党的建设的建议获中央领导人批示。2020 年抗击新冠疫情期间，参与某市新冠疫情防控指挥部工作，下沉基层某乡镇负责疫情防控工作，起草疫情防控基层党建工作指导手册**，为本研究积累了丰富的实践经验。
>
> **（2）研究基础。**课题负责人所在单位是部委与某省共建的医科大学，拥有**30 余家附属医院和省级公共卫生紧急医疗救援基地**，所在单位荣获**全国抗击新冠疫情先进集体**。新冠疫情暴发以来，课题组已对 2 市 5 村（社）进行前期调研论证，分 4 个群体发放 2 480 份问卷，并对部分地方政府和参与疫情防控部门负责人进行了访谈，撰写了调研报告，研究成果被省卫健委作为典型经验交流，3 条建议被医院和市卫健委采纳，为后续研究开展提供有力支撑。
>
> **（3）研究团队。**研究团队结构合理，具有充裕的时间、精力开展研究，拥有优良的办公条件和便利的高校图书馆文献资料、数据库资源。团队已走访和查询收集多个图书馆、档案馆、卫生史志及卫生防疫机构内部印行文献等资料库，包括上海市、武汉市、温州市等与传染病防治相关档案，积累了研究所需的大量**一手原始资料**，建立了部分数据库，为本课题的调研、咨询提供了坚实保障。

——案例：2021 年，W 教授，博士，国家社科基金党史·党建一般项目“抗战大后方红色音乐史料整理与研究”。

（六）可行性

1. 研究基础的可行性。项目申请人专注抗战大后方音乐历史研究近 10 年，主持和主研“抗战大后方音乐期刊搜集整理与研究”“抗战大后方歌曲音乐研究”“抗战歌剧《秋子》文献整理与研究”“抗战音乐与抗战精神研究”“抗战时期×××音乐活动档案文献整理与研究”等×××社科规划“抗战工程”项目 5 项，其中重大项目 2 项、重点项目 3 项；主持省部级项目及×××教委项目 8 项；出版《××抗战音乐活动》专著 1 部，在国内外重要期刊发表和本课题密切相关的论文《抗战时期××音乐活动述论》等近 10 篇。前期研究汇集了大量抗战大后方红色音乐的原始资料，奠定了本课题的研究基础。

2. 研究平台的可行性。本课题依托单位拥有的“×××抗战文史研究基地”，成立于 20 世纪 80 年代初，2006 年被×××人民政府正式批准成为“×××人文社会科学重点研究基地”。基地收藏了大量抗战历史图书和影印资料，拥有大量相关数字资源，专注中共南方局与红岩精神、××抗战文献等领域研究。校级科研平台“抗战大后方音乐研究所”成立于 2013 年，构建了抗战大后方音乐研究、教学、舞台实践联动机制。以上平台为本课题的研究和实践推广提供了重要支撑。

3. 研究团队的可行性。本课题研究团队专业结构、年龄结构合理。长期从事抗战大后方音乐研究和党史研究的课题组成员合作，能更加准确地把握红色音乐史料的党史事实、政治内涵以及重大意义；来自地方史研究会及具有宣传、统战部门工作经历的课题组成员能充分发挥作用，在深入挖掘相关史料、研究成果推广和应用方面提供一定的保障。

——案例：2023 年，Z 副教授，博士，国家社科基金政治学一般项目“中缅边境‘驻村干部’助推稳边固边兴边的路径优化研究”。

（六）可行性分析

1. 研究基础。近年来，项目申请人围绕乡村振兴进行系列研究，先后发表论文 20 余篇，主持“三区人才”项目、科技特派员项目、科技厅项目、财政厅项目等乡村振兴与治贫课题 5 项，参与国家级、省部级课题 10 余项，撰写著作 3 部，起草撰写的脱贫成果研究报告获省部级领导肯定性批示。

2. 团队优势。申请人所在团队主持国家社科重大项目、重点项目、一般项目等 40 余项，撰写资政建议 60 余份，其中 30 余份被中央领导、省部级领导肯定性批示或党委政府部门采纳，获得省部级科研一等奖、二等奖、三等奖近 30 项；拥有政治学、民族学和社会学背景，形成多学科优势互补的研究基础保障。

3. 调研基础。项目**申请人为 2022—2024 年科技特派员，且为 2021—2022 年驻村干部，约 30 次调研**中缅边境等多个市（县），掌握大量一手数据，具备丰富的调研经验；30%的团队成员为中缅边境的驻村干部，分布于猴桥村、老满坡村、拉勐村等区域；**40%的团队成员为邻边研究机构人员。**

4. 学术平台。所在单位有“中国西南对外开放与边疆安全研究中心”“教育部中国西南地缘环境与边疆发展省部共建协同创新中心”“省科技特派员项目平台”等，上述平台长期致力于研究边境安全、边疆民族地区发展等重大问题，并与中缅边境区建有长期田野调查基地。

五、创新之处

1. 撰写要点

国家社科基金高校思政课专项项目从2019年首次设立开始，申请书中关于创新之处的表述为“在学术思想、学术观点、研究方法等方面的特色和创新”，且一直沿用到2023年未发生任何变化。然而，2024年国家社科基金高校思政课专项申请书在创新之处部分的表述已调整为“在学术观点、研究方法等方面的特色和创新”。

社会科学研究的创新之处，从内容上看，涵盖理论创新、思想创新、观点创新、方法创新、资料创新、数据创新；从表达上看，要客观中肯，不要夸大其词，更不要出现“填补空白”之类的表述；从条目上看，每个部分罗列1~2条即可，不宜过多。创新之处可以从研究内容、研究方法、研究结论和对策建议中寻找，可以是提出独到、新颖的观点或与既有观点的不同见解，可以是独特的思考视角和前瞻性的理论构建（理论创新、理论深化、理论整合），可以是采用新方法、新算法、新技术、新工具、新模型提升了研究的效率和效果。

学术思想、学术观点和研究方法三者相比，学术思想创新的撰写是最为困难的，其次是研究方法创新的撰写，而学术观点创新的撰写相对简单。学术思想创新在于对学术体系的突破与建构，是学术研究的核心，更是学科体系和话语体系建设的基础。一项国家社科基金项目的研究，几乎很难仅凭一己之力构建全新的学科理论体系，申请人可以从宏观层面阐释选题的学术创新或贡献，围绕丰富和拓展某一学科理论来阐述。学术观点创新是对研究内容中的一个概念、一种看法、一种解释或态度的全新表达，相对于学术思想创新来说更加微观和容易实现。研究方法创新是引入交叉学科的方法和工具进行创新研究和尝试，对本学科现有研究方法的完善与拓展，是近年来国家社科基金思政专项最为常见的创新方式。

2. 部分案例

——案例：2016 年，L 副教授，博士，国家社科基金全国教育科学规划青年课题“少数民族优秀传统文化融入高校思政教育研究——以贵州高校为例”。

> **4. 创新之处**
>
> 本项目在系统梳理和合理吸收学术界研究成果的基础上，结合当今时代的新形势、新要求、新问题，从将两者有机结合的视角，由理论到实践进而在操作层面上展开较全面系统的研究。
>
> **（1）途径创新：**目前中国大学生思想政治教育中存在一些问题，学术界对这个问题的研究比较多。但是，鲜有将少数民族优秀传统文化和中国大学生思想政治教育相结合进行研究的范例，或者说研究的深度有待提高。这是本项目的途径创新。
>
> **（2）内容创新：**本项目研究贵州少数民族优秀传统文化的内涵和特征，研究少数民族优秀传统文化中丰富的育人资源，阐述贵州少数民族优秀传统文化对当代大学生思想政治教育的重要意义以及少数民族优秀传统文化对思想政治教育提供的具体内容、渠道和价值导向，并且探讨具体的操作方法和途径。这是本项目的内容创新。

——案例：2021 年，J 副教授，博士，国家社科基金管理学一般项目“退役军人有序参与应对突发公共事件的激励机制优化研究”。

> **3.［创新之处］ 在学术思想、学术观点、研究方法等方面的特色和创新。**
>
> **3.1 学术思想**
>
> 本课题以党的十九届五中全会“**突发公共事件应急能力显著增强**”和“**健全退役军人工作体系和保障制度**”为思想指引，落实党的十九届四中全会“**完善公众参与的社会治理体系**”要求，从管理学、社会学和军事学多学科相融合的视角优化激励机制，吸引退役军人有序参与突发公共事件，在加速军事人力资本融入社会进程的同时，增强整个社会的突发公共事件应对能力。
>
> **3.2 学术观点**
>
> **①退役军人参与应对突发公共事件实现双赢。**退役军人大多参与过抗洪救灾等非战争军事行动，是应急领域难得的专业性人才，并且拥有遍及全国的退役军人动员和管理网络，具备良好的组织基础。吸引退役军人参与应对突发公共事件，能够充分利用好社会上闲置的军事人力资本，实现应急能力提升和退役军人帮扶的双赢。

②需要优化激励机制吸引退役军人有序参与。为有效吸引和保留退役军人有序参与应对突发公共事件活动，需要从退役军人的人力资本特点出发，根据其需求偏好和应急任务需要，完善评估标准，创新激励模式，优化激励制度，实现人力需求与有效供给、动员速度与实际效益、自发管理与有效约束的最优结合。 **3.3 研究方法** ①基于多智能体仿真验证方法，结合典型突发事件调研数据，构建突发公共事件的少数据、贫信息、不确定性条件下的最优激励仿真模型，评估激励机制优化的运行效果。 ②运用“压力-状态-响应”（PRM）模型思想分析退役军人参与应对突发公共事件的“面临形势-运行现状-目标评价-实施路径-政策建议”等逻辑关系，具有跨学科方法交叉应用的特色。

——案例：2021年，W教授，博士，国家社科基金党史·党建一般项目“抗战大后方红色音乐史料整理与研究”。

三、[创新之处] 在学术思想、学术观点、研究方法等方面的特色和创新。 （一）学术思想特色和创新 提出抗战时期红色音乐地域化研究思想，构建抗战大后方红色音乐研究的“人、事、物”三维合一研究对象，拓展红色音乐研究常规的“艺术”内涵，实现音乐价值与革命历史意义的叠加。 （二）学术观点特色和创新 提出“抗战大后方红色音乐”概念，认为抗战时期各政治区域红色音乐虽核心价值相同，但因为地域政治环境不同，抗战大后方与敌后抗日根据地的红色音乐存在一定的形式差异，极具特殊性、复杂性和隐蔽性，需要充分挖掘、深入研究。 （三）研究方法特色和创新 采用音乐学的音乐分析方法，从“音”“像”“谱”“文”多维度综合研究，立体呈现抗战大后方红色音乐史料面貌；将文献研究法、口述史料收集法和实物考证法综合应用，对抗战大后方红色音乐史料进行深入挖掘和整理，尽量避免遗漏和失真。

六、预期成果

1. 成果形式

研究成果是对课题研究的集中回应，是对研究目标的逐一实现，是对难点问题的有效破解。成果形式通常包括以下20种类型：

①研究报告。

②论文（集）。

③专著。

④译著。

⑤教材。

⑥工具书。

⑦数据库。

⑧案例集。

⑨决策建议。

⑩人大提案或政协建言。

⑪辑刊。

⑫获奖。

⑬人才培养。

⑭学科建设。

⑮基地建设。

⑯科普成果。

⑰学术报告。

⑱学术性培训。

⑲软件著作权（电脑软件）。

⑳学术性媒体专访。

2. 宣传转化

研究成果的宣传转化是2024年国家社科基金思政课专项申请书新出现的撰写内容。宣传转化涉及两个层面：一是如何宣传，增强社会影响力；二是如何转化，提升成果应用性。显而易见，国家社科基金未来将更加关注课题研究成果“叫得响”和“用得上”，倡导社科研究不能“躲在小楼成一统”，也不能“养在深闺人未识”，而应该“一举成名天下知”。申请人要借助学术会议、成果报奖、学术交流、新闻报道、科研专访、科普教育、数据共享等渠道，提升成果的曝光度和知名度，增强成果的辐射力和影响力。

3. 预期学术价值与社会效益

研究成果的使用去向与成果类型具有较强的相关性。按照传播渠道和应用，研究成果可以分为以下四种类型：

类型一：学术性出版渠道。例如，论文（集）、专著、译著、工具书、案例库等。

类型二：特殊资政渠道。例如，人大提案或政协建言、决策建议、研究报告等。研究成果被各级党委、政府、人大、政协和民主党派各级委员会等采纳、批示或立案，将迅速转化成为党和国家解决各种社会现实问题的实施对策。

类型三：科研教学渠道。例如，教材、数据库、人才培养、学科建设、基地建设等，能够对所在单位和所在学科、研究领域的学科发展和人才培养发挥积极的支撑作用。

类型四：其他亮相渠道。例如，学术性新闻媒体专访、学术性培训、学术报告、科普成果、获奖、软件著作权等。研究成果能够通过新闻媒体、学术交流、科普教育等途径向社会大众传播推广。

国家社科基金项目研究成果的效益包括社会效益、经济效益和生态效益三个范畴。国家社科基金思政课专项项目的研究成果，要求更加凸显社会效益和价值（落实党的教育方针、推进教育强国战略、推进思政课程和课程思政协同、创新发展思想政治教育理论、践行社会主义核心价值观、弘扬社会主义先进文化、维护意识形态安全等），通过在全社会形成积极正向的思想引领和行为引导，从而带动经济效益和生态效益的实现。

撰写研究成果的学术价值与社会效益需要“眼观六路”（理论贡献之路、方法创新之路、政策建议之路、学术交流之路、行业发展之路、公众意识之路），路路皆有可能。

4. 部分案例

——案例：2016 年，L 副教授，博士，国家社科基金全国教育科学规划青年课题“少数民族优秀传统文化融入高校思政教育研究——以贵州高校为例”。

成果形式：在北京大学图书馆版核心期刊上发表 2 篇系列论文，2016. 5—2017. 12 发表论文《少数民族优秀传统文化融入高校思政教育路径研究——以贵州高校为例》、2018. 1—2019. 5 发表论文《少数民族优秀传统文化融入高校思政教育内容探析——以贵州高校为例》，或者出版专著 1 部。

使用去向：在贵州高校试点将少数民族传统文化引入思政教育、教学，对目前高校的思政教育、教学进行改革，取得良好的效果后推广到全国各个高校，为各大高校思政教育摆脱困境寻找一条出路。 **预期社会效益**：本项目将培育大学生的文化自觉性，增强他们的民族文化认同感和民族归属感，帮助大学生树立正确的人生观、价值观和世界观，拓宽大学生的学习视野，将其培养成爱党、爱国家、爱人民和爱家乡的社会主义建设者和接班人。学生进入社会才能有正确的"三观"，在社会中正确地发挥自己的作用，为中华民族伟大复兴贡献一份力量。

——案例：2020 年，W 教授，国家社科基金党史·党建重点项目"健全党组织领导的乡村治理体系研究"。

成果形式： （1）研究报告：1 份，25 万字左右。 （2）系列论文：据研究情况发表 5~8 篇相关核心期刊论文。 （3）决策建议：向有关方面提交一定数量的决策建议。 **使用去向及预期社会效益：** （1）研究报告提交全国哲学社会科学规划办公室，供有关发展决策参考。 （2）学术论文提交至国内外学术会议上进行交流，在相互评议过程中深化课题研究。 （3）决策建议力争提交中共中央办公厅、国务院办公厅、农业农村部等，以及调研一些相关的省、市、县。 （4）长期跟踪调研基地，可以与同行进行共享。

——案例：2021 年，W 教授，博士，国家社科基金党史·党建一般项目"抗战大后方红色音乐史料整理与研究"。

1. 阶段性成果 （1）学术论文：2~4 篇。 （2）决策建议：1~2 篇。 （3）特色资料：抗战大后方红色音乐史料长编。 （4）公益性演出汇报：2~4 场。 **2. 最终成果** 研究报告：1 份，12 万字。 **3. 成果去向和预期社会效益** （1）研究报告提交全国哲学社会科学工作办公室，服务国家决策。 （2）学术论文发表在高层次期刊。 （3）决策建议拟呈报中央统战部及地方市委市政府。 （4）成果共享给地方政府部门、"重庆中国抗战大后方历史文化研究与建设工程"责任单位和相关研究机构，用于深化考证研究，加强文化建设。

——案例：2020 年，F 教授，博士，教育部人文社科高校辅导员研究专项项目“时代新人视域下大学生担当精神培育研究”。

（一）本课题研究的中期成果

论文 1 篇：2020 年 1 月—2020 年 4 月，项目负责人及项目组成员拟完成论文《境遇、意蕴、进路：强国时代中国青年担当的关键词》一篇。

（二）本课题研究的最终成果

著作 1 本：2020 年 6 月—2021 年 12 月，项目负责人及项目组成员拟完成著作《大学生担当精神培育研究》一本（20 万字），并联系出版社公开出版。

调研报告 1 份：2020 年 5 月—2020 年 8 月，项目负责人及项目组成员拟完成调研报告《当代大学生担当精神培育的现状及对策的调研报告》，选取部分省份各类高校大学生担当精神培育经验为研究案例，凝练共性问题，丰富解题思路，深入分析大学生担当精神培育的现状、瓶颈、趋势和策略。

（三）成果去向及预期社会效益

1. 理论层面：为思想政治教育理论研究拓宽视野。尝试以马克思主义实践论、矛盾论、辩证法、发展观为理论支撑，从内外兼修、高低并重、供需互动、道器共济的多维视角深入研究有担当精神的时代新人培育课题。

2. 个人层面：为青年全面发展勇担重任指明方向。成果将为新时代中国青年大学生绘制担当精神内容图示，明晰大学生担当精神培育的根本目标、具体内容和评价指标，为大学生自觉涵养担当精神提供路径选择。

3. 高校层面：为高校实现立德树人目标筑牢根基。将经验上升为理论，用理论指导实践。将研究成果固化为高校大学生思想政治教育的实践经验长效机制，为兄弟高校开展同类工作提供借鉴。

4. 国家层面：为培育国家建设者和接班人提供保障。成果提供给教育部、省教育厅，为推进高校立德树人和思想政治教育的制度顶层设计和实践经验推广提供参考。

——案例：2024 年，Z 讲师，学士，教育部人文社科高校辅导员研究专项项目“文化认同视角下高校台籍学生中华民族共同体意识路径研究”。

（一）本课题研究的中期成果

1. 研究论文 2 篇：主题拟为“高校台籍学生文化认同现状及对策研究”“基于大陆台籍学生群画像的中华民族共同体意识培育路径研究”。

2. 调研报告 1 篇：主要根据大陆高校台籍学生开展基础现状研究的实证调查的调研报告。

3. 政策建议 1 篇：主要根据大陆高校台籍学生的中华民族共同体意识存在的问题予以整理、反馈、献策。

（二）本课题研究的最终成果

1. 系列研究论文 3 篇：主要从文化认同视角切入，探讨台籍学生中华民族共同体意识培育的路径。

2. 调研报告1份：分析高校台籍学生文化认同现状、问题以及解决对策。

（三）成果去向及预期社会效益

高校对台籍学生中华民族共同体意识培育路径展开探析与研究，有助于丰富和完善新时代高校教育理念。做好台籍学生文化认同教育的研究对中华民族共同体意识的传播具有重要意义，为台籍学生的教育和全面发展指明了前进的方向。同时，开展关于台籍学生中华民族共同体意识培育路径的研究，旨在为教育管理部门、高校开展台籍学生的教育管理提供具有参考价值的决策依据。因此，该研究结果意义重大，促进了台籍学生对中华文化的认同和理解，将为两岸的交流和发展奠定一定基础。

1. 研究报告提交××省人民政府台湾事务办公室，服务于政府决策。
2. 学术论文发表于高水平期刊。
3. 研究数据及动态报送××省教育厅，同时报送致公党××省委供工作参考使用。
4. 研究数据共享给地方高校及相关学者，为其提供决策参考及学术支撑。
5. 调研基地将共享给多个高校研究机构及地方政府相关部门。

七、参考文献

1. 定义解析

参考文献是在学术著作、学术论文或其他研究性文献撰写过程中，作者参考或引用的相关文献信息资源作为参考和借鉴。它包括书籍、期刊文章、学位论文、专利、技术报告、会议论文、网络文章等形式。对于国家社科基金项目申报来说，参考文献写得好虽然不能决定申请人的选题立项，但是如果参考文献很糟，大概率会成为被评审专家淘汰的理由之一。国家社科基金项目的通讯评审专家和大部分评委都是各个社科研究领域里的翘楚，具备渊博的学识，在学术界享有一定声誉。专家们能够通过申请书参考文献呈现出的系统性、时效性、全面性、权威性和规范性来判断项目申请人的学术积累和学术功底。好的参考文献能大大增加评审专家对申请人胜任项目研究、如期完成任务的信任指数。从这个角度看，参考文献的罗列务必要慎重对待。

2. 撰写要点

（1）前后要呼应

申请书最后罗列的参考文献要与申请书最前面的相关研究动态中涉及的文献具有相关性，不能“前言不搭后语”。文献的选择和罗列要体现出课题预研究期间对相关文献把握的系统性和延续性。

（2）覆盖要全面

文献覆盖全面体现在所罗列文献要能覆盖学术界对选题研究的各个历史阶段和年代区间，体现出研究的前后承接。除国内相关研究外，申请人还要尽可能系统梳理国外具有代表性的研究文献。当然，思想政治教育学科国外直接相关的研究相对有限，申请人可以从间接相关方面进行文献梳理和选取。

（3）观点要代表

参考文献的选取要考量围绕选题的众多学术研究和学术观点的权威性和代表性，尤其不要遗漏项目研究领域国内外学术界公认的泰斗级别和权威级别的学者文献，特别是在各个历史时期提出具有开创性的学术见解，推动了该学科领域创新发展的代表性人物及其观点。

（4）类型要兼顾

根据《文献类型与文献载体代码》（GB3469-83）规定，参考文献的类型以单个字母的方式标识（见表 12-3）。由于申请书篇幅有限，参考文献肯定不能要求穷尽各种形式，但是常见的著作、报纸、期刊、学位论文等思政学科常见的文献类型，还是要尽可能地覆盖 3~4 种类型。

表 12-3　文献类型与文献载体代码

字母	类型	字母	类型	字母	类型
[M]	专著	[J]	期刊	[N]	报纸
[D]	学位论文	[P]	专利文献	[G]	汇编
[R]	科技报告	[S]	技术标准	[O]	古籍
[B]	档案	[K]	参考工具	[W]	检索工具
[A]	录音带	[V]	录像带	[L]	唱片
[Q]	图表	[X]	产品样本	[C]	会议录

表12-3（续）

字母	类型	字母	类型	字母	类型
[T]	中译文	[I]	乐谱	[Y]	电影片
[H]	手稿	[U]	微缩胶卷	[Z]	幻灯片
[F]	微缩平片	[E]	其他	—	—

（5）格式要规范

每种类型的参考文献都有严格规范的著录格式，申请人一定要按照标准格式呈现。参考文献要注重标准化格式和书写规范，如字体字号、标点符号、全角半角、行间距、排列顺序、外国作者姓名表述等，都要严格遵循规范格式，确保参考文献从内容到形式给人以赏心悦目的观感体验。

（6）数量要拿捏

参考文献的数量不宜过多，一般罗列10~15项比较适宜，申请人本人的文献不列入其中。

3. 部分案例

——案例：2020年，W教授，博士，国家社科基金民族学一般项目“边疆治理视角下傣族的国家向心力研究”。

六、[参考文献] 开展本课题研究的主要中外参考文献。

[1] 李拂一. 泐史 [M]. 云南大学排印本，1947.

[2] DODD W C. The Tai Race, Elder brother of the Chinese [M]. Cedar Rapids: The Torch Press, 1923.

[3] 江应樑. 百夷传校注 [M]. 昆明：云南人民出版社，1980.

[4] 江应樑. 傣族史 [M]. 成都：四川民族出版社，1983.

[5] 费孝通，等. 中华民族的多元一体格局 [J]. 北京大学学报（哲学社会科学版），1989 (4): 3-21.

[6] 夏建中. 文化人类学理论学派：文化研究中的历史 [M]. 北京：中国人民大学出版社，1997.

[7] 高立士. 傣族支系研究 [J]. 中央民族大学学报，1998 (6): 22-27.

[8] 塞缪尔·亨廷顿. 文明的冲突与世界秩序的重建 [M]. 周琪，等译. 北京：新华出版社，1999.

[9] 方国瑜. 云南史料丛刊：第一至十三卷 [M]. 昆明：云南大学出版社，2001.

[10] 方铁，张维. 论中国古代治边思想的特点、演变和影响 [J]. 中国边疆史地研究，2003 (1): 11-18.

[11] 周平，白利友. 多民族国家的政治认同与认同政治 [J]. 思想战线，2012 (4): 26-32.

[12] 周平. 中国边疆政治学［M］. 北京：中央编译出版社，2015.
[13] 孔庆榕，陈载舸. 中华民族向心力研究［M］. 广州：广东人民出版社，2015.
[14] 周平. 边疆研究的国家视角［J］. 中国边疆史地研究，2017（2）：1-8，179.
[15] 方盛举. 当代中国陆地边疆治理［M］. 北京：中央编译出版社，2017.
[16] 王延中. 铸牢中华民族共同体意识建设中华民族共同体［J］. 民族研究，2018（1）：1-8，123.
[17] 王文光，徐媛媛. 中华民族共同体意识形成与发展的历史过程研究论纲［J］. 思想战线，2018（2）：70-74.
[18] 马大正. 从边疆研究的视角看中国地域文化研究［J］. 地域文化研究，2018（6）：4，149.
[19] 林文勋. 开创新时代中国边疆学科建设的新局面［J］. 历史研究，2019（2）：16-17.
[20] 何明. 民族研究认识论转向与民族学知识体系重构［J］. 思想战线，2019（6）：1-8.

——案例：2021 年，G 教授，博士，国家社科基金党史·党建一般项目“党建引领基层应对重大传染病的历史考察与基本经验研究”。

六、［参考文献］开展本课题研究的主要中外参考文献。

[1] 姜辉. 中国战“疫”的国际贡献和世界意义：国外人士看中国抗疫［M］. 北京：当代中国出版社，2020.
[2] 马克·霍尼斯鲍姆. 人类大瘟疫：一个世纪以来的全球性流行病［M］. 谷晓阳，李瞳，译. 北京：中信出版社，2020.
[3] 李洪河. 往者可鉴：中国共产党领导卫生防疫事业的历史经验研究［M］. 北京：人民出版社，2016.
[4] 杨念群. “再造病人”：中西医冲突下的空间政治（1832—1985）［M］. 北京：中国人民大学出版社，2006.
[5] 余新忠. 瘟疫下的社会拯救：中国近世重大疫情与社会反应研究［M］. 北京：中国书店出版社，2004.
[6] 刘吕红，薛小平. 近百年党建布局演进的历史进程与动力机制［J］. 马克思主义研究，2020（7）：76-86，160.
[7] 辛鸣. 中国共产党人的国家治理观［J］. 马克思主义研究，2020（2）：23-33，163.
[8] 高福进. 新形势下我国应对重大疫情的理论思考［J］. 人民论坛，2020（5）：16-19.
[9] 祝灵君. 党领导基层社会治理的基本逻辑研究［J］. 中共中央党校（国家行政学院）学报，2020（4）：37-45.

[10] 刘远立. 疫情防控常态化建设：顶层设计与基层落实 [J]. 中国研究型医院，2020 (5)：74-77.

[11] 黄玥. 中国特色社会主义制度优越性的现实与理论逻辑探究——以抗击新冠疫情的生动实践为例 [J]. 中共石家庄市委党校学报，2020 (11)：27-30.

[12] 曹海军. 党建引领下的社区治理和服务创新 [J]. 政治学研究，2018 (1)：95-98.

[13] 林尚立，赵宇峰. 政治建设的中国范式：论党建在中国发展中的重要政治作用 [J]. 社会科学线，2014 (1)：163-172.

[14] Jonathan Schwartz, R Gregory Evans. Causes of effective policy implementation: China's public health response to SARS [J]. Journal of Contemporary China, 2007.

[15] Ahmad Sururi, Rostiena Pasciana. Dynamic governance and the strengthening community participation in countermeasure coronavirus disease [J]. Conference Paper, 2020.

[16] Rahbel Rahman, Abigail Ross, Roge Rio Pinto. The critical importance of community health workers as first responders to COVID-19 in USA [J]. Health Promotion International, 2021.

[17] Huda Al Siyabi, Said Al Mukhaini, et al. Community participation approaches for effective national COVID-19 pandemic preparedness and response: An experience from oman [J]. Frontiers in Public Health, 2021.

——案例：2021 年，J 副教授，博士，国家社科基金管理学一般项目"退役军人有序参与应对突发公共事件的激励机制优化研究"。

6. [参考文献] 开展本课题研究的主要中外参考文献。

[1] 郝万禄. 创新军事劳动价值理论 改革军人收入分配制度 [J]. 中国军事科学，2002 (1)：117-123.

[2] 唐华茂. 我国应急管理人才激励问题研究 [J]. 经济管理，2011 (4)：96-101.

[3] 薛澜，陶鹏. 从自发无序到协调规制：应急管理体系中的社会动员问题——芦山抗震救灾案例研究 [J]. 行政管理改革，2013 (6)：30-34.

[4] 罗平飞. 当代中国军人退役安置制度研究 [M]. 北京：中国社会出版社，2014：109-137.

[5] 孙绍骋. 全力推进退役军人事务治理体系和治理能力现代化 [J]. 人民日报，2019-12-09 (02).

[6] 滕五晓. 新时代国家应急管理体制：机遇、挑战与创新 [J]. 学术前沿，2019 (3)：36-43.

[7] 陈迎欣，周蕾，郑旭彤，等. 公众参与自然灾害应急救助的效率评价：基于 2008—2017 年应急救助案例的实证研究 [J]. 中国软科学，2020 (2)：182-192.

[8] Moya Wood-Health, Martin Annis. The Role of Non-Government Organizations' Volunteers in Civil Protection in European Member States & European Economic Area Countries [R]. British Red Cross, 2002.

[9] Michael K Lindell, Carta Prater, Ronald W Perry. Introduction to Emergency Management [M]. John Wiley & Sons, Inc, 2007.

[10] Chandrasekhar. Nontraditional Participation in Disaster Recovery Planning: Cases From China, India, and the United States [J]. Journal of the American Planning Association, 2014, 80 (4): 373-384.

[11] W Richard Scott. Institutions and Organizations: Ideas, Interests, and Identities [M]. SAGE publications, Inc, 2014.

[12] Elise Boruvka, James L Perry. Understanding Evolving Public Motivational Practices: An Institutional Analysis [J]. Governance, 2019, 33 (3): 565-584.

——案例：2023 年，F 教授，博士，国家社科基金高校思政课研究专项项目“工匠精神挖掘活化与融入‘新工科’课程思政路径研究”。

七、[参考文献] 开展本课题研究的主要中外参考文献。

[1] 习近平. 高举中国特色社会主义伟大旗帜 为全面建设社会主义现代化国家而团结奋斗——在中国共产党第二十次全国代表大会上的报告 [M]. 北京：人民出版社，2022.

[2] 习近平. 习近平谈治国理政：第四卷 [M]. 北京：外文出版社，2022.

[3] 习近平. 论科技自立自强 [M]. 北京：中央文献出版社，2023.

[4] 王炳林，刘建军. 工匠精神 [M]. 北京：中共党史出版社，2020.

[5] 马建辉，文劲宇. 新工科背景下专业课程思政教学指南 [M]. 武汉：华中科技大学出版社，2022.

[6] 钟登华. 新工科建设的内涵与行动 [J]. 高等工程教育研究，2017 (3)：1-6.

[7] 吴岩. 新工科：高等工程教育的未来——对高等教育未来的战略思考 [J]. 高等工程教育研究，2018 (6)：1-3.

[8] 林健. 国家卓越工程师学院建设：培养造就国家重大战略急需的卓越工程师 [J]. 清华大学教育研究，2023，44 (3)：1-10.

[9] 张婷婷，李冲. 关系与路径：产教融合培养卓越工程师的行动逻辑研究 [J]. 中国高教研究，2023 (5)：48-54.

[10] 马福运，张晗. 新时代课程思政建设的问题指向及破解路向 [J]. 思想理论教育导刊，2022 (11)：119-126.

[11] 戴显红. 新时代工匠精神的生成逻辑与伦理启示 [J]. 中国高等教育，2022 (5)：48-50.

[12] 彭维锋. 新时代劳模精神、劳动精神、工匠精神的理论内涵与实践导向 [J]. 江西社会科学，2021 (5)：208-217，256.

[13] Shannon K Gilmartin, Marissa E Thompson, et al. Entrepreneurial intent of engineering and business undergraduate students [J]. Journal of Engineering Education, 2019, 108 (3): 316-336.

[14] Tim S, Holger K. Perspectives for international engineering education [J]. Procedia Manufacturing, 2018 (21): 10-17.

八、研究基础和条件保障

1. 学术简历

学术简历详细记录并呈现个人在学术研究领域的经历、实践、经验、成就和贡献等。学术简历包括主要学术简历、学术兼职、在相关研究领域的学术积累和学术贡献等。

（1）主要学术简历

撰写主要学术简历并不需要太多技巧，申请人只需要遵循真实客观的原则，沿着时间顺序从大学阶段开始，一直写到当前时间为止，描述不同阶段个人的学术发展历程。主要学术简历通常要体现本科、硕士、博士、博士后等求学阶段的学术经历，毕业后工作期间与学术相关的任职或挂职经历。申请人如有在国内外高校交换学习或交流访学的经历，也可以写入其中。

（2）学术兼职

学术兼职是指在学术领域内担任的额外职务或角色。这些职务通常涉及学术研究、学术交流以及学术成果的管理和评审。学术兼职，顾名思义要在“学术”二字上做足文章，突出学术支撑。

学术兼职范围广泛，主要类型如下：

① 国内外学术期刊编委、匿名审稿人。

② 国内外学术研究机构名誉教授、特聘教授、兼职教授。

③ 国内外各级党派组织或专业委员会学术性兼职。

④ 政协、人大专业委员会学术型兼职。

⑤ 国内外各类学术组织会长、副会长、理事、会员。

⑥ 国内外官方、民间学术科研管理机构库专家。

⑦ 国内外各类智库专家成员。

⑧ 国内外学术会议组织者或主持人。

⑨ 国内外各类企业和组织的学术顾问。

（3）学术积累

学术积累是学术研究和学术创新的基础，是推动学术发展的关键。学术积累是课题申请人围绕选题研究领域，所积累的知识、经验、数据、文献等。随着知识的积累和研究的反复深入，一个人做学问的功力会不断地提高。良好的学术积累习惯，是持续提升个人学术水平和学术影响力的重要途径。思政社科研究者要坚决防范功利主义思想，摒弃急于求成的心态，始终坚持长期主义，坚信学术积累是一个长期的过程，持续投入时间和精力，博观而约取，厚积而薄发。

（4）学术贡献

学术贡献通常包括以下七个方面：

①理论创新：提出新的理论框架、概念、模型或假设，为理解和解释自然现象、社会现象提供新的研究视角。

②实证研究：通过实验、调查、搜集分析数据等方法，验证或推翻现有理论，发现新的内在规律、机理、机制、模式，揭示研究选题各要素之间新的内在联系。

③方法创新：开发新的研究方法、技术和工具，提高学术研究的准确性和有效性。

④跨界融合：围绕选题的研究需要和目标实现，将自然科学与社会科学、社会科学各学科之间的知识、规律、方法进行整合与链接，利用学科交叉思维推动复杂问题的解决。

⑤应用研究：将学术研究成果应用于实际问题，解决社会、经济、技术等领域的问题。

⑥教育教学：通过课程教学、研究生培养、实习实践指导、专业技术培训等方式，对所在学科领域、专业行业的人才培养贡献力量。

⑦政策建议：以学术研究为基础，向政府、机构、企业和社会提供政策建议和决策支持，用学术专业性和影响力，推动社会治理现代化。

（5）部分案例

——案例：2018 年，W 教授，博士，国家社科基管理学重点项目“新时代中国特色社会主义流域生态文明理论研究”。

一、学术简历：课题负责人的主要学术简历、学术兼职，在相关研究领域的学术积累和贡献等

（一）学术简历：

1996.09—1999.07，云南大学生态学硕士学位，主要从事环境可持续发展、人类生态学与生态教育方面的研究。

1999.09—2002.07，云南大学生态学博士学位，主要从事区域（流域）生态文明与流域可持续发展研究，在读博士期间联合主持完成科技部和云南省专项科技重大攻关项目子课题“**滇池流域面源污染水旱轮作系统 N、P 空间动态流失规律及精准化平衡施肥示范研究**”（**总课题由清华大学陈吉宁教授主持**），并于博士在读期间成功申请了国家自然科学基金项目“**珠江上游少数民族区域环境安全与预警系统研究**”（40261009）。

2002.07—2007.07，在贵州财经大学（原贵州财经学院）工作，主持创建了贵州财经大学资源与环境管理系，主持“北盘江流域生态预警安全研究”等 8 项课题。其间，2003.12 破格晋升生态经济学教授，**2005.03—2006.02 在加拿大 McGill 大学农业与环境科学学院访问学习，主要从事环境可持续发展领域高级访问学者，并对生态政治有所关注。**

2007.08 至今，在教育部人文社科重点研究基地重庆工商大学长江上游经济研究中心工作，从事区域（流域）生态文明与流域可持续发展研究。其间，2009.01—2017.03 担任中心常务副主任，2012 年评为经济学二级教授和重庆市“产业经济学”巴渝学者特聘教授，2013 年评为博士生导师，**2017.04—2017.08 在英国 Northumbria University 纽卡斯尔商学院做高级访问学者，主要从事河流或湖泊流域可持续发展的学术交流。**

（二）学术兼职：课题申请人在教学科研的同时，兼任与生态文明、区域经济可持续发展相关的学术兼职。先后兼任全国区域经济学会常务理事、**全国长江技术经济学会理事以及全国区域科学协会可持续发展专业委员会、中国区域科学协会生态文明专业委员会副主任委员和全国区域经济学会长江经济带专业委员会副主任委员**等。先后为重庆市管领导干部等开展系列关于生态文明建设的学术讲座。

（三）在相关研究领域的学术积累和贡献等

1. 学术积累：申请人近 20 年来先后：（1）主持完成 1 项国家社科基金重大招标项目“三峡库区独特地理单元‘环境-经济-社会’发展变化研究”（11&ZD161）、1 项国家社科基金项目“基于生态系统管理理论的西部民族地区生态文明建设模式研究”（08XMZ030）、1 项国家软科学项目“基于县域尺度的流域复合生态系统管理创新模式研究——以乌江流域为例”（2010GXQ5D353）以及重庆市科委软科学重大项目、重点项目、一般项目、国家软科学和其他省部级项目 30 余项；（2）出版专著《长江上游生态文明研究》、案例集《国外流域管理典型案例研究》以及辑刊《流域经济评论》等 10 余部；（3）在《光明日报》（理论版）、《新华文摘》、《思想战线》

等重要期刊发表论文《流域生态安全须高度重视》和《论政治生态化》等50余篇；(4)为党中央、国务院、全国政协、九三学社中央、重庆市委市政府和重庆市政协等提交各类决策建议30余份，部分被国家领导人批示或有关部委、厅局采纳；(5)《流域环境变迁与生态安全预警理论与实践》《流域生态产业理论与实践：以乌江为例》等成果获得省部级科研三等奖4项。

2. 学术贡献

(1)生态文明方面：认为生态文明建设应该是一个从一种文明发展理念转化为具体的实际建设模式和实现路径的过程。同时，以西部民族地区为理论建构背景，分析了西部民族地区生态文明建设与生态功能区耦合机制，提出了普遍适用于我国西部民族地区的生态文明建设理论（见《西部民族地区生态文明建设模式研究》，2013年7月科学出版社第一版）。

(2)流域生态文明：针对乌江流域，提出政府合作机制、法律协同机制、政策联动机制等绿色协同发展机制（见《中国环境报》，2018年2月6日第003版）；针对长江上游典型流域，提出“1+4+18+X”生态经济总体布局的思路，即1个成渝经济区、4个国家级新区、18个国家开发区以及若干个省级开发区（见《长江上游生态文明研究》，2016年9月科学出版社第一版）；针对长江经济带绿色发展，分析了“共抓大保护，不搞大开发”的哲学意蕴和实践维度（见《中国环境报》，2018年2月23日第003版）。

(3)流域生态安全预警与可持续方面：指出实现我国流域生态安全需要结合我国区域功能分区的理论和实践，将以自然地理区划为特征的流域与有中国行政管理特色的县域经济单元有机结，要从流域环境与经济发展统一的视角，建立流域生态系统、流域经济系统和流域社会系统，以此实现和推进流域发展的动态化、可视化和预警管理（见《光明日报》，2009年4月9日第006版）。该观点契合党的十九大关于实施流域环境和近岸海域综合治理等方面的要求。

(4)流域经济与绿色发展方面：结合乌江流域的具体情况，提出在流域内形成节约资源和保护生态环境的生态产业结构、持续增长方式、绿色消费模式，在三峡库区一级支流率先建成生态产业带的发展范式，推进乌江（经济与环境）和谐流域战略（见《流域生态产业初探——以乌江为例》，2013年7月科学出版社第一版）。观点契合保护好三峡库区和长江母亲河，事关重庆长远发展，事关国家发展全局的战略要求。

(5)流域综合治理方面：针对长江上游流域治理面临的问题，从深化落实主体功能区建设、狠抓支流保护以推进流域保护“一盘棋”、培育环保产业以引领壮大战略性新兴产业等层面提出具体实践路径（见《零讯》，2017年专报第152期）。观点在新时代生态文明建设过程中发展趋势日渐明显。

(6)流域特色数据库方面：研究团队长期致力于对典型流域资料的系统整理与收集，目前已经建立1个收录宏观数据的三峡库区数据管理系统、1套定期连续追踪调查三峡库区经济-社会-环境发展的综合调查问卷以及1套为三峡库区可持续发展系列案例集等资料库，为新时代流域生态文明理论研究的特色资料获取与实践经验借鉴提供了便利，也为地方经济社会发展的政策制定提供了可靠的数据支撑。

——案例：2020 年，W 教授，国家社科基金党史·党建重点项目“健全党组织领导的乡村治理体系研究”。

1. ［学术简历］课题负责人的主要学术简历、学术兼职，在相关研究领域的学术积累和贡献等。

1.1 学术简历

课题负责人为重庆社会科学院教授，三级教授（2016），博士生导师（2017），现重庆社会科学院改革杂志社执行总编辑，《改革》《重庆社会科学》执行主编，重庆市第四批哲学社会科学领军人才（2019），重庆市学术技术带头人（2019），重庆市中国特色社会主义理论体系研究中心特约研究员。

1.2 学术兼职

兼任重庆市中国特色社会主义理论体系研究中心特约研究员、重庆市期刊学会副会长、重庆出版学会理事、重庆廉政中心研究员、贵州师范大学廉政中心研究员、贵州民族大学兼职博士生导师、重庆工商大学兼职硕士生导师、重庆大学特聘教授等。

1.3 学术积累

1.3.1 科研项目：先后主持国家社科基金项目、教育部课题、重庆市规划重点课题、教育规划课题、重庆市政府发展研究重大决策咨询课题、重庆市教委课题、重庆社会科学院课题、重庆工商大学课题等科研项目 20 多项。主持并完成国家社科基金项目 1 项，主持并完成省部级重大项目 8 项，重点项目 18 项，一般项目 5 项。

1.3.2 学术论文：近年来先后在《人民日报（理论版）》《光明日报（理论版）》《科学社会主义》《管理世界》《中国农村经济》《农业经济问题》《社会科学战线》《国家教育行政学院学报》《东北师范大学学报（社会科学版）》等国内刊物上发表学术论文，在各种重要报纸和学术期刊发表学术论文 200 余篇。

1.3.3 学术著作：出版个人专著 12 部，参编著作 3 部，撰写决策建议并获省部级领导批示 5 篇。

1.3.4 成果获奖：作为负责人获重庆市人民政府发展研究一等奖 1 项，三等奖 1 项等，所写专著被全国多所大学订购并作为党课学习教材。

1.4 学术贡献

目前已取得了较为可观的学术成果。学术成果均与城乡基层治理问题高度相关。有文章多次被《新华文摘》论点摘编、人大复印资料转载，被各种报刊及人民网等近百家网站转载，产生了一定的社会影响。在基层治理、精准扶贫、乡村振兴等方面有一定的研究基础，特别是在国家治理体系和治理能力现代化、农村社区治理等方面有一定的研究基础，在实际工作中有较丰富的理论和实践基础，对本课题的研究有充分的理解和研究的必要条件。对相关问题都有较深刻把握，有较丰富的前期成果，通过前期成果的研究，更加熟悉了研究课题的方法，积累了理论和实践基础，为此项目的研究打下了坚实的基础。

——案例：2020 年，W 教授，博士，国家社科基金民族学一般项目“边疆治理视角下傣族的国家向心力研究”。

一、[学术简历] 课题负责人的主要学术简历、学术兼职，在相关研究领域的学术积累和贡献等。

（一）学术简历

课题负责人从事高校教学科研工作 20 余年，2010 年晋升为教授、硕士生导师；长期关注多民族边疆治理和民族问题研究，讲授“民族文化与边疆治理”“民族法治”等大学生素质课程、专业选修课程，对民族文化及边疆治理相关问题具有较扎实的理论功底和较丰富的科研经验。

1997. 09—2000. 07，硕士毕业于云南大学政治学理论专业，现隶属于**云南大学“边疆治理与地缘政治学科特区”**所在院系。

2003. 09—2006. 07，博士毕业于云南大学民族研究院，现隶属于**“教育部人文社科重点研究基地云南大学西南边疆少数民族研究中心”**所在院系。师从国内重要傣族学者江应樑先生之门生方慧教授，深受江先生师门严谨治学风范和傣族研究专长影响。

2003. 10 至今，主要从事民族学及文化人类学研究，持续关注傣族历史文化及法律问题。

（二）学术兼职

中国出版协会理事（2015—2017 年）。

云南省专家协会会员（2014 年）。

云南省科技厅专家库专家（2018 年）。

（三）学术积累

课题负责人从博士期间开始紧密围绕民族文化理论、傣族法文化、多民族边疆治理等相关领域进行研究，曾先后参与完成国家级、省部级课题及横向委托项目多项。以第一作者或独立作者在《思想战线》《云南民族大学学报（哲学社会科学版）》《云南师范大学学报（哲学社会科学版）》《经济问题探索》《教育与职业》《中国成人教育》《中国高校科技》**等 CSSCI 来源期刊或核心期刊上发表论文 23 篇**，被中国知网收录已发表**学术论文 30 余篇，上百次被引用，下载量达 5 000 多人次。**《西部开发中少数民族地区可持续发展的法律环境问题思考》《少数民族地区可持续发展的法律环境浅析》**等被中国人民大学全文或部分复印转载**。在权威出版社出版专著 4 部，多数学术成果均与傣族文化、多民族边疆治理问题高度相关。前期成果中《元明清时期傣族法律制度重要特点及其机制刍议》《元明清时期傣族成文法的形成与变迁》《古代傣族诉讼法律制度的几点思考》《元明清时期的傣族法律制度及其机制研究》等民族边疆问题相关学术论文或著作被收录为**360 百科、中国知网、学术之家、维普期刊、维普网、知网空间、手机知网、知网空间会议论文、论文联盟、甲虎、道客巴巴、豆丁、京东、书问搜索、苏宁易购、淘豆网、极光下载站等网站热搜词条。**

（四）学术贡献

1. 在傣族文化及与王朝国家关系方面。（1）基本厘清了元代以来的，在傣族地区发展和中央王朝的经营、内地经济、文化（特别是中华传统文化）及社会生活的影响下，王朝国家中央政府加强对傣族地区的经营和管理，王朝国家对傣族土司和社会的控制、影响也逐步深化，傣族与王朝国家的关系逐步规范。傣族土司、社会等级、婚姻关系、纠纷解决以及习惯法形式等法律制度和文化都发生了变迁。厘清了元代以来傣族社会法文化发展变化历史线索及其社会机制，提出上述历史线索对包括现傣族自治地方政治合法性等四个方面的有益启示（见人民出版社 2010 年版）。（2）认为元明清时期傣族社会存在政治、宗教、性别和经济方面等级制度，其形成和发展有着一定的社会机制和历史阶段性（见《云南民族大学学报（哲学社会科学版）》2010 年第 4 期）。（3）提出元代以后，明代朝廷加强对傣族土司制度的完善和影响，中央王朝政治文化对傣族土司承袭制度不断影响，以嫡长子继承为特征的傣族土司承袭制度稳定了下来（见《云南行政学院学报》2009 年第 6 期）。（4）主张因外来文化（主要是中华传统文化）的影响、社会机制的变化，元代以后傣族日常生活的重要文化载体，包括配偶体制、婚配对象范围、婚前性关系、通奸处罚原则等婚姻文化都发生了巨大变迁（见《思想战线》2010 年第 5 期）。

2. 在多民族地区政治社会化方面。（1）政治文化对国家有着重大而深远的影响。中国政治文化的发展，必须以中国传统政治文化作为基础（见《中共云南省委党校学报》2003 年第 6 期）。（2）少数民族在自己的发展史上都创造了自己的民族文化，因为多民族地区文化环境的影响，这类地区的社会主义核心价值观教育既十分重要，又更加复杂（见《教育与职业》2011 年第 18 期）。（3）多民族地区社会主义核心价值观教育有利于形成社会主义的政治文化和多元统一的文化价值观，但面临多种挑战，应处理好四大关系和五大问题，要尊重民族文化，关注民族成员利益和吸收民族文化中的优秀元素（见《昆明学院学报》2010 年第 4 期）。

3. 在边疆治理及国家认同方面。民族国家多民族边疆治理中政治认同、国家认同面临挑战，文化环境呈现区域差异性，民族文化多样性及多元宗教问题复杂。少数民族价值观、行为习惯往往会对民族成员的社会生活产生影响。多民族文化的发展与主体民族主流文化的进一步交流融合会有一个过程，使得民族国家共同体文化特别是政治文化的一体化需要一个过程。少数民族传统礼仪习惯在日常生活中也会有意无意地向少数民族成员传递着民族认同的氛围。现代化过程冲击传统，不可避免地带来边疆地区社会震荡和不容回避的种种问题（见《云南行政学院学报》2019 年第 5 期）

2. 研究基础

（1）代表性研究成果

关于代表性研究成果的填写要求如下：

①数量最多填 5 项。

②与选题相关性强。

③优先刊载层次高。

④成果形式巧搭配。

前期成果公式 = 1 段总体性概括 +5 篇代表性成果

关于代表性成果的主要形式如图 12-4 所示。

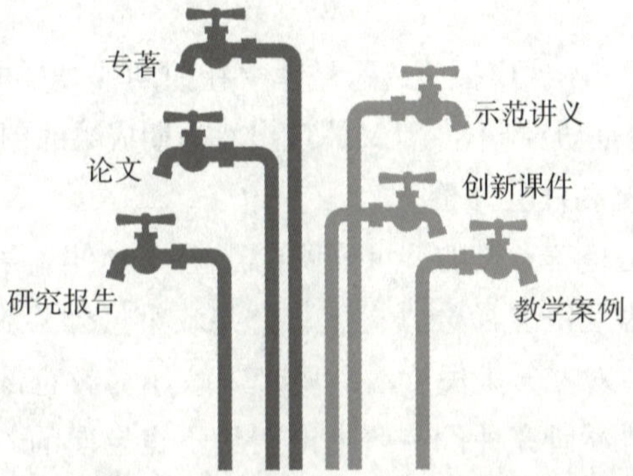

图 12-4　代表性成果的主要形式

关于代表性成果的呈现内容要素如图 12-5 所示。

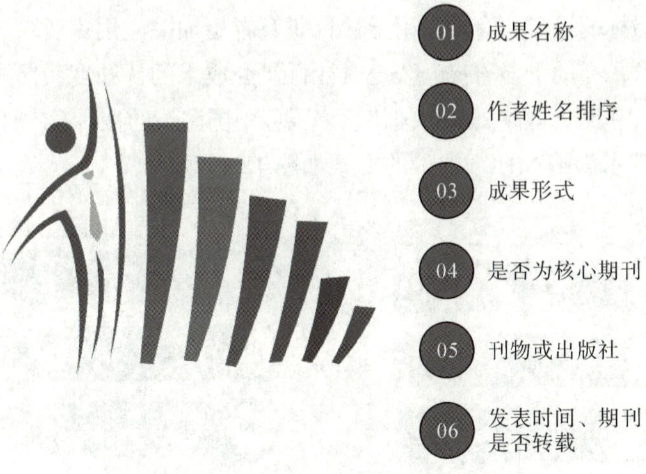

图 12-5　代表性成果的呈现内容要素

（2）与本研究的学术递进关系

学术递进关系要聚焦学术范畴，更要体现递进关系。

学术递进关系要思考以下几个问题：

思考 1：申请人前期相关研究成果与本研究选题存在的关联和递进发展逻辑。

思考 2：申请人本次填报的 5 篇代表性成果与研究选题的差异性和关联性。

思考 3：申请人本次申报的选题是建立在前期代表性成果所奠定的研究基础上，依赖于前期研究；同时，又体现出对前期成果的创新、发展和超越。

（3）学术影响和社会评价

学术影响力是将有意义的、可证明的影响力延伸到学术机构和学术社区的范围之外，为经济、社会、文化、公共政策、公共服务、医疗、环境的发展带来效益，对提升人民生活品质带来效用。教育部印发的《关于破除高校哲学社会科学研究评价中“唯论文”不良导向的若干意见》中明确指出“重点考核论文、著作、决策咨询报告等代表性成果的政治立场、理论创新、学术贡献和社会影响”。这标志着在“破五唯”的政策导向下，国家将学术成果的社会影响力摆在更加突出的地位。社科研究成果社会影响力评价指标的设定，有助于引导社科研究者更加关注国家要求、社会需求和人民诉求，有助于显著提升公众对社科研究成果的认知度，促进其传播与应用推广，有助于构建具有中国特色、服务中国国情的社科学术评价体系。

撰写学术影响和社会评价的要素如图 12-6 所示。

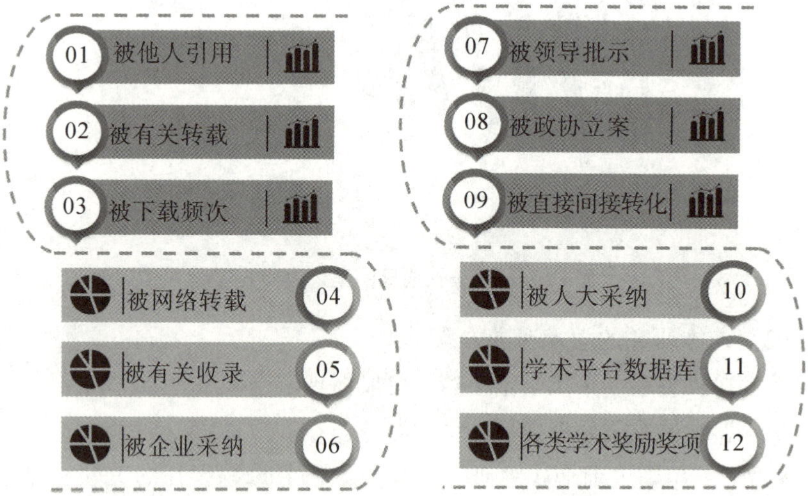

图 12-6 撰写学术影响和社会评价的要素

（4）部分案例

——案例：2021年，G教授，博士，国家社科基金党史·党建一般项目“党建引领基层应对重大传染病的历史考察与基本经验研究”。

五、［研究基础］课题负责人前期相关代表性研究成果、核心观点等

（一）课题负责人前期相关研究成果（发表ICSSCI来源期刊论文20余篇，代表作5篇）

［1］永远在路上——十八大以来反腐败斗争的理论创新［M］. 国家一级出版社，独立作者.

［2］中华人民共和国成立以来民众健康关切的变迁历程及反思［J］. CSSCI来源期刊，第一作者.

［3］全球互联网治理的模式选择与优化——基于对多利益相关方模式的反思［J］. CSSCI来源期刊，第一作者.

［4］论新时代反腐败斗争的重大创新［J］. 被权威期刊全文转载，CSSCI来源期刊，独立作者.

［5］党和国家监督体系的创新发展［J］. CSSCI来源期刊，第一作者.

（二）核心观点

1. 中国共产党自我革命取得的重大成就，充分证明了中国共产党领导的制度优势。党的十八大以来，以习近平同志为核心的党中央在深入总结党的建设经验、立足新时代的新挑战之基础上，围绕反腐败斗争提出了一系列新理念新思想新要求，丰富和发展了马克思主义党建学说，深化发展了中国共产党执政规律，开拓了中国共产党管党治党的新境界。

2. 新中国成立以来民众对健康的关切先后经历了控制传染病流行、关注大病治疗、注重预防养生、追求身心多元与内外一体四个阶段。健康是一个综合的、历史性的概念，不同历史阶段人们对健康的定义存在明显的不同。科学引领民众的健康关切，需要立足国情、适度引导、倡导包容，在同步发展中有效增强获得感。

3. 互联网治理模式试验存在合法性缺失、虚假的代表性、片面的开放性等不足，不能够成为互联网全球治理的新模式。传统主权模式需要谋求在主体、监督等方面进行改进，从而真正促成“网络命运共同体”的实现，最大限度地利用和提升由网络技术带来的红利，如防止重大疫情的蔓延与传播。

——案例：2021年，J副教授，博士，国家社科基金管理学一般项目“退役军人有序参与应对突发公共事件的激励机制优化研究”。

2.［研究基础］课题负责人前期相关代表性研究成果、核心观点及社会评价等。

2.1 代表性研究成果

［1］中国军人福利制度理论研究［M］. 3排2. 北京：金盾出版社，2016（导师外排名1）.

［2］完善军队基层干部薪酬待遇的思考［J］. 3排1. 后勤学术，2016（7）：48-50.

［3］构建我军特色的军队激励性薪酬体系［J］. 3 排 2. 后勤学术，2004（6）：73-75.

［4］积极推进军人延期福利待遇即期化［J］. 3 排 2. 后勤学术，2015（5）：108-109.

［5］改革和完善军人津贴制度体系的思考［J］. 2 排 2. 军事经济研究，2008（8）：35-38.

［6］中国军人福利待遇均等化研究［C］. 2 排 1. 2013 年全国博士生学术论坛（军事学）优秀论文一等奖.

［7］军队单位福利均衡分配问题：现状、分析与改进［C］. 1 排 1. 2012 年全国博士生学术论坛（军事学）优秀论文三等奖.

［8］水漫华夏的重庆样本［R］. 2 排 2. 重庆市应急管理局提交中华人民共和国应急管理部报告.

2.2 核心观点

课题负责人在既有研究中关注到军事劳动的特殊性与应急管理队伍激励问题，提出应完善和优化契合人力资本特点的薪酬制度与管理模式，激励劳动者提高工作效率。简述如下：

（1）军事劳动特点与转换。军事劳动是社会总体劳动的一部分，但在劳动强度、发展路径和职业周期上存在特殊性和专用性，军人退役后向普通劳动转换时需要付出较高的成本，国家应当予以政策扶持和经济补偿。

（2）参与应急人员激励机制。完善多元、长效的激励机制吸引和保留各类应急人才，解决应急战线人才队伍中总量严重不足、专业性人才缺乏、保留难度较大的问题。

2.3 社会评价

［1］2009 年，因军事财务理论研究工作突出荣立个人三等功。

［2］2013 年，《中国军人福利待遇均等化研究》（第一作者）获全国博士生学术论坛（军事学）优秀论文一等奖。

［3］2012 年，独立研究成果《军队单位福利均衡分配问题：现状、分析与改进》获全国博士生学术论坛（军事学）优秀论文三等奖。

［4］2002 年，独立研究成果《论军事劳动与军人收入水平的确定》获全军工薪研究成果三等奖。

［5］2004 年，独立研究成果《通货膨胀形势下军人保险基金投资运营研究》获全军保险基金管理论文三等奖。

［6］2012 年，独立研究成果《军民融合式发展对军队专业技术人才收入制度体系的影响和对策》获第二届国防经济博士论坛三等奖。

［7］2014 年，独立研究成果《军人福利未达标问题研究》获国防大学研究生百望论坛优秀论文。

［8］2004 年，《按要素分配对军队科技人员收入的影响及政策制度改革研究》（主研）获第四届全军后勤学术研究成果二等奖。

3. 承担项目

（1）承担项目梳理和撰写口诀

六个要素[①]排好队，一个要素不能少，级别高低依次排，主持主研要区分，资助结项要标明。

（2）部分案例

——案例：2020 年，W 教授，国家社科基金党史 · 党建重点项目“健全党组织领导的乡村治理体系研究”。

> **3.［承担项目］负责人承担的各级各类科研项目情况，包括项目名称、资助机构、资助金额、结项情况、研究起止时间等。**
>
> （1）主持：国家社科基金一般项目“党的基层组织法治化治理腐败研究”，编号 15BDJ023，经费 20 万元，已经结项（结项号 20190667）。
>
> （2）主持：重庆市哲学社会科学规划办公室重大项目“全面建成小康社会与推进国家治理现代化研究”，编号 2016ZDZT01，经费 10 万元，2018 年已经结项。
>
> （3）主持：重庆市哲学社会科学规划办公室重点项目“全面深化改革进程中职务腐败预防机制研究”，编号 2017ZDYY53，经费 5 万元，2019 年已经结项。
>
> （4）主持：重庆市哲学社会科学规划办公室重点项目“积极塑造良好的国家形象”，编号 2011ZXZD03，经费 1 万元，2011 年已经结项。
>
> （5）主持：重庆市哲学社会科学规划办公室重点项目“新时代我国生态治理的难点与对策研究”，编号 2018TBWT-ZD08，经费 5 万元，2019 年已经结项。
>
> （6）主持：重庆市哲学社会科学规划办公室重点项目“加强一把手权力行使监督研究”，编号 2014ZDZZ09，经费 5 万元，2016 年已经结项。

——案例：2020 年，W 教授，博士，国家社科基金民族学一般项目“边疆治理视角下傣族的国家向心力研究”。

> **三、［承担项目］负责人承担的各级各类科研项目情况，包括项目名称、资助机构、资助金额、结项情况、研究起止时间等。**
>
> 负责人除主持完成（2012 年）校级项目外，重点参与选题相关研究项目 3 项。
>
> 1. 珠江上游少数民族区域环境安全与预警系统研究（项目编号：40261009），2002 年国家自然科学基金项目，16 万元，起止时间 2002—2005 年，已结项。

① 六个要素指项目名称、资助机构、项目编号、资助金额、结项情况、研究起止时间。

2. 彝族法律文化研究（16 排 8），楚雄州司法局横向项目，16 万元，2005 年已结项。

3. 西南少数民族地区多元纠纷解决机制与和谐社会构建（项目编号：20120837），国家社科基金项目，9 万元，起止时间 2007—2009 年，已结项。

——案例：2023 年，F 教授，博士，国家社科基金高校思政课研究专项项目“工匠精神挖掘活化与融入‘新工科’课程思政路径研究”。

三、［承担项目］**申请人承担的各级各类科研项目情况，包括项目名称、资助机构、资助金额、结项情况、研究起止时间等。**

1. “时代新人视域下大学生担当精神培育研究”（2020JDSZ3126），教育部人文社会科学研究专项项目（高校辅导员研究），2 万元，已结题，2020—2022 年。

2. “教育‘精准扶贫’视域下高校共青团实践育人机制的创新研究”（2017ZD125），共青团中央全国学校共青团工作研究重点项目，0.3 万元，已结题，2017—2019 年。

3. “新时代学校体育课程‘铸魂育人’研究”（2020377），湖北省教育厅 2020 教学研究项目，0.8 万元，已结题，2020—2023 年。

4. “大思政课建设视域下湖北红色文化铸魂育人研究”（22ZD216），湖北省社科基金前期资助项目，5 万元，在研，2022—2024 年。

5. “高校资助育人与大学生担当精神培育协同研究”（2018ZB003）湖北省教育科学规划专项课题，0.5 万元，已结题，2018—2020 年。

6. “‘经益求精’辅导员工作课程化暨辅导员职业能力提升工程”（2016XGJPF3011），湖北省教育厅高校学生工作精品项目，1 万元，已结题，2016—2018 年。

7. “精准扶贫视阈下鄂西贫困山区生态农业融合发展调研实践”（2016JJPA3004），湖北省高校实践育人特色项目，1 万元，已结题，2016—2018 年。

8. “‘党史红色基因’融入高校志愿服务机制研究”（202202），湖北团省委青年志愿服务研究重点课题，1 万元，已结题，2022—2023 年。

9. “习近平总书记关于青年担当的重要论述研究”（19Q032），湖北省哲学社会科学青年项目，1 万元，在研，2019—2020 年。

——案例：2024年，Z讲师，学士，教育部人文社科高校辅导员研究专项项目“文化认同视角下高校台籍学生中华民族共同体意识路径研究”。

> **项目负责人近期主持和参与课题研究主要围绕教育管理、辅导员研究等领域相关问题展开：**
>
> （1）2023年主持××省民政厅一般项目“高校志愿者参与基层社区治理可持续性创新机制研究”。
>
> （2）2023年主持××学院学生工作研究项目“民办高校辅导员发展性评价体系研究”。
>
> （3）2018年主持××省中青年教师项目“高校消防安全管理体系建设研究”。
>
> （4）2017年参与××省高等教育管理研究课题“高校安全稳定工作影响因素研究”。
>
> （5）2016年参与××省中青年教师项目“新《食品安全法》背景下的高校食品安全管理”。
>
> （6）2015年主持××学院校级课题“高校后勤薪酬福利体系研究”。
>
> **项目成员近期主持和参与课题50余项，主要围绕大学生思想教育、意识形态、文化传播、教育理论开展研究，其中5项为教育部课题。相关课题的研究为本课题研究的开展提供了丰富的基础条件。代表性项目如下：**
>
> （1）2017年教育部人文社会科学研究项目（中特理论）：“‘互联网+’理念下民办高校主流意识形态话语权提升策略分析”。
>
> （2）2017年主持教育部高等教育司产学合作协同育人项目：“‘互联网+’形态下应用型本科高校创新创业教育路径探索与实施”。
>
> （3）2016年主持教育部人文社会科学研究专项任务项目（中特理论）：“大学生社会主义核心价值观的培养路径研究”。
>
> （4）2015年主持教育部人文社科规划基金项目：“社会主义核心价值观提升我国国际话语权的路径研究”。
>
> （5）2015主持教育部人文社会科学研究规划基金项目：“社会主义核心价值观提升我国国际话语权的路径研究”。
>
> （6）2015年主持××省社科联项目“社会转型背景下大学生物质心理特征及影响因素研究”。
>
> （7）2011年主持××省教育厅中青年教师教育科研社科B类项目：“毛泽东思想和中国特色社会主义理论体系概论研究”。

4. 条件保障

（1）人员条件保障

人员条件保障主要涉及课题组成员的职务、职称、工作经验等，确保课题组有能力完成研究。例如，课题组成员中既有高校教师、科研院所研究员、政府智库专家，也有央企技术骨干、国企人力资源专家，开展课题研究有厚实的专业储备和丰富的实践经验，便于形成优势互补和资源共享。

（2）物质条件保障

物质条件保障主要涉及课题研究所需要的图书、其他文献资料、数据、时间、经费、设备、平台等支撑和保障情况。项目负责人及主要成员为专职科研人员、高校教师，教学任务合理且有寒暑假假期，可以保证项目研究的时间。申报单位保障研究经费、向上级申请经费、自筹经费等能够为项目研究提供资金支持。具有良好的图书、其他文献资料储备，如申请单位图书馆拥有丰富的纸质图书、中外文期刊，购置有中外文数据库，并且拥有党建与思想政治工作等领域丰富的专业图书资料。

（3）环境条件保障

环境条件保障主要涉及课题研究能够得到相关上级部门领导、学术领域专家和社会资源的充分支持，研究所涉及的部门研究意识较强、科研氛围浓厚、实践组织能力较强，能及时提供业务指导。例如，课题研究以“马克思主义理论”省部级重点学科为依托。该学科前期成果丰富，基础条件良好，能从研究设备、图书资料、信息资源、调研基地、实践基地、学生培养支持等方面提供有力支撑。

（4）其他条件保障

课题研究需要具有坚实的后盾。为支持课题的研究，申报单位投入大量经费，增添信息化设备及软件系统，保障课题申请人和研究人员开展课题研究、参加学术培训和研讨活动，为课题研究提供良好的技术支持。

（5）部分案例

——案例：2016 年，L 副教授，博士，国家社科基金全国教育科学规划青年课题“少数民族优秀传统文化融入高校思政教育研究——以贵州高校为例”。

> **4. 条件保障**
> **完成本课题研究的时间保证：**周期 3 年。具体计划如下：
> （1）2016 年 5 月—2016 年 12 月，收集材料，修改完善研究提纲，落实课题组成员的具体任务。

(2) 2017年1月—2019年5月，进行田野调查，开展问卷调查和访谈，进行相关数据和资料的归类与整理，根据调查材料，对课题的难点和重点进行突破，全面推进课题研究，开始撰写论文，将调查融入论文，完成2篇论文。

报告完成时间：2019年5月。

资料设备等科研条件：查阅我国民族优秀传统文化和高校思政理论教育教学的最新成果，并将其作为理论支撑材料；利用国家数字图书馆、中国学术期刊全文数据库等的学术论文搜索前人成果材料；制作调查问卷并进行田野调查，运用SPSS统计分析软件作为调查研究的工具，为教育改革方案的探索提供有针对性的数据材料。

——案例：2020年，W教授，国家社科基金党史·党建重点项目“健全党组织领导的乡村治理体系研究”。

5.［条件保障］完成本课题研究的时间保证、资料设备等科研条件。

5.1 时间保证：项目负责人及主要成员为专职科研人员、高校教师，教学任务不重，且有寒假、暑假，可以保证从事该项目研究的时间。课题负责人所在单位建立有学术休假制度，重要科研项目承担者可以享受学术休假，潜心从事科研攻关工作。

5.2 资料设备：本课题的研究具有良好的图情信息保障条件。课题负责人及参与者所在单位图书馆拥有纸质图书总量181.55万册，长期订阅中外文期刊3488余种(含电子期刊)，购置有中国学术期刊网、中国经济信息网、国研网、EBSchost外文数据库、超星数字图书馆等中外文数据库40余个，可以为本课题研究提供充分的文献信息保障。更为重要的是，课题研究依托单位台——学院资料室拥有党建与思想政治工作等领域丰富的专业图书资料。同时，课题组在本研究领域已收集大量的前期资料，取得了较丰富的前期研究成果。课题组职称结构、专业结构和研究方向均能互补，成员均具有较强的科研工作能力和较丰富的科研工作经验，能够胜任本课题的研究。

5.3 学科基础：本课题研究依托的学科“马克思主义理论”是省部级重点学科。该学科前期成果丰富，基础条件良好，在使用研究设备、图书资料、信息资源、调研基地、研究场地、研究生支持等方面拥有极大的便利性。

5.4 科研设备：课题组已经拥有本课题研究所需要计算机、打印机，可以满足方案设计、资料处理等需要。在方法上，主要是通过实地访谈、问卷调查、案例跟踪等手段采集相关数据，研究过程中拟召开2~3次研讨会，对课题重点、难点问题集思广益，集体攻关等，力求做到研究准备充分，研究结论正确，并具有实际借鉴价值。所有这些，都为本课题的顺利开展提供了充分保障。

——案例：2023年，F教授，博士，国家社科基金高校思政课研究专项项目“工匠精神挖掘活化与融入‘新工科’课程思政路径研究”。

> **五、[条件保障] 完成本课题研究的时间保证、资料设备等科研条件。**
>
> 课题组具备相应的科研条件来完成本课题的研究任务。
>
> **其一，**课题组成员大多来自湖北宜昌地区，在课题研究过程中，十分便于沟通交流。同时，在课题组成员中，既有高校教师、科研院所研究员、政府智库专家，也有央企技术骨干、国企人力资源专家，形成优势互补和资源共享。
>
> **其二，**申请人所在单位建有“教育部工程研究中心、水利水电工程、电气工程虚拟仿真、输电线路示范教学”等国家级工程教育平台，荣获国家工程科技进步特等奖，工程教育特色与优势明显；拥有省级重点马克思主义学院和全国优秀高等教育研究机构，具备较强的交叉学科支撑。
>
> **其三，**所在高校工程教育历史悠久，办学资源丰富，获批教育部“卓越工程师教育培养计划”（7个专业入围建设），2个工程教育国家级教学团队，9个专业通过中国工程教育专业认证，为课题研究的实施提供了必要的资源保障。

5. 教学情况

（1）近三年思政课教学时长

近三年思政课教学时长应按照时间顺序梳理和呈现申请人近三年思政课教学学时。如果教学课程和学时较多，申请人可以考虑采用表格的方式呈现，清晰明确、一目了然。

（2）教学评价

教学评价由申请人所在单位提供并盖章。

（3）教学获奖

教学获奖范围包括全国高校思想政治理论课教学展示活动、国家级课程思政教学名师、各省（自治区、直辖市）高校思想政治理论课教学创新竞赛、微课大赛、各级各类课程思政教学比赛、“大思政课”示范课堂征集、思想政治理论课教学案例评比等。专业课教师获得的课程思政教学竞赛的相关奖项也可以适当罗列。

专题十三

高校思政社科研究的精耕细作

思政社科项目的获批立项，建立在申请人前期研究储备和申请书撰写的辛勤付出与专注投入的基础之上，绝非朝夕之功。从高校思政社科研究来讲，项目立项仅仅代表着万里长征迈出的“第一步”。后续研究需要静下心来日积月累，精耕细作，与时间做朋友，与浮躁说再见，与内耗断舍离，与困难共成长，速成绝无可能。只有在春天播种，夏天耕作，才能在秋天有所收获。高校思政社科研究的顺利推进，需要修炼好心态、团队、方法、时间、空间、资源的“六脉神功”，即修炼高校思政社科研究的“心境场”，夯实高校思政社科研究的“团队圈”，融通高校思政社科研究的“方法论”，规划高校思政社科研究的“时间轴”，勾连高校思政社科研究的“空间网”，聚合高校思政社科研究的“资源库”。

一、修炼高校思政社科研究的“心境场”

心理学普遍认为，一个人的人生价值和幸福感，往往取决于他的心境而非境遇。在高校思政社科研究中，心境呈现出研究者态度、情绪、信念的精神世界，直接决定着研究的结果。修炼高校思政社科研究的“心境场”，要培养好“六颗心”，即进取心、敬畏心、谦卑心、感恩心、好奇心和平常心。

1. 常怀进取心

社科研究是一项需要持续投入大量时间和专注精力的工作，需要练就强烈的事业进取心，甘愿为自己的社科项目研究放弃休息、娱乐、放松的时间。只有全身心地投入项目研究中，研究者才能收获新的发现，创造新的成果。在研究遇到瓶颈和障碍、遭遇挫折和失败时，研究者要学会与自己和解，不要被负面情绪裹挟和影响自己的情绪状态，不要因为暂时的挫折、失败以及停滞不前耽搁项目研究的进展。研究者应练就一颗强大的内心，拒绝无谓的内耗，努力成为情绪的主人，咬定青山不放松，盯住目标不放弃，时时用力，久久为功。

2. 常怀敬畏心

学术道德和学术规范是社科研究中的道德规范与行为准则。思政社科研究不能随心所欲，要对学术道德和学术规范葆有一颗敬畏之心，要心有所惧，敬畏学术规范，坚守道德底线，树立正确的学术价值观，不抱有侥幸心理，杜绝抄袭、剽窃、捏造数据、篡改研究结果等任何形式的学术不端行为。怀有学术研究的敬畏之心，能时刻提醒研究者学会自警、自省、自律，规范与约束开展科学研究的方方面面，爱惜自己的羽毛，捍卫学术声誉和信誉。思政社科项目研究的计划进度要严格按照申请书拟定的各个时间节点保质保量推进，成果形式要严格参照申请书罗列的中期成果和最终成果，经费使用要严格遵守相关管理规定，立项、开题、中期检查和结题等各个环节要严格遵循相应的标准要求。

3. 常怀谦卑心

谦卑是一种大智慧，也是藏而不露的真聪明，谦卑之人，人皆爱之。人们通常先天习惯性地抱有本位主义的倾向，认为自己的观点和主张是真理，别人的意见和建议无足轻重，不能站在全面客观的视角审视和借鉴不同学术观点与见解。在思政社科研究中，无论是向学术前辈的主动请教，还是与学术同仁的观点交流，或者是倾听学术后浪的创新见解，研究者都需要放低姿态，怀揣谦卑之心，耐心倾听，虚心学习。只有把自己放在相对低的位置，才能够更好地博采众长，克服固执己见，打破自身认知局限，冲破定势思维障碍，不断拓展学术界限，升级学术视野，提升学术水平。学术研究的谦卑之心，能够帮助我们平静地面对各种质疑，坦诚地汲取不同意见，虚心地接受有益建议。一个研究者读过更多的书、见过更好的人、听过更多样的观点，就会收获有如大海般深邃和广阔的知识底蕴与学术视野。

4. 常怀感恩心

人生最大的幸运，莫过于得良师，交良友，握良机。对于一个人来说，感恩是一种强大的心理能量，也是一种特殊的人格磁场，拥有感恩心态的人更容易获得别人的帮助。选择思政社科研究，就如同选择了一条需要秉持长期主义坚持投入的艰苦旅程。每一位思政社科研究者的学术生涯，从刚开始的学生阶段到后来的工作场景，往往得到了很多恩师、专家、学者、学术大咖的指引，他们的讲座报告、学术著作、科研论文、释疑解惑，犹如一盏盏闪耀的明灯与我们不期而遇，照亮着、陪伴着、指引着我们科学研究的方向。我们要感恩父母、亲人、师长、朋友、爱人，甚至是对手，他们陪伴了过去的我们，成就了现在的我们，支撑着未来的我们。思政社科研究者实现的每一个创新和超越，不可能凭空产生，更不可能一蹴而就，一定是建立在对前人学术研究成果的全面学习把握的基础上。

5. 常怀好奇心

好奇心是驱使人们对新知识、新领域、新问题一探究竟的心理特质，是提升创造力和创新力的重要保证。在人类历史上，好奇心驱使着人们去探索未知领域，获得全新知识，发现科学规律，推动创新创造，对科学、技术、文化等领域的发展意义重大。好奇心和探索欲是每个生命与生俱来的固有能力和内在渴望。保持年轻状态的人，他们的生活总是充满着好奇心和求知欲。这种对未知世界的渴望成为驱动科研工作者不断专注学习和探索创新的原动力。思政社科研究要秉持好奇心，积极主动地发现问题、寻找答案、解决疑惑、解决问题，这种科研探索的过程就如同一场有趣的冒险，呈现出非凡的自信、勇气、坚持、自主性和生命力。保持好奇心，能够让思政社科研究者在不同的学术观点和教育文化中保持开放态度。思政社科研究者要善于打破思政学科与其他人文社会学科，甚至是自然学科等不同学科领域的“学术壁垒”，主动提问，时常请教，在满足求知欲的同时深化关系，从而在不同学科领域内构建更为广泛的人际网络。

6. 常怀平常心

庄子有云：“知时无止，察乎盈虚，故得而不喜，失而不忧，知分之无常也。”从事思政社科研究不能抱有得失心，要有一颗平常心，用平常心来看待项目申报、论文投稿、报奖评优、帽子头衔，一旦选定了自己的研究方向，就要坚定地朝着目标日积月累，静得下来，沉得下去，耐得住寂寞。正如入围“全球前2%顶尖科学家（2023）”榜单的中国青年五四奖章获得者吴小虎所说：“科研最需要的是坚持和扎根。很多时候，科研成果不是一蹴而就的，而是经过无数次失败和调整后的积累。每一项成就的背后，都凝聚着无数日夜的忘我付出和不懈努力。特别是做科研，要始终保持一颗平常心，耐住性子，才能从大量枯燥的数据和实验中发现线索和成果。”宠辱不惊，闲看庭前花开花落；去留无意，漫观天外云卷云舒。思政社科研究者要坚持长期主义，克服各种短期诱惑纷扰，数十年磨一剑，持续深耕，不因一次的落榜而灰心丧气，也不因一时的成功而骄傲自满；要始终坚守不慕虚荣、宁静致远的平常之心，专注于自己的事业，积极主动、勤奋踏实地努力开展研究工作。

二、夯实高校思政社科研究的“团队圈”

在社会生活中，人脉犹如一张无边无际却又无时无刻不在的网络，连接着我们与周围世界。随着知识生产方式、科学发展方式、科技竞争方式和高校组织模式的转变，科研团队逐渐成为思政社科领域开展研究的基本组织形式。新时代的高校思政社科研究课题，越来越多地呈现出视角交融、学科交叉、方法交互的全新属性，科研团队更能充分发挥成员集体作战、优势互补、合作互助的优势，实现“1+1>2”的科研协同性效能。一个优质而高效的学术团队圈，能帮助研究者实现科研资源获取、资金经费支持和专业建议指导。夯实高校思政社科研究的“团队圈”，要遵循团队组建的梯队式与交叉式，要关注团队运作的凝聚力与执行力，要激活团队发展的内循环与外生态。

1. 团队组建的梯队式与交叉式

党的二十大报告指出：“加快构建中国特色哲学社会科学学科体系、学术体系、话语体系，培育壮大哲学社会科学人才队伍。”党的二十大报告对我国高等教育提出了“加强基础学科、新兴学科、交叉学科建设”的要求。学科交叉不仅为中国自然科学界破解西方“卡脖子”领域与颠覆性技术提供了更多可能，也为中国哲学社会科学领域建构自主知识体系指明了重要方向。为深入贯彻落实《面向2035高校哲学社会科学高质量发展行动计划》和《哲学社会科学自主知识体系建构和高校咨政服务能力提升工程实施方案》，高校社科研究要坚持正确政治方向、价值取向、研究导向，围绕加快构建中国特色哲学社会科学学科体系、学术体系、话语体系的目标，有计划地组建若干社科研究团队。团队构建遵循梯队式构建原则，兼顾“老-中-青”年龄分布，涵盖“博士-硕士-学士”学历层次，融合“教授-副教授-讲师-助教”职称结构，持续培养壮大高校哲学社会科学人才队伍，尊重差异、包容多样、合作共赢，确保思政社科研究后继有人。

学科交叉融合为新一轮科技革命提供了源头，为科学研究的范式变革提供了新路径。近年来，学科间的交叉融合得到前所未有的关注和重视，国家相继出台一系列促进学科交叉融合的战略举措，如国家自然科学基金委成立了交叉科学部，国务院学位委员会将“交叉学科”列为第14个学科门类等。在教育、科技、人才“三位一体”统筹推进的战略部署下，项目研究团队组建的学科交叉成为促进高校思政社科研究高质量发展的重要驱动，也是高校进行有组织科研谋划的关键一环。现实社会中的社会问题并不会严格按照学科边界发生，跨学科与学科交叉的研究势在必行。高校思政社科项目研究涉及经济学、政治学、教育学、社会学、心理学、管理学、新闻学、民族学、哲学、法学等学科领域，项目团队的组建也要充分考虑项目研究所需的学科和专业领域。除高校教师外，思政社科研究团队还可以广泛邀请相关政府部门工作人员、党校研究人员、行业协会代表和企业专家等多元主体参与科研合作。

2. 团队运作的凝聚力与执行力

团队凝聚力是指团队对成员的吸引力、成员对团队的向心力以及团队成员之间的相互吸引。团队凝聚力不仅是维持团队生存的必要条件，也能充分激励团队潜能的发挥。思政社科研究团队是建立在相互信任与需要的基础上，为了完成课题项目研究的预期任务而奋力前行的同路人。团队成员聚焦一致的共同利益，和谐包容，团结互助，科研团队的社会价值、功能定位、目标方向、组织形态、文化精神得到团队成员广泛认同，就能产生强大的凝聚力。强大的团队凝聚力的产生，需要对团队共同目标任务的高度认同，需要对团队集体利益的共同维护，需要对团队科研贡献按劳计酬的坚决执行，需要对团队科研目标实现的持续激励。

团队执行力是指团队全体成员贯彻团队战略意图，实现团队预定科研目标的能力，是将思政社科研究项目的目标任务和计划进度转化为实际成果的关键所在。团队执行力是执行意愿、执行能力与完成程度的总和，是保证社科研究想做、能做、做成的本领。从课题项目研究出发，团队的执行力要体现在建立目标认同、拟定人员分工、分配成员任务、明确权责关系、落实激励机制、跟进执行进度和做好过程管控。课题负责人要具有决策力、领导力与控制力，扮演好“谋划家”和“领路人”的角色，激励研究团队的每一位成员各司其职、高效协同，心往一处想，劲往一处使，确保在项目研究期限内，保质保量完成预期研究任务，产出高质量科研成果。

3. 团队发展的内循环与外生态

团队发展的内循环是指为实现项目研究的目标任务，团队研究能力和研究水平的系统提升。思政社科研究团队的发展，依靠每一位成员在各自学术领域的深耕精进提升学术影响力。一个人可以走得很快，而一群人才能走得更远。团队要充分发挥团队内职称和学历最高的资深专家的榜样示范作用，在课题任务推进过程中同步实现对中青年成员学术研究的“传帮带”效应，提升整个团队从事社科研究的严谨性和规范性。团队应探索课题主持人“轮值制”，充分激发团队成员积极性与主动性，营造团队内部学术共同体氛围，真正实现全体团队成员的共生式成长，实现项目研究的持续性推进。

团队发展的外生态是指为实现项目研究的目标任务，研究团队从外部获取资源和支持的大环境。高校思政社科研究要营造坚持自信自强、守正创新，坚持百花齐放、百家争鸣的学术环境，为思想政治教育学科的高质量发展营造风清气正、互学互鉴、积极向上的学术生态；营造畅所欲言、宽松自由的科研环境；营造人才济济、人才辈出的科研景象；营造崇尚创新、鼓励探索和文明素养的科研气象；要不忘本来、吸收外来、面向未来，努力回答好新时代高校“立德树人”的中国与世界之间、人民与时代之间、教育与社会之间、传承与创新之间。

三、融通高校思政社科研究的“方法论”

任何事物都是质与量的统一体，高校思政社科研究主要也是从定性和定量两个维度来把握研究方法。定性研究主要通过观测、实验和分析等，来考察研究对象是否具有某种属性或特征以及它们之间是否存在关联，从而对研究对象的性质做出回答；定量研究主要将问题与现象用统计数据或数字数量表示，以数字化符号为基础去测量，通过量的规定性来把握事物的规定性。定性研究是解决“为什么”的问题，定量研究是解决“是什么”的问题。定性研究基于解释学、现象学和建构主义理论，关注社会现象的质性特征；定量研究基于实证主义理论，关注社会现象的量化特征。

定性研究是描述性研究，侧重过程和价值判断；定量研究是量化研究，侧重测量和事实判断。

按照定性研究与定量研究两种研究方法的不同特质，高校思政社科研究的研究方法可以分为定性研究方法、定量研究方法和混合研究方法。

1. 定性研究方法

定性研究又叫质化研究，是指根据社会现象或事物所具有的属性和在运动中的矛盾变化，通过发掘问题、理解事件现象、分析人类的行为与观点、回答提问等，从研究对象的特征和意义等内在规定性来研究事物的一种方法。定性研究不使用统计分析的方法，而是在自然情境下采用多种资料收集方法对社会现象进行整体性探究，使用归纳法分析资料和形成理论。研究者运用历史回顾、文献分析、访问、观察、参与经验等方法获取研究资料，对其进行梳理分析并获得研究结论的方法，是科学研究的重要步骤和方法，也是社会科学领域的基本研究范式之一。定性研究通过深入研究对象的历史记录、会谈记录、脚本和录音、注释、反馈表、照片以及视频等具体特征或行为，分析无序信息，探寻某个问题的“为什么”。

定性研究方法主要包括深度访谈法、专题小组讨论、观察法和个案研究。

（1）深度访谈法

深度访谈法又叫深层访谈法，是一种无结构的、直接的、个人的访问。在访问过程中，调查员通过与被调查者深度交流，了解其对某些问题的想法、感觉与行为，揭示被调查者对某一问题的潜在动机、信念、态度和感情。深层访谈法适用于了解复杂、抽象的问题。这类问题并非用三言两语就能说清楚，只有通过双方围绕所关心主题的相互交流和深入探讨，才能从中概括出想要的信息。常用的深层访谈技术主要有阶梯前进、隐蔽问题寻探和象征性分析。

（2）专题小组讨论

专题小组讨论是指专门召集一组同类人员，在一个有经验的主持人引导下，花几个小时针对某一研究议题进行讨论，得出深入结论的调研方法。专题小组讨论的特点是通过某一座谈人员的发言，能够激发其他参加者围绕讨论主题，在看法、感情、态度等方面产生连锁反应，进而表达出个体的切身感受。专题小组讨论会根据事先准备好的询问话题或顺序进行。每组选择应邀参与讨论的人员应该在年龄、性别、职业、学历以及其他特性等方面具有相似性。

（3）观察法

观察法是在自然情景中，对人的行为进行有目的、有计划的系统观察和记录，然后对所做记录进行分析，发现心理活动和发展规律的方法。观察法可以分为自然观察法、设计观察法、掩饰观察法、机器观察法和函数值域观察法。

（4）个案研究

个案研究又称个案调查，是针对某一特定个体、单位、现象或主题的研究。个案研究的单位可以是个人、群体、组织、事件或某一类问题，由此产生人员研究个案、各生活单位或社会团体个案、传播媒介个案以及各种社会问题个案。个案研究过程重在广泛收集有关资料，系统梳理，详细了解与深度分析研究对象产生和发展的阶段过程、内在因素与外在因素叠加及其相互关系，进而形成对问题深入全面的认识和结论。

2. 定量研究方法

定量研究是指确定事物某方面量的规定性的科学研究，就是将问题与现象用数量来表示，进而去分析、考验、解释，从而获得意义的研究方法和过程。定量就是以数字化符号为基础去测量。定量研究通过对事物量的规定性的分析来把握事物质的规定性，目的是对事物及其运动的量的属性作出回答。同时，定量研究能够弥补定性研究对事物既不能精确，也无法全面认识的不足。定量研究通过对研究对象的特征按某种标准作量的比较来测定对象特征数值，或者求出某些因素间的量的变化规律。对事物的基本数量分析十分有必要，因为量变达到一定程度就会引起质变。在社会学研究中，最常用的定量研究方法就是社会统计法。社会统计法不仅能够通过各种统计得到的数字描述一个社会现象和揭示社会现象之间的关系，也可以推断局部和总体的关系。

定量研究方法主要包括调查法、实验法和相关法。

（1）调查法

调查法是一种古老的研究方法，是指为了达到设想的目的，制订某一计划全面或比较全面地收集研究对象的某一方面情况的各种材料，并作出分析、综合，得到某一结论的研究方法。

（2）实验法

实验法是指操纵一个或一个以上的变量，通过控制研究环境，借此衡量自变量与因变量之间因果关系的研究方法。实验法有两种类型，一种是自然实验法，另一种是实验室实验法。

（3）相关法

相关法是指经由使用相关系数而探求变量间关系的研究方法。相关研究的主要目的在于确定变量之间关系的程度与方向。变量之间关系的程度，有完全相关、高相关、中等相关、低相关或零相关等；而变量之间关系的方向有正相关和负相关等。

3. 混合研究方法

混合研究方法是一种将定量研究与定性研究相结合的研究方法，旨在通过同时收集和分析定性研究与定量研究的数据，更全面地理解和解释研究对象。与定性研究方法相比，混合研究方法更为严谨，能够通过量化的数据来验证研究假设；与定量研究方法相比，混合研究方法更注重具体情境和个体差异，能更好地解释复杂的社会现象。混合研究方法可以是前后衔接式，即在研究的某一个阶段使用定量研究方法，在另一个阶段使用定性研究方法；也可以是同步交叉式，即在研究的同一时段进行定性与定量数据的收集和分析。混合研究方法要求使用者具备跨学科的知识储备和技能方法，从而游刃有余地通过定性研究与定量研究两种方法获取更科学、更客观、更全面、更准确的研究结果。混合研究方法对研究者的要求较高。

四、规划高校思政社科研究的“时间轴”

时间管理是指通过提前规划，借助技巧、技术和工具帮助人们完成工作，实现目标。时间管理的尽头不是把所有事情做完，而是通过合适的理念和方法帮助人们更有效地利用时间，将单位时间的效益发挥到最大化。高校思政社科研究中的时间管理可以体现在聚焦目标任务、计划时间进度、做好区间跟进、提升时间效能和减少时间浪费等方面，其中最为关键的是“理念认同”和“工具匹配”，即奉行时间管理理念和善用时间管理工具。

1. 奉行时间管理理念

时间管理是指通过事先规划和运用一定的技巧、方法与工具实现对时间灵活和有效地运用，从而实现个人或组织的既定目标的过程。有效的时间管理能够增加思政社科研究的有效工作时间，是研究效率提升的关键。在现实生活中，越是对时间计算精确的人，越懂得掌控时间。当我们认识到时间管理的重要性之后，就要重新定义自己的“时间颗粒度”，将过去用 1 天为单位计算和使用时间细化到用 15 分钟为单位去计划和使用时间。时间管理理念包括目标设置和优先级确定。我们应结合任务完成的时间期限倒推出阶段性任务的时间节点，再根据任务和时限进行时间分配，编制计划进度，同时要跟进任务进展过程，采取相应策略避免时间浪费。思考是拉开人与人之间差距的关键，思考不受空间和时间的限制。我们可以有意识地训练大脑在做一些简单重复任务时，有效利用每天洗漱、家务、排队、通勤、运动、等电梯等碎片化时间同步思考当天的科研问题。例如，我们可以在下班回家路上回顾当天研读的学术新内容和新观点；在睡前从时间利用角度复盘自己的一天；在做早饭时规划好全天的工作安排。当大脑能够时时刻刻保持着思考的状态，我们就能收获更多的可利用时间。时间是这个世界上最公平的存在，每个人的一天都是 24 小时。我们对待时间的态度，实则藏着我们的事业走向和未来图景。

2. 善用时间管理工具

（1）GTD 时间管理法

GTD 时间管理法的核心步骤依次为收集→处理→计划→执行→回顾。很多科研任务和信息同步出现在大脑中会导致大脑过载，表现出无法分辨事项的轻重缓急。科研工作者的有限精力被严重分散和消耗，往往是什么都想做，却又件件没进展。GTD 时间管理法可以先把所有想法和待办事项罗列出来，按照紧急性和重要性筛选分类，给留下的任务设置有顺序的执行清单，同一时间段集中精力先执行完成一项工作，对结果和过程进行检查与复盘，便于流程的优化与调整。

（2）清单时间管理法

清单时间管理法的执行流程为列举清单→优先排序→预估用时→行动执行→完成打钩。将要完成的事项列举清单，可以使事项可视化和清晰化，形成对事项具有掌控感的心理效应。完成一项任务后及时打钩，会形成即时性正向反馈，帮助完成人建立对项目研究阶段性目标完成的价值感和成就感。

（3）四象限时间管理法

四象限时间管理法是按照事项的轻重缓急将其分为四种类型：第一象限为“重要且紧急”，第二象限为“重要不紧急”，第三象限为“不重要不紧急”，第四象限为“紧急不重要”。重要且紧急的事马上做，重要不紧急的事重点做，不重要不紧急的事减少做，紧急不重要的事授权做。四象限分类能够把精力留在做重要的事情上，避免在琐碎且无意义的事项上消耗时间和精力。

（4）番茄时间管理法

番茄时间管理法是指在安静的环境中，准备计时器、笔和纸，把科研任务拆分为 100 分钟可以完成的具体事项清单。研究者遵循“最重要的是事情只有一件”的原则，以 25 分钟为一个计时单位，25 分钟内持续专注工作不能打断，每工作 25 分钟后，强制休息 5 分钟，再进入第二个 25 分钟深度工作，再强制休息 5 分钟休息……循环四组，第四个 25 分钟深度工作结束后，研究者可以休息 20~30 分钟。“25 分钟专注+5 分钟休息”，可以有效提升和恢复大脑的专注力，4 个专注工作的 25 分钟循环，会大大提高社科研究的效率。

（5）柳比歇夫时间法

柳比歇夫是苏联的昆虫学家、哲学家和数学家，一生出版了 70 余部学术著作。在 26 岁时，柳比歇夫独创了一种“时间统计法”，对个人时间进行定量管理。他通过记录每个事件的花费时间，通过统计和分析时间，进行月小结和年终总结，消除浪费时间，重新优化时间安排，提高时间利用率。柳比歇夫时间法由记录、统计、分析和反馈四个关键程序组成，以 15 分钟为一个单位时间，事无巨细地记录每一天所做的任何事情的时间消耗；定期统计每天把时间花费在哪些事情上，比如读书看报、听讲座、查资料、写论文、学软件、刷手机、娱乐社交等项目的时间比例分别是多少，并同步绘制成可视化图表；对照工作效果，分析时间耗费的情况，找出浪费时间的因素，分析未完成工作的原因和后续有待优化的环节与时间分配；根据分析结果制订下一阶段的任务目标和时间成本优化计划。

（6）“神之时间管理法”

“神之时间管理法”是一套遵循脑科学原理和人的生理机制规划出来的时间计划，充分利用人的生理规律来做好时间规划。其具体内容如下：

07:00~09:00：“投资时间”——大脑的黄金时间，适合学习和自我提升。

09:00~12:00：“专注时间”——精力充沛的时间段，处理高强度专注事项。

12:00~13:00：“午餐时间”——提高体内血清素，进行饮食补充和适度运动。

13:00~14:00：“午休时间”——休整以恢复精力，短暂的午休或放空冥想。

14:00~16:00：“低效时间”——注意力上有下降，穿插做非专注性的工作。

16:00~18:00:“冲刺时间”——专注力有所恢复，完成最后冲刺收尾工作。

18:00~19:00:“运动时间”——快速运动激活身心，分泌多巴胺和内啡肽。

19:00~21:00:“投资时间”——一天中第二次黄金时间，专注知识和能力提升。

21:00~23:00:“放松时间”——不做任何工作全身心放松，陪家人或纯娱乐。

23:00~07:00:“睡眠时间”——人体褪黑素分泌时间，保证充足的睡眠时间。

五、勾连高校思政社科研究的“空间网”

勾连“空间网”是对现有资源进行规划、组织、控制和优化利用。“空间网”的勾连不局限于对现有具体空间布局的规划和安排，还包含通过多维的视角进行资源整合，充分通过有限的空间连接理论与现实、抽象与具体、宏观与微观。“空间网”的勾连既要从宏观层面把握方向，高屋建瓴地规划布局，以实现整体的发展目标；又要注重挖掘本地独特之处，从细微点入手，发挥自身优势，形成特色发展路径；还要将成功的范例推广开来，让其在更广泛的范围内产生积极影响。勾连全方位“空间网”，要从国家战略“大处着眼”，从区域特色“小处切口”，促成典型经验向“全国辐射”，推动高校思政社科研究高质量发展。

1. 国家战略“大处着眼”

教育是民族振兴、社会进步的重要基石。思想政治工作是党的优良传统、鲜明特色和突出政治优势，是一切工作的“生命线”。思想政治教育是新时代党的教育事业始终践行“为党育人、为国育才”的“关键点”。

党的十八大以来，以习近平同志为核心的党中央坚持把教育作为国之大计、党之大计，坚持教育优先发展，作出加快教育现代化、建设教育强国的重大决策，推动新时代教育事业取得历史性成就、发生格局性变化。我国已建成世界上规模最大的教育体系，教育现代化发展总体水平跨入世界中上国家行列。2024 年教师节前夕，习近平总书记《论教育》由中央文献出版社出版，在全国发行。这部专题文集收入习近平总书记关于教育的重要文稿 47 篇，这些重要论述科学回答了“培养什么人、怎样培养人、为谁培养人”的根本问题，深化了对我国教育事业的规律性认识，对新时代新征程办好人民满意的教育，全面贯彻党的教育方针，培养德智体美劳全面发展的社会主义建设者和接班人，为全面推进中华民族伟大复兴提供有力支撑。立足全面建成社会主义现代化强国、实现第二个百年奋斗目标，以中国式现代化全面推进中华民族伟大复兴的关键历史节点，思想政治教育地位重要，不可替代。建设彰显中国特色、具有强大凝聚力和引领力的思想政治教育科学体系意义重大、势在必行。

新时代高校思政社科研究的“大处着眼”，就是必须始终坚持从教育的国家战略需求出发，积极回应新时代立德树人面临的新境遇和新诉求，加快构建中国特色思想政治教育科学体系。

第一，新时代高校思政社科研究必须始终坚持马克思主义指导地位，善用马克思主义的立场、观点、方法推进思想政治教育知识创新、理论创新、方法创新、实践创新，擦亮思想政治教育研究厚重的中国底色，凸显思想政治教育研究淳朴的中国本色，彰显思想政治教育研究的鲜明中国特色。

第二，新时代高校思政社科研究必须始终坚持提升思想政治教育研究的主体性和原创性，要立足推进中国式现代化的伟大实践，以历史主动精神加强主体性和原创性理论研究，努力产出具有中国特色的思想政治教育研究原创性理论成果。

第三，新时代高校思政社科研究必须始终坚持建构思想政治教育自主知识体系，立足中国、借鉴国外、挖掘历史、把握当代、关怀人类、面向未来，推动思想政治教育研究在新时代创新创造和高质量发展。

第四，新时代高校思政社科研究必须始终坚持提升思想政治教育实践育人能力，走好从理论创新到实践提升有效衔接的“最后一公里”。

第五，新时代高校思政社科研究必须始终坚持培育和壮大思想政治教育师资队伍，引导和鼓励高校党政干部、辅导员、专业教师、党团工作者、管理人员、后勤员工等参与学校思想政治教育理论与实践研究，围绕研究主题日积月累、扎根沉潜，十年磨一剑，彰显思想政治教育研究的人民性和时代性。

2. 区域特色“小处切口”

2022 年 7 月 25 日，教育部等十部门公布《全面推进“大思政课”建设的工作方案》。“大思政课”建设要坚持开门办思政课，强化问题意识、突出实践导向，充分调动全社会力量和资源，建设“大课堂”、搭建“大平台”、建好“大师资”，建设全国高校思政课教研系统，设立一批实践教学基地，推出一批优质教学资源，做优一批品牌示范活动，支持建设综合改革试验区，推动思政小课堂与社会大课堂相结合，推动各类课程与思政课同向同行。加强“大思政课”实践教学基地建设，重点要建设科学精神实践教学基地，工业文化实践教学基地，美丽中国实践教学基地，抗击疫情专题实践教学基地，中华优秀传统文化、革命文化、社会主义先进文化实践教学基地，脱贫攻坚、乡村振兴专题实践教学基地，党史、新中国史教育专题实践教学基地，保持“高站位”、找准“小切口”、做好“大课题”，打造“行走的思政课”。

高校思政社科研究要围绕思政课程与课程思政同向同行的目标，深度挖掘和有效活化区域红色文化资源的教育价值，聚焦培养有理想、敢担当、能吃苦、肯奋斗的时代新人，探索构建新时代思想政治教育大中小学一体化、校内校外一体化、知信行一体化的区域思政大课堂。高校思政社科研究要围绕地方独具特色的教育资源开展思想政治教育“小切口”的新区域和新内容研究。在区域上，高校思政社科研究可以聚焦贫困山区、民族地区、边疆地区、省级毗邻地区、港澳台地区、西北地区、西南山区、三线地区、沿海地区、长江流域、黄河流域、珠江流域、北部湾地区等特殊区域；在教育内容和对象上，高校思政社科研究可以围绕文物古迹、考古遗址、起源文化、民俗文化、革命文化、农耕文化、工业文化、伟人故居、大国重器、超级工程、研学基地、博物馆、纪念馆、科技馆、展览馆、爱国主义教育基地、非物质文化遗产等。

3. 典型经验“全国辐射”

高校思政社科研究要依托全国各地方资源建设思想政治教育综合改革试验区，紧紧抓住建设习近平新时代中国特色社会主义思想研究中心（院）、国家教材建设重点研究基地、人文社科重点研究基地、思政师资培训中心、国家级和省级重点马克思主义学院的重要契机，积极响应教育部高校思想政治工作质量提升综合改革与精品建设项目号召，聚力打造高校思想政治工作精品项目、思想政治工作中青年骨干、高校原创文化精品、高校思想政治教育研究文库等标志性成果，深入推进高校“三全育人”综合改革，持续扩大“一站式”学生社区综合管理模式探索。

高校思政社科研究要依托高校思政社科研究成果产出，支撑一批思政教育示范高校，推出一批思政教育示范课程，选树一批思政教育教学名师和团队，建设一批思政教学研究示范中心，建成一批思政教学共享资源库，展示一批校园文化原创精品，将思政社科研究的核心成果在高校之间交流，让思政社科研究的典型经验向全国范围辐射，真正形成高校思政社科研究共建、共享、共促、共赢的“学术生态”。

六、聚合高校思政社科研究的“资源库”

建好高校思政社科研究的“资源库”要将不同来源、不同类型的研究资源进行有效整合，提升资源的利用效率。建好高校思政社科研究的“资源库”，政策资源灵通是关键，及时了解党和国家相关政策文件，为研究指明了方向；高校与党校（行政学院）、部队院校、科研院所、党政部门研究机构的多元主体协同不可或缺；团队学术积累奠定坚实基础；平台要素支撑提供重要保障。

1. 政策资源灵通

政策资源是指影响高校思政社科研究执行的各种政策制度资源要素的总称，包括制度资源、人力资源、财物资源、信息知识资源等。习近平总书记高度重视高校思想政治工作，围绕培育时代新人、思政课程与课程思政协同推进、大中小学思政课一体化发表了系列重要论述。党和国家围绕高校思想政治教育出台了一系列重要政策文件，从上至下系统性谋划了新时代思政课程与课程思政高质量协同发展、高校立德树人目标实现的宏伟蓝图。高校思政社科研究要围绕研究重要主题，系统梳理中共中央、国务院、中宣部、教育部、团中央前后出台的系列政策，读懂、弄通、悟透相关文件精神，为研究深入推进提供强大的制度保障。以“课程思政”为例，高校思政社科研究要系统梳理与之相关的政策文件及其演变发展，更好地将思政社科研究的政策资源用好用足。

2. 多元主体协同

2022 年 6 月，中共中央宣传部、教育部联合印发了《面向 2035 高校哲学社会科学高质量发展行动计划》，提出要充分发挥高校作为我国哲学社会科学“五路大军”中的重要力量的作用。思政社科研究的“五路大军”由高校与党校（行政学院）、部队院校、科研院所、党政部门研究机构的思政社科工作者共同构成。思政社科研究要优化研究团队成员组成，除高校教师外，尽可能多地邀请地方党校（行政学院）、部队院校、科研院所、党政部门的专家学者加入，多元主体围绕共同的课题研究目标凝心聚力，集思广益，群策群力，深度融合各自优质学术资源、人力资源、平台资源，搭建交流互鉴的桥梁，打造协同创新的高地，打造开放式科研创新团队。

3. 团队学术积累

高校思政社科研究的起点并非始于某一项目的申报，而是要在平时的科学研究中注重积累，在用时善于挖掘总结，凡是项目主持人和团队成员围绕学术研究曾经做过的任何有意义、有价值、有相关的工作，都可以归纳为学术积累。例如，学术论文、著作教材、学术获奖、科研项目、决策建议、研究报告、学术交流、学术会议、数据调研、申请专利等，都是学术积累的表现。项目主持人和团队成员的学术积累能够为项目研究的推进提供有益的参考和借鉴，特别是此前学术积累的人脉、资源和成果，能够全方位助力项目研究成果的目标达成。

4. 平台要素支撑

高校思政社科研究的平台要素支撑，可以分为内部支撑和外部支撑。所谓内部支撑，是指研究团队从项目申请单位能够获取的相关研究资源。例如，优势学科、科研平台、创新中心、研究院所、高端智库、研究基地、学术论坛、研讨交流、数据库建设等，为研究团队深耕学术领域提供宝贵的专业支撑。所谓外部支撑，是指研究团队从项目申请单位以外获取的社会资源。例如，行业专家咨询、外部数据获取、调查问卷设计、深度访谈开展、田野调查实施、合作单位、新闻媒体联动、实践基地建设等，为研究团队拓展研究视野提供了广泛的扩容空间。

专题十四

高校思政社科研究的规范结题

一、高校思政社科研究的成果类型

1. 学术著作

学术著作是一个较为宽泛的术语，它包括专著、编著、教材以及其他形式的创作成果，如论文集、文集等。著作强调的是作者的创作行为和版权，泛指作者所创作的任何形式的文字作品，而不特指某一种类型的创作。专著是对某一学科、领域或某一专题进行深入研究后，撰写的较为集中、系统、全面、深入论述的著作。它代表了作者在该领域的专业知识和研究成果，往往包含原创性的研究内容、理论分析或实证研究。编著是编辑或整理他人作品的行为，编著者可能对原始材料进行了选择、组织、注释或解释，有原创性成分包含其中，但不一定是100%的原创性研究。编著者可能将多个作者的作品汇编成一本书，或者围绕一个主题从多个方面进行整合和解释。科普类图书是指传播科学知识、科学方法、科学思想和科学精神的科学普及读物。其科学性强、思想性强、普及面广、有相当大的发行量。工具书是指可供寻检、查阅的科技工具书，包括百科全书和手册。其在某一行业领域内，具有权威性。教材包含科技教材和社科教材，一般分全国统编教材和一般教材两种，是通过收集、整理国内外已有的科学成就和资料，或者根据科学研究成果和按照教学规律加以总结并使之系统化的教学材料。

2. 学术论文

学术论文是某一学术课题在实验性、理论性或观测性上具有新的科学研究成果或创新见解和知识的科学记录，抑或是某种已知原理应用于实际中取得新进展的科学总结。学术论文通常围绕某一具体问题或研究专题，展开深入系统论述，从而体现作者的创新性思维和严谨的逻辑推理。学术论文在格式和结构上具有一定的规范性，通常包括题目、作者与单位、摘要、关键词、引言（绪论）、正文、参考文献等部分，各部分之间逻辑清晰、衔接紧密，并充分引用相关学术著作和文献，以证明论点的可靠性和研究的规范性。

学术论文作为一种以系统、专业的知识为基础，深入探讨或阐述某种问题或研究成果的学理性文章，必须具备学术性、科学性、创造性和学理性这四个特点。第一，学术性，即必须基于扎实的学术基础，进行有理有据的论述；第二，科学性，即必须遵循科学的方法论，确保研究的客观性与准确性；第三，创造性，即必须提出新的见解或方法，推动学科的发展；第四，学理性，即必须运用专业的术语与逻辑，进行严谨的论证。学术论文的价值，并非仅仅体现在文字表达的技巧上，更在于研究工作的深度与广度。一个恰当的选题、围绕选题精心挑选的典型材料和严谨深入的逻辑论述，共同构成了论文的核心价值所在。它们不仅决定了研究成果的潜在影响力，也直接关联到论文能否在学术界引起共鸣。

3. 调研报告

调研报告以研究为目的，根据社会或工作的需要，制订出切实可行的调研计划，深入问题研究的第一线，了解新情况、新问题，有意识地探索和研究，写出有价值的内容。调研报告的核心是实事求是地反映和分析客观事实。调研报告主要包括两个部分，一是调查，二是研究。在调查阶段，研究者需深入一线，摒弃主观臆断，以事物的本来面目为基础，详尽地收集并钻研材料；在研究阶段，研究者需在掌握大量客观事实的基础上，运用科学的方法进行深入分析，以透彻地揭示事物的本质与内在规律。

调研报告分为问题类调研报告、情况类调研报告和经验类调研报告三种类型。

问题类调研报告针对某一方面的问题，进行专题调查，澄清事实真相，判明问题的原因和性质，确定造成的危害，提出解决问题的途径和建议，为问题的最后处理提供依据，通过对区域性、地方性问题的把握，带动全局性、普遍性问题的解决。问题类调研报告的基本结构为“问题→原因→对策”。

情况类调研报告是在对调查对象的基本情况、发展变化过程等方面进行深入、系统的调查研究基础上写成的调研报告。其目的是供上级机关或有关部门参考，作为贯彻政策、采取措施的依据。情况类调研报告内容具体、观点明确，既可以反映成绩，也可以说明问题并提出解决问题的意见。情况类调研报告一般内容广泛全面，篇幅较长，主要用于推进落实、制定政策、解决问题、强化工作，作为决策参考依据。情况类调研报告的基本结构为“现状→问题→对策”。

经验类调研报告通过反映某方面的成绩，介绍成功的经验，发挥以点带面和引路的作用，加强指导和推广。经验类调研报告不仅要介绍基本情况，而且要从中找出规律性，供其他地区、部门参考学习。经验类调研报告的基本结构为“做法→经验→启示（建议）”。

4. 报刊文章

报刊文章作为信息传播与公众教育的重要载体，是面向广大读者群体，旨在传递新闻资讯、社会现象分析、文化评论、生活指南等多种内容的文字作品。它们通常基于时事热点、社会变迁、科技发展、文化传承等广泛议题，通过深入采访、实地调研、专家访谈、数据分析等多种手段，获取第一手资料，并结合作者的观察与思考，形成具有时效性、针对性、可读性和启发性的文字表述。报刊文章不仅报道事实，更在于解读事实背后的深层含义，引导公众理性思考，促进社会共识的形成。报刊文章在格式与风格上追求多样性与灵活性，以适应不同读者群体的阅读习惯和兴趣偏好。它们可以是新闻报道的形式，迅速传递最新资讯；也可以是以评论文章的形式，深入剖析社会现象；还可以是以特写、专访等形式，展现人物风采或事件细节。无论何种形式，报刊文章都力求语言简洁明了，结构紧凑有序，以便读者快速获取信息，同时享受阅读的乐趣。报刊文章的价值，不仅在于文字表达的流畅与生动，更在于其内容的深度与广度。一篇优秀的报刊文章，往往能够敏锐捕捉社会热点，深入挖掘事件背后的原因与影响，提出独到的见解与建议。它们通过真实、客观、全面的报道，展现社会的多元面貌，激发读者的思考与共鸣。同时，报刊文章还注重人文关怀，关注普通人的喜怒哀乐，传递正能量，促进社会和谐。

"三报一刊"指的是《人民日报》《光明日报》《经济日报》以及《求是》杂志。作为中国最具权威性的中央级媒体组合，其长期以来不仅在理论传播与舆论引导方面发挥着重要作用，也是中国社科研究学术界和理论界的重要阵地，对推动理论创新和实践发展的意义重大。对于从事思想政治教育研究的高校教师和研究人员来说，能在"三报一刊"上发表文章代表着研究成果具有较高的学术水准。

5. 资政建议

资政建议是对政治、经济、文化和社会生活中的重要问题以及人民群众普遍关心的问题，运用自然科学、社会科学基本原理和方法围绕决策问题所进行的调查研究、实验以及政策设计等活动，为决策者提供决策方案、战略谋划和综合研判。资政建议重在献策、操作性强。

资政建议来源于选题指南、重大议题、重要讲话、重大政策、突发事件、会议沙龙、调查实践、研究基础、学术文献和生活选题十个方向，包括问题对策型、经验借鉴型和战略研究型三种类型。资政建议的撰写结构基本涵盖引言、存在问题和对策建议三个部分。其中，问题对策型突出问题的准确性，注重归纳、提炼，有最新数据和生动案例作支撑；经验借鉴型突出先进地区的实践探索和经验借鉴；战略研究型突出选题的可行性、必要性和重要性。

6. 网络文化成果

近年来，国家逐渐重视网络文化成果，提倡重点建设一批高校思政类公众号。教育部等八部门出台的《关于加快构建高校思想政治工作体系的意见》（教思政〔2020〕1号）等文件指出，引导和扶持师生积极创作导向正确、内容生动、形式多样的网络文化产品，建设高校网络文化研究评价中心，推动将优秀网络文化成果纳入科研成果评价统计。

优秀网络文化成果是指刊登在主流媒体平台上具有广泛网络传播的优秀原创文章、影音、动漫等作品。原创文章包括在网络平台上发布的新闻评论、时政、高等教育、社会热点等方面的解读文章与长篇通讯文章，字数应不少于1 000字。主流媒体包括中央电视台、中国教育电视台、新华通讯社、中国新闻社、中国评论通讯社、学习强国（全国平台）、《人民日报》、《光明日报》、《经济日报》、《新华每日电讯》、《参考消息》、《半月谈》、《环球时报》、《中国教育报》、《中国青年报》、《中国科学报》、《中国日报》、《中国社会科学报》、求是网、新华网总网、人民网总网、光明网总网、中国新闻网总网、中国网总网、中国经济网、央广网、央视网、人民日报海外版官网、中国评论网、中国日报网等影响力广泛的国家级报刊、电视、网站及其"两微一端"。

7. 示范讲义

思政课教学示范讲义是由经验丰富的思政课教师或教学团队围绕某一门思政课程所编写的教学材料，涵盖基本理论知识、生动案例讲授、深度案例剖析、科学结论总结，以便学生更好地理解和掌握该门课程教学的核心要义。示范讲义是新时代学校思政课教学规范化、系统化、科学化发展的教学必然要求和重要条件保障。

示范讲义的内容涵盖课程介绍、教学目标、教学内容、考核方式、教学安排和参考文献等。课程介绍主要阐述课程的开设目的、教学对象、课程性质、学时分配、与其他课程的关联以及重要性等。教学目标明确规定了学生在学习完该课程后应达到的知识、技能和情感目标。教学内容是示范讲义的核心部分，详细列出了课程的章节划分、每个章节的重点和难点、主要知识点以及相应的实例和案例分析。考核方式规定了对学生学习成果的评估方法和标准，如平时成绩、期中考试、期末考试、实践环节等。教学安排详细规划了课程的教学进度、教学方法和手段。参考文献列出课程相关的书籍、论文等文献资料，供学生和教师进一步学习和研究。

8. 创新课件

创新课件是利用现代科技手段（如多媒体、虚拟现实等）制作的学校思政课教学辅助材料。创新课件以图像、声音、视频等多种形式呈现教学内容，为学生提供更加生动、直观的学习体验。创新课件的特点在于其互动性、趣味性和创新性，能够激发学生的学习兴趣和参与度。

创新课件的制作需要在选题与内容、技术与多媒体运用、教学设计与用户体验、原创性与独特性、实用性与应用价值等多个方面进行全面考虑和精心设计。在选题与内容方面，创新课件应选择具有创新性、前瞻性和实用性的课题，避免选择陈旧或已被过度研究的内容。同时，内容应精炼且融合跨学科知识，以构建独特的学术视角和理论体系。在技术与多媒体运用方面，创新课件应采用先进的多媒体制作技术，如3D动画等，整合图片、音频、视频等多种媒体元素，使课件内容更加丰富多彩且生动形象。在教学设计与用户体验方面，创新课件应根据不同学生的学习特点和需求，制定清晰、具体的教学目标，并设计多样化的学习路径和难度级别，以提供个性化的学习体验。原创性与独特性体现在创新课件的内容和视角的创新上，要求创新课件具有独特的学术见解和表达方式。实用性与应用价值体现在创新课件能够解决实际问题或提供实用的解决方案，确保课件内容具有实际应用价值和社会意义。

9. 教学案例

思政课教学案例，旨在通过具体案例引导学生深入理解相关理论，培养学生运用理论知识分析、解决问题的能力，是提升思政课教育教学效果的有效方法。通过案例讲道理，是将理论知识深化、突破教学重难点的有效方式。习近平总书记在学校思想政治理论课教师座谈会上指出："很多学校在思政课上积极采用案例式教学、探究式教学、体验式教学、互动式教学、专题式教学、分众式教学等，运用现代信息技术等手段建设智慧课堂等，取得了积极成效。这些都值得肯定和鼓励。"教学案例的选择既要有真实性和针对性，又要有感染力和引领力，能够为学生答疑解惑、成长成才提供丰富而深刻的经验与启示。

思政课教学案例的选取要具有典型性和示范性。教学设计与实施应设定清晰、具体且与教学实践紧密相关的教学目标，教师要创新采用案例分析、小组讨论、角色扮演等多种教学方法，激发学生的学习兴趣和参与度。教师要对每次案例教学后的教学效果进行深度复盘与总结反思，提出优化的措施和建议；同时，尽可能将案例深度融入相关知识点的整个教学过程，从导入、讲授、互动到总结，体现案例教学的完整性和连贯性。教师要从教学实践中提炼出具有普遍性和规律性的经典案例，并系统总结使用该案例进行课堂教学的全部过程，为思政课案例教学开展提供有益借鉴和深刻启发。

二、高校思政社科研究的应用面向

1. 思政教育理论"常悟常新"

新时代高校思政社科研究要主动肩负起思想政治教育理论研究守正创新的时代使命。1980 年，《光明日报》刊登题为《思想政治工作是一门科学》的文章。1982 年，中宣部、教育部联合召开政治理论教育座谈会，"思想政治工作是一门科学"达成广泛社会共识。1983 年，中共中央批转了《国营企业职工思想政治工作纲要（试行）》，提出要"努力造就一大批思想政治工作能手，一大批精通思想政治工作的专家"。1984 年 4 月，为了适应新时期思想政治工作的需要，教育部发文在全国 12 所院校设置思想政治教育专业，标志着思想政治教育学科的正式创立，从此思想政治工作逐步开始向科学化发展迈进。1995 年，思想政治教育专业与马克思主义理论教育合并，马克思主义理论与思想政治教育专业归属于法学门类，一级学科为政治学。2005 年，国务院学位委员会和教育部 64 号文件设立马克思主义理论一级学科，思想政治教育成为其下属的 6 个二级学科之一。

时至今日，思想政治教育学科历经 40 年的理论创新与实践探索，为党和国家事业的飞速发展凝聚起强大的精神共识。思想政治教育基础理论，既是搭建学科体系的坚固梁柱，又是推动实践创新的思想引擎，更是培育专业队伍的有力依托，全方位主导着思想政治教育学科的兴衰成败。思想政治教育理论研究是思想政治教育学科发展的重要根基，是推动新时代思想政治教育学科理论体系建设、促进思想政治教育研究范式升级迭代、优化思想政治教育专业人才培养范式的关键支撑。当今社会进入数字时代，思想政治工作面临多元文化和价值观冲击，伴随着社会转型期的矛盾与冲突，青少年张扬个性，呈现出与统一教育要求的差异与张力。思想政治教育理论研究要适应新形势，应对新挑战，主动担当作为，积极开拓创新，有效利用大数据和 AI 技术赋能思想政治教育理论研究与实践创新，提升教育的吸引力和感染力，提升育人的精准性和实效性。

2. 思政课程教学“入脑入心”

新时代高校思政社科研究要主动推动思政课程守正创新和入脑入心。办好思政课，打造思政“金课”，是党和国家一直以来的关切和牵挂。思政课程教学要入脑入心，就要把道理讲深、讲透、讲活，努力把道理、学理、哲理讲进学生心里。2019 年 3 月 18 日，全国学校思想政治理论课教师座谈会召开，会议强调办好思想政治理论课，最根本的是要全面贯彻党的教育方针，解决好培养什么人、怎样培养人、为谁培养人这个根本问题。同年 8 月，中共中央办公厅、国务院办公厅印发《关于深化新时代学校思想政治理论课改革创新的若干意见》，提出思政课是落实立德树人根本任务的关键课程，发挥着不可替代的作用。2021 年 9 月 21 日，中共中央办公厅发布《关于加强新时代马克思主义学院建设的意见》，指出马克思主义是我们立党立国的根本指导思想，马克思主义学院是学习研究宣传马克思主义的主阵地，思想政治理论课是马克思主义学院坚持用习近平新时代中国特色社会主义思想铸魂育人的主渠道。

2024 年 5 月 11 日，新时代学校思政课建设推进会召开，会上传达了习近平总书记对学校思政课建设的重要指示：新时代新征程上，思政课建设面临新形势新任务，必须有新气象新作为。高校要坚持以习近平新时代中国特色社会主义思想为指导，全面贯彻党的教育方针，落实立德树人根本任务，坚持思政课建设与党的创新理论武装同步推进，构建以习近平新时代中国特色社会主义思想为核心内容的课程教材体系，深入推进大中小学思想政治教育一体化建设。高校要始终坚持马克思主义指导地位，以中国特色社会主义取得的举世瞩目成就为内容支撑，以中华优秀传统文化、革命文化和社会主义先进文化为力量根基，把道理讲深讲透讲活，守正创新推动思政课建设内涵式发展，不断提高思政课的针对性和吸引力。2024 年 9 月，全国教育大会指出，要实施新时代立德树人工程，不断加强和改进新时代学校思想政治教育，为新时代新征程思政课建设指明了方向。

3. 课程思政建设“同向同行”

新时代高校思政社科研究要主动促成思政课程与课程思政同向同行。2020 年 5 月 28 日，教育部印发《高等学校课程思政建设指导纲要》（以下简称《纲要》）。《纲要》旨在将思想政治教育贯穿人才培养体系，全面推进高校课程思政建设，寓价值观引导于知识传授和能力培养之中，发挥好每门课程的育人作用。在课程思政建设中，教师是“主力军”，课程是“主战场”，课堂是“主渠道”，育人是“主目标”，课程思政建设要统筹联动高校、教师、课程三者的协同育人责任，使各类课程与思政课程同向同行，让显性教育与隐性教育同频共振，将公共基础课、专业教育课、社会实践课相依相伴，形成协同育人效应，构建全员全程全方位育人大格局。

课程思政建设要充分挖掘各门课程的育人元素，重点围绕习近平新时代中国特色社会主义思想进教材进课堂进头脑、弘扬社会主义核心价值观、传承中华优秀传统文化、公民法治教育、社会责任感教育、职业道德教育等方面，将思想政治教育与专业人才培养体系全面贯通，将专业教育与价值引导全面融通，围绕人才培养中心工作，将课程思政内容体系、教学体系和工作体系有机整合，并全面融入课程教学大纲中，从设计课程目标、修订教学大纲、编审遴选教材、编写教案课件、选取教学案例等各个环节都要体现出思政元素，从课堂授课、实验实训、毕业设计、学科竞赛、志愿服务、校外实习等各个模块都要发挥出育人效能。课程思政建设要面向国家、社会、区域发展的人才需求，结合所在高校的学科发展定位和人才培养特色，统筹做好各个学科、各个专业、各个课程群组、各门课程的课程思政建设，深度挖掘、提炼和活化专业知识体系蕴含的精神内涵和教育价值，从而拓展专业课程思政的深度、温度和效度。

4. 思想政治工作“善作善成”

新时代高校思政社科研究要主动推进思想政治工作善作善成。思想政治工作是党的优良传统、鲜明特色和突出政治优势，是一切工作的生命线。加强和改进思想政治工作，事关党的前途命运，事关国家长治久安，事关民族凝聚力和向心力。一直以来，党和国家高度重视青年群体的思想政治工作，结合不同年代思想政治工作的目标要求，持续丰富工作内容、优化工作形式、创新工作方法、提升工作水平。做好高校思想政治工作，要因事而化、因时而进、因势而新，要遵循思想政治工作规律，遵循教书育人规律，遵循学生成长规律，不断提高工作能力和水平。2017 年，教育部党组发布《高校思想政治工作质量提升工程实施纲要》，提出依托课程、科研、实践、文化、网络、心理、管理、服务、资助、组织十大类别，构建内容完善、标准健全、运行科学、保障有力、成效显著的高校思想政治工作质量体系。

思想政治工作是学校各项工作的生命线，各级党委、各级教育主管部门、学校党组织都必须紧紧抓在手上。在中国共产党成立 100 周年之际，中共中央、国务院印发了《关于新时代加强和改进思想政治工作的意见》。新时代加强和改进思想政治工作的方针原则是坚持和加强党的全面领导，把思想政治工作贯穿党的建设和国家治理各领域各方面各环节，牢牢掌握工作的领导权和主动权。在新形势下，数字信息技术和网络虚拟空间中多种文化与价值观念的冲击、信息传播媒介的变革，教育供给与教育需求的缺位、错位、越位，给高校思想政治工作带来了全新的挑战。高校思政社科研究要探索融合新媒体技术、人工智能、大数据、云计算、虚拟现实等数字技术，赋能高校思想政治工作从传统形态迈向对象精准化、内容精良化、过程精细化、结果精确化的全新形态。

5. 网络舆论引领“有理有据”

新时代高校思政社科研究要主动赋能网络舆论引领有理有据。2024 年是我国全功能接入国际互联网 30 周年。30 年来，网络信息技术日新月异，网络空间与现实社会相互交融，互联网已经成为人们全新的生活空间和共同的精神家园。随着网上政务、手机银行、移动支付、网约出行、掌上生活、直播购物、外卖快递、云游景点、爆款网游、热播网剧等新兴生活模式的盛行，互联网已经改变了人们传统的生活、工作和娱乐模式，信息化和数字技术已经深深融入社会生活的方方面面。党的二十届三中全会提出：“健全网络生态治理长效机制。”网络安全和信息化关系党的长期执政，关系国家长治久安，关系社会政治经济文化发展、关系广大人民群众幸福生活。互联网已经成为新时代意识形态工作的“最大变量”，也可能成为“最大增量”。

微博、微信、论坛、贴吧、短视频和网络直播等成为社会大众特别是青年大学生群体了解世界、获取资讯、探讨热议话题、表达民意诉求的重要渠道。青年大学生是我国活跃度和黏合度最高的用户群体，他们的网络意识和网络言论中的文明程度直接关系到新时代网络文明建设。高校思政社科研究要多多围绕网络安全意识与网络文明行为的养成，结合时事讲道理，抓住热点辨是非，摒弃单纯说教，创新方式方法，抓住网络事件，用好网络素材，变“网络热度”为“教育效度”，变“网络流量”为“育人增量”。高校思政社科研究要广泛凝聚青年大学生群体共建清朗网络空间的政治自觉、思想自觉和行动自觉，汇聚向上向善、尽善尽美的网络正能量；要加强网络空间的思想引领、文化培育、道德建设、行为规范、生态治理和文明创建，引导青年争做先进网络文化的传播者、优质网络资源的推介者、不良网络内容的监督者、创新网络治理的推动者。

6. 学生成长成才“乐为有为”

党的二十大报告强调：“全党要把青年工作作为战略性工作来抓。”青年工作对党和国家事业具有全局性战略地位。党和国家对青年大学生充分信任，寄予厚望。习近平总书记高度重视青年工作，关心青年成长，经常走近青年、点赞青年、寄语青年。每年五四青年节前夕，习近平总书记总会走进高校与青年大学生亲切交流，深切嘱托，先后给“强军精武红四连”全体官兵、中国单板滑雪运动员苏翊鸣、中国农业大学科技小院同学、南京大学留学归国青年学者、中国航天科技集团空间站建造青年团队、中国石油大学毕业生、北京大学援鄂医疗队全体90后党员、北京体育大学研究生冠军班、“王杰班”全体战士等青年群体和个人回信，勉励青年要有理想、敢担当、能吃苦、肯奋斗，展现自信自强、刚健有为的精神风貌。

新时代中国青年的生命事业黄金期与中华民族伟大复兴的历史进程高度重合，他们拥有优越的发展环境、广阔的成长空间，恰逢建功立业的人生际遇。在新时代新征程上，中国青年听从党的召唤，回应人民的需要，服务社会发展，在科技创新、重大工程、乡村振兴、绿色发展、社会服务、卫国戍边、运动竞技等各领域各方面勇当排头兵和生力军，以乐为心态，敢为状态，善为姿态，有为形态全面推进中国式现代化的伟大进程。新时代高校思政社科研究要牢牢抓住中国青年的基本盘，不仅注重学科理论研究的深度和广度，更要追求立德树人的精度和效度，停下步子，俯下身子，摸清性子，找对路子，准确了解和把握青年群体所思所想、所念所盼。高校思政社科研究要避免“悬空的思政”，应从新时代青年群体教育引领所面临的新情况和新问题入手，促进思政理论研究与立德树人实践的深度协同，充分发挥朋辈典型引领效应，善用各行各业的优秀青年榜样故事教育和激励广大青年。

三、高校思政社科项目的成果鉴定和结题

1. 国家社会科学基金的鉴定和结项材料准备

（1）国家社会科学基金的成果鉴定和结项评审办法

国家社会科学基金项目最终研究成果的鉴定一般采取双向匿名通讯鉴定的方式，分类组织实施。其中，重大项目、后期资助项目、中华学术外译项目、特别委托项目的最终研究成果鉴定，由全国社科规划办负责组织；年度项目、青年项目和西部项目的最终研究成果鉴定，由全国社科规划办委托省（自治区、直辖市）社科规划办或在京委托管理机构负责组织。

（2）国家社会科学基金的成果鉴定和结项申请时间

自项目资助期满30日内，项目负责人应当提交最终研究成果和项目结项申请。最终研究成果通过同行专家鉴定和全国社科规划办审核、验收后，方可正式结项、公开出版。在国家社科基金项目实施中，项目负责人因正当理由可以申请项目延期。应用研究项目延期时间不得超过1年，基础研究项目延期时间不得超过2年。

（3）国家社会科学基金的成果鉴定和结项的材料

① 结项审批书。结项审批书报送1份纸质版，A4纸型，于左侧装订。其中，总结报告的撰写内容包括项目预期研究计划的执行情况；成果研究内容及方法的创新程度、突出特色和主要建树；资料收集和数据采集情况；成果的学术价值和应用价值以及社会影响和效益；成果存在的不足或欠缺，尚需深入研究的问题等。结项审批书字数3 000字左右。

② 课题设计论证。课题设计论证为PDF格式，与项目申报时保持一致。以线下方式申请立项的项目，项目负责人申请结项时需上传立项申请书中的课题设计论证（原文内容不得改动，不得出现项目负责人和成员姓名、项目承担单位等信息）。

③ 重复率检测报告。全国社科工作办对成果的文字复制比没有统一要

求，课题组须自觉按照学术规范对成果中的引文进行标注，查重时应将所有课题组成员名字按查重机构要求的格式填写在作者栏。

④ 经费回执。

⑤ 财务清单。项目负责人申请结项时须如实填写项目资金决算表，同时上传由责任单位财务管理部门打印并经财务部门、审计部门审核盖章的经费开支明细账。

⑥ 阶段性成果及证明材料。项目负责人须如实填报阶段性成果的名称、作者、发表、转载、获奖和应用等相关情况，并附阶段性成果全文，不得填报与本项目无直接关联的成果。

⑦ 最终成果简介。最终成果简介是介绍、宣传、推广成果使用的重要材料，项目负责人须按照平台的内容要求认真撰写。

⑧ 最终成果。结题最终成果提交 3 套匿名最终成果打印稿，1 张存有电子版成果及简介的光盘。项目负责人将项目全部最终成果上传。因采取匿名鉴定方式，项目负责人和成员姓名须隐去，项目承担单位等信息再上传。以少数民族文字或外文撰写的成果，申请人须在正文前面加汉字版成果摘要。以博士论文或博士后出站报告为基础申报的项目，须提交 1 份博士论文（报告）的电子版，并书面说明结项成果与原论文（报告）的区别、联系和两者的重复比例以及在内容、观点、结构、研究方法等方面的改进与提高。

2. 教育部人文社科项目的鉴定和结项材料准备

（1）教育部人文社科项目的成果鉴定办法

① 鉴定方式。成果鉴定方式分为通讯鉴定和会议鉴定。其中，重大课题攻关项目采取会议鉴定方式；基地重大项目、一般项目采取通信鉴定方式。通讯鉴定由鉴定组织部门聘请同行专家，采取通讯评审方式进行。会议鉴定由鉴定组织部门聘请同行专家召开鉴定会，通过当面陈述、提问和答辩的方式进行。

② 鉴定内容。项目申请评审书或投标评审书、计划合同书约定的研究任务完成情况；研究内容的前沿性和创新性；研究成果的学术价值、应用

价值或社会影响；研究方法是否正确，学风是否严谨。

③ 鉴定等级。第一，优秀。出色地完成了项目申请评审书或投标评审书、计划合同书约定的研究任务；研究成果有重大创新，具有很高的学术价值、应用价值或产生重大的社会影响。专家鉴定组 4/5 定性评价为“优秀”，且平均分在 90 分以上。第二，合格。较好地完成了项目申请评审书或投标评审书、计划合同书约定的研究任务；研究成果有明显创新，具有较高的学术价值、应用价值或产生良好的社会影响。专家鉴定组 4/5 定性评价在“合格”以上，且平均分在 65 分及以上。第三，不合格。没有完成项目申请评审书或投标评审书、计划合同书约定的研究任务；研究成果缺乏创新性，学术价值、应用价值较低或社会影响不明显。专家鉴定组 2/5 定性评价为“不合格”，或者平均分在 65 分以下，具备两者之一者，被鉴定成果均视为“不合格”。

（2）教育部人文社科项目的成果鉴定和结项申请时间

项目研究周期一般为 3 年，到期不能完成者要填写变更申请表，办理申请延期手续。除确有特殊需要的重大课题攻关项目外，申请延期一次最多不得超过 1 年，一个项目申请延期最多不得超过 2 次。完成研究任务后，项目责任人须及时向依托学校（基地重大项目向基地依托学校）社科研究管理部门提出鉴定和结项申请。

（3）教育部人文社科项目的成果鉴定和结项申请的条件

① 已经完成立项时批准的项目申请评审书或投标评审书、计划合同书约定的研究任务，最终成果形式与原计划或批准变更形式相符。

② 最终成果由项目责任人主持完成并作为第一署名人，不存在知识产权等方面的争议。

③ 重大项目最终成果书稿（打印稿）已经完成且未正式出版。

④ 一般项目著作类成果已经完成（不限是否出版），论文类成果已正式发表，研究咨询报告类成果有实际应用部门的采纳证明（注明采纳内容及价值）。

⑤ 所有正式出版或发表的项目成果均在显著位置标注“教育部人文社会科学研究××项目资助”字样（含题名、批准号），未标注者不予承认。

（4）教育部人文社科项目的成果鉴定材料准备

① 项目终结报告书一式 7 份（含原件 1 份）及电子版（Word 格式）。

② 项目成果 7 套（含原件 3 套，未出版的书稿报送装订好的打印稿）。

③ 项目申请评审书或投标评审书、计划合同书一式 7 份（复印件）。如果研究计划有变更，项目负责人应在终结报告书中说明，经教育部社科司核准的变更申请表附于其后装订。

④ 符合免予鉴定条件者报送的材料另见下面免予鉴定材料准备要求。

（5）教育部人文社科项目的项目结项材料准备

①重大项目。重大项目由教育部社科司对申请结项单位审核集中报送的鉴定和结项材料进行复审和组织鉴定，对通过鉴定、确认可以结项者颁发鉴定证书或结项证明，拨付项目经费的剩余部分。课题组根据鉴定专家组意见对最终成果进行修改后交付出版。

第一，重大项目需要提交的鉴定和结项材料同上。

第二，符合免予鉴定条件的重大项目报送下列结项材料：项目终结报告书原件 1 份及电子版（Word 格式）、有关证明材料附于其后装订，项目成果原件 3 套，项目投标评审书、计划合同书各 1 份（复印件）。

第三，重大项目成果出版遵循以下规定：重大课题攻关项目最终成果，由教育部社科司商有关出版社统一装帧编辑出版；基地重大项目最终成果由课题组自行联系出版社，按照教育部社科司规定的出版规格和统一标识出版，正式出版后将 3 套成果样书寄送教育部社科司。

②一般项目。一般项目由教育部社科司对申请结项单位集中报送的结项材料进行复审和抽查，对确认可以结项者颁发结项证明，拨付项目经费的剩余部分。

通过鉴定的一般项目报送下列结项材料：项目终结报告书原件 1 份及电子版（Word 格式）；鉴定意见书（汇总用）原件 1 份及电子版（Word

格式），鉴定意见表（个人用）附于其后装订；项目成果原件 3 套（未出版的书稿报送装订好的打印稿，正式出版后补报样书 3 套）。

符合免予鉴定条件的一般项目报送下列结项材料：项目终结报告书原件 1 份及电子版（Word 格式），有关证明材料附于其后装订；项目成果原件 3 套；项目申请评审书 1 份（复印件）。

一般项目优秀成果通过由项目责任人申请、依托学校和申请结项单位审核推荐、教育部复审的方式确定。项目责任人在填报终结报告书时，提出“优秀”等级申请、注明申请理由，并附相关证明材料；依托学校和申请结项单位依据申请材料和专家鉴定意见进行审核推荐，随同结项材料一起报送。教育部社科司进行复审和抽查，对确认为优秀成果者予以表扬和奖励。

③后期资助项目。后期资助项目由教育部社科司对申请结项单位集中报送的结项材料复审，与有关出版社协商最终成果的统一装帧编辑出版，正式出版后颁发结项证明，拨付项目经费的剩余部分。

后期资助项目报送下列结项材料：

第一，项目终结报告书原件 1 份及电子版（Word 格式）。

第二，项目成果原件 3 套。

第三，项目申请评审书 1 份（复印件）。

四、高校思政社科项目免予鉴定条件

1. 国家社会科学基金免予鉴定条件

① 成果获得教育部人文社会科学优秀成果二等奖（含）以上或其他省部级科研成果奖项一等奖的。

② 成果获得省部级及以上领导同志肯定性批示并被有关部门采纳的。

③ 成果被《国家高端智库报告》或国家社科基金《成果要报》采用的。

④ 经有关部门认定成果内容涉密（应当标注密级），且质量和水平得

到相关部门认可的。

2. 教育部人文社科项目免予鉴定条件

（1）重大项目免予鉴定条件

重大项目一般不得申请免予鉴定，但以下两种情况除外：

① 项目研究的阶段性成果已产生了很大的社会影响，获得国内外同行广泛认可。

② 最终成果是研究咨询报告，其提出的主要政策建议经省部级以上党政主要领导明确批示并在实际工作中予以采纳、推广、取得明显成效。

（2）一般项目免予鉴定条件

一般项目完成申请评审书约定的研究任务，研究成果标注“教育部人文社会科学研究××项目资助”字样，且符合下列情形之一者，可以申请免予鉴定：

① 专著类成果已正式出版。

② 在 SSCI、A & HCI 等国际索引期刊及 CSSCI 来源期刊发表论文 2 篇以上。

③ 成果获得国家级、省部级奖励或国家一级行业学会三等奖以上奖励。

④ 研究咨询报告提出的理论观点、政策建议等被地（市）级以上党政领导机关或大型企事业单位采纳并取得实际效果。

⑤ 成果涉及党和国家机密不宜公开，而质量和水平已得到有关部门认可。

后期资助项目成果可以免予鉴定，确有鉴定需要者，经项目责任人提出申请，由依托学校报教育部社科司组织鉴定。

免予鉴定或申请免予鉴定者，仍需填写项目终结报告书，注明免予鉴定的理由，并附项目成果和有关证明材料，经依托学校初审、申请结项单位复审同意后，依照规定报教育部社科司办理结项手续。申请免予鉴定经审核不符合条件者，退回申请人重新申请鉴定和结项。

五、高校思政社科项目的撤项处理

1. 国家社会科学基金的终止或撤销项目处理

（1）终止项目

① 项目负责人无力继续开展研究工作的。

② 项目负责人在其他学术研究活动中有剽窃他人科研成果或者弄虚作假等学术不端行为的。

③ 临近资助期满未取得实质性研究进展的。

④ 最终研究成果质量低劣的，或者最终研究成果未经批准结项擅自公开出版的。

⑤ 严重违反资助经费使用和管理制度的。

⑥ 存在其他严重情况的。

（2）撤销项目

① 研究成果（包括最终研究成果和阶段性研究成果）有严重政治问题的。

② 项目研究中有剽窃他人科研成果或者弄虚作假等学术不端行为的。

③ 逾期不提交延期申请或最终研究成果的。

④ 存在其他严重问题的。

项目被终止实施或撤销的，追回已拨付的资助经费，项目负责人 5 年内不得申请或参与申请国家社科基金项目。

（3）相关处罚

申请人、参与者伪造或变造申请材料的，由全国社科规划办给予警告；其申请项目已获得资助的，全国社科规划办将作出撤销项目的决定，并追回已拨付的资助经费；情节严重的，5 年内不得申请或参与申请国家社科基金项目。

项目负责人、参与者违反规定，有下列行为之一的，由全国社科规划办给予警告，暂缓拨付资助经费，并责令限期改正；逾期不改正的，全国社科规划办将作出撤销项目决定，并追回已拨付的资助经费；情节严重的，5 年内不得申请或参与申请国家社科基金项目：

① 不按照国家社科基金项目申请书的承诺开展研究的。

② 擅自变更研究内容或研究计划的。

③ 不依照规定提交项目年度进展报告的。

④ 提交虚假的原始记录或相关材料的。

⑤ 违规使用、侵占、挪用资助经费的。

2. 教育部人文社科项目的撤项处理

符合以下情形者，项目责任人和依托学校可以主动提出撤项申请。凡被撤销的项目，由教育部社科司进行通报批评，责成依托学校追回已拨经费；项目责任人 3 年内不得申报教育部社科项目。

① 课题组不具备按原计划完成研究任务的条件和可能。

② 未经批准擅自变更项目责任人或课题名称和基本内容。

③ 研究周期内未能如期完成约定的任务，两次申请延期后仍未完成。

④ 两次申请成果鉴定和结项均未获通过。

⑤ 项目成果存在严重政治问题或严重学术不端行为。

⑥ 在项目鉴定和结项过程中违反规定弄虚作假。